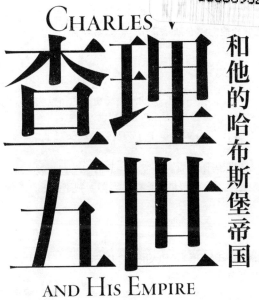

CHARLES V

查理理五世

和他的哈布斯堡帝国

AND HIS EMPIRE

张秦峰————

著

SPM
南方传媒 广东人民出版社

·广州·

图书在版编目（CIP）数据

查理五世和他的哈布斯堡帝国 / 张秦峰著. — 广州：广东人民出版社，2022.4

ISBN 978-7-218-15522-7

Ⅰ.①查… Ⅱ.①张… Ⅲ.①欧洲－历史－通俗读物 Ⅳ.①K500.9

中国版本图书馆CIP数据核字（2021）第268871号

本书中文简体版由北京行距文化传媒有限公司授权广东人民出版社在中国大陆地区（不包括香港、澳门、台湾）独家出版、发行。

CHALIWUSHI HE TA DE HABUSIBAO DIGUO
查理五世和他的哈布斯堡帝国

张秦峰 著

版权所有 翻印必究

出 版 人： 肖风华

责任编辑： 刘飞桐　张崇静
责任校对： 钱　丰
责任技编： 吴彦斌　周星奎

出版发行： 广东人民出版社
地　　址： 广州市越秀区大沙头四马路10号（邮政编码：510102）
电　　话：（020）85716809（总编室）
传　　真：（020）85716872
网　　址： http://www.gdpph.com
印　　刷： 广州市岭美文化科技有限公司
开　　本： 889mm×1194mm　1/32
印　　张： 15.375　**字　数：** 358千
版　　次： 2022年4月第1版
印　　次： 2022年4月第1次印刷
定　　价： 78.00元

如发现印装质量问题，影响阅读，请与出版社（020-85716849）联系调换。
售书热线：（020）85716826

导　言

　　有关欧洲16世纪的著作已经汗牛充栋，在这些著作中，查理五世经常作为反面人物出现在历史背景中。在讨论文艺复兴时期文学与艺术的著作里，查理五世及其帝国军队对罗马的劫掠和对佛罗伦萨的占领，常常被视作意大利文艺复兴的终结；以宗教改革为主题的著作中，查理五世则是帮助罗马教廷压制新教的帮凶；而16世纪的意大利战争史，通常不是把挑起战争的法兰西国王当作罪魁祸首，反而认为是查理五世造成了此地长期的混战；欧洲大航海时代的开端，欧洲人开拓和殖民美洲给新大陆带来的浩劫，查理五世也难逃其责……

在某种程度上，这些说法没有错，然而却有失偏颇。查理五世的对手——法王弗朗索瓦一世因为将文艺复兴带入了法国而获得了尊重；马丁·路德的宗教改革仍旧惠及着数亿新教徒；即便是因多次婚变而脱离罗马教廷的亨利八世，也颇受史学家的偏爱；苏莱曼大帝作为一个可怕可敬的对手，也能够在史书中获得一席之地。本书的初衷就是把这个原本作为背景或者反面人物的查理五世及其治下的哈布斯堡帝国，放置到历史的前台来叙述，目的不是为查理五世歌功颂德，而是破除史家对他的偏见和刻板之词，并正视他的功过得失。

在英语、西班牙语、法语和德语文献中，关于查理五世的专著非常多，还不包括其他一些著作中专门讨论他的章节，查理五世本人也撰写过回忆录。然而，无论是汉译的外文著作，还是中国人自己撰写的关于查理五世的专著，都较为稀少。比起恺撒、查理曼、拿破仑等欧洲历史上的著名人物，查理五世相对更不为国人所知。

笔者最初对查理五世的关注，是阅读了一则皇帝为提香捡起画笔的轶事，由此便想仿照黄仁宇先生《万历十五年》的写法，将世界在这个时间点的概况作为一个横断面展开叙述。后来又深受乔治·马丁的《冰与火之歌》影响，希望以多人物视角撰写一部反映16世纪历史面貌的小说。

本书的雏形就是在简书平台上连载的虚构历史小说，有10万余字。后被行距文化的武尔夫老师看中，并签约了经纪代理。为了此书能够获得更好的出版机会，武老师几经推荐，最后与广东人民出版社签约。同时笔者也听从了武老师的建议，将原本的虚构小说进行修订，使其成为非虚构的历史著作。

原以为从虚构改成非虚构，只是增加些史料，转换一下写作视角，并将自己业已撰写的10余万字嵌入其中即可。但动笔之后才发现，在虚构和非虚构之间有一道巨大的鸿沟。历史小说可以基于历史人物的原型进行再创造，历史事件只是背景资料；而非虚构的历史写作，对于人物的心理和情感，除非有本人的日记及相关文字记录作为凭据，否则是无法了解和叙述的，只能靠猜测和揣摩。更重要的是，历史写作需要掌握充足的文献资料，才能得心应手。最后笔者只好舍弃了之前已经写好的所有虚构部分，从头写起。

本书并非旨在写一本记述查理五世一生事迹的传记，而是试图以查理五世为主线，厘清他与那个时代的关系，包括哈布斯堡帝国的崛起及其主要对手的历史背景。所以呈现在读者面前的这本书，就是一部试图结合传记、通史、国别史、专题史和断代史等不同史学形式的作品。既是以查理五世为主的个人传记；又概述了地中海文明圈自罗马帝国时期至16世纪的通史；还包含了西班牙、法国、英国、意大利、土耳其以及已经不存在的勃艮第公国、神圣罗马帝国的国别史；同时亦对涉及的基督教的异端史、宗教改革史，意大利文艺复兴和人文主义以及欧洲军事史等专题史做了粗浅探索；更是一部描绘了16世纪的欧洲及新世界历史与政治面貌的断代史。

本书基本上按照查理五世的人生轨迹来叙述，同时按照主题划分了六个部分。第一部分叙述了查理五世从出生到成年的16年，在这期间他从一个小小的卢森堡公爵开始，通过继承遗产，获得了一个庞大的帝国。跟随着查理五世成长和爵位继承的顺序，我将先后介绍勃艮第与尼德兰、西班牙和神圣罗马帝国的历史，让读者能够把握其王位的传承和权力的由来。

第二部分着重于叙述查理五世继承帝位之后所面临的第一个

困境，即路德发起的宗教改革运动。宗教改革运动的抗议并非凭空产生，所以本书叙述了自罗马帝国以来基督教中出现的各种异端，以及16世纪文艺复兴时期的"异教"氛围，探讨其如何引发和推动了宗教改革运动，并最终促使运动成功。

第三部分侧重于叙述哈布斯堡帝国和法兰西这两个欧陆大国之间，也就是查理五世和弗朗索瓦一世之间的恩仇，其争霸的主战场就是意大利。这一部分一开始简述了罗马帝国灭亡以来意大利的分裂和16世纪的现状，以及历代法兰西国王对意大利的入侵。查理五世并未亲临战场指挥作战，却在军事战争中第一次击败了他人生最大的对手。意大利战争的胜利不仅导致了查理五世在意大利的地区霸权的形成，还导致了帝国军队对罗马的洗劫，并让罗马教宗最终为查理五世戴上了"伦巴第的铁王冠"。在此期间，查理五世也正式结婚，并与葡萄牙的伊莎贝拉在新婚后有了一段美好的蜜月旅行。

第四部分将暂且离开欧洲，叙述从阿拉伯帝国的崛起到奥斯曼土耳其的扩张的历史进程。到了16世纪，奥斯曼土耳其帝国已经将触角深入到了中欧地区，并威胁着哈布斯堡家族的领地。此部分着重描写了查理五世在中欧地区与苏莱曼大帝的对抗。此时的哈布斯堡帝国已经是抵抗异教徒入侵欧洲的唯一力量。

虽然赢得了意大利、维也纳和地中海战场的胜利，但欧洲内部此时却危机四起。第五部分将从英格兰国王亨利八世脱离罗马教廷开始，讲述法兰西-奥斯曼联盟共同对抗查理五世统治的哈布斯堡帝国的历程，查理五世对北非发动的战争，以及帝国内部信仰新教的德意志诸侯联盟对查理五世统治的反抗。虽然查理五世最终赢得了这一系列战争的胜利，但伊莎贝拉在这个时期的离世却为他带来了持久的悲痛。

　　最后一部分将从葡萄牙所开启的大航海时代讲起，描绘西班牙探险者对美洲的征服和掠夺。在建立起一个日不落帝国的同时，查理五世的人生也走向了日落。这部分记述了他从最后战场上离开，主动宣布退位及此的修道院生活，以及他死后留下的两个哈布斯堡支系在未来将面临的不同命运。

　　查理五世的一生，一直在竭力实现一个"普世君主"之梦，他试图让宗教信仰统一于罗马教廷，维持基督教世界的和平。但这个梦想注定是要失败的，单一霸权对欧洲各地领主来说是一种巨大的威胁，他们必然会联合起来反抗查理五世，罗马教宗的一意孤行和新教的不妥协态度更使彼此水火难容，人文主义所渴望的官方语言的统一也随着地方语言的兴起和印刷的普及而变得遥不可及。

　　感谢家人的理解和支持，让本书最终得以成稿。笔者也深知，写作时间的短暂、参考资料的不足和表达水平的有限，并不是本书存在缺陷的借口，望读者批评指正。

张秦峰

2020年8月16日于巴塞罗那

常见译名规范

Charles/Carlos：本书主角查理五世，一律使用"查理"作为译名，西语中文一般翻译为"卡洛斯"。其余名叫查理的历史人物，根据出生国和中文通用译法会有所不同，如法兰克宫相"铁锤"查理（Charles Martel）、西班牙国王卡洛斯二世（Carlos II）。

Fernando/Ferdinand：一般将此西班牙人名译作费尔南多，如查理的外祖父阿拉贡国王费尔南多二世（Fernando II de Aragón el Católico），而神圣罗马帝国或奥地利大公译作斐迪南，如查理的弟弟神圣罗马帝国皇帝斐迪南一世（Ferdinand I），虽然其出生地为西班牙。

Francisco/Francis/François：用于法国人名一般翻译为弗朗索瓦，如弗朗索瓦一世，如用于普通人名翻译为弗朗西斯，用于神职名称通常翻译为方济各，如方济各修会。

John/Joan/João/Ioannes：根据出生地使用语言不同，英语或德语中一般翻译为约翰，西班牙语翻译为胡安，葡萄牙语一般翻译为若昂，用于教宗或神职人员称呼一般翻译为若望。在西语中的女性人名一般译作"胡安娜"，如查理的母亲"疯女"胡安娜。

Felipe/Philip：查理的父亲译作费利佩一世，而查理的儿子按照习惯译作菲利普。

Isabel/Isabella：葡萄牙、西班牙名均译作伊莎贝拉。

Henry/Enrique/Henriques：英、法、德人名译名为亨利，西班牙人名译为恩里克，葡萄牙语翻译为恩里克斯。葡萄牙大航海时代的赞助者，本书按照习惯翻译为恩里克，而非亨利或恩里克斯。

Friedrich/Frederick/Federico：德意志地区贵族，一般翻译为腓特烈，如萨克森选帝侯腓特烈三世，有时候译作弗里德里希。

De/Da/Von/of：如姓名已经是中文通俗表达便使用常用译法，如莱奥纳多·达·芬奇（Leonardo da Vinci），而不译作"芬奇的莱奥纳多"，鹿特丹的伊拉斯谟（Erasmus von Rotterdam）而不使用"伊拉斯谟·范·鹿特丹"。中文无通用译法的人名一般不按照达·芬奇式的译法，而使用伊拉斯谟式的译法，如Gonzalo Fernández de Córdoba 译作"科尔多瓦的贡萨洛·费尔南德斯"，Germaine de Foix译作"富瓦的杰蔓"。其余贵族名称包含其姓氏家族领地的则通常保留其中间词。

Emperor/Empress/Imperator：皇帝或女皇，在本书中，仅有

作为西罗马和东罗马的最高统治者才称为皇帝。与皇帝相关的称呼还包括皇室、皇家、帝国等。

King/Rey/Rei：国王，是具有王国地位的最高统治者，有关国王的词汇一律使用王家、王室、王国等，以区别于与皇帝相关的词汇。从阶位上来说，神圣罗马帝国的皇帝要高于欧洲君主国王，但并不代表国王要向皇帝效忠。

Grand Duke/Archduke：大公，神圣罗马帝国的国王以下的最高贵族等级称之为大公，如哈布斯堡家族的奥地利大公。

Kurfürst/Elector：选帝侯，是神圣罗马帝国拥有选帝资格的领主，帝国会议最高组织的成员，拥有选举德意志国王和神圣罗马帝国皇帝的权力。在本书中，提到德意志的选帝侯和其他非选帝侯却拥有爵位继承权的德意志地区王公贵族，也称呼其为王子（prince）。

Prince/infante：一般翻译为亲王或王储，一般指拥有王位继承权的人。例如书中提到的新教王子们，就是指信奉路德派的德意志诸侯或领主，而非指王储。

本书中提到的西班牙、德意志、意大利等地，通常是作为地理称谓而非政治概念，因为此时它们并非现代意义上的国家，而用法兰西、英格兰称呼当时的王国，以区别于当前民族国家意义上的法国、英国。

罗马教宗的称号、圣人圣徒等天主教称呼，大部分译名采用旧译，也就是天主教传统译名，而非新教译名。因此，罗马教会最高领袖称之为"教宗"而非中文通常所说的"教皇"，梵蒂冈的圣彼得大教堂翻译为圣伯多禄大殿，采用方济各修会的译法而不是弗朗西斯修会，文中第一次出现时，会在括号内备注通俗的新教译名。

序：16世纪欧洲及世界的素描　/ 001

第一部分　继承的遗产

第一章　卢森堡公爵　/ 007

第二章　"勃艮第遗产"　/ 027

第三章　西班牙王冠　/ 043

第四章　罗马人的王　/ 063

第二部分　异端的审判

第五章　文艺的复兴　/ 083

第六章　路德的领悟　/ 099

第七章　沃尔姆斯议会　/ 113

第三部分　争霸欧罗巴

第八章　分裂的意大利　/ 131

第九章　弗朗索瓦一世　/ 149

第十章　纳瓦拉之战　/ 167

第十一章　决战帕维亚　/ 183

第十二章　90万的嫁妆　/ 197

第十三章　罗马之劫　/ 211

目　录

第四部分　奥斯曼来袭

第十四章　奥斯曼帝国的崛起 / 229

第十五章　匈牙利告急 / 245

第十六章　维也纳之围 / 263

第十七章　恺撒的决斗 / 279

第五部分　危机四起

第十八章　英格兰的决裂 / 299

第十九章　突尼斯的征服 / 315

第二十章　百合与新月 / 329

第二十一章　再起争端 / 347

第二十二章　全线崩溃 / 363

第二十三章　新教王子的叛乱 / 381

第六部分　从日出到日落

第二十四章　葡萄牙的海外帝国 / 401

第二十五章　西班牙征服美洲 / 419

第二十六章　最后的战场 / 439

第二十七章　漫长的旅程 / 457

参考文献 / 474

序
16世纪欧洲及世界的素描

　　1500年，如同以往的任何年份一样，没有什么特别，世界各地的人们还是按照各自的轨迹继续生活着。

　　郑和的名字，与抵达过非洲的远洋舰船一同被中国明朝的人们渐渐遗忘；而到达了"印度"的哥伦布，则正在被押解回国的途中。

　　位于墨西哥的阿兹克特帝国的首都，人口已经达到了25万，这里的人们尚不知道，来自另一个半球的入侵者已经距离它们不远了；位于安第斯山脉的印加帝国也同样不知道，自己未来的命运将不再为太阳神所护佑。

　　南太平洋群岛的波利尼西亚人，大多已经忘记了祖先的航海技术，过着与世隔绝的原始生活；印度洋上的船只来来往往，不论宗教信仰，看重的只是对方手里的金币。

　　明孝宗的弘治中兴已到强弩之末，比起国家政治，皇帝更加看重的是不老方术；成吉思汗所建立的帝国，早已经被孙辈们的各个汗国所替代，并渐渐被邻邦蚕食。

　　而此时的欧洲刚刚从黑死病中恢复过来，存在着500多个不同程度上独立的政治实体。

　　莫斯科公国刚刚从鞑靼人的手中实现自治，奥斯曼帝国已经将东地中海的大部分地区纳入囊中，正在逼近匈牙利平原。神圣罗马帝国仍旧是众多自由城市和几个王国所组成的松散集合，法兰西王国虽然失去了查理曼时期的辉煌，但仍不遗余力地想在意大利占据一块立足之地。

　　这一时期的意大利半岛，依旧如同一千年前罗马帝国被毁灭之后一样支离破碎。文艺复兴正从这块战乱之地向欧洲扩散，人文主义者频频嘲笑着罗马教宗混乱的私生活；伊比利亚半岛上的两个国家，葡萄牙已经绕过了好望角，挤进了印度洋上的贸易中心，而西班牙刚刚完成统一，等待着哥伦布的后继探险者们献上来自新大陆的黄金白银。

也是在这一年初，在比利时根特，布拉班特公爵家族中一位婴儿的降生，即将把旧大陆与新大陆，把西方文明与东方文明，把全球的各个角落，不可逆转地连接在一起，世界将从此成为一个整体。

在他出生的这年，同时代的那些人们，有着各自不同的生活状态：达·芬奇已快到知天命之年，准备从威尼斯返回佛罗伦萨；17岁的拉斐尔刚刚学画有成；25岁的米开朗基罗正在佛罗伦萨为羊毛同业公会创作大卫雕像；将近30岁的丢勒已经从意大利游学回到了纽伦堡，开设了自己的工作室；提香则刚刚12岁，正和乔尔乔内在乔瓦尼·贝利尼的画室里当学徒……

马基雅维利年届31岁，正担任佛罗伦萨共和国第二国务厅的长官，是首席执政官的心腹，正仕途顺利，尚是个政治家而不是政治学家；鹿特丹的伊拉斯谟已有34岁，此时来到英格兰访问。

而他未来的对手们：法兰西的弗朗索瓦一世已经6岁，是法兰西王国的假定继承人；英格兰的亨利八世未满9岁，被封为约克公爵；奥斯曼帝国的苏莱曼也将近6岁，即将前往伊斯坦布尔的皇家学校学习；17岁的路德业已完成了基础学习，即将进入图林根的大学就读哲学。

我们将从这位婴儿如何一步步获得并建立起一个庞大的哈布斯堡帝国开始，讲述这个文艺复兴正值辉煌、英雄与枭雄并处的时代。通过他与这些人物的恩怨情仇，了解他与他们一起绘制的16世纪欧洲及世界的版图。

第一部分

继承的遗产

战神能给予你的东西，爱神也能够给你

——哈布斯堡家族格言

第一章
卢森堡公爵

他将是第二位查理曼大帝，他是罗马人的王，他会重建教会、改革帝国、痛击土耳其，他会像大卫王一样把羊合成一群。

——马克·格林格拉斯：《基督教欧洲的巨变》

2月的根特，春天还远未到来，而封斋①就要开始了。24日的凌晨夜已深沉，布拉班特公爵府的舞会还没有散场。胡安娜感觉到一阵腹痛，便匆忙赶往厕所，这时候她发现自己的羊水已破，腹中的孩子即将出世。有过一次生育经验的胡安娜并没有叫人来帮忙，独自一人将孩子生了下来。

这是胡安娜给勃艮第公爵"美男子"②费利佩所生的第一位男性继承人，如同自己的母亲伊莎贝拉一样，胡安娜注定要生养众多子嗣，而这些子嗣也注定将改变未来欧洲甚至世界的政治格局。

哈布斯堡的婚约

胡安娜与勃艮第公爵费利佩的婚姻是一桩政治安排，是神圣罗马帝国皇帝马克西米利安一世毕生所做的最好投资之一，也是

---

① 即复活节前的四十天斋戒期。
② 欧洲历史上知名的政治家和人物都有其绰号，如"美男子"就是费利佩的绰号。绰号与名字中的出生地不同，如勃艮第的玛格丽特，有时候出生地是作为人物姓名的一部分。本书中使用绰号时用引号标明，而名字中含有出生地则不使用引号。

哈布斯堡家族史上最成功的政治联姻。奥地利的哈布斯堡家族自中世纪以来，便流传下来这样一句拉丁语名言：

Bella gerunt alli, tu, felix Austria, nube;

Nam quae Mars allis, dat tibi regna Venus.

意译过来就是："让别人去发动战争吧，恭祝你们奥地利，就使用婚姻吧！战神能给予你的，爱神也能够给你。"这句话后来成了描述哈布斯堡家政治联姻策略的名言，简称为*Felix Austria*，意即"恭祝奥地利"。

马克西米利安一世在其一生中所做出的三大政治联姻决定，件件都将这项家族传统发扬光大：其一是他本人与勃艮第的玛丽的婚姻，让哈布斯堡家族将这块欧洲最富庶的地域纳入了家族领地；其二便是其儿女与"天主教双王"儿女的双重婚姻，让哈布斯堡家族的触角伸到了伊比利亚半岛，从而成为16—17世纪欧洲局势的主导力量；其三是其孙辈与匈牙利-保加利亚的雅盖隆家族的另一项双重婚姻，让哈布斯堡家族的势力从中欧扩展到了东欧，甚至是巴尔干半岛，其影响延续到第一次世界大战结束。

哈布斯堡家族的这种联姻策略，让他们的家族之树得以在欧洲中央（中欧）扎根，自中世纪开始生长，并逐步将根系伸展到欧洲各地。这种姻亲关系在欧洲王室之间盘根错节，其后代在欧洲大地四散开花。欧洲历来的多次战争都与其密切相关，甚至世界大战都无法将其斩断，其影响仍然存续于欧盟的各个机构中。

这位婴儿的母亲胡安娜——马克西米利安一世政治联姻的对象，来自于伊比利亚的特拉斯塔马拉家族。这个家族后代的两个分支，分别统治着伊比利亚半岛上的两个重要王国：阿拉贡和卡斯蒂利亚。在15世纪中期，阿拉贡的费尔南多二世与卡斯蒂利亚的伊莎贝拉一世的婚姻，让这个家族分开的两个支系又融合在了一起。被称为"天主教双王"①的二人，于1492年收复了半岛上最后一个摩尔人王国格拉纳达之后，才形成了当今西班牙的雏形。

天主教双王也有着和马克西米利安一世一样的眼光：领地不单单可以通过战争来取得，也可以通过婚姻。因此，二人对他们的每一位成年子嗣都做了很好的婚约安排。

长女伊莎贝拉成了葡萄牙国王曼努埃尔一世的王后，其长子"和平的米盖"，将继承西班牙和葡萄牙共同的领土；长子胡安娶了马克西米利安一世的女儿奥地利的玛格丽特；次女胡安娜则嫁给了马克西米利安一世唯一的男性继承人勃艮第公爵费利佩，这就是上面说到的"双重婚约"之一。两个最小的女儿中，玛利亚计划许配给苏格兰国王詹姆斯四世，凯瑟琳则安排许配给英格兰王储亚瑟。天主教双王希望两姐妹的丈夫能够通过这层关系，维持苏格兰和英格兰之间的和平。

如果一切顺理成章，那么特拉斯塔马拉家族将掌控整个伊比利亚半岛，还将影响苏格兰和英格兰的政治，并与神圣罗马帝国一起，让法兰西王国成为他们庞大领土中的一处孤岛。然而，这个时代的死亡和婚约如同地中海冬季的天气一样不可预测，天主教双王的美好设想被突如其来的一桩桩死亡所摧毁。长子阿斯图里亚亲王胡安与玛格丽特结婚六个月后去世，二人的孩子也胎死腹中；葡萄牙王后伊莎贝拉也因难产而死，其子"和平的米盖"未能给伊比利亚半岛带来最终的和平，在不到两岁时夭折，玛利亚只好作为姐姐的继任成为葡萄牙国王的新娘；而凯

---

① 　La Católica 和 El Católico 是罗马教宗分别授予二人的称号，以表彰他们将伊斯兰教驱逐出伊比利亚半岛，正确译法应是"基督徒"，二人称号合并称为天主教双王（Reyes Católicos）。英格兰国王亨利八世也曾一度渴望获得这个"基督徒"的称号。

瑟琳在亚瑟死后又被迫嫁给了小叔，此后还将被这个新夫打入监牢。

此时，伊莎贝拉一世和费尔南多二世留下的西班牙诸多王位和新发现的大陆，依顺位将由他们的次女胡安娜及其丈夫费利佩所继承，最终也将由这个刚刚在厕所里诞生的婴儿全部掌管，再加上其祖父马克西米利安一世死后，神圣罗马帝国也会由他继承，那么大半个欧洲和新世界的统治权都将落在这个男孩身上。

作为母亲的胡安娜希望给孩子取名为胡安，以纪念她逝去的哥哥，而姑姑玛格丽特则建议孩子以她父亲马克西米利安为名，但最终作为父亲的费利佩选择了以自己的外公——"大胆"查理的名字为孩子取名，希望这个孩子能够像其曾外祖父一样英勇。

根特的市民听说公爵府诞生了一位王子，纷纷出来欢庆，在街头巷尾大呼小叫"奥地利""勃艮第"，持续了三个小时，人们奔走相告，根特诞生了一位能带来和平的王子。他们无法预料的是，这位和平王子成年后所发动的战争，几乎榨干了他们口袋里的每一分钱。

初为人父的勃艮第公爵费利佩自然也是开心不已，他立即签署公告，让尼德兰的主要城镇安排游行、燃放烟火和举办公众活动，一同来庆祝他拥有了一位男性继承人。同时他还召集领地内的大小神职人员前来参加查理的出生洗礼。按照中世纪欧洲人的宗教观点，如果一个孩子在命名和洗礼前夭折，那么其灵魂将无法进入天堂，因此婴儿的出生洗礼便成了人生的第一件大事①。

费利佩也向父亲和岳父母告知了查理出生的好消息。马克西

---

① 出生洗礼是天主教七件圣事之一，其他六件是坚信礼、圣餐礼、神品礼、忏悔礼、终傅礼和婚礼。

米利安一世对孩子取名为查理非常满意，他的岳父"大胆"查理是受人尊敬的英雄，其野心与胆识仍深深刻印在马克西米利安一世的心中。对于笃信天主教的外祖母伊莎贝拉来说，查理正好出生于圣玛弟亚日，圣玛弟亚就是耶稣升天后代替犹大入选的十二宗徒之一，其名字的希伯来语意为"神的恩赐"。这也正预示着查理原本是个候补继承人，竟能获得如此庞大的领地，这完全出自神的恩赐。成年后的查理无论是在战争还是在外交上都占尽了天时地利，这也让他相信自己的运气来自神赐。

3月7日傍晚，成千上万根火把将根特的夜空照亮如昼，在众多官员的陪同下，查理被从公爵府带往圣巴夫主教座堂，完成他人生的第一件圣事。查理的教父母共有四人：两位教母分别是"大胆"查理的遗孀、查理的曾外祖母约克的玛格丽特和查理的姑姑奥地利的玛格丽特；两位教父，一位是克罗伊家族的查理一世[1]，一位是贝亨家族的让·格莱姆。这四位教父母对查理之后的成长都有着莫大的影响，尤其是姑姑玛格丽特，她肩负了抚养和教育查理的责任，被查理称为第二个母亲。查理出生的次年，妹妹伊莎贝拉出生后不久，他的父母就留下了三个年幼的孩子，双双前往西班牙。

父死母疯的孤儿

1498年，阿斯图里亚公主[2]阿拉贡的伊莎贝拉，在萨拉戈萨为葡萄牙国王曼努埃尔一世生下一位男孩，取名米盖。然而，阿

---

[1]　其表弟威廉·克罗伊后来成为查理的首相。

[2]　西班牙卡斯蒂利亚王国的王储，男性被称为阿斯图里亚王子（亲王），女性称为阿斯图里亚公主。阿拉贡王国一般情况下只允许男性继承，通常称为赫罗纳亲王。

拉贡的伊莎贝拉却因孕期的长期禁食和来回奔波，在孩子出生一小时后便去世了，死在卡斯蒂利亚女王伊莎贝拉一世的怀中。原本属于他母亲的头衔，顺理成章地落在了这位米盖身上，他不仅是卡斯蒂利亚和莱昂王国的继承人，也是阿拉贡王国和葡萄牙王国的王储。或许是由于胎儿时期的营养不良，米盖不到两岁便在格拉纳达去世了，同样是死在了伊莎贝拉一世的怀中。本来，伊比利亚半岛的几个王国有望在"和平的米盖"身上实现继承人的统一，而米盖的死亡让这个进程至少推迟了80年，直到查理的儿子菲利普二世统治时才终得以实现。

卡斯蒂利亚和阿拉贡王国的继承人，从天主教双王的长子胡安到长女伊莎贝拉，再到外孙米盖之后，又转移到了次女——查理的母亲胡安娜身上。

胡安娜绰号"疯女"，在她的精神出现问题之前，她与费利佩的婚姻既是一段完美的政治联姻，也是令人艳羡的真正爱情。查理的父亲，人称"美男子"的费利佩，是勃艮第公爵，其母亲勃艮第的玛丽于1482年去世后，费利佩在其父亲——神圣罗马帝国皇帝马克西米利安一世的监管下继承了爵位，直到他16岁之后才独立管理，也就是查理出生的六年以前。费利佩不仅统治着母亲留下的"勃艮第遗产"，也统治着尼德兰和佛兰德斯等地。

1496年两人成婚时，费利佩刚满18岁，而胡安娜还不到17岁。情窦初开的年纪里，两人还比较恩爱。两年后，胡安娜为费利佩生下第一个孩子埃莉诺。到了查理出生的时候，两人已经结婚四年，而费利佩也开始四处拈花惹草。即便如此，查理一岁时，还是又多了一个妹妹伊莎贝拉，之后这对夫妻又生育了三个孩子。这六个孩子都活到了成年，这些兄弟姐妹也成了查理成年后在欧洲进行政治联姻的重要资源。

依照当时的惯例，女性继承人的丈夫是可以与妻子分享权力、共治王国的，亨利八世死后的英格兰王位就由玛丽一世及其丈夫菲利普共享。后来的伊丽莎白一世正是因为不愿意与人共享权力而选择一生不婚。对费利佩来说，和胡安娜的婚姻让他从一个公爵意外地升级成了国王，从此他的野心便膨胀了起来。野心勃勃的费利佩在1502年将勃艮第和三个孩子交给了曾外祖母，也就是查理的教母之一约克的玛格丽特照料，而他则带着妻子胡安娜和勃艮第官员一同从布鲁塞尔出发，经陆路前往西班牙，去接受卡斯蒂利亚和阿拉贡等地贵族的效忠宣誓。

费利佩一行人前往西班牙的路线，自中世纪起就已闻名，是圣地亚哥之路①中的一条。时至今日，圣地亚哥朝圣路上的徒步旅行者依然络绎不绝。途经法兰西时，为了取得法王路易十二的支持，双方确定了联盟关系。路易十二将女儿克洛德许配给查理，这项婚约有可能终结法兰西和神圣罗马帝国长期的对峙。

在卡斯蒂利亚，费利佩并未遇到多少阻碍，由于卡斯蒂利亚贵族都支持胡安娜，费利佩的共享继承权没什么问题。然而，阿拉贡王国却不承认费利佩拥有继承权，议会认为他们的国王费尔南多二世在伊莎贝拉一世女王死后会再续妻室，因而有可能生下一位男性继承人统治阿拉贡。已经取得一定成功的费利佩也并未纠结于此，随后回到了勃艮第，将精神已经有些不正常且怀有身孕的胡安娜留在了她父母身边。腹中胎儿就是未来继承了查理的

---

① 圣地亚哥之路，也叫圣雅各之路，终点是西班牙北部的圣地亚哥-德孔波斯特拉，据称耶稣门徒之一的雅各就埋葬于此地。

神圣罗马帝国皇位，并兼任波西米亚和匈牙利国王的斐迪南①。

胡安娜生下斐迪南之后，就迫切地想要回到勃艮第与丈夫团聚，便将次子留给父母照料。回到勃艮第后，胡安娜却发现了费利佩与侍女的奸情。她的精神状况进一步恶化，夫妻两人的关系也更加趋于冷淡。胡安娜此时根本无心照顾自己的孩子们。

1504年，卡斯蒂利亚女王伊莎贝拉一世死后，费利佩不得不再次前往西班牙，正式继承卡斯蒂利亚王位。费利佩并未着急动身，已经有了第一次的效忠，他更希望这次能够稳妥地将卡斯蒂利亚的王位抓在手中，以免落入岳父费尔南多二世之手。尼德兰地区海尔德公爵在法兰西的支持下起兵叛乱，费利佩通过再次与法王结盟平息了叛乱，同时又拉拢了坚定支持伊莎贝拉一世、反对费尔南多二世的西班牙"大将军"贡萨洛·费尔南德斯。

等一切安排妥当之后，胡安娜又怀孕了，待她生下第五个孩子玛丽之后，费利佩才准备好启程前往西班牙。上次帮助费利佩照顾孩子的外祖母已经过世，费利佩希望妹妹玛格丽特回来摄政勃艮第，并照看孩子们，但玛格丽特因丈夫新丧没能回来。

费利佩原本打算带上查理一同前往，却遭到了贵族们的反对，他们认为作为勃艮第公爵继承人的查理必须在这里长大，否则就拒绝承认查理勃艮第继承人的资格。无奈之下，费利佩只好安排查理的教父——克罗伊的查理一世来照顾这几个孩子，又委托查理一世的表弟威廉·克罗伊担任勃艮第摄政，一切命令皆可代表勃艮第公爵本人发出。

---

① 斐迪南是以其外祖父阿拉贡国王费尔南多二世的名字命名。虽然斐迪南出生于西班牙理应翻译为斐尔南多，考虑到传统译法，本书将奥地利的斐尔南多译作为斐迪南。

或许是预感到了此次出行的结果，费利佩特地留下了遗嘱，万一他不幸死在了尼德兰附近，就将其葬在布鲁日其母玛丽的墓旁，若是死于西班牙，就葬在格拉纳达其岳母伊莎贝拉的棺椁旁。在遗嘱中，费利佩还对女儿们出嫁的聘礼做了最低要求，并让两个儿子查理和斐迪南联合起来继承他的所有爵位和领地。就是这个遗嘱，让查理两兄弟此后差点因为领地分配的问题闹翻。

立了遗嘱，费利佩最后看了儿女们一眼，就于1506年坐船出发了。刚出发不久，船只便在英吉利海峡遭遇了风暴，被狂风吹到了英格兰。英格兰国王亨利七世便以暂住避难为名，迫使他签署了有利于英格兰的协议①，六个星期后，费利佩一行才获准重新起航。谁知这一去他便再也没能回到勃艮第。费利佩带着3000名德意志雇佣兵随行，尽管卡斯蒂利亚人感到不安，但他还是在贵族和"大将军"贡萨洛的支持下，取得了和岳父费尔南多二世夺权的胜利②，并以胡安娜精神不正常为由将她关押了起来，独自统治起卡斯蒂利亚和"印度"，因此也被称为"费利佩一世"③。

当上了国王的费利佩才高兴了75天，便于1506年9月25日在

---

① 该协议史称 Intercursus Malus，其中规定尼德兰放开对英格兰羊毛纺织品的进口关税，并将亨利七世的敌人遣送回国等。

② 费利佩和岳父费尔南多二世的代表曾于 1505 年 11 月 24 日签订了《萨拉曼卡协议》（Concordia de Salamanca），协议中约定由费利佩、费尔南多二世和胡安娜三人共同管理卡斯蒂利亚。然而此时占据优势的费利佩又要求岳父让渡所有卡斯蒂利亚的权力，并退回到阿拉贡王国，同时还让费尔南多二世放弃新大陆一半的收入，新的条约被称为《比利亚法菲拉条约》（Concordia de Villafáfila，签订于 1506 年 6 月 28 日）。

③ 费利佩的国王称号中包含了 iure uxoris，意思是"依据妻权"，而胡安娜女王的称号中是 suo jure，意思是"依据己权"。后来查理五世的儿子菲利普二世迎娶了英格兰女王玛丽一世之后，其头衔中也加上了"依据妻权"。

布尔戈斯因感染伤寒而死①，享年28岁。胡安娜痛苦欲绝，拒绝
将其下葬，一直守候在棺椁边，与费利佩的遗体形影不离。直到
查理继承西班牙王位后，才将费利佩的遗体送往格拉纳达的皇家
修道院安葬。直到今天，我们仍能在这座修道院里看到安葬于此
的五位卡斯蒂利亚国王：从最小的米盖到伊莎贝拉和后来埋在此
处的费尔南多二世，以及费利佩和胡安娜。

　　费利佩短暂的一生就这样结束了。费尔南多二世仍以胡安娜精
神不正常为由将她关押起来。在卡斯蒂利亚托莱多总主教西斯内罗
斯的支持下，费尔南多二世掌控了卡斯蒂利亚，成为整个西班牙的
实际统治者，虽然卡斯蒂利亚的大多数贵族对此颇为不满。

　　费利佩的突然身亡，使得勃艮第和低地国家乱成一团。英
格兰和法兰西都表示可以为年幼的查理王子提供保护，实则是对
勃艮第虎视眈眈。勃艮第地区各领地的代表迅速组建了议事会，
经过商议，他们最终决定投靠神圣罗马帝国。而神圣罗马帝国皇
帝马克西米利安一世得知儿子去世的消息后，也预料到勃艮第的
贵族们只能向哈布斯堡家族求助。于是，马克西米利安一世紧急
将女儿玛格丽特从萨伏依召回，并任命她为哈布斯堡尼德兰摄政
王，辅佑她年幼的侄子查理。

梅赫伦的快乐童年

　　奥地利的玛格丽特是那个时代政治婚姻的牺牲者，不过也因
此而成为16世纪欧洲政局中并不罕见的女性执政者。

　　幼年的玛格丽特因与法兰西王储查理八世订有婚约，从三岁
起就被带到了未婚夫的姐姐兼摄政——法兰西的安妮身边接受教

---

① 也有人认为是毒杀。

育，为将来成为王后做准备，此后的八年时间都在法兰西宫廷里度过。与玛格丽特同时在安妮身边的还有另一位知名的女性，即未来法兰西国王弗朗索瓦一世的母亲露易丝，此时的二人还形同姐妹，但在40年后却不得不分别代表对立的双方进行谈判。

为了争取布列塔尼，查理八世撕毁了和玛格丽特的婚约，转而与布列塔尼的安妮结婚，这对玛格丽特伤害至深，之后玛格丽特对法兰西的恨意明显地表现在了她摄政勃艮第时期的对法政策中。查理八世悔婚后，玛格丽特回到勃艮第，两年后在父亲的安排下，嫁给西班牙诸王国的第一继承人阿斯图里亚亲王胡安。

两人的婚姻一开始甚是甜蜜，然而胡安在婚后六个月便去世了。传言是因为房事过度，但更可能是因为那个时代常见的流行病，英格兰王储亚瑟也是在婚后不久患病去世的。在胡安去世之后，玛格丽特在1498年早产，生下了一个夭折的女儿。此时玛格丽特已经没有待在西班牙的必要了，毕竟年纪尚轻的贵族子女对于欧洲各个王室来说都是抢手的"资产"，尤其她还是神圣罗马帝国皇帝的女儿。

借着查理的出生，费利佩发急信给妹妹玛格丽特，把她从西班牙召回了根特，一是为她安排再嫁，二是让玛格丽特来担任查理的教母。查理出生洗礼后不久，玛格丽特又被安排嫁给萨伏依①公爵菲利伯托二世。然而不到三年，这位公爵便去世了。玛格丽特悲痛之下欲跳窗自杀，但被救了下来。之后她就打算永远待在萨伏依，并发誓不再嫁人。父亲马克西米利安一世和哥哥

---

① 萨伏依公国位于现意大利、瑞士和法国三国的交接地带，当时为神圣罗马帝国统治领地，其首府先后设在尚贝里（现属法国）、都灵（现属意大利），之后被法国和意大利所吞并。

费利佩没有经过玛格丽特同意，打算将她嫁给英格兰国王亨利七世。然而玛格丽特誓死反对，也不愿回到勃艮第，至死都被称为"萨伏依公爵夫人"。

费利佩突然死于西班牙，也让玛格丽特吃惊万分，便匆忙赶去与父亲马克西米利安一世见面，商讨如何处理费利佩死后留下的混乱局面。玛格丽特安排好了丈夫的后事之后，于1507年4月回到了勃艮第，以马克西米利安一世全权代表的身份摄政，并担负起照料查理兄妹几人的责任。胡安娜和费利佩并未对查理尽到父母的责任，甚至可以说，胡安娜对孩子几乎是不闻不问，而玛格丽特则在大部分时间里担负起养育查理的责任。

作为查理的师长和养母，玛格丽特无论是在修养方面还是在政治管理方面，都对查理有着莫大的影响。在未来很长的一段时间里，她都在辅佐查理打理"勃艮第遗产"，并处理其治下王国与其他国家的关系。因此，查理称她为"第二个母亲"绝不是出于礼貌。在成年的查理奔波于治下的各个领地时，勃艮第一直交由姑姑玛格丽特摄政管理，后来再次回到此地时，查理签署了命令，"鉴于萨伏依公爵夫人、我的姑姑为我们所做出的伟大的、不可估量并值得称颂的付出"，任命玛格丽特为勃艮第总督。查理一直以来也都将玛格丽特当作自己最明智的顾问。

在摄政勃艮第期间，玛格丽特的政策让低地国家保持了长期的繁荣，通过重新签订与英格兰的条约，恢复了此地与英格兰之间重要的布料出口贸易。正是玛格丽特对于勃艮第地区的治理得当，为查理在日后与法王弗朗索瓦一世、奥斯曼帝国以及与德意志新教徒的战争提供资金上的支持。摄政勃艮第后，玛格丽特将治所从布鲁塞尔迁至梅赫伦，并在梅赫伦新建了萨伏依宫。同时她也将文艺复兴带到了这里，她的府上收藏了100多幅挂毯、

50多件雕塑和200多件油画作品，其中就包含了尼德兰知名的艺术家罗希尔·范德魏登、耶罗尼米斯·博斯、汉斯·梅姆林和扬·凡·艾克等人的作品。曾作为其父亲马克西米利安一世御前画家的阿尔布雷希特·丢勒，也受到了玛格丽特的青睐。

虽然年幼丧父，又无母亲相陪，但查理和几个姐妹在姑姑玛格丽特的精心照料下，还是在梅赫伦度过了一段愉快的童年时光。梅赫伦在"大胆"查理时期就已经是勃艮第诸多政治机构的所在地，费利佩和玛格丽特兄妹两人儿时也是在梅赫伦度过的。查理和姐妹几人在父母第一次去西班牙时，也曾在曾外祖母约克的玛格丽特府上生活过。这次他们要随着姑姑玛格丽特一起在这里生活将近八年。

玛格丽特回到梅赫伦后，就在圣路茂狄主教座堂为费利佩举办了一场隆重的葬礼，也是在父亲的葬礼上，查理第一次以统治者的身份出现在公共场合。七岁的查理骑着小马，由护卫保护着，众人高呼"万岁查理！容神恩典的奥地利大公、西班牙王子……"，当然还包括布拉班特公爵、佛兰德斯伯爵等诸多头衔。也是在这个葬礼上，这位王子第一次发表了公开演讲。显然，和现在幼儿园小朋友上台表演时有一个老师在幕后或旁边指导一样，查理的首次公开演讲也是据姑姑玛格丽特所说的一字一句复述出来的。

与父亲"美男子"费利佩相比，查理算不上英俊，甚至长得比较丑。他拥有哈布斯堡家族典型的下巴，过大的下颚导致他很难合上嘴，口齿并不是很清楚，脸上也没有太多笑容。年幼时的查理身体并不强壮，脸色苍白，很多人并不对他抱有多大希望，不过他前额宽大，看上去比较聪明，倒还算招人喜欢。

查理年幼失怙，直到十多年后前往西班牙加冕时，才在囚室中见到了自己的母亲和一个从未谋面的妹妹。以现代人的观念看来，他的童年似乎很不幸，几乎没有享受过家庭生活，这也使他在结婚后格外重视家庭。

在查理的兄弟姐妹中，弟弟斐迪南在父母第二次去西班牙的时候就一直待在外祖父母身边，另外两个妹妹伊莎贝拉和玛丽年纪尚幼，最小的妹妹凯瑟琳则一直留在母亲胡安娜身边，此时他们尚未谋面。姐姐埃莉诺比查理大了不到两岁，无疑也是他最亲近的人。每次过圣约翰节①的时候，查理就会和埃莉诺一起围着篝火跳舞。但长大后的查理不仅残忍地扼杀了姐姐的爱情，还把她嫁给了年纪颇大的姨夫。

像所有小男孩一样，少年时期的查理懒散又叛逆，学习也不认真。虽然他有句名言"我用西班牙语与上帝沟通，用意大利语和女人调情，用法语同绅士寒暄，而用德语调教马匹"，让人以为他通晓诸多语言，但事实上却并非如此。即便是成年很久之后，查理的拉丁语仍然一塌糊涂，作为母语的法语也并未达到能优雅写作的水平，更不要提德语、意大利语和西班牙语了。虽然出生于佛兰德斯，但查理直到13岁之后才开始学习弗拉芒语，以至于卡斯蒂利亚贵族宣誓效忠的时候，还要特意强调他要学会卡斯蒂利亚语（即西班牙语）。

父亲费利佩还在世的时候，就安排专人指导埃莉诺、三岁的查理和更小的妹妹伊莎贝拉识字和学习音乐。查理学习进度缓慢，远不如姐姐学得快。查理并不好学而喜欢听故事。在早年的教师中，有一位来自拿骚的亨利伯爵，查理喜欢听他讲故事。亨

---

① 即施洗者约翰的纪念日，因为在每年 6 月 23 日晚会举行烟花庆祝，有时也被称为夏至节。

利给查理讲了很多故事，特别是查理先辈的英勇事迹，如"好人"菲利普和祖父"大胆"查理，这些故事在幼小的查理心中种下了骑士英雄的种子。

查理儿时最喜欢的游戏是用玩偶玩角色扮演，比如扮演基督骑士和土耳其人打仗。查理所扮演的基督骑士每次都能打败土耳其人。查理的祖父马克西米利安一世第一次前来看望他时，曾送给他一个木马，希望他在未来能够英勇善战。他还有一个船形的雪橇，上面有桅杆、绳索和旗帜等装饰物。这也许预示着查理日后的大部分生活都将在骑马与乘船中度过。

他喜爱的另一项活动是跑到皇家动物园里玩。动物园的很多动物是父亲费利佩第一次前往西班牙时带回来的，有骆驼、鹈鹕、鸵鸟和非洲的鸟类，当然还有狮子和熊。和现在逛动物园的"熊孩子"一样，查理会拿棍子去戳弄笼子里的狮子和熊，而且整天乐此不疲。反正只要一有机会，查理便会逃学去做这些事情，不是去动物园戳戳狮子，就是练习一下射箭，或者反复让亨利伯爵讲故事。

虽然玛格丽特对于查理有着非常大的影响，但查理还是需要真正能够教导他治国的老师。

豪华家庭教师团

查理的首位正式家庭教师是威廉·克罗伊。费利佩在最后一次去西班牙前，就任命他为勃艮第摄政，同时兼任财政大臣和最高指挥官，以及查理的首席教师。

克罗伊在勃艮第的玛丽去世后，就受托抚养和教育当时年仅四岁的费利佩，因此才取得了费利佩如此的信任。在克罗伊的影响下，费利佩奉行亲法政策，导致了马克西米利安一世的不满。

马克西米利安一世担心勃艮第越来越偏离帝国，从而会被法兰西所侵吞，所以命拿骚的亨利组织了一个十四人委员会来治理勃艮第，这个亨利就是前文提到的给查理讲故事的老师。

不过，这项政策引发了当地贵族的叛乱，叛乱者在1488年将马克西米利安一世围困在布鲁塞尔。在萨克森的阿尔布雷希特的镇压下，叛乱才得以平息，之后克罗伊与马克西米利安一世握手言和，取得了皇帝的信任，但他仍然对阿尔布雷希特保持着敌意。

克罗伊在1491年时成为金羊毛骑士。金羊毛骑士团是在勃艮第公爵"好人"菲利普三世时代创立的，下文还会讲到。1494年克罗伊成为费利佩宫廷的成员，在玛格丽特摄政勃艮第时，他又任摄政委员会成员，并负责管理费利佩家族和尼德兰的财务。

费利佩死后，克罗伊迅速组织成立了勃艮第地区的摄政委员会，在马克西米利安一世委派玛格丽特担任摄政之前，稳定了勃艮第地区的局势。1509年起，马克西米利安一世正式委任克罗伊作为查理的首席教师。克罗伊培养了查理对政治浓厚的兴趣，并敦促他努力学习，在照顾查理的过程中，他取得了查理的信任。直至逝世前，克罗伊一直有力地影响着查理的各项政治政策。

1506年开始，马克西米利安一世任命阿德里安·弗洛伦斯为查理的另一位家庭教师，后来阿德里安成为查理的使者和摄政。阿德里安出生于乌得勒支，因此史称"乌得勒支的阿德里安"，他早年就读于比利时鲁汶大学，后来成为神父和大学副校长，1512年起成为查理的顾问。阿德里安培养了查理对宗教的虔诚，这也深刻地影响了查理后来处理新教的态度。

查理的第三位教师是文艺复兴时期知名的人文主义学者伊拉斯谟。早在费利佩尚在的时代，马克西米利安一世就邀请伊拉斯谟作为查理的教师，但伊拉斯谟此时正在英格兰访问，因此未能前来。玛格丽特在执政勃艮第时期对伊拉斯谟也颇为欣赏。伊拉斯谟一直以来都未能亲自教授查理，不过他特意撰写了一本《基督教王子的教育》，并于1516年献给查理。该书比较全面、系统地阐述了伊拉斯谟人文主义的教育理念，他教育这位未来的国王："须性情温和、宽厚仁道，正直且坦诚。他能自控欲望，有理性并能决断。思虑纯洁而周全，对待信仰虔诚，谋划大事坚定……他不穷兵黩武但却能以武力制止战争，他热爱和平并维护和平，他建立法制又能酌情定赏罚。他为荣誉而生，他为上帝而活。"伊拉斯谟的这种理念对查理的影响有多大尚未可知，不过查理一生的目标是努力做一个好的"基督教国王"，同时也努力去实现伊拉斯谟等人文主义者的普世理想。

克罗伊将查理视作勃艮第领地的公爵，因此使用一切手段以维护和增进勃艮第的利益；而玛格丽特则认为查理是哈布斯堡家族未来的领袖，更注重帝国和家族的利益。以克罗伊为首的一派较为亲法，而玛格丽特则偏向家族一边，与宿敌法兰西不和。

在这几位勃艮第教师的影响下，查理和姑姑之间的关系出现了些许隔阂。有一次玛格丽特按照父亲马克西米利安一世的命令拘捕了一位金羊毛骑士，但依照查理所改革的骑士团规章，如果团员犯错，只能由团中的其他骑士审问，玛格丽特的拘捕行为违反了查理亲自制定的金羊毛骑士团规定。骑士团其他成员就恳请团长查理，前去要回被拘押的骑士。玛格丽特委婉地劝回了查理，让他多为家族和帝国考虑。不久之后，查理又带着骑士团成员向玛格丽特索要被扣押的骑士，这次玛格丽特没有办法，只好将人交给了查理。

此事极大动摇了玛格丽特的摄政地位。玛格丽特太过忠于她的父亲马克西米利安一世，即便是她自己所做的决定，也会被勃艮第以及其他摄政委员会成员认为是她父亲的决定，这导致玛格丽特施政时常常左右为难。玛格丽特不止一次地写信向父亲求助，抱怨自己在这里统治时所遇到的困难。

1514年，玛格丽特又失去了对两个侄女的监护权。查理9岁的妹妹玛丽在祖父马克西米利安一世双重婚姻的安排下前往奥地利，准备与波西米亚和匈牙利的王储拉约什二世结婚。另一个13岁的妹妹伊莎贝拉在这一年与刚加冕为丹麦国王的克里斯蒂安二世举行了婚礼，并于次年到哥本哈根正式完婚。

对于查理妹妹们的双重婚姻安排，勃艮第当地的贵族已经颇为不满，他们希望查理能够尽快加冕，所以提供给马克西米利安一世14万弗洛林①金币，这样能让查理提前统治勃艮第，从而摆脱马克西米利安一世和玛格丽特的影响。

在克罗伊的积极推动下，尚差一个多月才满15岁的查理于1515年的1月5日，迎来了自己的成人礼，正式掌管勃艮第，结束了姑姑的摄政。从这个时候起，作为勃艮第公爵的查理才开始真正统治这个"勃艮第遗产"。

---

① 佛罗伦萨等地所铸造的金币，与杜卡特的含金量大概相等。

第二章

"勃艮第遗产"

整个勃艮第家族史就是自负与英武或傲慢组合起来的篇章。

——赫伊津哈：《中世纪的衰落》

　　现今的勃艮第地区是目前世界上质量最佳、价格最贵的葡萄酒的产地。然而，查理所继承的"勃艮第遗产"却并非此地，虽然他在有生之年曾努力收回这份原本属于祖上的产业，但始终未能如愿。"勃艮第遗产"还要从勃艮第王国、勃艮第公国和勃艮第伯国这三者有联系，但却有着不同命运的历史说起。

法兰克人的诸子均分

　　西罗马帝国被日耳曼部落灭亡后，这些部落分支就在西罗马的欧洲土地上建立了不同的小王国，有在西班牙和法国土地上建立的西哥特王国，在意大利和瑞士建立的东哥特王国，在法国北部建立的法兰克王国，还有在意大利和法国中间地带由勃艮第人所建立的勃艮第王国。

　　建立于公元5世纪的勃艮第王国历经多次战争的动荡，最终于一百多年后被法兰克王国吞并。这之后，勃艮第还一直保存着半自治的权力。这种做法在中世纪封建制度下的欧洲十分常见，比如查理外祖父费尔南多二世统治的阿拉贡王国，其治下的瓦伦西亚、阿拉贡和加泰罗尼亚等地也都拥有自治权利。勃艮第的自治地位在"铁锤"查理时期逐渐丧失，到了"铁锤"查理的孙子查理曼（即查理大帝）时，法兰克更加趋向于集权，勃艮第沦为加洛林王朝的一个行政区。然而，随着查理曼的去世，勃艮第又渐渐获得了自治的机会，不过也被分割为各自拥有不同隶属的几个部分。

法兰克人虽然在西罗马的废墟上建立起了一个强大的法兰克王国，但其实行诸子均分的王位继承制度，导致了这样的情形：几个有野心的国王经过奋战，形成了一个庞大的统一领地，却最终在死后又将家产均分给几个儿子，使得统一的领地又四分五裂。查理曼就是一个典型，经过其祖父、父亲、伯父和他自己几代人的努力建立起的加洛林王朝几乎统治了整个西欧，然而到了孙辈手中，帝国却一分为三。

无法统一的另一个原因是，执掌一个风俗、信仰和文化习惯都各不相同的辽阔帝国，维持统治着实不易。查理曼治下的欧洲，自罗马时代就已经存在很大差异。莱茵河是罗马的高卢和日耳曼蛮族的分界线，直布罗陀海峡隔开了西班牙与北非，阿尔卑斯山脉分割了意大利与法国，亚平宁半岛又将地中海分为东、西两个部分。有意思的是，吃橄榄油的地中海地区与吃黄油的北欧地区，正好契合于查理五世时期新教和天主教地区的区域划分。

东西法兰克、东西哥特等王国虽同属日耳曼部落，但它们绝非整体，而是由不同的分支构成。这些分支使用不同的语言，信奉不同的信仰，习俗和文化方面也有不小的差异。正是这种差异导致在罗马之后，欧洲的分裂成为一种历史常态。因此，查理曼的加洛林王朝，其辉煌也注定是短暂的。

另一方面，西欧自罗马以来实行一夫一妻制度，非婚子女没有继承权，这成为与诸子均分制度相反的制衡力量，从而没有让欧洲被分割得更为狭小（意大利是个例外）。基督教教义延续了罗马的婚姻制度，视一夫多妻等制度为野蛮人和异教徒的习俗。

以勃艮第在中法兰克的变迁为例。依据《凡尔登条约》被查理曼的三个孙子所瓜分的帝国，西部即后来的法兰西、当今的法国雏形，帝国的东部即后来的神圣罗马帝国，即当今的德国和奥地利等地区。而其中最没有存在感的就是中法兰克王国，其领土范围被局限在包含了现今的荷兰等的低地国家，向南延伸至意大利中部，向西到达普罗旺斯地区的长条区域。

从地图上看，中法兰克王国的形状犹如侧坐的人形，头顶北海，坐于地中海之上，背部的走廊地区是莱茵河沿岸，意大利半岛的一部分就是其伸入地中海的腿部，分开了亚得里亚海和第勒尼安海，也将地中海分为东、西两部分。

中法兰克王国的继承者是查理曼的长孙洛泰尔一世，他保留了帝号，却最终没有留住自己的领土。他得到的土地夹在东西两个兄弟强邻之间，保持独立非常困难，一如夹在俄罗斯与德国之间的波兰、夹在奥斯曼与俄罗斯之间的黑海地区。原本尚算统一的中法兰克王国，在洛泰尔一世过世后，按照法兰克人的传统由他的三个儿子继承。长子路易二世继承了帝号和意大利，即后来的意大利王国，按照上面的人体比喻，就是大腿及以下地区。

与父亲同名的次子洛泰尔二世接管了阿尔卑斯以北、莱茵河以西至低地国家的土地，相当于上述人形的腰部以上地区，这个王国被称为洛泰尔林吉亚。从当今国土划分来看，这个地区大致上就是法语和德语并用的地区，也是历史上德国与法国相互争夺过无数次的领土，有课本上提到的洛林，也有瑞士西部地区，还包括即将要说到的勃艮第。

而剩余的普罗旺斯王国即原勃艮第王国，分给了三子查理，是上述人形比喻中的臀部区域，这个王国就是后来的阿尔勒王国。但三子查理死后无嗣，两个兄长就瓜分了他的领土。二哥洛泰尔二世在他原有的腰部以上区域中加入尾部的上勃艮第，大哥将其王国范围从大腿延伸到了大腿根部的下勃艮第，后来常将其称为普罗旺斯。

然而问题又来了，二哥洛泰尔唯一的孩子是与一位情妇所生，在他去世后被宣布为非法，按理说，原本一分为三的中法兰克王国应回归到大哥——意大利国王路易二世的手中。可惜路易二世的土地又因为东西法兰克的两个叔伯签订了梅森条约而被瓜分，上勃艮第的一半归西法兰克的"秃头"查理，另一半归东法兰西克的日耳曼人路易。

路易二世的领地除了原有的意大利王国外，还获得了二弟的"腰部"以上的洛泰尔林吉尼，中间拦腰被叔伯所截断。当路易二世过世后，因为无嗣，其意大利王位传给了日耳曼叔叔的儿子，也就是他的堂弟卡洛曼。日耳曼人路易的东法兰克王国也遵照习俗，在国王死后将王国一分为三，长子卡洛曼继承了巴伐利亚，次子"青年"路易继承了萨克森，幼子"胖子"查理继承施瓦本。不过卡洛曼没能保住意大利王国，而是失手给了西法兰克的叔叔"秃头"查理，随后又将巴伐利亚王位给了二弟"青年"路易，将意大利王位给了三弟"胖子"查理。

此时的"胖子"查理简直太幸运了，随后他因西法兰克的叔叔"秃头"查理死后无嗣和接受了哥哥们的王位，将曾祖父查理曼的帝国重新统一了起来，还被罗马教宗加冕为神圣罗马帝国皇帝。但"胖子"查理仅在位七年就被废黜，加洛林王朝宣告结束。在他死后，帝国再次分裂，这次不是分裂成三块，而是五块。

西法兰克后来被罗伯特王朝（卡佩王朝的先祖）所继承，东

　　法兰克给了侄子卡洛曼的儿子阿努尔夫，上勃艮第给了鲁道夫一世，下勃艮第的普罗旺斯给了"瞎子"路易，意大利国王为贝伦加尔一世所承袭。

　　起初继承了勃艮第王国的鲁道夫一世还试图恢复洛泰尔林吉亚王国旧地，但在东西两边的夹击下只好作罢。他转而向下勃艮第地区扩张，获得了弗朗什-孔泰等地。鲁道夫一世去世后，他的儿子鲁道夫二世还一度在意大利称王，获得了"伦巴第的铁王冠"，加冕为意大利国王。

　　然而，鲁道夫六世在意大利并不受欢迎，当地贵族支持"意大利人"普罗旺斯藩侯雨果为国王。为了换取意大利国王的位置，雨果将下勃艮第普罗旺斯国王的位置让给了鲁道夫二世。因此，鲁道夫二世第一次统一了上、下勃艮第，这两个合并在一起的王国被称为"阿尔勒王国"。

　　在鲁道夫二世过世后，他的儿子康拉德一世要求继承由上、下两勃艮第组成的阿尔勒王国，但被当时神圣罗马帝国皇帝——历史有名的"奥托大帝"所否决。康拉德一世因此只继承了上勃艮第的部分，他过世后，其子鲁道夫三世被迫签署了条约，放弃了对普罗旺斯地区的统治。

勃艮第的分分合合

　　1032年，神圣罗马帝国已经从奥托王朝换成了法兰克尼亚王朝，此时皇帝是康拉德二世，他从阿尔勒国王鲁道夫三世死后的遗赠中得到了阿尔勒王国。这是神圣罗马帝国拥有了德意志和意大利之后获得的第三个重要领地，史称"三领地"，后面还要多次提到。

　　自此，神圣罗马帝国的皇帝们就一直保有着阿尔勒国王的头衔。曾经独立的中法兰克王国就此丧失了王国的地位。被并入神圣罗马帝国的原勃艮第王国地区就成了"勃艮第伯国"，后因其法语发音"弗朗什-孔泰"而知名，实际的意思是"自由伯国"。但这个自由伯国此后还是因绝嗣而归属于佛兰德斯伯爵，而后者又由于与勃艮第公爵的婚约，让勃艮第伯国并入了勃艮第公国。

原索恩河以西被并入西法兰克王国的勃艮第公国则日渐壮大起来。当西法兰克的加洛林王朝于987年被卡佩王朝取代后，法兰克也变成了法兰西，因此卡佩王朝成为法兰西王国的第一个王朝。其第二任国王罗贝尔二世获得了勃艮第公爵的头衔，第三任国王亨利一世将勃艮第授予了弟弟罗贝尔，由此法兰西王国的勃艮第公国开始了勃艮第王朝时期。三百多年后，勃艮第公爵又遇到了死后无嗣的情况，而法兰西王国也由卡佩王朝变成了瓦卢瓦王朝。此时，瓦卢瓦王朝的约翰二世将勃艮第公爵给了他的第四个儿子"勇者"菲利普。正是这个菲利普娶了佛兰德斯女伯爵玛格丽特三世，从而将佛兰德斯和之前获得的勃艮第伯国一起归入勃艮第公爵名下。

佛兰德斯伯国大致上包括现今的比利时东、西佛兰德斯省，荷兰的泽兰省南部，以及法国北部等地区。佛兰德斯女伯爵玛格丽特三世原本是准备嫁给卡佩家族的最后一个勃艮第公爵菲利普一世，但菲利普一世不幸于15岁暴毙，因此法兰西国王约翰二世就安排了"勇者"菲利普与这位女伯爵结婚。玛格丽特三世同时继承了其父亲的佛兰德斯伯爵和其母亲的布拉班特公爵这两个头衔，因此这两个爵位和领地也一同归于"勇者"菲利普。从此，勃艮第公国和勃艮第（自由）伯国才再次合并在了一起。

有了尼德兰这个当时欧洲最富庶的地区，勃艮第公国进入了急速扩张时期。此时又正值英法之间的百年战争，勃艮第公爵

"勇者"菲利普不再满足于只做一个效忠法王的公爵，这时候法兰西国王查理六世尚未成年，"勇者"菲利普便全权摄政，从而成为法兰西最高权力的拥有者，并积极促使勃艮第成为独立的公国。他的儿子"无畏者"约翰还在1396年领导一支勃艮第十字军前去讨伐奥斯曼帝国，虽然惨败被俘，但在被赎回不久便继承了勃艮第公爵之位。为了在法兰西宫廷摄政权的斗争中获胜，约翰派人将患有精神病的查理六世刺杀，最终成为法兰西摄政者。也是从约翰开始，勃艮第不再效忠法国，而是支持其对手英格兰。

"无畏者"约翰死后将爵位传给了儿子"好人"菲利普三世，在其执政时期，勃艮第公国吞并了低地国家，包括尼德兰、布拉班特、林堡，并取得了卢森堡。这也是查理一出生就被父亲授予"卢森堡公爵"头衔的原因。"好人"菲利普三世还俘获了法兰西的圣女贞德，并将她交给了英格兰，因此获得了英格兰的嘉德骑士团骑士的荣誉，但他谢绝了，此后以嘉德骑士团为典范，创立了自己的"金羊毛骑士团"。

骑士团是欧洲中世纪由骑士所组成的一种军事组织，仿效耶路撒冷的医院骑士团、圣殿骑士团和条顿骑士团这三个有名的军事修士会而成立。关于耶路撒冷的这三个骑士团，还会在本书的第四部分介绍。各地王室纷纷建立这种具有荣誉爵位的骑士团，这也成了各王国精锐职业军队的一部分。

任何具有荣誉性质的团体一般都有人数限制，以作为激励下属的一种机制。当所有人都想获得这种荣誉，批准加入的人多了，荣誉便会贬值，最后不得不创立另一种荣誉来代替。从罗马的元老院到中世纪的骑士团，所遵循的都是同样的道理。金羊毛骑士团在成立之初只有24人，三年之后就增加到了30人，随后在查理时代，增加到了50人。

菲利普三世作为中世纪诸侯中最有教养的人之一，从小接触骑士文学，对于十字军和骑士理想非常着迷。这从金羊毛骑士勋章标志就可以看出来：勋章中间吊起来的小绵羊，一方面象征着勃艮第的财富来源，即羊毛贸易，同时也是希腊神话中阿尔戈号的英雄们前往东方寻找金羊毛的典故。

骑士项圈由28枚燧石镶嵌组成，中间间隔着象征勃艮第的字母B，同时刻有骑士团的拉丁格言：Pretium Laborum Non Vile（辛劳必得回报），反面则刻有菲利普三世的名言：Non Aliud（不事二主）。到了查理的儿子菲利普二世时期，或许是出于财政赤字的缘故，勋章燧石项圈被改为一条红色缎带。

查理在九岁时就成为骑士团的团长，他在自己的一生中十分重视这个传统荣誉，还改革了骑士团制度。之后，为了抵抗宗教改革的影响力，查理还规定只有天主教徒可加入金羊毛骑士团。在查理成为神圣罗马帝国皇帝后，金羊毛骑士团的效忠对象也自然从勃艮第公爵变为神圣罗马帝国皇帝。查理死后，他将金羊毛骑士团的效忠对象转给儿子菲利普二世。直到波旁家族继承西班牙王位后，法国的波旁王室与奥地利的哈布斯堡王室开始争夺起骑士团的归属，自此之后双方各自颁发勋章，使骑士团分为了西班牙和奥地利两个分支。

金羊毛骑士团的创立者"好人"菲利普，使勃艮第成为西北欧经济最为强盛、文化最为繁荣的地区，并将勃艮第公国的重心移到了尼德兰地区，庇护了一大批文艺复兴时期的文艺人才。

勃艮第第三王国

英法百年战争结束后，英格兰爆发了"玫瑰战争"，法兰西和勃艮第公国之间的战事再起。在"好人"菲利普死后，菲利普的所有爵位都传给了儿子"大胆"查理，正是在"大胆"查理时期，勃艮第公国开始四处征战，一度恢复了勃艮第王国和中法兰克旧地，并成为一个独立的王国，史称"勃艮第第三王国"。

　　"大胆"查理是"好人"菲利普和第三任妻子葡萄牙的伊莎贝拉之子，出生于当时勃艮第公国的首都第戎。近邻法兰西王国的王太子①路易，从小就鄙视父亲查理七世的软弱。查理七世统治法兰西时期，实际上是由勃艮第的"好人"菲利普摄政，所以并未有什么实权。16岁时，路易参与了一场反对其父亲的叛乱，叛军试图扶持已经是王太子的路易摄政，但最终被镇压，路易被迫向父亲投降，查理七世也原谅了他。然而路易后来并没安稳下来，而是领导了一支雇佣军与瑞士交战，并对瑞士的实力大为惊讶。之后路易和父亲发生争吵，查理七世觉得这个儿子小小年纪却诡计多端，因此对他十分反感，最后勒令他只能待在其太子领地内。在太子领地里，路易除了没有自称国王外，实际上一切按照国王的姿态行事，并继续与父亲对抗。后来他未经父亲允许，擅自与萨伏依联姻。最终查理七世忍无可忍，派遣军队前往太子领地，路易被迫逃亡至勃艮第避难，"好人"菲利普将其收留，庇护了这位王太子。

　　五年后，查理七世逝世，为防止兄弟争夺王位，路易立即在兰斯宣布加冕为路易十一。加冕为法兰西国王后，路易十一并没有对昔日收留他的菲利普表示友好，反而延续了父亲的政策。路易十一将一些原本在查理七世时割让给菲利普的领地收回，这让菲利普的儿子"大胆"查理十分愤怒。此时菲利普因健康不佳，

---

① 法国王太子，因其盾牌上有一条海豚而得名"海豚"（Dauphin），而王太子的封地就被称为多菲内（Dauphiné）。

已不能继续治理勃艮第了，于是"大胆"查理一怒之下就发起了"公益同盟战争"。诸侯成立了以查理为首的公益同盟，与路易十一开战。双方在战场上未分胜负，从而陷入了僵局，只能坐下来谈判，并以路易十一退让为结果，缔结了《孔夫朗和约》。

　　和约缔结之后，同盟刚刚解散，路易十一很快便反悔，拒不承认该和约。法兰西国王不守信用的这个传统，在之后弗朗索瓦一世的身上将重现。路易十一试图分化公益同盟的诸侯，1468年他先与布列塔尼公爵和贝里公爵签订条约，要求两者断绝与勃艮第的盟约，并在法兰西和勃艮第战争时向他提供支持。

　　"大胆"查理继承了父亲菲利普的遗志，希望获得一个王冠，而不仅仅是一个"西部大公"的头衔。因此，他积极拓展领地，与英格兰结盟，迎娶了爱德华四世的妹妹为妻，还购买了一些领地；然后通过其他安排，获得了另外一些遗产，接下来又征服了洛林和瑞士的几个地方。

　　"大胆"查理得知路易试图分化其盟友之后十分震惊，要求路易十一执行之前的条约。对此路易十一表示愿亲赴勃艮第与"大胆"查理媾和，却暗中煽动瑞士和洛林两地叛乱。在会谈时，"大胆"查理得知这些的诡计后，一怒之下将路易十一扣押，并意图将其处死，但因为之前承诺过保证路易十一的安全，最后"大胆"查理只能逼迫路易十一签订了《佩罗纳条约》，之后便释放了路易十一。

　　"大胆"查理寻求神圣罗马帝国皇帝腓特烈三世，即马克西米利安一世的父亲，也就是查理五世的曾外祖父的支持。腓特烈三世曾许诺帮助"大胆"查理加冕为国王，但最后在举行仪式前夜，他对"大胆"查理的野心感到担心，于是仓皇逃走，导致此事最后无疾而终。

　　"大胆"查理的财富和野心过于膨胀，以致树敌太多。与奥地利大公、瑞士人、洛林公爵、科隆大主教还有法兰西的诸多冲突，引起了诸侯们对他的普遍不满，同时他还参与了英格兰的玫瑰战争。"大胆"查理和路易十一各支持一边，查理支持约克王朝，路易十一支持兰开斯特王朝。最后约克王朝取得了胜利，让"大胆"查理与英格兰的盟友关系更加巩固。

　　之后路易十一又和瑞士结盟，从瑞士征兵以对抗"大胆"查理。在南锡战役中，"大胆"查理不幸惨败并战死。路易十一兼并了一大部分勃艮第公国的土地，之后又通过贿赂其同盟英格兰的爱德华四世，使其退兵。

　　"大胆"查理在逝世前就安排了自己唯一的女儿玛丽和马克西米利安一世的婚姻。在他死后，马克西米利安一世急忙从中欧赶至勃艮第与玛丽完婚，从此这位女婿就扛起了岳父留下的对抗法兰西的重任。1479年，马克西米利安一世打败了路易十一，收回了上勃艮第的土地，包括佛兰德斯和尼德兰地区。而路易十一之后将下勃艮第的普罗旺斯并入到其王室领地之中。

　　"大胆"查理，正如他的外号"The Bold"一样，既是"勇者"也是"莽夫"。在《中世纪的衰落》一书中，赫伊津哈如此评价："整个勃艮第家族史就是自负与英武或傲慢组合起来的篇章，如菲利普·勒·哈尔蒂的勇猛与野心，让·桑斯·保尔的仇恨和嫉妒，'好人'菲利普的复仇与奢侈，或'大胆'查理的愚勇与顽固。"

　　"大胆"查理留下了一个无男性继承人的勃艮第王国，一部分为法兰西兼并，而其余部分与勃艮第公爵的头衔一起归于马克西米利安一世。玛丽死后，这份遗产被留给了四岁的儿子"美男子"费利佩，也就是查理的父亲。继承了母亲玛丽的"嫁妆"之后，费利佩治下勃艮第的实际领地只剩下了尼德兰十七省、弗朗什–孔泰（即勃艮第自由伯国）以及佛兰德斯、卢森堡和阿图瓦等地，不过这里仍是整个欧洲最为富裕的地区之一。

直到费利佩16岁成年之前，其父亲马克西米利安一世都是这里真正的摄政者。尽管在1494年费利佩才正式接管该地，但这里仍旧由当地议会治理，后来费利佩又参与到西班牙的王位争夺中，所以他实际管理勃艮第和低地国家的时间，远没有其妹妹玛格丽特摄政的时间长。

勃艮第公爵的加冕

在1506年父亲费利佩死去的时候，查理已经继承了公爵之位，然而六岁的查理不可能有能力进行管理。祖父马克西米利安一世将勃艮第和其余的一些部分纳入了神圣罗马帝国的勃艮第治区。这里如同帝国的其他治区一样，获得了一定程度的自治权。查理直到15岁成年才正式加冕，成为勃艮第真正的主人。

查理的第一次加冕典礼在布鲁塞尔的库登贝格宫举行，最后他也是在此地宣布退位，算是圆满地结束了自己一生。查理的加冕也标志着"勃艮第遗产"的统治中心从梅赫伦迁到了布鲁塞尔。

作为天主教三件入门圣事之一，查理的坚信礼仪式十分隆重，因为这象征着受洗人在心智上已经成人，可以承担责任和义务了。坚信礼之后，在布鲁塞尔公爵府上，勃艮第尼德兰地区各地代表们聚集在一起，由马克西米利安一世的代表帕拉丁选帝侯宣读了皇帝的诏书，称查理已经成年，玛格丽特的摄政结束，由查理继承勃艮第公爵。依照习俗，与会代表只需举手即表示赞成，并宣誓接受查理成为他们的领主。

在加冕后的第二天，查理便从梅赫伦搬到了布鲁塞尔，而克罗伊自然而然地成了他的内阁大臣，并成为第一届议会主席。加冕之后的第三天，查理便向自己的内阁宣布，勃艮第和尼德兰终于从其祖父马克西米利安一世的监护下脱离出来，获得了自治，"将以我们自己的名字在未来处理我们自己的政务"。

此时，查理的头衔是西班牙、西西里、那不勒斯和耶路撒冷王子，奥地利大公，勃艮第、洛林、布拉班特、卢森堡等地公爵，佛兰德斯、哈布斯堡等地的伯爵，施瓦本王子，荷兰、西兰等地侯爵……虽然其中有些领地，他此时尚未获得。

加冕仪式结束后，查理对其统治的勃艮第地区进行了为期15天的视察。所到之处，各地都举办相同的仪式和戏剧表演，以向民众传达新的统治者到来的消息。仪式上有三位戴着翅膀和王冠的天使分别带着盾牌和城市钥匙，交给新王子。这是模仿《圣经》中耶稣诞生时三王来拜的场景。

查理所处的时代是中世纪的延续、新时代的开端，但普通人的生活中却并没有一条泾渭分明的分界线，人们依旧按照传统的方式生活，而仪式是这枯燥乏味的生活中唯一值得愉悦或痛苦的事情。同样的仪式随着查理从布鲁塞尔出发，一路重复着，从梅赫伦、安特卫普、根特、布鲁日……鹿特丹、代尔夫特、海牙、莱顿，最北到达阿姆斯特丹，接下来再向南回到布鲁塞尔。

在16世纪，欧洲遍地是农村和荒野，而勃艮第和尼德兰地区却拥有众多城市，这大部分得益于羊毛加工和进出口贸易所取得的财富。查理出生的根特就是著名的羊毛纺织中心，原材料基本来自本地，而更好的美利奴羊毛则来自西班牙，在这里进行加工，然后再将成品出口至英国和西班牙。

12—15世纪，布鲁日一直是北欧最重要的港口，因此也成了佛兰德斯的行政和政治中心，在这里几乎可以找到欧洲各地的产品。15世纪末期到16世纪，随着船只吨位的增大对港口提出了更高的要求，安特卫普逐渐取代了布鲁日的地位。佛兰德斯、布拉班特也是北欧上等纺织品的制造地，而布鲁日的盔甲和印刷制品也相当有名。

佛兰德斯地区的繁荣与地中海密切相关。早在1277年，意大利的热那亚商人就开辟了从热那亚到佛兰德斯的直航航线。同时佛兰德斯的繁荣也得益于波罗的海贸易圈。14世纪中期黑死病传播到了黑海—地中海—大西洋—波罗的海贸易圈后便迅速扩散，从意大利沿着地中海港口传播至法国、西班牙沿岸，然后再到大西洋沿岸的里斯本、波尔多，以及佛兰德斯、英国和北欧等地。其传播的先后顺序，也从一定程度上指明了14世纪欧洲的主要贸易路线。

著名历史学家布罗代尔曾指出，如果说意大利的富裕在于商业，那么勃艮第地区的富裕则是来自于工业，当然这并不是指现代意义上的工业。这个地方不仅是查理五世在此后花费帝国庞大的财力和军力所要保护的故乡，同时也是支持整个帝国正常运转的核心地带，尤其是刚刚发展起来的安特卫普。

查理所接受的教育更多是法式的，他的第一母语也是法语，此后也主要用法语阅读和写作。虽然在文化和宫廷方面勃艮第更接近法兰西，但在经济方面却更加依赖波罗的海和北海。面向英格兰羊毛布料的进出口贸易中，最大的几个贸易城市都位于勃艮第，特别是安特卫普。只有通过安特卫普的商人，英格兰的布料才能销往威尼斯和其他地方。"勃艮第遗产"也随着查理继承的庞大帝国获得了新世界大西洋贸易的巨大利益，但也正是因为如此，它也使查理在欧洲和地中海各地的征战付出了极大的代价。

在查理正式加冕为勃艮第公爵的这一年，当时欧洲最年长的统治者——阿拉贡国王费尔南多二世病逝了，留下了一个偌大的西班牙王国，等待查理前去继承。

第三章

西班牙王冠

没有一种文明像伊比利亚文明处于它最光荣的时代那样，即在从费迪南和伊莎贝拉在位时期到菲利普四世统治时期这段时期那样，被迫强加给自己如此之多的变化，被迫"分割"自己、撕裂自己。

　　　　——布罗代尔：《地中海与菲利普二世时代的地中海世界》

　　西班牙位于非洲与欧洲的过渡之处、地中海与大西洋之间。此时的西班牙还只是个地理称谓，因此查理即将继承的不是一个完整的西班牙的王位，而是十多个领地的王位：卡斯蒂利亚、莱昂和格拉纳达，瓦伦西亚、阿拉贡和加泰罗尼亚，以及意大利的那不勒斯、西西里和撒丁岛，还有纳瓦拉。前三个王位是可以一并加冕的，即卡斯蒂利亚王冠，而剩余的则要分别接受当地贵族宣誓效忠。

收复失地运动

　　西班牙所处的伊比利亚半岛被比利牛斯山所隔断，与欧亚大陆分开。正是这座高山有力地为西班牙抵挡了来自于北部法兰西的影响。而南部的直布罗陀海峡，却往往屏蔽不了从南面吹来的非洲之风。因此从地理和文化上看，西班牙更偏向非洲而不是欧洲，其受到来自北非的影响远比来自欧洲的影响要大，起码在西班牙"收复失地运动"完成之前是如此。

在地中海地区漫长的历史中，繁庶的东地中海地区遥遥领先，无论是农业文明的起源，还是商业的兴盛，都与位于遥远西地中海北岸偏僻角落的西班牙无关。当来自地中海东岸文明中心的腓尼基、希腊等地的贸易船只往来于伊比利亚半岛的海岸，与当地的部落交换货物之时，这里还处于史前文明时期。直到迦太基在第一次布匿战争中，将地中海制海权丧于罗马帝国之手，西班牙对于迦太基才逐渐变得重要起来。汉尼拔就是以西班牙南部的新迦太基（卡特赫纳）为基地，发动了对罗马的远征，但最终还是被罗马人打败。而罗马人直到第三次布匿战争结束，才彻底消灭了迦太基人。

罗马人控制西班牙全境的过程也并非那么顺利。迦太基人只是在西班牙建立了短暂的军事统治，并未完全征服这里的土著部落。罗马人花费了两百年的时间才算控制了西班牙全境，之后在这里建立了行省，先是两个，后来是三个。当完成对西班牙全境的征服后，北部靠近比利牛斯山的大部分地区成为远西班牙，即塔拉科西班牙行省；而西班牙南部地区成为近西班牙，即贝提卡西班牙行省；葡萄牙地区则是另一个行省，即卢西塔尼亚西班牙行省，这样的划分对于后来西班牙和葡萄牙的历史影响甚大。

西罗马帝国灭亡后，西哥特人在伊比利亚半岛建立了西哥特王国。西哥特人统治了两百年之后，从北非跨海而来、混杂了柏柏尔人的阿拉伯人以八年左右的时间，迅速占领了伊比利亚半岛的大部分地区。从此以后将近八百年的伊比利亚半岛历史，既可以称为是穆斯林统治的时期，也可以叫作是"收复失地运动"。

穆斯林征服西班牙，是与阿拉伯帝国的对外扩张同步开始的。此时的半岛仍处于羸弱的西哥特王国时期，穆斯林占领了伊比利亚大部分地区后，就开始翻越比利牛斯山进攻法兰克，但被墨洛温王朝的"铁锤"查理所阻,史称"图尔战役"。"铁锤"查理是法兰克加洛林王朝的奠基者,他的孙子便是有名的"罗马人的王"查理曼。

18世纪的英国历史学家爱德华·吉本在《罗马帝国衰亡史》中称,"铁锤"查理的这次胜利重挫了穆斯林势力,拯救了西方基督教文明。吉本对这场战役历史意义的夸大被为当代史学家所诟病。偏远落后的欧洲西部与当时富裕的地中海东岸完全无法相比,同时哈里发的主力军队还在对付东罗马的拜占庭。与阿拉伯帝国在征服叙利亚、伊拉克、波斯和埃及过程所遇到的阻碍相比,这场战役几乎不值得阿拉伯史学家书写。

在经历了图尔战役的失败之后,西班牙的穆斯林政权当时还面临着柏柏尔人的大暴动,直到哈里发派遣了一支由叙利亚人组成的阿拉伯军队,才将这次暴动平息下去。不久之后,公元750年倭马亚王朝被阿拔斯王朝所取代,处于内乱中的阿拉伯帝国已经无心顾及遥远的边疆之地。

阿拔斯王朝初期极力扑杀前朝余党,倭马亚家族的一个王子阿卜杜勒·拉赫曼一世逃亡到了遥远的伊比利亚半岛,在支持他的叙利亚旧部的帮助下,他在此开创了一度辉煌的"后倭马亚王朝"。他的孙子拉赫曼三世以科尔多瓦为首都自立为哈里发,建立了科尔多瓦哈里发国。虽然这种强盛只持续了一百年左右,但这里却成了欧洲当时最为富裕、文化和科学最为繁盛之地。在后倭马亚时期的短暂辉煌之后,伊比利亚半岛的穆斯林政权分裂成无数个"泰法",也就是小王国,各地军阀占地为王。也正是这个分裂的时期,给了信仰基督教的西哥特后裔们收复失地的机会。

原西哥特王国被灭亡后,一些贵族躲进了西班牙北部阿斯图里亚的山区，开始了西班牙史中的"收复失地运动"。公元718年，在阿拉伯人占领伊比利亚四年后，第一个名为"阿斯图里亚斯王国"的政权建立。①

"收复失地运动"的开端就是这个王国的建立者佩拉约，率领一支300人的部队袭击了穆斯林的一支小分队，史称"科瓦东加战役"。无论放在哪一个国家的历史中去比较，这次只有几百人参加的战斗，规模都太过于微不足道，然而这场胜利却极大地鼓舞了基督徒们。

查理曼时期强大的法兰克王国军队，将西班牙东北部的阿拉伯人赶出了巴塞罗那，并夺回了加泰罗尼亚的一些地区。为了让阿拉伯统治下的安达卢斯与法兰克之间有一个可以缓冲的地带，法兰克在比利牛斯山沿线建立了"西班牙区"。

纵观"收复失地运动"，它并非一个目标清晰、步骤明确、行动有序、持续进行的整体计划，不然也不会进行了近八百年之久。基督教的各个王国之间也是不断征战、联姻合并，最终形成了两大王国：卡斯蒂利亚和莱昂。让"收复失地运动"初具规模的是阿方索六世，他同时成了莱昂和卡斯蒂利亚两个王国的国王，并自称"全西班牙国王"。1086年，阿方索六世占领了托莱多——西班牙伊斯兰教地区最重要的城市之一。托莱多地区可以说是当时西班牙的南北分界线，将富饶的南部农田地区和贫穷的北部放牧地区分割开来。占领托莱多，也可以被认为是收复失地的真正起点。

北部基督教王国与南部穆斯林的泰法小王国之间，或联盟或敌对地进行着拉锯战，最终在15世纪的伊比利亚半岛上形成了五

---

① 卡斯蒂利亚的王储之后都被命名为阿斯图里亚斯亲王。

个较大的王国，一个是葡萄牙王国，其余是西班牙地区的四个王国，分别是西北地区的卡斯蒂利亚王国和莱昂王国、东北地区的阿拉贡王国，以及夹在这两个王国与法兰西王国之间的纳瓦拉王国。而南部此时只剩下最后一个穆斯林政权：格拉纳达王国。

到了1454年，也就是君士坦丁堡陷落后的第二年，卡斯蒂利亚国王胡安二世逝世，他的儿子恩里克四世继承王位。恩里克希望将他的妹妹伊莎贝拉嫁给葡萄牙国王阿方索五世，然而伊莎贝拉并不同意这个安排。伊莎贝拉有两个选择：葡萄牙或者阿拉贡。这两个选择在布罗代尔看来，一个是面向大西洋，一个是面向地中海。毫无疑问，当时的地中海更富有吸引力，那里也是当时欧洲的中心所在。阿拉贡在西地中海拥有西西里和撒丁岛以及巴利阿里群岛，随后又征服了那不勒斯。最后，伊莎贝拉选择了西地中海强国阿拉贡的王储费尔南多。两人结婚后不久，费尔南多就继承了阿拉贡王国的王位。

而到了恩里克四世死的时候，卡斯蒂利亚的王位出现了继承危机。恩里克四世的女儿嫁给了葡萄牙国王，葡萄牙国王就宣布以妻之名拥有继承权。恩里克四世被称为"无能者"，他是否有生育能力为当时的贵族们所质疑，他唯一的女儿也被当时的贵族们认为并非亲生。所以他的妹妹伊莎贝拉就立即宣布继承王位。最终伊莎贝拉在丈夫费尔南多二世的帮助下，赢得了王位争夺的胜利，称为伊莎贝拉一世。

王位夺取后，夫妻二人便将目光转向了最后一个穆斯林王国格拉纳达。时间到了1492年，最后一位摩尔国王逃回了北非，格拉纳达沦陷。历时近八个世纪的"收复失地运动"终于以基督教王国的最终胜利而宣告完结。也是在这一年，哥伦布在伊莎贝拉的支持下向西航行，但其重要性要在查理统治时期才开始显现出来。

伊莎贝拉一世和费尔南多二世被罗马教宗封为"基督徒"，以表彰他们在"十字对新月"的圣战中做出的巨大贡献。名义上西班牙在两人的共治下统一了，但实际上西班牙各个王国仍有自己的议会，仍然是各自为政。如第一章所述，费利佩在西班牙突然去世，胡安娜在费利佩死后精神更加不正常，被他的父亲关押在了城堡里。费尔南多二世成功地控制了卡斯蒂利亚，随后又征服了纳瓦拉，成为西班牙实际的统治者。

初登西班牙

费尔南多二世于1516年1月去世后，消息在2月初传到了勃艮第。3月14日，查理在布鲁塞尔圣古都勒主座教堂为外祖父举办了葬礼弥撒，并同时宣布继承西班牙王国的王位，当然，是以和其母亲共治的名义："唐娜·胡安娜及子唐·卡洛斯[①]，恩上帝之名，作为卡斯蒂里亚、阿拉贡、两西西里、耶路撒冷、纳瓦拉等地之国王。"

宣布继承王位的仪式完成，并不代表着完成了真正的继承。根据西班牙的继承制度，君主本人须亲自接受贵族的效忠，不能由代理人代替。于是在1517年9月8日，查理从弗利辛恩港出发，带着自己的内阁和部队前往西班牙接受效忠。

查理还带上了姐姐埃莉诺同行。埃莉诺虽然是身世显赫的公主，但在婚姻方面却要听从弟弟的安排。最开始，她被安排与英格兰王储亨利订婚，后因亨利八世娶了他的嫂子、埃莉诺的小姨凯瑟琳而终止。19岁的埃莉诺，当时与帕拉丁选帝侯的弟弟腓特

―――――――――
① 唐/唐娜是西语中分别对男性/女性的尊称，此句根据西语名称翻译，因此将查理翻译为卡洛斯。

烈（随后也成为选帝侯）坠入了爱河。然而，此事被查理发觉，他之所以这次带着埃莉诺就是为了防止姐姐与腓特烈的感情复燃。查理还邀请伊拉斯谟陪同前往西班牙，但被拒绝了。因为伊拉斯谟了解到查理身边内阁官员之间的派系斗争，这对于习惯在书斋中思考和写作的他来说，简直不能忍受。查理随身带了两本书，一本是关于新世界的概况，一本是关于卡斯蒂利亚的历史，以便事先了解一下这个他即将继承的国度。

这次查理选择从海路出发，如同父亲费利佩第二次前往西班牙一样，查理同样在大西洋上遭遇到了强风。西班牙比斯开湾和英吉利海峡之间的航线向来风暴肆虐，虽然早有意大利商人沿大西洋海岸线北上到安特卫普、阿姆斯特丹等地经商，但风暴汹涌的大西洋和平静的地中海可谓天壤之别，地中海潮汐最高不超过一米，而大西洋和英吉利海峡这条航线上的潮汐最高能达到16米。这也是费利佩第一次前往西班牙时选择走陆路而不是海路的原因。这次查理之行是因得知外祖父过世的消息而匆忙进行的，终因海上的风浪太大而偏离了航线。一年后，查理送弟弟斐迪南前往尼德兰，同样是走了这条航线，那次斐迪南的船队偏航得更远，被吹到了爱尔兰。

相对来说，查理的航程还算顺利，起码是到达了西班牙海岸。出发十天之后，他们被迫在阿斯图里亚的一处野外海滩登陆。最近的村庄名为塔索内斯，当地居民一开始以为查理一行是海盗，最后得知来的人是未来的国王时，便为他们的新国王举办了热情的欢迎仪式，此后这个小镇每年都会在这天庆祝查理的登陆。可惜的是这个村庄太小，容不下查理随行的这么多护卫随从，于是一行人转移到了附近稍大的村镇比利亚维西奥萨，休整三日后再行出发。这一路坎坷艰难，查理还在路途上生了重病。

直到10月底，查理一行距离托尔德西亚斯还有100公里。

就在查理身处山间泥泞坎坷、风雨交加的路途上时，外面的世界发生了两件惊天的大事，一是德意志的一位修士在维腾贝格的教堂门前贴出了反对赎罪券的《九十五条论纲》；二是遥远的地中海东岸，奥斯曼帝国苏丹塞利姆一世征服了埃及并自称为哈里发，其统治版图已经扩张到了西班牙对岸的非洲。不过此时，查理还无暇顾及这些事情。

由于偏离原先的计划，原本在海边迎候的卡斯蒂利亚内阁摄政西斯内罗斯空等了一场。查理派人去给这位红衣主教（即枢机主教）送信，让他回巴利亚多利德会面。在给查理的回信中，西斯内罗斯担心查理的随从过多，会引起当地贵族愤怒，因为查理的父亲费利佩第二次带着德意志雇佣兵前来西班牙的时候，就引起了当地贵族很大的不满，他恳请查理务必留下随从将士，独自前往巴利亚多利德。

西斯内罗斯出生于一个贫困潦倒的贵族之家，少年时期就被送入教会，后来被任命为卡斯蒂利亚-拉曼恰的锡居恩萨主教，但他随后放弃了一切名位和财物，成为西班牙圣方济各会的修士，隐世修行。在1492年，也就是西班牙收复格拉纳达、哥伦布航海的那一年，西斯内罗斯被推荐给伊莎贝拉女王，成为其告解司铎，三年后被女王提名为托莱多总教区的红衣主教，但西斯内罗斯只想过修行的生活，直到六个月后才屈服于教宗的赦令，担任卡斯蒂利亚参议会的首席参议，相当于首相之职。

这位虔诚的教徒就职后就开始着手整顿西班牙教会，意图建立一个比罗马教廷更加纯洁的天主教会。他禁止神职人员结婚和包养情妇、并要求神职人员独身禁欲。也是带着这样的严酷，收复格拉纳达之后，西斯内罗斯强迫格拉纳达地区的摩尔人皈依天主教，并让西班牙宗教裁判所严格审查那些并未真心实意归顺的摩尔人和犹太人。或许正是由于提前完成了宗教改革，西班牙才在之后免除了新教带来的影响。

在伊莎贝拉一世去世后，作为卡斯蒂利亚参议会的首席参议，西斯内罗斯大力支持伊莎贝拉的丈夫阿拉贡国王费尔南多二世摄政，反对哈布斯堡家族的费利佩，但卡斯蒂利亚议会却担心费尔南多二世会借机吞并卡斯蒂利亚，转而支持费利佩。两方在争夺卡斯蒂利亚王位过程中，差点爆发了一次内战，西斯内罗斯从中调解，促成了《萨拉曼卡协议》的签订。费利佩死后，也是西斯内罗斯帮助费尔南多二世实际控制了卡斯蒂利亚，因此费尔南多请求罗马教宗尤利乌斯二世任命西斯内罗斯为宗教法庭的大法官，同时他也获得了红衣主教的称号。西斯内罗斯曾率探险队赶赴非洲，期望费尔南多二世继续十字军的理想征服北非，但费尔南多二世对于意大利的兴趣要超过非洲，于是此事便不了了之。同时，西斯内罗斯还资助了马德里康普顿斯大学的成立，并翻译了多语言版康普鲁顿合参本圣经，对后世影响巨大。

1516年费尔南多二世去世后，西斯内罗斯再次摄政卡斯蒂利亚，直到一年后查理前来即位。然而西斯内罗斯在赶去与查理会面的途中不幸病倒，查理写信给西斯内罗斯，感谢他多年以来的服务，并要求他主动退休。西斯内罗斯读完查理的这封信，几小时后便在罗亚去世，享年81岁，最终也未能见到这位新国王。

西斯内罗斯去世后，阿德里安被查理任命为托尔托萨主教，并成为宗教裁判所的总干事，此后又成为卡斯蒂利亚和阿拉贡两地的大法官，次年又被擢升为红衣主教。查理在1520年从西班牙前往亚琛加冕时，安排由阿德里安担任西班牙摄政。

在前往巴利亚多利德接受贵族效忠之前，查理需要先去见见他的母亲，以获得她的授权。自费利佩死后，胡安娜心如死灰，父亲费尔南多二世将胡安娜关在了托尔德西里亚斯，并以她的名义长期统治卡斯蒂利亚。

胡安娜在被关押期间产下了最后一个孩子卡特琳娜，并一直带在自己身边。查理和姐姐埃莉诺还从未见过这个妹妹，此时的卡特琳娜已经十岁。这也是查理姐弟二人阔别十多年后首次见到母亲。胡安娜看到这对姐弟自然非常欣喜，看着长大的查理和埃莉诺，她甚至不确定他们就是自己的孩子。

查理和埃莉诺在此地陪着久未见面的母亲和妹妹生活了一小段时间。此时父亲费利佩的棺椁仍埋在托尔德西里亚斯，查理计划在加冕之后便将父亲的棺椁移葬到格拉纳达，安放在外祖父母的坟墓旁。看到母亲和这个妹妹的生活条件简陋，查理想将她们带离此地，但胡安娜坚决不从，查理也不得不放弃。

得到了母亲胡安娜的首肯，查理这才能名正言顺地成为卡斯蒂利亚国王。

卡洛斯一世

离开托尔德西里亚斯，查理和埃莉诺又见到了弟弟斐迪南。斐迪南自出生后就一直跟随在外祖父费尔南多二世身边，被按照继承人的方式培养。此时的斐迪南已经14岁了，是一个土生土长的西班牙人，因此也获得了不少西班牙贵族的支持，这正是查理所担心的。

见到了斐迪南之后，查理拥抱了这位兄弟，将他封为金羊毛骑士，还为他解释了诸多骑士规章。随后，兄弟姐妹三人于11月

18日一起进入旧卡斯蒂利亚[①]的首都巴利亚多利德。卡斯蒂利亚的贵族非常支持查理，立即给予新国王60万杜卡特[②]的津贴，其慷慨程度超过以往对任何一位卡斯蒂利亚国王。查理在卡斯蒂利亚的加冕过程也非常顺利，当地贵族承认查理和其母亲一起共同担当卡斯蒂利亚、莱昂和格拉纳达的国王。卡斯蒂利亚的参议会上，贵族们也向新国王提出了诸多要求，主要的诉求有三个：其一是查理作为国王，应该一周两次在公共场合上出现，二是作为卡斯蒂利亚国王，查理必须学会卡斯蒂利亚语（即西班牙语）。此外，他们请求查理在结婚生子前，不要将斐迪南送离西班牙。

前两点都不难，据说到了1518年春天，查理就能够使用卡斯蒂利亚语和当地的议员们沟通了。唯独最后一点让查理有些担心。在没来到西班牙之前，查理就有意将斐迪南送回到自己的出生地根特，但那时候摄政西班牙的西斯内罗斯建议查理不要这么做，不过西斯内罗斯的建议并未得到查理的重视。来到西班牙后，虽然两兄弟表面上相处得客客气气，但查理似乎一直心存疑虑，他担心自己作为一个外来的统治者，不如在当地长大的弟弟受欢迎。在斐迪南15岁生日时，查理为他创建了一个单独的议事庭。此时一切都还算顺利，于是查理和埃莉诺以及斐迪南就一同前往阿拉贡王国。

临出发前，查理突然决定，立即将斐迪南由海路送往姑姑玛格丽特处。据说他是听从了克罗伊的建议，因为如果有一天西班

①　旧卡斯蒂利亚是指之前所收复的王国，之后合并的托莱多、拉曼恰等地属于新卡斯蒂利亚。

②　杜卡特（ducat，又译作达克特），中世纪以来的通用货币，由威尼斯、热那亚、佛罗伦萨、奥地利等地发行的金币，约为3.5克95%纯金，各地制造含金量略有不同。

牙人反抗国王的话，他们就会拥戴斐迪南为领袖，以防万一，还是把他送走为好。查理早有此意，也认为这是个好主意。事实证明这样做是正确的，不久之后西班牙各地都出现了反抗外来的查理成为国王的起义。

查理违背诺言将斐迪南送走的举动，让卡斯蒂利亚人感到十分不满，而克罗伊任命外国人出任要职，更是让双方的矛盾一触即发。在西斯内罗斯死后，托莱多大主教就有了空缺。托莱多总教区是西班牙的最高教区，其总主教的地位往往仅次于国王，大主教职位更是一项肥缺，年收入可以达到9万杜卡特。克罗伊此时安排了与自己同名的侄子成为托莱多大主教，而此人还不到20岁。此外，克罗伊本人也当上了科里亚的主教，另一个图伊主教的位置也给了路易奇·马里亚诺。这几个外国人的任命违背了伊莎贝拉女王临终前的遗嘱，她曾宣布卡斯蒂利亚的神职和公职只有本国出生的人才能担任。此时，卡斯蒂利亚国内的不满势力开始蠢蠢欲动。

刚到此地的查理对这些自然是一概不知，不过在阿拉贡的遭遇，已经让他明显感觉到了当地贵族对他的不满。1518年3月，查理向阿拉贡缓缓前行，他命摄政阿拉贡的阿方索前来接驾并宣誓效忠。阿方索是查理外祖父费尔南多二世的私生子，也是查理的舅舅，在费尔南多二世去世后，阿方索就摄政管理阿拉贡王国。但这位舅舅并没有理会外甥的命令，根本就没来迎驾，查理不得不在边境上等了一个星期。

阿拉贡王国不同于卡斯蒂利亚，而是由阿拉贡、加泰罗尼亚、瓦伦西亚三个王国和巴利阿里群岛，加上意大利的西西里、那不勒斯两个王国以及科西嘉岛组成的一个联合王国，后世也称其为"阿拉贡联合王国"。

　　查理曼时期，法兰克王国在其与安达卢西王国之间的地区建立了一个军事缓冲带，后来这一地区独立发展起来。10世纪开始，受封于法兰克国王的加泰罗尼亚地区在卡佩王朝继承了加洛林王朝之后，开始渐渐脱离法兰克人的统治。987年，巴塞罗那伯爵博雷尔二世拒绝向第一任卡佩王朝国王于格·卡佩宣誓效忠，至此正式脱离了法兰西。

　　12世纪，巴塞罗那伯爵四处出击扩大领土。拉蒙·贝林格三世通过与普罗旺斯的联姻，先后获得了贝萨鲁、恩普利亚和塞达亚等伯爵领地。后来在1137年，巴塞罗那伯爵拉蒙·贝林格四世与阿拉贡的佩德罗妮亚公主联姻，组建了阿拉贡联合王国。同时期，加泰罗尼亚成立了欧洲第一个议会。也正是在拉蒙·贝林格四世时期，莱里达和托尔托萨等地被并入，至此形成了当今加泰罗尼亚地区的大部分领土。在之后的扩张中，阿拉贡王国征服了瓦伦西亚、巴利阿里群岛和撒丁岛等地，成为中世纪后期称霸西地中海的强国，使西地中海成了"基督教之海"。

　　如同西班牙是由四个大的王国联合起来的一样，阿拉贡是由更小的王国、领主等联合组成的。只是阿拉贡王国的管理方式更为奇特，议会具有较大的权力，国王必须尊重议会的决定，查理的父亲费利佩初次来这里的时候就见识过他们的倔强。

　　由多个封建领主组成的阿拉贡王国，形成了其独特且复杂的政治制度。加泰罗尼亚议会是欧洲首个议会，同时也是欧洲第一个限制王权的机构，即国王提出的法律必须经由议会通过方可施行。1359年议会又设立常任代表机构，成为当地最重要的权力中心。1481年，加泰罗尼亚议会通过了限制王权的"宪法"，算是确定了加泰罗尼亚地区"依法治国"的基础。

　　1518年3月，查理到达阿拉贡的萨拉戈萨后，当地贵族断然拒绝效忠于他，他们承认查理的母亲胡安娜为国王，并要求胡安娜亲自前来接受效忠，而在胡安娜的有生之年，查理不能担任阿拉贡的国王。最后经过一系列冗长的磋商，查理才勉强获得了阿拉贡贵族的承认。

巴塞罗那对查理是比较欢迎的，愿意承认其为国王并为其提供资金。由于在卡斯蒂利亚和阿拉贡地区，名叫查理的国王都还是历史上的第一任，所以查理在两地的国王称号都是查理一世，也就是西班牙语中的"卡洛斯一世"。

在巴塞罗那时，查理安排埃莉诺嫁给了葡萄牙国王曼努埃尔一世，也就是他们两个姨母（伊莎贝拉和玛利亚）的丈夫。埃莉诺即将成为其表兄妹的后母，而她的其中一位养女后来还成了查理的皇后。

婚约与初恋

作为欧洲最有可能继承庞大领地的王子，查理的婚约一直是各个国家王室争取的对象。

查理出生后不久，父亲费利佩在前往西班牙接受效忠的途中，就曾与当时的法兰西国王路易十二签订了婚约，路易十二答应将女儿、布列塔尼未来的女公爵克洛德许配给查理。然而后来路易十二没有男性继承人，为了将布列塔尼留在法兰西王国，路易十二转而将克洛德许配给了即将继承王位的弗朗索瓦一世。等查理长到七岁的时候，在祖父神圣罗马帝国皇帝马克西米利安一世的授意下，姑姑玛格丽特与亨利七世订立了查理和亨利七世的女儿玛丽·都铎的婚约。

玛丽·都铎是亨利七世和约克的伊丽莎白的第五个孩子，亨利八世与凯瑟琳的女儿、后来的英格兰国王玛丽一世就是以她这位姑姑的名字命名的。玛丽·都铎年长查理四岁，1507年和查理订了婚，而年幼的查理从此以后就将玛丽·都铎当作自己未来的妻子，虽然二人从未见过面。查理和玛丽两人之间还往来过不少的情书。

之后，这个婚约因为一件意外而未能实现。1514年1月的时候，法兰西国王路易十二的妻子布列塔尼的安妮去世了，她并未给这位国王留下一位男性继承人。52岁的路易十二希望赶紧再续新妻，于是便有不少可选对象。查理的外祖父费尔南多二世建议路易十二迎娶查理的姐姐埃莉诺，此时她已经16岁，到了适婚年龄。查理34岁的姑姑玛格丽特甚至表示自己愿意嫁给路易十二。玛格丽特此举显然不是为了自己，她本不打算再嫁，这么做的目的是避免法兰西拆散英格兰和勃艮第之间的婚约。

不过玛格丽特的担心还是成了现实，路易十二选择了查理的未婚妻——亨利七世年满18岁的女儿玛丽·都铎，但结婚三个月后，玛丽还没来得及为路易十二生下一儿半女，路易十二就去世了。法兰西的王位因为萨利克法典的限制，落入到了旁系的一支——原本无望继承王位的弗朗索瓦身上，不过他必须迎娶路易十二的女儿克洛德。两任法兰西国王就这样先后抢走了查理的两任未婚妻子。

18岁就寡居的玛丽此后虽然一直被称为"法兰西王后"，但王后的头衔抑制不住年轻人的心思。这位"法兰西王后"在次年与英格兰的第一代萨福克公爵查尔斯·布兰登相爱了，两人于1515年私下结婚，这时玛丽·都铎才自降"法兰西王后"为"萨福克公爵夫人"，直到1533年去世。

英格兰的这次悔婚让这位已经陷入了爱河的14岁少年倍感失落，同时也让查理明白了，王室的婚约都是为了攫取政治利益，而不是出于什么爱情，首先要看能否得到"回报"。哈布斯堡家族其他人的婚姻也只有在能够获得回报的情况下才有价值，这也是此后查理为何严防自己的姐妹、子女私自恋爱，即便是自己的私生子女，也要把他们带离母亲身边，并为他们安排好的婚约。

在自己的未婚妻玛丽和路易十二结婚后不久，有人建议查理可以在葡萄牙国王的女儿伊莎贝拉和匈牙利国王的女儿安妮之间进行选择。不过查理此时还不想这么早结婚，所以他选择了路易十二的小女儿蕾妮，此时她不满四岁，并可能给查理带来布列塔尼公国的回报。于是，查理在1515年1月公开宣布，他的未来新娘将是蕾妮。在等待蕾妮长大成人的漫长时期，查理还有很长时间享受单身的快乐。

卡斯蒂利亚女王伊莎贝拉一世过世后，阿拉贡的贵族们拒不承认查理的父亲费利佩拥有阿拉贡的继承权，理由是他们正值壮年的国王费尔南多二世会另续新弦，还有可能生下一个男孩来继承阿拉贡王位。的确，伊莎贝拉一世死后，无论是否出自费尔南多二世本人的意愿，这位52岁的阿拉贡国王还是迎娶了年仅18岁的富瓦的杰蔓。

富瓦的杰蔓自然并非平民，她的父亲约翰是纳博讷子爵，母亲是法兰西国王路易十二的姐姐奥尔良的玛丽，杰蔓是两人的长女，因此也算是王家贵胄。说起来，杰蔓和费尔南多二世之间多少也有点亲缘关系。费尔南多二世有个同父异母的妹妹莱昂诺尔（或译作埃莉诺），后来嫁给了富瓦伯爵加斯东四世，他们的小儿子约翰就是杰蔓的父亲。因此，费尔南多二世算是杰蔓的祖舅父（舅公），属于七等血亲之外的远亲了。

作为贵族之后的杰蔓既是法王路易十二的外甥女，也是费尔南多二世的孙辈，因此嫁妆和聘礼都价值不菲。路易十二给杰蔓的嫁妆是那不勒斯和耶路撒冷王国的王权主张，但这不过只是"空头嫁妆"，那不勒斯已经归属费尔南多二世的阿拉贡，而耶路撒冷两人都未控制，只是法兰西一直保有伸张王权的声明，如同当今争议的领土，实际控制的是一方，而另一方则声称拥有主权。

另一个最重要的嫁妆是纳瓦拉。路易十二同意费尔南多二世拥有他实际上已经占领的上纳瓦拉的王位，而下纳瓦拉却在路易十二支持下拥有正统的统治权，关于这一点还会在后面说到。这实际上也是一纸空文，费尔南多二世只是获得了路易十二本就应放弃的部分，获得了他本应该得到的东西。即便如此，给予嫁妆的前提仍是要求费尔南多二世和杰蔓生下男性继承人方才有效，否则这些权力还要归还给法兰西。

费尔南多二世给出的聘礼则比较阔绰和实在：50万杜卡特，以及两人的男性后代可继承阿拉贡王国。这个决定惹怒了卡斯蒂利亚贵族，不是由于他们对前女王伊莎贝拉一世有多么爱戴，而是费尔南多二世意图阻止费利佩和胡安娜继承阿拉贡王位，破坏了两个王国在未来合并的可能。因此，费尔南多二世死后，卡斯蒂利亚贵族对他的这位遗孀并没有保留多少爱戴和尊敬。

费尔南多二世并未亲自前去参加婚礼，而是派卡斯蒂利亚驻法兰西的大使作为代表和杰蔓在布卢瓦教堂举行了婚礼。这种情形在当时十分常见，获得授权的代理人除了能够代理结婚，还能代理签订协约、参加会议等，大多数事情都可以代办。婚礼举办后一年，杰蔓被送往费尔南多二世那里，履行实质性的婚姻。

在那个时代，年老的国王们往往因为着急生育一位男性继承人，经常不顾身体老迈，和新欢过度欢爱，结果反而进一步榨干了精力，提前丧命。路易十二就是在52岁时新娶了18岁的玛丽·都铎，结婚几个月后没生下孩子，却把自己的命给搭上了。

　　费尔南多二世还算幸运，这次的新婚至少还算支撑了十年。新婚后的费尔南多和杰蔓曾在婚后三年生下一位男性子嗣，并封其为赫罗纳亲王。如果这个男孩顺利长大，那么阿拉贡与卡斯蒂利亚很可能从此分裂，伊比利亚半岛到现在就不仅有西班牙和葡萄牙这两个独立国家了。不幸的是，赫罗纳亲王出生几小时后就夭折了。据称，年老的费尔南多二世因为食用了过量"西班牙苍蝇"①，死于1516年。

　　费尔南多二世死前仍惦记着这位年轻的夫人，生前他给杰蔓每年5万杜卡特的年俸，还担心一旦自己死去，杰蔓的年俸会被废除。所以，费尔南多二世临死前给外孙查理写了一封信，信中委托查理不要遗弃杰蔓，继续支付年俸，确保她的正常生活。

　　父母早亡、路易十二逝世，加上唯一可以依靠的丈夫也死去，杰蔓无论是在卡斯蒂利亚还是在阿拉贡都不受人拥戴，在阿拉贡她是使用"爱情药水"害死国王的毒妇，而在卡斯蒂利亚人眼中，她是试图将阿拉贡和卡斯蒂利亚分裂，并取代他们敬爱的伊莎贝拉女王的续弦。这时候杰蔓29岁，谨慎又多情，虽然怀孕过几次，但十多年来她并未变得肥胖，反而更加有成熟女性的风韵。实际上算起来，这位外公的遗孀也算是查理同辈

---

① 正史的说法是费尔南多二世死于水肿，但民间野史更相信他是死于有"中世纪伟哥"之称的壮阳药物"西班牙苍蝇"，这其实是一种甲虫，中国称之为芫菁。将这种甲虫碾成粉末，混合一些其他的东西制成药，服用后可导致下体有炎症反应，还能保持持久的勃起状态。古希腊的时候，西方人就知道了这种东西能壮阳。到了罗马帝国的屋大维，他的妻子就把这种西班牙苍蝇放入来人的酒中，引诱别人轻薄自己，然后实行勒索。当今各国都将西班牙苍蝇及其萃取物当作一种剧毒物品严格管理。

的表亲，加上两人都会说法语，并在类似的环境中长大，彼此都身处于充满敌意的卡斯蒂利亚人中间，因此颇有同病相怜的感觉。

查理到达巴利亚多利德后，想起了祖父留下的遗嘱，前去拜见这位"祖母"王太后富瓦的杰蔓。此次会见中，查理对杰蔓十分友善，还以杰蔓的名义组织了马赛和宴会，两人很快就建立了热烈的爱情关系。据说在巴利亚多利德的查理住所和杰蔓的住所之间，曾经搭建过一座木桥，以方便二人相见。

不久之后，杰蔓便为查理生下了一个女儿，取名为伊莎贝拉，虽然并未得到官方正式承认，但孩子也在卡斯蒂利亚受到了良好的教育。随后查理前往萨拉戈萨和巴塞罗那接受阿拉贡贵族效忠时，杰蔓便一直陪同在身边。

就在这对甜蜜的恋人刚到巴塞罗那不久，查理却听到了一件噩耗，祖父马克西米利安逝世了。查理必须要继承哈布斯堡的家族宏愿，"选举"成为神圣罗马帝国皇帝。

第四章

罗马人的王

这个国家过去称为神圣罗马帝国，现在还是这样称呼，但它既不是神圣的，也不是罗马的，更不是什么帝国。

——伏尔泰：《风俗论》

上面这则流传广泛的评价只是伏尔泰的偏见，因为他反对天主教，所以说神圣罗马帝国不"神圣"；因为帝国并非法国式的君主集权，所以批评其不像"帝国"；更因为他是法国人，所以才说其不"罗马"。实际上，神圣罗马帝国的皇帝头衔对于欧洲各国王来说，一直以来都是莫大的荣耀，同时也是古罗马帝国普世遗产的重要象征。在查理成为皇帝之后，他就不再仅仅是一个西班牙、德意志的国王，而是基督教世界的普世帝王。因此，这个皇位，查理绝不会拱手让人。

神圣罗马帝国

神圣罗马帝国，上可以追溯至查理曼死后遗留下来的东法兰克王国。这里后因使用的主要语言而被称为"日耳曼王国"，之后又包括了德意志王国、意大利王国和勃艮第王国等三个相互联系在一起的王国。从11世纪起，被选为德意志国王，就几乎等同于成了神圣罗马帝国的皇帝。

加洛林王朝崛起后，查理曼的统治范围几乎恢复了西罗马帝国曾经的荣耀，因此他在公元800年的圣诞节，被罗马教宗利奥三世加冕为"罗马人的王"。在三百多年没有皇帝的时期后，欧洲终于再次拥有了能与东罗马帝国平起平坐的皇帝。

如本书第二章所述，查理曼死后，帝国很快就一分为三，然后再分裂为无数个小国。后来又在"胖子"查理时期短暂统一过几年，但此后查理曼的帝国就再没有统一。本书已经简述过中法兰克到勃艮第王国的历史演变过程，在第三部分将叙述西法兰克王国的历史，此时我们聚焦于东法兰克这个日耳曼王国。

经过几次父死子分的东法兰克王国，最后形成了四个主要的国家：萨克森、法兰克尼亚、施瓦本和巴伐利亚。直到公元919年亨利一世时期，东法兰克正式改名为"德意志王国"。亨利一世死后，奥托一世成为德意志国王。

奥托一世性格较为强势，对内压制德意志地方诸侯的权力，对外向斯拉夫地区和东欧扩张。9世纪末期，匈牙利被马扎尔人征服，东罗马拜占庭帝国也受到了马扎尔人的威胁。955年奥托一世在莱西费尔德之战中打败了马扎尔人，马扎尔人对欧洲的威胁才告一段落。这场针对异教徒的胜利，让奥托一世赢得了基督教世界救世主的声誉，也更加巩固了他在德意志地区的统治。

奥托一世还多次进攻意大利，经过长达十年的战争，终于在961年征服了伦巴第，成为意大利国王。次年，罗马教宗约翰十二世加冕奥托为"罗马人的王"，他成为"神圣罗马帝国"的皇帝，史称"奥托大帝"，神圣罗马帝国的历史也由此开始。这还是在查理曼之后日耳曼人第一次被加冕为皇帝。自此这个皇位就传承了下去，一直由德意志诸选帝侯把持，皇位在各个诸侯家族中流转。

神圣罗马帝国与之前的西罗马帝国有所不同。奥托一世在其有生之年就改革了罗马教会在德意志地区的统治，建立了独特的帝国教会体系，他和后来的皇位继承者是罗马教廷的捍卫者，然而德意志教会的神职不允许权力世袭，也尽量让教会的神职人员保持独身，这样就把德意志地区的教会权力控制在帝国皇权之下。

奥托大帝之后经历了子孙三代，到了亨利二世死时，没有继承人，神圣罗马帝国于此结束了（奥托）萨克森王朝统治时期，德意志贵族们选举了法兰克尼亚萨利安家族的康拉德二世成为德意志的国王以及帝国的皇帝。萨利安王朝之后又经过了霍亨斯陶芬王朝的几代统治，到了康拉德四世时期，霍亨斯陶芬王朝极大的扩张野心让神圣罗马帝国不堪重负，趋于崩溃。

康拉德四世死后，神圣罗马帝国经历了将近二十年的大空位期（1254—1273年），直到1273年哈布斯堡王朝的奠基者鲁道夫一世当选，才结束了这种混乱局面。也是从这一年开始，帝国改革了皇帝的选举制度，此后每任皇帝都从不同的家族中选出，以避免某一家族长期把持皇位的情况。这种方法也使得帝国的继承和管理进一步复杂和混乱，80多年后颁布的《金玺诏书》，就是为了解决这些问题。

1356年的《金玺诏书》是神圣罗马帝国的一份重要宪政纲领，其"标志着皇帝与其大封臣之间达成妥协，通过制定程序规范皇帝选举，稳定了全国的政治形势。新程序此后几乎未加调整，一直延续到1806年。诏书所规定的选举制加强了德国的力量而非罗马的力量，因此也标志着帝国与罗马的决裂"。可以说自此以后，罗马教宗的涂油礼对于帝国皇帝来说已经并非必要，只要被选举出来即是帝国皇帝。

一般在前任皇帝去世后的一个月（也有在前任在世时选举的情况），由美因茨大主教召集各选帝侯在三个月内前往法兰克福进行选举。在空位期间，皇权由萨克森公爵和帕拉丁伯爵代治掌管，任何一个代治都可以以帝国的名义发出帝国的任何命令，这一点在

《金玺诏书》中有明确规定。

拥有选举权的包括德意志三大教区总主教和四大世俗王权，这三大主教分别是美因茨大主教、科隆大主教和特里尔大主教，三个主教分别掌管帝国的德意志、意大利和勃艮第三大主教区。而四个世俗的诸侯是勃兰登堡伯爵、萨克森-维堡公爵、波西米亚国王和掌管皇家领地的帕拉丁宫廷伯爵，即莱茵-普法茨伯爵。后来根据时局的变化，有进有出，例如汉诺威后来也成了选帝侯，而萨克森也被排除过。

自《金玺诏书》颁布后，帝国的皇位才算稳固下来，皇权也有了明确的限制。到了15世纪，时任的神圣罗马帝国皇帝是卢森堡王朝的西吉斯蒙德，他同时也是匈牙利、克罗地亚和波西米亚国王。西吉斯蒙德在位时，罗马教廷短暂的大分裂才得以结束，匈牙利也是在他统治时走向了衰落（见第十七章）。

西吉斯蒙德去世后只留下了一个女儿，嫁给了哈布斯堡的奥地利大公阿尔布雷希特二世。通过这次联姻，哈布斯堡家族得以一直把持着神圣罗马帝国的皇位[1]，直到1806年帝国灭亡。阿尔布雷希特二世被选为"罗马人的王"，却一直未受到罗马教廷的加冕，所以也不能使用皇帝的头衔。阿尔布雷希特二世死于和奥斯曼帝国苏丹穆拉德二世的战争，哈布斯堡家族的另一位名叫腓特烈三世的奥地利大公当选了"罗马人的王"，随后顺利加冕。

腓特烈三世是最后一位在罗马由教宗加冕的帝国皇帝，也是倒数第二个由罗马教宗加冕的皇帝。腓特烈三世的曾孙、本书的主人公查理则是最后一个由教宗加冕的皇帝，自此之后罗马再未

---

[1] 其中仅有一次例外是 1742—1745 年，帝国皇帝是巴伐利亚维特尔斯巴赫家族的查理七世。

举办过任何皇帝的加冕仪式，当选为"罗马人的王"便可以拥有皇帝头衔，直到帝国覆亡。由于帝国的绝大部分事务大多取决于那些各自为政的诸侯，腓特烈三世实际上并不能对帝国内政作出任何决定，于是他就专注于扩大其奥地利的世袭领地，因此被嘲笑为"神圣罗马帝国的大瞌睡虫"。在与匈牙利的战争中，这位皇帝几乎失去了包括维也纳在内的所有领地，不过最后他还是获得了匈牙利的统治权和勃艮第的继承权，因此也为查理及其哈布斯堡帝国奠定了基础。

腓特烈三世在位41年，晚年时又离群索居，研究星象和炼金术。到他1493年去世的时候，他的儿子马克西米利安才成为神圣罗马帝国的实际统治者，而查理受到这位祖父的影响颇深。

最后的骑士

马克西米利安是腓特烈三世的长子，于1459年出生。马克西米利安一世虽然在1486年就当选为"罗马人的王"，却直到34岁才真正成为皇帝。他第一次使用了"日耳曼人的国王"这个头衔，但始终未去罗马加冕，而是在特伦托由教宗加冕。

马克西米利安一世被称为欧洲"最后的骑士"，他爱好艺术、兵器设计，也喜欢写小说。在《白色国王》①中，马克西米利安一世这样写道：

在与卑鄙的蓝色国王接触之后，年轻的白色国王开始明白了什么是政治，但与蓝色国王不同，他坚信内在的崇高理想和正义，那是蓝色国王永远都不会具备的品质。同时，年轻的白

---

① 其德语名称为 Der Weisskunig，马克西米利安使用了一语双关，Weisskunig 在德语中既是白色国王，也是明智国王。

色国王认为，认识星辰及其影响是十分有帮助的，否则就不能完全理解人性……

马克西米利安将他自己比做正义的白色国王，与邪恶的蓝色国王英勇战斗，而这个蓝色国王就是他现实世界中的敌人法兰西国王路易十二。著名的版画艺术家丢勒从意大利游学回来之后，便接受了马克西米利安的委托，为他这本小说创作插画。丢勒还制作了许多为马克西米利安歌功颂德的版画，其中就包括关于马克西米利安一生最值得称道的三次联姻安排的作品，其中有些至今还收藏在大英博物馆中。

只可惜这本《白色国王》并不像丢勒的艺术作品那样受人追捧，马克西米利安一世终其繁忙的一生也未能将其付梓，但他所设计的轻型盔甲倒是流传了下来。在艺术上，马克西米利安一世像所有爱好诗歌绘画的皇帝一样，没能获得"业界"的广泛认可，不过在政治、外交和军事的手腕上，却远超那个时代欧洲的大部分国王们。

马克西米利安一世在勃艮第的"大胆"查理死后，便与其女玛丽完成了订婚仪式，为其子孙获得了勃艮第的头衔和部分领地，但婚约规定夫妻彼此不能成为对方遗产的继承人。马克西米利安一世自始至终试图光复"大胆"查理留下来的遗产，先后发动了与法兰西国王路易十一、查理八世和路易十二在勃艮第与意大利的多次战争，同时也试图通过联姻来扩大自己的领地。

为了与法王争夺勃艮第公国的继承权，他在继承神圣罗马帝国皇位时，就向德意志各诸侯做出了诸多让步，这也让他被认为是帝国改革运动的始作俑者。从法兰西国王查理八世到路易十二，他们对神圣罗马帝国三领地之一意大利王国的持续入侵，让马克西米利安一世耗费了毕生精力去维持帝国对意大利的统治。

1482年玛丽去世后，马克西米利安一世让自己的儿子，也就是查理的父亲"美男子"费利佩继承了母亲的领地。而当马克西米利安一世打算与布列塔尼的安妮联姻而争取布列塔尼时，此事却因法兰西国王查理八世的插手而落空。马克西米利安一世最后和查理八世达成了协议，以皮卡第换得了勃艮第，尼德兰十七省也留在了哈布斯堡家族手中。

安排其子女与西班牙王室的双重联姻是马克西米利安一生中值得一书的手笔，而另一场双联婚姻也是毫不逊色，即安排他的另一个孙子——查理的弟弟斐迪南迎娶波西米亚的公主，查理的妹妹玛丽嫁给匈牙利兼波西米亚王储。第一个双重婚约让哈布斯堡的查理继承了欧洲偌大的领地，而另一个双重婚约则让奥地利和波西米亚以及匈牙利合并，成为后来的奥匈帝国雏形。直到第一次世界大战结束后，哈布斯堡王朝的统治才告结束。

马克西米利安一世时的帝国版图包括了现今的德国和奥地利以及周边的一部分地区，之后独立的瑞士，还处在与法兰西的争夺中的意大利北部，低地地区和通过与玛丽的婚姻而获取的勃艮第。帝国地域庞大，仍旧是由不同大小的贵族领地所组成，包含各种公国、伯国和自由城市。正是由于没有一个后来所谓的"集权"式王权，神圣罗马帝国如同分裂的意大利一样，经济和文化都发展迅速，尤其是自由城市的增长尤为迅速。

唯一让马克西米利安一世感到羞辱的，或许就是1499年兵败瑞士，不得已在巴塞尔签订了和平条约，正式承认瑞士联邦（史称"旧瑞士联邦"）脱离神圣罗马帝国，具有独立的地位。1501年，马克西米利安一世从马背上跌落摔伤了脚，从此他的余生便受病痛所困。晚年的马克西米利安一世通常带着伪装成书箱或财宝箱的棺材一起，在帝国境内出游，还留下遗嘱要求死后将自己头发剪掉、牙齿敲掉，然后鞭打身体，用石灰覆盖，以亚麻包裹，公开展示以显示其在尘世的荣耀。这让历史学家认为，晚年的马克西米利安一世十分"病态"。

最重要的是马克西米利安一世对查理的影响。查理和姐妹们都非常喜爱这位祖父。马克西米利安一世在查理出生后也曾探望过他几次，尤其在儿子费利佩死后，他曾前后四次前往尼德兰，花了很长时间陪伴几位孙辈。每次前去他都会给孩子们带很多礼物，并和他们一起玩耍、跳舞，带着他们一起在尼德兰地区旅行。如果年幼的查理心目中有一位可以模仿的榜样，那就是这位祖父了。成年后的查理不仅模仿祖父的行为，也积极地实践着马克西米利安一世的治国理念和家族理想。

1513年，关于查理继承帝国皇位的问题，马克西米利安一世已深思熟虑：由于帝国皇位是由七位选帝侯选举产生，因此查理要继承皇位，必须要获得至少四位选帝侯的选票。这个时期，七位具有选举资格的人包括：美因茨大主教、勃兰登堡藩侯、萨克森-维滕堡公爵、波西米亚国王、特里尔大主教、科隆大主教和莱茵-普法尔茨伯爵（即帕拉丁选帝侯）。马克西米利安曾计划与前四位会面以测试他们的态度，但均遭到拒绝。

到了1516年11月，皇位的竞争实际上已经正式开始了。特里尔大主教支持刚刚成为法兰西国王的弗朗索瓦一世，次年勃兰登堡选帝侯以对方承诺支付15万弗洛林金币加上允许其子迎娶法兰西公主为条件，答应支持弗朗索瓦一世。形势已经非常不利于查理。此时查理写信求助于祖父马克西米利安一世，称不管哪位选帝侯支持他当选皇帝，他都愿意向其支付10万弗洛林和巨额年俸，并授予其金羊毛骑士的荣誉和其他物质奖励。查理还告知祖父，如果皇位落入法兰西弗朗索瓦一世之手，形势将对哈布斯堡家族极为不利。

此时已经是1517年10月，查理正在阿斯图里亚山区中行进，艰难地跋涉在前往巴利亚多利德接受卡斯蒂利亚贵族效忠的途中。而美因茨大主教是勃兰登堡选帝侯的兄弟，他也表示愿意将自己的选票卖给法王。随后，勃兰登堡选帝侯也响应了兄弟的号召，宣称支持弗朗索瓦一世。

现在弗朗索瓦一世已经获得至少三票。查理反而放松起来，认为没必要再花更多的钱去购买选票，因为哈布斯堡家族扎根于中欧奥地利，德意志地区的选帝侯比起法兰西会更加偏向他们。但马克西米利安一世绝不允许皇权旁落，1518年在奥格斯堡的最后一次帝国议会上，马克西米利安一世以查理的名义，答应在选举日给五位选帝侯50万弗洛林，此后每年给予每人7万的年俸，这才换取了他们的投票承诺。

奥格斯堡会议后，马克西米利安一世知道大限已至，就前往自己的林中小屋，享受最后的时光。1519年1月12日，神圣罗马帝国皇帝、中世纪最后一位骑士马克西米利安一世，在他位于奥地利维尔斯山间的小屋与世长辞，享年59岁。

高价的皇位

马克西米利安一世去世后，弗朗索瓦一世以保护德意志免受奥斯曼土耳其人的攻击为诱饵，让一些选帝侯改选自己，并且他还获得了罗马教宗的支持。而获知祖父逝世的消息时，查理和继外祖母杰蔓这时候刚到巴塞罗那不久。在巴塞罗那，查理为祖父举办了盛大的葬礼，之后便着手积极准备皇位的竞选。

姑姑玛格丽特亲自出面，帮助远在西班牙的查理应对这次选举。玛格丽特认为，已经来到她身边的斐迪南是较查理更为合适的皇帝候选人。尼德兰距离德意志较近，斐迪南能够更加迅速地前往德意志去说服那些选帝侯们。但玛格丽特的建议惹怒了查理，正是因为担心弟弟在西班牙会拥有大量的支持者，他才将斐迪南送到了尼德兰，而姑姑却要支持弟弟参加选举。查理回信给姑姑，表示自己才是祖父指定的继承人，刚刚获得的西班牙、勃艮第和神圣罗马帝国绝不能分开，劝姑姑尽早放弃支持斐迪南的想法，否则会惹他不开心。

侄子的回信也让玛格丽特极为愤怒，她认为要想获得皇位，其一是通过金钱，其二就是通过军队，而军事威慑其实还是需要花钱。而要想获得足够的金钱支持以赢得选举，查理只能向当时最富裕的银行家借钱。查理知道姑姑说得没错，也只得向富格尔家族借款。富格尔家族早年以经营纺织品为生，定居于施瓦本的自由城市奥格斯堡，后来因为与马克西米利安一世和罗马教宗的利益关系，在16世纪变得极为富有，曾一度取代美第奇成为当时最富有的家族。1487年，富格尔家族通过向西吉斯蒙德提供第一笔贷款，获得了蒂罗尔地区的银、铜矿采矿权，开始了贵金属业务。随后他们还获得了匈牙利西西利亚的采矿业务，这使其一下子成为富敌全欧的家族，之后他们又从事羊毛、香料和丝绸贸易，家族的生意遍布欧洲。1525年，富格尔家族获得了西班牙的一些汞、银矿的开采权，之后更是通过与查理的关系将生意范围扩展到了美洲，在秘鲁、智利等地开展贸易。美洲的奴隶贸易方面，富格尔家族也有参与。

依靠祖父马克西米利安一世与富格尔家族的关系，查理竞选神圣罗马帝国皇帝所需的资金，其中一大半（约55万）是由富格尔家族出的，其余的来自奥格斯堡另一位富有的银行家族韦尔瑟家族和一些意大利银行家。此后，查理各项战争的资金也大都出自这些富有家族的借款，并通过从美洲运回来的金银来偿还。为了支持查理当选，富格尔家族一共筹集了70多万弗洛林，大部分都是来自自家的银行。再加上玛格丽特和查理从其他地区筹集的资金，查理为此次竞选付出了150万弗洛林现金，给几位选帝侯的现款就占了三分之一，其余大部分则作为年俸和礼物给了选帝侯及其顾问，剩下的25万用于军队部署的开销。有了资金和军队上的充足安排，查理在大选前的5月写信给玛格丽特，称自己已经做了所有的努力，最后是否能够当选唯有等待上帝的决定了。与此同时，查理还派遣了一支雇佣军，驻扎在选举举办地法兰克福的郊外。

1519年6月28日，三位大主教和四位选帝侯齐聚法兰克福，全体一致投票选择查理成为"罗马人的王"。查理当选并非上帝的"旨意"，而是贪婪的选帝侯们意识到德意志地区的利益很可能被法兰西侵蚀，再加上查理城外驻扎的雇佣军威慑，这才最终使查理能够全票当选。

查理花费了150万弗洛林所得到的神圣罗马帝国，再加上通过联姻而获得的遗产，使得哈布斯堡帝国统治的疆域极其庞大，东起匈牙利和波西米亚（现捷克和斯洛伐克）及其附属国摩拉维亚、卢萨蒂亚和西里西亚，西至大西洋沿岸的尼德兰。瑞士虽然在事实上已于1499年独立，但名义上也属于帝国的范围。还有意大利的北部和南部的诸王国，其意大利领土东边紧接威尼斯，南边挨着教宗国，西边包含了萨伏依，意大利最南端的西西里、那不勒斯则是通过阿拉贡的王位获得的。

这个庞大的帝国并不同于英格兰、法兰西或葡萄牙这种已经成型的近代民族国家，而更像是一个松散的共治联邦。传统上对神圣罗马帝国的评价，或者以普鲁士的第二帝国为比较对象，或者以当代民族国家为原型，普遍认为这个帝国缺乏统一管理，没有中央集权，更不具备完善军事防御，并不能称之为现代强权国家，而将其视作是一个由众多不同规模的领地所组成的松散积弱的帝国。但这类看法在当今的史学界越来越受到质疑。在《神圣罗马帝国》一书中，作者彼得·威尔逊指出，"在普鲁士中心论者看来，这一局面是帝国虚弱与衰败的标志，而近来的史学研究则视之为开放与活力的象征"。与后期只能通过革命来推翻中央集权的法国不同，神圣罗马帝国较好地维护了皇权和地方领主权力之间的平衡，在领主和皇权之间，还存在着帝国议会、治区和帝国法院等中间机构。

帝国议会的雏形是大空位时期的选帝侯会议，后来逐渐定型为由三级议事会组成的管理体系。最高的是选帝侯会议，即七位选帝侯之间的协商会议，拥有较高的权力。次之的是诸侯会议，马克西米利安一世时期发起，由帝国内权力较小的伯爵和其他诸侯召集成立，目的是抵抗皇帝和选帝侯对其权力的侵犯。此外，还有下一级由自由城市的代表所组成的城市会议等。马克西米利安一世本人就召开过多次帝国会议，时间从五个星期到十个月不等，主要针对帝国境内的一些税务、防务、宗教等问题进行协商。在查理时期，帝国议会更是发挥了重大作用，基本固定在雷根斯堡或者奥格斯堡等地召开。

治区（也叫帝国行政区）也是帝国的一项重要创新。鲁道夫一世时期就以治区为基础重组了帝国的行政区域，之后不断进行调整。到了1500年，马克西米利安一世在位时将帝国划分为六个治区，后来又增加了四个。查理统治时期，治区的职权也获得了提升，治区可以协调军队组织防务，对于帝国内弱小的领地起到了保护作用。查理晚年又设立了治区的执行诸侯，以便协调帝国议会和皇帝之间的联系。

此外还有帝国法院。虽然各个领地的领主拥有最终上诉权，但面对领主时常的集权式压迫，底层贵族可以通过上诉至帝国法院来解决争端。这种诉诸和平的司法程序以解决争端的方式，对于帝国境内维持相对的和平和稳定十分重要，同时还能缓解社会冲突和宗教冲突。16世纪，农民反抗领主的斗争和解决新教问题所采用的方式就是诉诸法院。

在马克西米利安到查理期间，帝国通过了一系列立法，如1512年的反专卖法、帝国公证人法令，1530年的禁止羊毛出口法令、帝国治安法令，1532年的查理法典和1555年的帝国行政法令等。尤其得益于查理的改革，神圣罗马帝国具备了近代早期帝国的形态，"部分地（使帝国）实现了近代化"，从而让神圣罗马帝国的寿命得以再延续了300年之久。

这一系列的改革也削弱了皇权，让权力更多地下放到领地，尤其是查理五世晚年授权斐迪南颁布的《奥格斯堡和约》，确定了"教随国立"的政策，进一步让宗教问题领地化，领主拥有了代表其子民归属某一教派的权力。

臣属奥地利

此次选举的获胜，除了让查理付出了150万弗洛林之外，更重要的是让这位年轻的君主和古老的帝国传统建立了联系。他同时也继承了罗马以来的泛欧洲主义观念，即期望将帝国统一为一种信仰、一种宗教和一种皇权。这种观念正好也是伊拉斯谟等人文主义者当时所持有的看法，查理毕生正是为这一观念所主导而南征北战。

腓特烈三世曾经提出"世间万物皆臣属奥地利"，这句话的德语和拉丁语首字母缩写正好是五个元音字母：AEIOU①。查理的人生格言"plvs vltra"就是对AEIOU的进一步延伸，既可以译作"更进一步"，也可以译作"还有更多"，至今仍然印在西班牙王国的国徽上。

当查理竞选帝国皇帝成功后，大臣墨丘里诺再次向他提出了祖辈的这个梦想："上帝对您如此仁慈，祂已将您擢升至于基督教世界全体国王和王子们之上。自您祖上查理大帝（查理曼）之后，从未有人享有如此尊贵之权力。祂将引领您走上一条世界君主之路，直到全体基督教世界联合在同一权杖之下。"

加蒂纳拉的墨丘里诺出生于意大利的加蒂纳拉，14岁时成为孤儿，后受叔父资助在萨伏依的都灵学习法律。1501年，查理的姑姑玛格丽特摄政勃艮第时，36岁的墨丘里诺成为她的顾问，之后出任勃艮第的议员，成为马克西米利安一世驻法兰西和阿拉贡的大使，并支持查理参选神圣罗马帝国皇帝。查理在1518年时，任命墨丘里诺为他的大臣。

在克罗伊去世后，墨丘里诺更是成为对查理最有影响的顾问，被称为"众国王之大总理"。同时，墨丘里诺还是伊拉斯谟人文主义的拥护者，因此影响了查理建立统一基督教世界的理想。正是墨丘里诺让查理摆脱了原先作为勃艮第公爵时所有的狭隘领地主义思想，而朝着基督教人文主义的帝国治理之道的方向

① 德文是 Alles Erdreich ist Österreich untertan，拉丁文是 Austriae est imperare orbi universo。而腓特烈用一句可以缩写为 AEIOU 的拉丁语解释了此话：amor electis, iniustis ordinor ultor，意即我被选帝侯所喜爱。

迈进。之后，查理在处理新世界、摩尔人以及宗教裁判所等问题时，都会咨询墨丘里诺的意见。

已经当选为皇帝的查理为了避免公众舆论的非议，不得不考虑斩断自己与继外祖母的恋情。1519年6月，查理安排杰蔓嫁给勃兰登堡的胡安。此后杰蔓便以胡安夫人的身份陪伴查理左右。1520年查理于返回勃艮第的途中顺便拜访英格兰时，还一直带着杰蔓。杰蔓在英格兰的宫廷受到了极大的欢迎，不仅是因为她举止优雅，她所穿戴的具有佛兰德斯风格的服饰，也让英格兰王室极为赞赏。

杰蔓与胡安婚后并无子嗣，作为补偿，查理安排胡安和杰蔓共同总督瓦伦西亚。之后，查理同杰蔓的关系也并未彻底断绝。在姐姐埃莉诺与法王弗朗索瓦一世的订婚宴会上，杰蔓也一同出席，并坐在了查理的旁边。

杰蔓和胡安在瓦伦西亚统治期间，发生了一场穆斯林工匠行会的起义。杰蔓采取严厉措施，将一百多名反叛者判处死刑。起义的缘由一部分是查理将杰蔓和胡安指派为瓦伦西亚总督，引起了众人的不满，另一部分是摩尔人对强迫改宗基督教的政策不满。这场起义持续了四年，最后杰蔓不得不在1524年签署了赦免书，才平息了这场叛乱。次年，胡安便去世了，杰蔓又嫁给了另一个叫作费尔南多的人，即那不勒斯国王弗里德里克的儿子卡拉布利亚公爵。这位新夫也获得了瓦伦西亚总督的头衔。在统治瓦伦西亚的期间，杰蔓促进瓦伦西亚更多地与卡斯蒂利亚整合，而不是与阿拉贡，虽然瓦伦西亚语更接近加泰罗尼亚语。

1536年，48岁的杰蔓因肥胖引发的水肿于瓦伦西亚近郊的利里亚去世。一百多名神职人员带着火把将这位阿拉贡王后、瓦伦西亚总督、勃兰登堡侯爵夫人、卡拉布利亚公爵夫人的遗体送到了瓦伦西亚，安葬在皇家圣米格尔修道院。而她的最后一任丈夫费尔南多公爵则担任瓦伦西亚总督，一直到1550年去世。

在杰蔓死后留下的遗嘱以及费尔南多公爵写给查理的皇后的信中，都曾提到了那个名叫伊莎贝拉（Infanta Isabel）①的女儿，并将自己所珍爱的镶有133颗珍珠的项链遗留给"皇帝陛下的女儿"。然而，这位伊莎贝拉在阿维拉的一座修道院里度过了自己短暂的一生。据称，在母亲死后的第二年（也有说1565年），时年18岁的伊莎贝拉就死于佩皮尼昂，也有人暗示是查理杀死了这位私生女。

竞选成功后，查理便要启程前往亚琛加冕，然而为竞选所借的巨额债务已经让他没有资金动身。为了筹集资金，查理在西班牙圣地亚哥和拉科鲁尼亚召开了两次议会，但此时各地已经爆发了起义，查理便把这个烂摊子交给了阿德里安去处理。

查理当选为神圣罗马帝国皇帝，让整个欧洲甚至是奥斯曼帝国都感到了威胁，敌手已经伺机而起。更为棘手的是，一个帝国内部的危机已经蔓延开来，成了查理加冕后需要处理的第一件大事。

---

① 西班牙语中 infanta（女性）/infante（男性）头衔只有王室血统的子女才能使用。在杰蔓留下的遗嘱中，其孩子伊莎贝拉名前被冠以 infanta，以表示她是王室后代。

第二部分

异端的审判

以我的所有领地、我的朋友、我的血肉之躯、我的生命和
灵魂对这一事业打赌。

——

查理五世

第五章

文艺的复兴

人文主义和宗教改革虽然未结为同盟，但在向着同一目标的行进中一度走到了一起。这个事实足以使我们把16世纪的文化称为"文艺复兴和宗教改革"的文化。

——雅克·巴尔赞：《从黎明到衰落》

查理和马丁·路德两人同处于一个时代，共享着相同的"时代精神"，却孕育出了相互敌对的理想。查理深受人文主义普世理想的熏陶，而马丁·路德则起身反对罗马对艺术的痴迷。

以复兴古典文学和艺术为旗帜的文艺复兴，直接导致了罗马教廷权力的式微。一方面，圣伯多禄大殿（亦称圣彼得大教堂）对建筑和装饰的需求，以及对艺术的赞助，让罗马的教宗和主教们生活在富丽堂皇之下，同时也把负担加之于其他地区，这是路德号召改革的直接背景；另一方面，人文主义者两百多年来对于古典文学进行了发掘、研究和再发展，甚至连罗马教宗都被这种异教文化所吸引，路德更是从其中汲取了丰富的养分，只不过与人文主义的那种文质彬彬的讽刺不同，他希望以更加激烈的方式实现革命。

罗马的富裕

自基督教成为罗马国教之后，教会也逐渐富裕了起来，并逐渐与最开始的贫民作风背道而驰。在中世纪，为世俗信众提供宗教服务而收取报酬，是各地教会的收入来源之一，其中包括祈祷、各种仪式典礼、主持公道、提供咨询等，王室也需要给教会提供经费。修道院也有两大收入来源，一个是修道院各种资产的收益，包括林地、田产、矿产等，还有一个是什一税，就是信众需要将收入所得的十分之一捐赠给教会。教会用此来供养神职人员、修缮教堂和济贫，但最后救济穷人的那部分时常被修士挪用。同时，修道院还有一些其他收入，包括信众死后遗产的捐赠以及其他自愿捐赠等。

从下级主教区和修道院抽取一定比例的税收，就足以让罗马教廷比欧洲任何一个王室和家族都富有。如同后来马丁·路德亲眼看到的那样，罗马教廷已然堕落，满是腐朽、奢侈和淫乱，这一点以罗马教宗私生活方面表现得尤为突出。最为臭名昭著的教宗是亚历山大六世，他将亚平宁半岛搞得鸡犬不宁。

亚历山大六世来自西班牙瓦伦西亚的波吉亚家族，这个家族是15世纪末期的显赫家族，不仅出过两任教宗，而且还掌控着16世纪初意大利的政治局势。奥斯曼土耳其攻占君士坦丁堡之后，波吉亚家族的阿方索成为教宗（即加里斯都三世），积极号召欧洲各国承担起讨伐异教徒的责任，奠定了家族在意大利掌权的开端。

罗马教廷长期以来被意大利人把持，波吉亚家族对罗马的掌控并不稳固，加里斯都三世上台之后，利用裙带关系扩充家族的势力。加里斯都三世仅在位三年便去世了，在其死后教宗的宝座又重新归于意大利人手中，直到三十多年后，加里斯都三世的外甥罗德里克·波吉亚在1492年，也就是哥伦布出海航行、西班牙收复格拉纳达的那年当选为教宗，他就是亚历山大六世。

得益于此便利，亚历山大六世在当选后的次年，便为葡萄牙和西班牙划分出了一条"教宗子午线"（见本书第二十七章），将佛得角以西和以南的大西洋已经发现和未发现的土地划归西班牙王室。亚历山大六世开启了教宗私生活混乱的时代，他的私生子众多，而且公开承认自己有情妇，并安排自己的子嗣成为红衣主教。亚历山大六世的私生子之一恺撒·博吉尔亚（马基雅维利曾为其效劳）在15岁时就被任命为教区主教，18岁时就升任红衣主教。随后，22岁的恺撒又被父亲任命为教宗国的军事统帅。一年之后，恺撒主动还俗，并被法王路易十二册封为瓦伦蒂诺公爵。

亚历山大六世在位时就授权法王查理八世，以向土耳其发起十字军东征为由，让其穿越罗马，进攻那不勒斯，查理八世后来占领了米兰。到了路易十二时，被封为公爵的恺撒也同法军一起入侵了米兰，亚历山大六世希望北意大利能够成为儿子的领地。

父子两人在1499—1503年将意大利搞得动荡不已，教宗国实际上控制了罗马和周边地区，恺撒和父亲亚历山大六世成为意大利中部地区的霸主。然而恺撒在教宗去世后迅速失势，不久后便被押解回西班牙囚禁，后又越狱，虽然试图东山再起，但最终在1507年死于一场小型战斗中。不仅波吉亚家族的教宗如此，美第奇家族更是长于此道。15—16世纪美第奇家族的兴盛与家族成员担任罗马教宗密切相关，"伟大的洛伦佐"洛伦佐·德·美第奇的次子在1513—1521年当选罗马教宗，成为利奥十世，之后不久他的侄子也成为教宗克雷芒七世，也就是提拔了马基雅维利的朱利奥·美第奇。

朱利奥原本是私生子，他的父亲朱利亚诺·美第奇在"帕齐阴谋"中被谋杀，随后"伟大的洛伦佐"便抚养朱利奥与其子若望一同长大。在1492年洛伦佐死后，若望成为红衣主教，而朱利奥也开始参与教会事务。1494年美第奇家族被逐出佛罗伦萨后的六年中，若望和朱利奥一起游荡欧洲，曾两次被捕，直到1500年才回到了意大利，开始重建家族在佛罗伦萨的统治。12年后，在查理的外祖父阿拉贡的费尔南多二世国王以及教宗尤利乌斯二世的支持下，美第奇家族才重新控制了佛罗伦萨。

1513年，35岁的朱利奥开始登上历史的舞台，若望当上教皇之后，便开始扶植这位与自己患难与共的堂兄弟。利奥十世当选三个月内，就擢升朱利奥为佛罗伦萨大主教，并宣布其出身的合法性。随后不久，朱利奥又成为多米尼加圣玛利亚枢机主教。此后，兄弟二人合作执政，朱利奥在1514年成为英格兰亨利八世的红衣主教，次年法王弗朗索瓦一世也提名朱利奥为纳博讷大主教，成为法兰西的主要保护者。1521年，当弗朗索瓦一世与查理在意大利的冲突爆发后，弗朗索瓦一世希望美第奇家族的两位兄弟能够支持法兰西，但这两兄弟认为教廷独立的最大威胁恰恰就是法兰西。所以在1521年，美第奇兄弟和查理结盟，主要也是希望查理能够帮助罗马教廷压制路德新教。

1521年，利奥十世去世，查理的老师——正在西班牙摄政的阿德里安被选为罗马教宗，成为哈德良六世，但仅仅在位两年便去世了。虽然哈德良六世旨在改革罗马教廷，但教廷的腐化堕落已经积重难返，罗马人更是把他当作"野蛮人的教宗"。

哈德良六世死后，朱利奥这才当选为罗马教宗，称为克雷芒七世。他在主宰罗马的十年之中，不仅使罗马陷入了浩劫，更将欧洲政治局势搅得浑水一团。美第奇家族的教宗在为自己的家族谋取私利方面可谓是不吝其力。据估计，教宗利奥十世总收入达到了40万杜卡特，比欧洲任何一个君主都富裕，而查理在一生的征战中都在为筹措军费而劳神。这些收入却不够教宗挥霍，他光为侄子洛伦佐的婚姻就花去了30多万，和乌尔比诺公爵的战争也花去了70万。

当时纺织业必需的染色剂明矾掌握在土耳其人手中，在罗马的托尔法发现了明矾矿藏之后，教宗就立即授予自己的家族独家代理权，进行生产和销售，同时罗马教廷还能分得三分之二的盈余。掌控了佛罗伦萨和罗马的美第奇家族成为当时两地艺术创作的主要赞助人，这些教宗势力生活奢侈淫乱，却直接支持了意大利的艺术复兴。

艺术的重生

位于罗马的梵蒂冈现在是欧洲最小的国家之一，每年却吸引了500多万的游客前来参观。这里是文艺复兴时期所有知名艺术家作品的博物馆，汇集了文艺复兴时期艺术的精粹。而这正是这个时期的教宗们在满足自身的吃喝玩乐之余，不断改建罗马的结果。尤其是对圣伯多禄大殿的重建，花费甚巨。

基督教在君士坦丁时期合法化后，君士坦丁一世资助修建了圣伯多禄大殿，查理曼就在此地被加冕为"罗马人的王"。然而到了15世纪，尤其是教会大分裂之后，圣伯多禄大殿已经破旧不堪，原本在15世纪中期就计划重建，时任教宗尼古拉斯五世却一直未取得多少进展。尤利乌斯二世在位时，大殿重建工程终于在1506年动工。这项工程从尤利乌斯二世开始经历了20任教宗、修建了120年才最终完工。圣伯多禄大殿的重建可谓是当时欧洲最大的一项工程。以现代经济学理论来看，这项投资拉动了意大利的经济增长，也提供了很多就业机会，意大利各地的艺术家和工匠纷纷来到罗马，为这项工程服务，其中最为重要的就是耳熟能详的拉斐尔、米开朗基罗等人。当初尤利乌斯二世只打算在旧大殿内修建自己的墓室，但后来决定将旧圣伯多禄大殿整体拆除，并在原址重建。所以原本为其设计陵墓的米开朗基罗就被委派到西斯廷小堂绘制天顶画。拉斐尔自1514年起担任教堂首席建筑师，直到六年后去世。后来克雷芒七世重用米开朗基罗，从16世纪中期开始，米开朗基罗担任大殿的建筑师。

　　罗马重建圣伯多禄大殿的主要资金除了来自各地的税收之外，还有一部分来自美因茨大主教阿尔布雷希特。勃兰登堡的阿尔布雷希特尚未达到成为主教的条件，一是年纪太小，二是没有大学学位，但他可以通过金钱来购买这个职位。阿尔布雷希特从富格尔家族借了巨额债务以支付这笔费用，因为要得到罗马教宗认可，还必须缴纳主教区收入的三分之一给教宗。后来因有其他人对阿尔布雷希特的资格提出异议，当时的罗马教宗利奥十世又增加了他的捐献金额，提高到了50万弗洛林。阿尔布雷希特不惜代价也要得到主教位置。为了募集足够资金，他听从建议，向教宗申请在勃兰登堡地区发售特别赎罪券，其收入一半用来偿还自己的债务，另一半用来支付教宗建设圣伯多禄大殿的费用。据估计，圣伯多禄大殿的建筑成本总计4700万杜卡特①，平均每年花费约40万杜卡特。阿尔布雷希特个人捐献的金额就等于教堂一年的建筑成本。阿尔布雷希特既要偿还债务，又要支付教堂建设费用，其赎罪券发行规模约为100万杜卡特。小小的勃兰登堡地区一年的财政收入都达不到这个金额，因此销售赎罪券的包销商不得不越过勃兰登堡的地界，前往其他地区销售，这也是后来在萨克森地区最终引发路德宗教改革的导火索。

―――――――――

① 1杜卡特约等于3.5克黄金。这项成本还不含绘画等装饰费用。

　　除了教宗在建设圣伯多禄大殿过程中支持艺术创作来装饰教堂，各地的多明我、方济各、奥古斯丁等修会也都希望在罗马拥有一座自己的教堂，并用艺术性的装饰来美化。这使得罗马成了文艺复兴的中心地区。罗马教廷是文艺复兴的主要赞助方，而文艺复兴能够在意大利出现，与当时意大利发达的工商业是分不开的。在中世纪末期的欧洲，最富裕的地方就是意大利，其次才是查理的出生地尼德兰。意大利半岛因为各种势力在此争夺而未能统一，出现了各种类型的小邦国、公国和共和国，而这些地方势力的统治中心就组成了意大利城市群。同时，意大利半岛位于地中海的中间位置，又促使了各沿海地区出现了不少以贸易点为中心的城市群。

　　在被广袤农村所包围的欧洲，城市如同海洋上的零星岛屿，而意大利则是由一片城市连接而成的"大陆"，这里不仅仅有罗马、威尼斯、佛罗伦萨、米兰这样较大的城市，还有热那亚、比萨、那不勒斯、博洛尼亚等中小型城市。城市的富裕带动了富有的商人投资支持艺术创作，或是为了建造精美的教堂，或是为了装饰自己的房子，或是将自己的肖像画下来流传。手工艺人的传统并未因为意大利半岛动荡的局势而失传，反而在城市富商和宗教的热情支持下，变得更加繁荣。

　　当然，在伟大的文艺复兴中，也少不了众多的天才艺术家，此时虽然还保留着中世纪传统的行会制度，但已经有艺术家将自己的心得和技法著书立说，以供别人阅读和学习。雅克·巴尔赞在《从黎明到衰落》一书中，对文艺复兴的出现有着独到的见解：

　　　人们通常以为它是由几个天才发起的，有一些崇拜者、赞助人和能言善辩的支持者参加，他们的名字列在小号字体的脚注里。其实，文艺复兴运动有一大批才华横溢的人共同参与。任何运动要想成气候，都不可缺少群众。这是一个普遍规律。这些众多的合作者天赋一定都很高，不是碌碌之辈。也许，作为创造者，他们不够全面，或者运气不佳；他们的名字有些流传了下来，有些已经不为人知。但是，回顾过去，会看到他们中不少人提出了独创性的观点，或者首先使用了某种技巧。他们集体的言谈行动维持着创造的激情，激励了他们中间的天才；他们是那一时期烂漫繁花的护花春泥。

巴尔赞的观点十分有道理，当文化、艺术慢慢积累，到达一定程度就会爆发。如同研究生命起源的生物学家所认为的那样，在地球早期无机世界的海洋中，有些化学反应自动涌现出了生命的特征。文化也是如此，当累积到一定程度，只用很短的时间，文化"无机物"就可能在死气沉沉的世界中涌现出具有澎湃生命力的浪潮，到了15世纪和16世纪便开始爆炸性地出现。

文艺复兴不仅是艺术的复兴，也是人文的复兴。实际上，人文主义文学复兴在前，之后才从"景仰古典文学过渡为赞美古典时期的艺术与建筑，甚至有一些热衷者的宗教信仰也受此感染"。在这个时期的艺术作品中，虽然有关基督教题材的绘画仍然是主流，但也开始出现异教题材的作品，如波提切利的《维纳斯的诞生》、委罗内塞的《美神和战神》等作品。

人文主义

如果说中世纪是西方人对先祖希伯来-基督教遗产的继承，

那么人文主义则是将已经封尘多年的希腊–罗马遗产拿出来擦拭干净，使其重新焕发了光彩。

　　人文主义学者对古典文学的复兴，最早也起源于意大利。初期的人文主义者是意大利一些古典手稿的收藏者。这些收藏者从古典手稿中重新发现了艺术的价值，手稿中典雅的古代文字的内容和风格，与中世纪以来的经院思辨完全不同，古人的思想与生活息息相关，而不是讨论什么来世、末日的概念。"人文主义"从其词源意义上就可以解释为"更有人性的文字"。

　　这些古代手稿仿佛是一座巨大的宝库，吸引着那些有志文学发展的人，"寻找、恢复、比较和编辑旧书稿成为一时之风"。对于古典文学的重新认识，让文艺复兴时期的文学家们认为他们重新找回了一个伟大的过去。其中就有被称为"人文主义之父"的彼得拉克。彼得拉克为了搜寻拉丁语手稿，在欧洲各地穿梭旅行，爬上过阿尔卑斯山，因此也被称为第一个发现自然之美的人。30岁时，彼得拉克已经因诗歌造诣而名扬欧洲，后来获得了"桂冠诗人"的称谓。

　　另一位意大利人文主义学者洛伦佐·瓦拉，以其深入的古典文献研究为依据，指出《君士坦丁献土》为伪作，这份文件一直以来都是罗马教宗声称拥有部分教宗国领土的证明。瓦拉认为，该文件的措辞和比喻都来自于比君士坦丁大帝时期更晚的时代，而不是四世纪的文本。在发表这个见解后，瓦拉担心自己会遭到教会惩罚，于是逃到了那不勒斯，并在那里开办了一所演讲学校。不过教宗最后不仅宽恕了他，还赐给他一个书记官的职务。

　　罗马教廷对人文主义的宽容远不止于此，从那个时代教宗的名号上就可以看出来。庇护二世来自于维吉尔史诗中的英雄，亚历山大六世显然来自亚历山大大帝，尤利乌斯二世来自尤利乌斯·恺撒的名字，查理的老师阿德里安当上教宗后以罗马皇帝的名字取名为哈德良六世。庇护二世还亲自从事人文主义写作，他的专著《闻见录》在当时就广为流传。

印刷术的兴起对人文主义的发展起到了推波助澜的作用。那时很多出版商不仅负责书籍出版和销售，同时也是学者和赞助人。他们改进了印刷工艺与字体，使那个时代印刷出来的书籍本身就成了一件艺术品。为书籍制作插图也成了艺术家的新出路，丢勒、霍尔拜因等人都是版画大师。印刷书籍的出现使阅读的习惯和方式也发生了巨大的转变。随着当地语言著作的出版和识字率大幅提高，人们开始习惯于私下阅读，而不是听别人朗读。整个欧洲的精神生活都发生了变化，学者们通过出版书籍来互相交流或抨击，传统的辩论减少了，面对面的"口诛"改成了远程的"笔伐"。因此，人文主义者在这种氛围下有了共同体的意识，普世主义观念诞生了。

随着古典文学的复兴，人们开始尊崇古典政治理念，特别推崇罗马共和国，而不是神圣罗马帝国。人文主义者的理想开始出现，成为典范的是捍卫自由政府的西塞罗，而不是作为篡权者的恺撒。这一观念在饱受战争折磨的意大利尤其受到欢迎。人文主义者并非钻到故纸堆里研究陈旧书稿的学者，而是将中世纪的人们从关注来世、关注末日审判以期寻找幸福的错误道路上拯救回来，让人们重新关注现世生活，关注世俗生活。因此，其带来的是个人主义、世俗主义的新的生活态度。这种态度或许也是让罗马的教宗们、各地主教和王公贵族们得以尽情放纵地享受现世生活的主要原因。因此在宗教史学家林赛看来，人文主义"只不过是增加了一点对珍贵名画、收藏的抄本和一些稀世书籍的享受，给予了他们欣赏贵重饰物和浮雕宝石（更不必说那些无大害处的嗜好）以极大的满足，以及由他们招到朝廷来的那帮文人学者对他们的阿谀奉承而已……"

人文主义发展到16世纪，伊拉斯谟成了集大成者。他是16世纪公认的影响最大的知识分子，他的接见是可以荣耀一生的谈资，他的来信是可以作为传家宝的稀世珍品，就如同当今的粉丝得到明星的签名一样。正如16世纪的一句欧洲俗语所说，"伊拉斯谟下蛋，路德孵蛋"。正是伊拉斯谟所播下的人文主义，让马丁·路德得以孵出一场宗教改革。

伊拉斯谟

世人常把16世纪的宗教改革视作马丁·路德的功劳，但准确地说，是伊拉斯谟提出了宗教改革的口号，而马丁·路德发起的则是一场"宗教革命"。在查理的少年时代，伊拉斯谟已经是享誉整个欧洲的人文主义者了。而伊拉斯谟的出生地，正是查理祖父"大胆"查理统治下的尼德兰城市鹿特丹，但伊拉斯谟并不是动用武力，而是用他的笔来征服整个欧洲。

和达·芬奇一样，伊拉斯谟也是一位私生子，而且还是神父的私生子，因此伊拉斯谟成年后也不愿谈自己早年的经历。现今只知道他出生于1466年，九岁时和哥哥一起被送入了尼德兰最好的一所拉丁语学校。伊拉斯谟就在代芬特尔开始接受教育，也可以看出，虽然是私生子，但父母对他们关爱有加。不幸的是，当1483年黑死病传播到这里时，他的双亲先后染病去世，留下了14岁的伊拉斯谟和哥哥。随后在1487年，穷困潦倒、无亲无故的兄弟二人便一同被监护人送到了位于尼德兰南部斯泰恩圣奥古斯丁修道会（也称圣奥斯丁会，路德也属于此修道会）。得益于修道会拥有较多的藏书，在修道会期间，伊拉斯谟尽情地徜徉在古典文学的海洋中。因此，伊拉斯谟并非是凭空诞生的人文主义大家，而是从两个多世纪以来的古典研究的复兴中汲取了丰富的营养。

1492年，也就是哥伦布发现新大陆的那一年，26岁的伊拉斯谟被授予神职，并宣誓成为修士。不过伊拉斯谟绝不是那种能够被修士服约束的人，虽然这个神职此后让他免于被宗教革命者所裹胁。正式成为神职人员后，伊拉斯谟其实已经厌倦了修道院的诸多限制，决意要离开，然而又不愿违背自己的誓约。此时他以精湛的拉丁语写作水平取得了康布雷主教的信任，被指派为该主教意大利之行的拉丁语秘书。为了不让伊拉斯谟违背自己的誓约，主教以伊拉斯谟健康状况不佳和痴心人文研究为由，临时免除了伊拉斯谟的职责义务。

伊拉斯谟由此获得了自由，并能够进入查理的父亲"美男子"费利佩的布鲁塞尔宫廷。此后主教推迟了意大利之行，伊拉斯谟也获得了闲暇，可以自由安排时间，积极与有识之士交流往来，并如饥似渴地阅读古典著作，还开始撰写他的第一本著作《反蒙昧主义》，不过这部书始终未能完稿。之后主教取消了意大利之行，伊拉斯谟这个拉丁语秘书就失业了。此时的他已经决然不愿再回到修道院中去，于是他劝说主教给予他一小笔津贴，前往巴黎大学攻读神学博士，主教也欣然同意了。虽然得到的资助十分微薄，但伊拉斯谟获得了自由，从此再也没有回去。

1495年，年近30岁的伊拉斯谟进入巴黎的蒙太古学院进修神学，当时，该校已是欧洲非常著名的神学院，然而学院里刻板的条规和苦修制度，加上简陋的寓所以及差劲的伙食，让伊拉斯谟犹如身处牢狱。最终他生病了，产生了放弃攻读神学博士的想法。但经过短暂的休假之后，伊拉斯谟又回到巴黎，这次因为有了额外的家教收入，他的膳宿待遇得以改善。

1499年，伊拉斯谟受到一位男爵学生邀请，前往英格兰作短暂访问。这次英格兰之行，成为伊拉斯谟人生的转折点，"使他得以在他渴望的那种文化氛围中自由、欢快地呼吸"。经过玫瑰战争之后的英格兰此时正处于和平期间，由此也催生了艺术与科学的自由发展。伊拉斯谟在英格兰宫廷里游刃有余，结识了很多上层精英，有未来的国王亨利八世这样的大人物，也有约翰·科利特、托马斯·莫尔、约翰·费希尔等那个时代的名人，还有几位大主教。更重要的是他的才华受到了身边人的赏识。伊拉斯谟写过一篇《论英格兰》的文章，他说这里的"空气柔和甘甜。人民通情达理，聪敏敏锐。不少人很有学问。他们熟谙经典，所以我不去意大利并不是损失"。在英格兰的经历让伊拉斯谟从一个卑微的神学院学生转变为一个有地位、受人尊敬的人。因此，伊拉斯谟也学会了骑马、打猎，与绅士贵族及贵妇交往，用茨威格极具文采的话说，"英格兰的确愈合了中世纪给伊拉斯谟划下的心灵伤痕"。与同样水平的人交流，也让伊拉斯谟提高了自己各方面的造诣。尤其是约翰·科利特这位英格兰的人文主义先驱，其高尚的人格、丰富的才学和精湛的希腊语让伊拉斯谟印象深刻。从英格兰回去后，伊拉斯谟花费了三年时间刻苦学习，掌握了希腊语，并准备翻译《圣经》。

英格兰的经历并未使伊拉斯谟停下旅行的脚步，他到处游历，但"文艺复兴三杰"的作品并未引起他的注意，这位人文主义学者对于文艺复兴中的"艺术"竟然丝毫不感兴趣。这些献给教宗的艺术作品在伊拉斯谟看来是不必要的奢侈，与其注重精神的性格格格不入。后来，伊拉斯谟长期游历欧洲，1509年开始撰写《愚人颂》，并于1511年将其出版。书中讽刺了教会的腐败，汇集了自己游历欧洲时对于各地宗教现象的所见所思。书中有对教廷的讽刺，所以在一些地区被列为禁书。但伊拉斯谟本人却并没有因此受到教廷当局的审判。他擅长保护自己，模棱两可的言语、爱好和平的性格，这些是优点同时也是缺点，被宗教革命热情冲昏头脑的人们不久后就抛弃了这位立场中立、不站队的老人。托马斯·马丁·林赛在《宗教改革史》中如此评价伊拉斯谟："没有一个人，甚至包括路德在内，曾像他那样无所顾忌地撒下革命的种子，而又如此彻底地、顽固地讨厌一切可称为革命的运动……"

不得不说，印刷对这个时期的思想发展和传播带来了重大影响。中世纪手抄本的书籍还只能在一定的小圈子里传播，而谷登堡创新的印刷术让观念和文化得以迅速传播。伊拉斯谟虽然主要还是受到王公贵族的资助，但书籍出版带来的稿费收入也让他成为近代第一个通过写作谋生的人文主义学者。即便是启蒙时代的伏尔泰和后来的萧伯纳，相较于伊拉斯谟而言，对同时代的影响都望尘莫及。

茨维格认为，伊拉斯谟是一位"目光远大、主张改革循序渐进的有识之士，在命运的舞台上却遇到一名热衷于革命行动的对手，此人就是路德——一个传播日耳曼诸民族中黑暗、邪恶势力的实干家。农民出身的马丁·路德铁拳一挥，就把伊拉斯谟用生花的妙笔不厌其烦、精心构筑的一切击得粉碎，导致后来千百年来基督教和整个欧洲无法挽回的分裂局面，造成天主教徒与新教徒的对立，南方人与北方人的对立，德国人与拉丁人的对立。"

然而，这场宗教革命还是被路德点燃了。

第六章

路德的领悟

教宗只能减轻他自己给人民造成的苦难。

——马丁·路德

茨维格对于路德并没有多少好感，在他执笔的伊拉斯谟传记中，对比起温文尔雅、倡导中庸之道和世界和平的伊拉斯谟，路德更像是一个农民。"历史不赏识有人情味的人。她看中的是狂热派，是极端无度的人，是思想和行动领域里的冒险家。"路德就是这样的人。伊拉斯谟笔杆子上的战斗输给了脾气火爆的革命者。

路德的成长

马丁·路德1483年出生于神圣罗马帝国萨克森选侯国小镇艾斯莱本，后来随着家里人一起搬到了曼斯菲尔德，并在这里度过了童年。他的父亲起初在这里当矿工，随后租来了炼矿的小高炉。路德成年后，父亲已经是拥有三个高炉、八个矿井的富人了。

路德在九个兄弟姐妹中排名第八。他的父母教育孩子极为粗暴，一个早上打孩子十几次是家常便饭的事。还不到六岁，路德就被送入当地的拉丁文学校就读。学校的生活并不比在家里好多少，同样非常严格，区别只是在学校里打他的是老师。路德曾回忆早年的生活时说，"学校如监牢，教室如囚房，老师像残暴的狱卒，学生像马厩里的驴子"。

　　少年时，路德被送到母亲的家乡埃森纳赫的圣乔治拉丁文学校，加入了学校的唱诗班进行演出。经过多年的学习，路德掌握了语法、修辞和逻辑等拉丁文基础知识，并进一步学习了算术、几何、音乐和天文等课程，最后才攻读哲学和神学。17岁时（也就是查理出生的第二年），路德进入了图林根的埃尔福特大学哲学系就读，并在四年后取得了法学硕士学位。大学期间，路德像当时人文主义者所受到的熏陶一样，也阅读了一些古典作品。然而比起在课堂上所学习到的经院哲学，路德渐渐觉得上帝的爱和启示对于人认识上帝更为重要。他后来对这四年的大学生活评价极低，将埃尔福特大学称为"酒吧和妓院"。

　　按照父亲的意愿，路德继续攻读法律博士，为进入社会精英阶层做准备。然而，路德在一次回校途中险些被闪电击中，受惊的路德急忙向神呼救祈祷：只要不让他死，他愿意成为一个修士。脱险之后的路德便进入了当地的奥古斯丁修道院。这个选择显然让他的父亲极为愤怒。如同伊拉斯谟对圣奥古斯丁修道会的评价一样，这里的修行生活十分严格。但带着罪恶感、渴望灵魂得到拯救的路德，从心理上将外在的严格乃至残酷的生活当作一种修行和赎罪。他时刻反省自己，常常忏悔告诫，祈求赦免，日益陷入自己心中黑暗的一面。此时他遇到了教区长斯道皮茨，得到了许多鼓励和支持。斯道皮茨并不否认忏悔告诫能够赎罪，但更强调将自己全部交托给主，与上帝产生一种带有奥秘性的契合。这是一种与上帝融合的神秘主义思想。斯道皮茨让路德茅塞顿开，看到了一线光明，"这些思想对路德起了作用，帮助他逐渐达到内心的平安"。路德于24岁时成为司铎（神父），并于次年经推荐进入萨克森选帝侯"智者"腓特烈三世在1502年刚刚创办的维滕贝格大学，从事神学研究。不久之后，路德又在该校获得了"圣经学"的学士学位，并开始了部分教学工作。

1510年，斯道皮茨派路德和另一位修士前往罗马参加讨论会。路德是带着朝圣和憧憬的心情访问罗马的。在基督徒的心目中，罗马是除耶稣撒冷、圣地亚哥之外的另一处圣城，在路德心中也是如此。罗马是一座充满圣洁、庄严和美好的城市，甚至在到达罗马郊外时，路德高呼："我向你致敬，神圣的罗马城，你由于殉教者的鲜血而神圣！"

然而，路德在罗马看到的不是圣洁，而是腐败。在完成了公务后，路德游览了罗马。一开始路德还怀着虔诚的心，不过当看到、听到罗马教宗和主教骄奢淫逸，住所豪华、车马高大、奴仆成群、酗酒赌博、嫖娼纳妾，道德败坏至简直是无所不为之后，他将这一切铭记在心。路德后来回忆说："罗马的局面已不堪述说，那里有撒谎、欺骗、偷窃、奢侈、奸诈和其他亵渎上帝之事。在罗马，凡事都是遵照魔鬼的意愿行事。"这次罗马之行让路德感受到，自己严苛的修行和自律与罗马的奢侈和道德败坏形成了极大的反差。在罗马的所见所闻，让路德如同上次被闪电击中一样，再次发生了转变。他开始成为斯道皮茨派神秘主义的拥护者，这也让斯道皮茨派更加看重路德。从罗马回来后次年，路德被斯道皮茨派往埃尔福特大学攻读博士。1512年返回维滕贝格时，路德拿到了博士学位，并很快晋升为圣经学的终身教授。

路德此时的事业可谓是平步青云，不久便成为维滕贝格大学评议会的评议员，三个星期后又担任了神学教授；1512年开始担任维滕贝格修道院的副院长；1515年，32岁的路德又兼任了奥古斯丁修道会旗下11所修道院的教区副主席，这成为他一生最高的职务。在维滕贝格大学，路德教授《圣经》中的《罗马书》《诗篇》等经典篇章，还常去周边的教堂布道、讲经。在教学、布道的同时，路德继续学习希伯来文和希腊文，为《圣经》做了大量注释，同时也吸收了当时人文主义学者的思想，其中自然包括了伊拉斯谟的思想。此时萨克森选帝侯腓特烈三世的一位秘书曾写信给伊拉斯谟，提到了马丁·路德，称他十分敬重伊拉斯谟的教导，但在原罪的问题上与伊拉斯谟有不同的看法。然而，已经功成名就的伊拉斯谟对于这样一个无名小修士的看法根本未曾在意，他没想到在不久之后，路德的名声将响彻欧洲。

除了对人文主义和神秘主义的研究外，路德还对早期的宗教改革家充满了兴趣，尤其研究了约翰·威克里夫和扬·胡斯的著作，并深受后者影响。在读到扬·胡斯反对罗马兜售赎罪券、主张改革的观点后，路德深感认同，同时对于胡斯被烧死感到十分不解，他觉得胡斯所引证的基督教教义很有说服力。

在研究《圣经》的过程中，路德渐渐领悟了"因信才能称义"这句话的真正意义，并认为此句才是基督教最根本的信条。路德所翻译的德文版《圣经》中特别强调了此句，而且还加上了一个"唯"字，也就是"唯因信才能称义"。路德发现，罗马教廷当时的所作所为、礼仪教规在《圣经》中并不能找到依据，因此他才判定罗马教廷是背离《圣经》教导的。得悟此道之后，路德便开始在学校授课和教堂讲道时宣扬他"唯信称义"的思想。他讲道的内容和方式都与传统的神父完全不同，得到了受众的欢迎，维滕贝格附近的教堂也纷纷仿效路德的思想布道。

1516年，路德开始写作关于天主教改革的理论和论纲，坚定了他"先成义人，再行义事"的思想。在1517年2月，他又开始撰写反对罗马教廷传统神学的论纲，准备在大学辩论时参考使用，而这份论纲将成为撼动整个罗马教廷权威的一份文件。

《九十五条论纲》

　　萨克森选帝侯是神圣罗马帝国四个世俗选帝侯之一，在德意志有较高的地位和较大的发言权。在马克西米利安一世死后，"智者"腓特烈三世作为萨克森选帝侯，有能力和查理五世与弗朗索瓦一世竞争皇位。罗马教宗曾授予他特殊"金玫瑰"，想说服他选择弗朗索瓦一世，但最后腓特烈三世还是转而支持查理，条件是查理偿还其祖父在1497年欠下的债务。

　　腓特烈三世喜欢收集古物，支持文艺复兴运动。路德贴出论纲时，他正在教堂举办一场展览，总计展出8000件圣物，据说有圣安妮的拇指，摩西烧燃的灌木枝，还有耶稣诞生的马槽里的干草等。然而，他所庇护的路德，就主张反对崇拜这些"偶像"，于是路德就在他举办展览的教堂门前开始了宗教革命。

　　前文已经说过，美因茨大主教因贿赂罗马教宗而欠下了巨债，经教宗允许他在德意志地区发售赎罪券，一半用来还债，另一半用来给教宗修缮教堂。大主教的"推销员"约翰·特泽尔四处兜售赎罪券，还起了一个"全大赦赎罪券"的名称。仅从"业绩"上看，特泽尔还算是一个不错的销售员，他很会宣传，在其所到之处大张旗鼓、礼制隆重，赎罪券销售量也扶摇直上。

　　腓特烈三世出于保护财富不流出领地以及并不太相信赎罪券功效等原因，拒绝在萨克森地区贩售赎罪券。但特泽尔深知他只要在萨克森的边界地区进行宣传，自会有人前来购买。路德布道的教区就有人拿着买来的赎罪券询问路德是否有效，路德义愤填膺，在好友的敦促下，决定起来抗议。

　　路德选准了时机。11月1日，万圣节，又是维滕贝格教堂的周年纪念日，腓特烈三世的圣物展览当天也在这个教堂中举办。

路德用拉丁文撰写了一篇名为《关于赎罪券效能的辩论》，共九十五条，也就是后来人所共知的《九十五条论纲》。在万圣节的前一天，也就是10月31日，路德将其贴在万圣教堂大门前的布告栏上。这个做法在当时很普遍。教堂门前的告示栏，类似于现在的广告张贴处，任何人都可以发布信息，失物招领、个人看法或是其他什么内容都可以。路德《九十五条论纲》的题目里就有"辩论"，他还附上了邀请的话语，让对于真理感兴趣的人前来维滕贝格当面或者使用通信方式进行讨论。

在这篇论纲中，路德否认了罗马教宗拥有可以赦免罪责的权力，因此信众就不能通过购买赎罪券来赦免死后在炼狱中所受的刑罚。路德提出，如果是一个真正悔改的人，即便是没有赎罪券，通过自己的忏悔和坚定的信仰也能够脱离惩罚和罪责。路德让学生们将论纲翻译成普通人能够看懂的德文，四处发放，号召人们抵制赎罪券。

路德的论纲起到了一定的宣传效果，加上德意志谷登堡的印刷术助力，他的思想迅速传播开来，仅在两周内就传遍了德意志地区，不到一个月就传遍了西欧。在查理出生的1500年，欧洲100多家印刷厂总共印制了900多万册书籍。如果没有印刷术，路德的思想可能如同英格兰的先驱者威克里夫一样遭到埋没。

路德的《九十五条论纲》引起了巨大的反响，人们议论纷纷。尤其是德意志地区的人民，他们本来已经对罗马教廷的腐败十分痛恨，且德意志地区诸侯和贵族希望能够借此机会摆脱罗马教廷的控制，并趁机把教会掌握的众多土地和财产争夺过来。因此，路德的论纲很快得到了德意志各个阶层的支持，并成为该地区各方利益的代表和精神领袖。"在他初获成功之后，有不少人虽然观点与他的目标风马牛不相及，而且想法本质上与新教相去甚远，但都聚集到他周围，想捞点好处，利用这位伟人来达到自己的目的。"

即使是广受尊敬的人文主义学者伊拉斯谟，也对路德表示赞赏。虽然二人并未直接对话，但伊拉斯谟在所写的文章中，称路德的思想除了"少数靠炼狱生活的人外，没有人会不赞成"。路德还将《九十五条论纲》送给了发放赎罪券的美因茨大主教和其他主教。与此同时，路德也看到了印刷传播的力量，决定翻译德语版的新约全书，让每个人都能读懂《圣经》。

直至当年的12月，美因茨大主教才意识到了事态的严重性，并将此事呈报给了罗马教廷，请求禁止路德发表和传播他的言论。虽然他们也印刷发行了驳斥路德的论纲，共计106条之多，但是理论不是靠数量就能拥有说服力的，路德的学生收集了反驳的论纲，并将其当众烧毁。

教廷经历过无数次异端出现和分裂，因此不会把德意志地区的一个小小的大学讲师和修士的"呓语"放在眼里。而且本身罗马教宗之下派别众多，其中就包括支持教宗的多明我修会，而路德属于圣奥古斯丁修会，这两个修会之间的争吵从来就没有停止过。所以教宗本身并不把德意志的这场反对声浪放在眼里，认为没有担心的必要。然而，在无数反对教宗和支持宗教改革的声音中，最终会有一个取得成功，路德就是成功的那个。到了1518年，路德宗教改革的火焰已经在德意志境内渐成燎原之势，而身在罗马的教宗却一直对此反应冷淡，只是因为从德意志地区收上来的税收日渐减少，教宗才授意路德所属的奥古斯丁修会免除其职务。

路德对此种免职毫不在意，自己也算是卸下了包袱，可以全心投入神学研究。当年4月，德意志教区于海德堡举行的例会上，路德更是赢得了大批支持者。罗马教宗准备用对付胡斯的方法对付路德。"萨克森离布拉格不远，胡斯派异端在布拉格的血迹还没有干。何不拿路德杀一儆百，让别人知道教皇（宗）的权威不容亵渎？"

莱比锡辩论

1518年8月7日，路德接到了来自罗马的传票，要他在60天内前往罗马出庭，面对他攻击赎罪券制度的审判。前往罗马对路德来说无疑就是送死，于是他向选帝侯腓特烈三世请求保护。经过多方斡旋，传票被撤销，改为神圣罗马帝国在奥格斯堡召开帝国议会期间对路德进行审判，审判是私下进行，并给予路德人身安全保证。

1518年10月，查理的祖父马克西米利安尚在皇位，主持了这次奥格斯堡议会。但他当时的身体状况不佳，未能等到路德的到来便离开了会议，前往其最后隐居的地方。罗马教宗委派多明我会的会长、枢机主教托马索·迦耶坦前往奥格斯堡与路德会谈。腓特烈三世资助路德20枚金币作为路费，并派一位法学家随行担任顾问。在路德和迦耶坦的私下会谈中，迦耶坦代表罗马教宗，希望路德能够承认错误，然而路德拒绝了。

迦耶坦引用了罗马教宗之前发布的教谕，称教宗掌握着"善功宝库"的钥匙，这些善功是耶稣、圣母玛利亚和诸多圣徒积累下来的。这些善功中的一部分已经足够其升上天堂，而其余的都存在了"宝库"中。普通人善功不足，想要升上天堂就只有购买赎罪券，教宗才会从这个宝库中"拨款"给他，让他能够升上天堂。而路德则驳斥这份教谕，认为教宗含糊不清的谕令与《圣经》中清楚的见证相比，没有丝毫让人信服之处。由于路德的坚持，这位红衣主教大怒，要把路德赶出去，并警告他如果不撤回论点，就不愿再次会谈。此后，红衣主教试图把路德秘密绑架到罗马，但路德在朋友的帮助下，连夜逃离了奥格斯堡。

1519年3月28日，路德第一次写信给伊拉斯谟。在信中，路德显得毕恭毕敬，写了许多恭维的话，期望能够得到这位德高望重的大学者的支持。然而，对于路德过于激进的主张和潜在的煽动性，伊拉斯谟表达了模棱两可的态度，说自己并不太了解路德所写的东西，所以也并不想参与争论。路德没有获得伊拉斯谟的支持，但两人也似乎达成了不公开争论的默契。教宗此时也传信给路德，以授予其红衣主教的条件来换取路德收回观点，路德对于这个破例的提拔却无动于衷。随后教宗又派人来见路德以求和解，双方一度达成协定，共同防止教会分裂，教宗不再要求路德前往罗马，可以由德意志地区主教谈判解决，路德同意不再辩论和发表新的言论，并向教宗写了效忠信。路德表示，自己从未有意损害罗马教宗的威信，并承认教宗的权力高于一切。

然而，路德从前的一位好友约翰·埃克却在1519年发表了一系列文章，反对路德的观点。埃克邀请路德进行公开辩论，此时路德已经答应选帝侯和教宗不再进行公开辩论，于是就让同事卡尔施塔特代表自己出席。虽然路德自己不发言，但还是亲自带领支持者前往莱比锡。莱比锡大学容纳不下这么多听众，因此伯爵就将自己的宴会大厅提供给辩论使用。1519年6月27日，双方在莱比锡的伯爵城堡里开始辩论。首先发言的是代表路德出席的卡尔施塔特，他与埃克展开交锋。埃克是知名的论战家，曾在维也纳和博洛尼亚的大辩论中获胜，因此卡尔施塔特完全不是埃克的对手。

　　埃克针对路德的发难就来自于伊拉斯谟的观点。埃克强调罗马教会是由耶稣授命圣伯多禄所建，因而拥有最高权威。路德的代表被批驳得哑口无言，坐在听众席上的路德不得不亲自出马。路德否认教宗是基督代表，并认为《圣经》中耶稣让圣伯多禄建立教会是一种误解。路德认为《圣经》实际上说，圣伯多禄并不是教会的基础。

　　否认教宗的权威性成了路德和他领导的宗教改革的转折点，路德的言论很快就传遍了整个欧洲。路德的发言确凿有理，埃克被震惊到无言以对。最后埃克把路德引到了胡斯派的问题上。在当时，胡斯派已经被定性为异端，胡斯已经被处以火刑。只要路德敢支持胡斯，那么埃克就抓住了把柄，路德就会按照胡斯的方式被处死。面对这个陷阱，路德坦然表态，认为胡斯的言论许多都出自耶稣基督和《圣经》，他被判为异端是错误的。公开支持被判为异端的胡斯，就是想替胡斯翻案，这让埃克大为欣喜，觉得路德已经中了他设置的圈套。仅就辩论来看，埃克无疑是赢了，至少他达到了自己的目的。会后，埃克就将自己的报告递交教宗，要求教宗判处路德重罪。教宗得知路德的"反动言论"之后，尚不清楚路德在德意志地区有多少受众，便再派特使前往德意志调查。结果是，德意志十分之九的人民都支持路德，剩余的十分之一则叫喊着"教宗该死"。这样的结果让教宗大为震惊，认为已经到了不得不制裁路德的时候了。

　　当听闻路德的观点越来越激进的时候，伊拉斯谟表达了自己的不满。在一封写给门生的信中，伊拉斯谟建议路德采取温和的路线进行游说。而路德是个斗士，无论面对多么强大的对手，路德总是亢奋上场。伊拉斯谟一开始就规劝路德不要如此激进，然而当路德捅了这么大的篓子之后，他还是写信给教宗和其他当权者为路德说情。伊拉斯谟大声疾呼"并不是所有的错误均属异端"，并认为"路德的行为也许有些轻率，但肯定没有恶意"。伊拉斯谟写信给红衣主教说，"和解的最好办法是教宗谕知各派公开发表信仰声明。通过这种方法可以消除错误说法的危险，使狂热的言论和夸大其词的文章变得温和"，并敦促召开教会会议，在学者范围中讨论路德的《九十五条论纲》，从而使事情能有一个"符合基督教精神"的结局。

罗马教廷并没有听取伊拉斯谟的劝告。他们不知制服了多少的狂热派，何况区区一个德意志农民修士。1520年6月15日，教宗利奥十世发布了《愿主兴起》敕书，称路德是闯进了葡萄园的狐狸和野猪，并将其著作中的思想斥为异端学说。这份敕书大部分内容是由埃克拟定的，与他在莱比锡辩论中的发言尤其相似，谴责路德"是异端邪说、恶意诽谤、混淆视听、蛊惑善良、强奸民意和悖逆天主教之信仰"。敕书命令各地虔诚的信徒将路德的著作全部烧毁，并给路德60天的时间发誓悔改并撤销言论，如果拒不悔改，将遭到最为严厉的处罚，即开除教籍。同时教宗要求德意志各地诸侯按照此敕书行事，并派遣埃克和特使前往监督。

而路德在莱比锡辩论的言论早已传遍了整个德意志地区，各地均支持路德对罗马教廷的抨击，对于教宗的敕书置之不理，有的城市和大学还对其予以抵制。反而是教宗的代表在德意志遭到了唾骂和殴打，不得不躲藏起来。

焚烧敕书

莱比锡辩论让路德备受鼓舞，他文思泉涌，写下了一系列讲道词、小册子和书信。其中最著名的三篇论纲是《论基督徒的自由》《致德意志基督教贵族公开书》《教会被掳于巴比伦》，被称为德意志宗教改革的三大著作。《致德意志基督教贵族公开书》号召德意志人民团结起来反对罗马教廷，尤其引起了巨大的反响，被认为是第一部号召德意志为其统一而奋斗的完整纲领，甚至吸引了原本在莱比锡辩论上反对路德的人，使他们转变了对路德及其思想的看法。路德在1520年8月中旬写就此书后，几日之内就售出了4000册，之后仍然供不应求。

路德在《致德意志基督教贵族公开书》中批判教会根据自身虚构的神秘权力长期统治欧洲，认为自己的"宗教权力"高于国王和诸侯的"世俗权力"，实际上这不过是愚弄大众的鬼话。路德提出"全体信徒皆教士"，普通人和神职人员的区别仅在于分工不同，不存在教士阶层高于其他人的区别。同时，路德提出《圣经》应当对所有人开放，每个寻求启示的人都可以直接从《圣经》中寻找上帝的启示，罗马教宗垄断《圣经》解释权是愚蠢的。最后，路德认为所有基督教徒都有权主持召开宗教会议，而不是只有教宗才有权召开。

包括君士坦丁大帝在内的罗马皇帝曾多次主持召开大公会议，通过会议对有争议的教义进行辩论。路德的思想本可以通过召开大公会议来讨论解决，查理后来的政策也是极力敦促罗马教宗召开大公会议，然而罗马教宗，尤其是美第奇家族的克雷芒七世蛮横傲慢，直到1545年，教宗保罗三世才答应在特伦托召开大公会议。而到这时，路德的问题已经拖延了四分之一个世纪之久。

路德在12月才接到敕书。他不仅不接受这个敕书的训令，而且拒绝前往罗马。在维滕贝格大学，他公开烧毁了这份敕书，宣告与罗马教宗彻底决裂。在莱比锡辩论之后，路德就已经预料到罗马肯定会发出一份敕书来反对他，因此在敕书尚未发出前就告诉朋友，如果教宗谴责并焚毁他的著作，那么他也将以同样的方式对待罗马教宗的谴责，焚烧教宗的敕书。因此，路德收到敕书后，就在维滕贝格大学贴出通告，邀请学生于12月10日上午9点到城外观看他焚烧教宗敕书和其他经院神学作品。当天来的人里不仅有学生，还有大学教授以及维腾贝格的市民。只见路德将教宗所发布的敕令集悉数投入熊熊烈火中，最后他拿起教宗的这份《愿主兴起》敕书，也投入火中，并用拉丁语说道："正像你一心折磨上帝一样，让永恒之火也折磨你。"

路德随后返回城里，而学生们或许被教授的这个大胆举动所鼓舞，他们将埃克等其他罗马教廷卫道士的书籍全部用农家车拉过来一并焚烧。路德的举动不仅使得整个德意志地区群情激奋，而且让整个欧洲都在观望。此前虽有国王烧过教宗敕书，但一个小小的修士竟然胆敢这么做，其后的事态又将如何发展呢？

教宗的敕书在德意志其他地区也反应不一，有一些领主遵从罗马的敕书，将路德的著作当众焚烧，另一些支持路德的领主则将路德对手的著作烧掉。后者渐渐成为德意志地区的主流。大多数王公贵族都开始支持路德的学说，罗马教宗的影响力在德意志地区已然溃败。

此时，教宗唯一能够依靠的，就是欧洲最高世俗权力的拥有者——刚刚被选为皇帝的查理了。

第七章

沃尔姆斯议会

这就是我的立场，绝不反悔。

——马丁·路德

　　就在路德贴出《九十五条论纲》时，查理刚刚登陆西班牙，还在山区中徘徊前行，根本无暇去关注这件事。等两年后他顺利赢得皇位时，路德之火已经在德意志各地越烧越旺了。

亚琛加冕

　　1519年7月初，查理获知他成功当选为神圣罗马帝国皇帝后不久，德意志选帝侯的代表团也来到了巴塞罗那，催促他尽快启程前往亚琛加冕。此时，查理在西班牙的宣誓流程尚未走完，还没有前去阿拉贡王国的瓦伦西亚接受效忠。克罗伊建议查理从巴塞罗那走海路前往瓦伦西亚，完成仪式后便可即刻航行到意大利的热那亚，经米兰一路北上，穿过阿尔卑斯山，顺莱茵河前往亚琛。然而意大利的热那亚和米兰此时已经被法兰西所控制，所以要经过此地，必须要获得法王弗朗索瓦一世的许可。因此，大臣墨丘里诺建议按照查理从布鲁塞尔到巴塞罗那的原路返回，即穿过西班牙内陆到达加利西亚的大西洋港口，再航行回佛兰德斯，这样从布鲁塞尔到亚琛的路程就剩下不到150公里了，同时还能阻止亨利八世和弗朗索瓦一世的见面。

　　查理听从了墨丘里诺的建议，但需要从卡斯蒂利亚征收新税以支付这趟航行的费用。于是查理在1520年初宣布了这个决定后，便从巴塞罗那启程回卡斯蒂利亚了。3月初，查理到达巴利亚多利德并短暂停留，在前往圣地亚哥的途中，顺便去托尔德西里亚斯见了母亲胡安娜和妹妹卡特琳娜。3月31日，查理在圣地亚哥主持召开了卡斯蒂利亚议会会议，但议会否决了查理征收新税的想法。4月初，查理决定暂时休会，于当月底在拉科鲁尼亚重新召开。这次查理的要求得到了满足。

1520年5月20日，也就是教宗颁布《愿主兴起》敕书的15天前，查理从拉科鲁尼亚起航北上。此时，西班牙各地从托莱多地区开始，纷纷出现暴动，但此时的查理已经顾不上了。

七天后，查理到达英格兰的多佛港。此时，亨利八世的特使红衣主教沃尔西已经在岸上等候。不久后，查理和姨夫亨利八世会面，第一次见到了姨母阿拉贡的凯瑟琳，还有亨利八世的妹妹、他曾经的未婚妻玛丽·都铎。经过三天的宴会、舞会和正式谈判，姨夫与外甥之间结成了亲密的联盟，查理随后返回了佛兰德斯。和外甥的会见并未能阻止亨利八世前去和法兰西国王弗朗索瓦一世会晤。英格兰也即将在两个欧陆强权面前扮演起协调者的角色，本书在第二十章还会谈到亨利八世和弗朗索瓦一世的这次见面。

6月1日，查理回到了三年前的出发地弗利辛恩港。在加冕前的四个月中，查理在布鲁塞尔并非无所事事。和弟弟斐迪南及姑姑玛格丽特相处的几个月还算愉快。其间查理一直忙于处理西班牙各地的叛乱。此时教宗的敕书已发，但德意志大部分地区并未遵从，而尼德兰和佛兰德斯地区已经开始烧毁路德著作了。

从布鲁塞尔出发到亚琛只有一天的路程。1520年10月22日，查理来到亚琛。在这里的大教堂，查理的加冕典礼按照查理曼流传下来的仪式举行。亚琛是查理曼的出生地，在建立起庞大的法兰克王国并加冕为"罗马人的王"之后，他便在此地建造了宫廷礼拜堂，随后礼拜堂被加以改造，扩建成了亚琛大教堂。加洛林王朝时期，亚琛是整个法兰克的文化中心，也被称作中世纪文艺复兴时期"加洛林文化"的核心地带。查理曼死后也被安葬在这座教堂里。奥托一世所开创的神圣罗马帝国至查理的700年间，一共约有40位皇帝在此地举办过加冕仪式。因此，亚琛大教堂对于神圣罗马帝国来说，犹如兰斯圣母大教堂之于法兰西和威斯敏斯特教堂之于英格兰。

查理的加冕仪式将世俗权力和教会权力体现得淋漓尽致。在典礼上，查理首先亲吻了法兰克国王、神圣罗马帝国皇帝洛泰尔时期留下的十字架。十字架一面是罗马的恺撒·奥古斯都，一面是耶稣，象征着世俗和宗教两方的权力。接下来查理跪在祭坛前，发誓要捍卫天主教信仰、保护教会和帝国的财产，并保护弱者，同时服从于罗马教宗和罗马教会。宣誓完成后，科隆和特里尔大主教给查理涂抹了膏油，选帝侯将查理曼的剑交给查理，主教们给他穿上了查理曼的加冕袍，给予了金球和权杖。科隆大主教将奥托大帝的皇冠戴到了查理头上。在查理曼的宝座上，查理领了圣餐，然后按照仪式膜拜了查理曼的遗骸，并展开双臂俯卧于地上，最后发誓遵守其签署的选举协议。

第二天早上，查理戴着象征着奥地利大公的徽章回到大教堂，向德意志人证明他们的国王是来自奥地利，而非来自西班牙。在众人注视下，查理再次俯卧在地，发誓保护教会，并捍卫神圣罗马帝国的权力，遵循帝国的利益行事。在接受了众人对皇帝的赞颂之后，查理受膏并获得了帝国之剑、权杖、宝球和皇冠，坐在查理曼曾经坐过的宝座上，并授克罗伊等人为骑士。

　　阿尔布莱希特·丢勒刚好见证了此次加冕礼，对当时的场面记忆深刻。他在后来的日记中写道："我看到了贵族的各种气派和华丽，比起在我们所生活的地区见到的一切都更加富丽堂皇。"加冕的流程严格遵守了962年奥托大帝制定的仪式标准，兼具世俗与宗教双重特征。查理就任神职的部分象征着他具有教会和教宗保护者兼守护人的身份，而世俗方面的加冕礼则源于古帝国延续下来的世俗君主加冕仪式。

　　仪式结束后，罗马教宗利奥十世的特使吉罗拉莫·阿林德罗代表教宗批准了查理成为神圣罗马帝国皇帝，并着令他今后必须采用"皇帝"的头衔，这通常是在被罗马教宗加冕后才能使用的头衔。而查理的祖父马克西米利安一世在1508年就单方面宣布，成为"罗马人的王"可以不用经过罗马教宗的批准，直接继承皇位。查理此后在1530年于博洛尼亚象征性地由教宗克雷芒七世为自己加冕了"伦巴第的铁王冠"。在他之后，神圣罗马帝国没有任何一位皇帝前往罗马接受教宗的涂油礼。

　　在咨询选帝侯的意见后，新皇帝签署了第一道旨意，召唤帝国所有议员参加次年1月在沃尔姆斯举行的帝国议会。此次议会也将审理德意志地区日益兴起的路德异端，教宗特使阿林德罗也将随行前往。加冕完之后，查理沿着莱茵河巡察。这是他第一次来到德意志地区。11月份，查理来到奥本海姆，在这里给萨克森选帝侯写了一封信，请他劝说路德与他一起出席帝国议会。

首次面圣

　　1月23日，查理到达沃尔姆斯。听说皇帝即将来到沃尔姆斯，为了目睹几个月前刚刚被选为皇帝的查理，这个小镇被挤得人山人海，家家的窗户、房顶、围墙上能站的地方都被人挤满了。这是这位年仅21岁的皇帝第一次召开帝国议会，前来出席议会的人远超以往。人们认为这次议会将决定德意志的未来和信仰，所以想知道他们的新皇帝是奉行尊重德意志利益的政策，还是尊重其哈布斯堡家族利益的政策，是否会成立中央政府来管理帝国等。这次会议被认为是自1414年在康斯坦茨结束教廷分裂的会议之后，德意志地区规格最高、参与人数最多的会议。

查理在副官侍从、外国使节、选帝侯以及一众官员和侍卫的陪同下，前呼后拥地进入了沃尔姆斯城。大街上挤满了围观者，有德意志的诸侯，也有教会人士，还有各等级的贵族，以及城市里的手工业者和当地的农民。来自西班牙、法兰西和意大利的各国商人们也云集此地，想一睹皇帝的风采。他们也更迫切地想要知道，使德意志群情激昂的宗教问题将如何收场。

神圣罗马帝国的帝国议会是帝国的审议和立法机构，最早源于中世纪的宫廷会议，之后变成日常的执行机构。实际上在很长一段时间里，神圣罗马帝国平时并不召开议会，只有当皇帝遇到需要诸侯一同处理的一些棘手问题时，才特别召开帝国议会。在马克西米利安一世统治时期，帝国议会仅仅召开过八次而已，而查理统治时期竟然召开了16次。1521年召开本次沃尔姆斯议会之后，其后连续四年间都召开过议会。历史上有名的帝国议会基本都是查理五世在任时期召开的，其中大多都是为了处理路德所带来的问题，第一次就是此次的沃尔姆斯议会。

罗马教宗利奥十世令阿林德罗协助查理审讯路德。路德被这位新加冕的皇帝召见，并由萨克森选帝侯腓特烈三世保护其人身安全。然而，如路德一样倡导宗教改革的先驱扬·胡斯也是被同样的方式骗去参加会议而被诱捕，最后被处以火刑。因此，路德不得不考虑这是不是罗马教廷的另一个诱捕计划。

对于路德的问题，查理身边有三种声音：为其加冕的教宗特使阿林德罗一派认为，既然教宗已经将路德开除教籍，剩下的就交给查理决定，不需要审判，也不需要听取其他人意见；而以萨克森选帝侯腓特烈三世等人为代表的一派，认为不经审判也不让路德本人申辩就处以判决是不符合德意志传统的。期间，腓特烈三世也征求过伊拉斯谟的意见，伊拉斯谟表示路德捍卫教会的主张不应该被制止和惩罚，他认为路德的错误在于攻击教宗和教士。还有一派是中间派，主张指定一个公正的法庭来审理此案。对于如此棘手的问题，查理最终决定听从腓特烈三世等人的意见，先让路德前来申辩，再决定如何处理。

在路德到来前，帝国议会已经就如何处理路德的问题进行了多次讨论，查理和议会之间始终处于对立。有人向查理提出发布谴责路德的皇帝敕令，但这个提议遭到了议会代表的抵制。双方经过妥协之后拟定了没收路德著作的敕令。即便如此，帝国议会仍对敕令中的言语抱有微词。最后，查理绕过议会，直接发布了没收路德著作的敕令。

在这份敕令发布之前，查理已经向路德签发了安全通行证，承诺保护路德的人身安全。查理在发出的公文中称："我们高贵的、亲爱的、尊敬的马丁·路德惠鉴：朕和国会已决定给予你安全保证，邀你前来国会就你的著作和言论的相关问题进行答复。准你于21日之内报道。"3月26日，路德在维滕贝格收到了查理传令官带来的通行证。虽然有了安全通行证，但随后发布的没收路德著作的敕令仍在执行。因此路德的朋友们还是担心路德会重演胡斯的悲剧，都劝说其不要去，但路德坚持要去。

路德于4月2日启程，并于1521年4月16日清晨平安抵达沃尔姆斯郊外。此时查理的传令官作为先导迎接路德进城，很多沃尔姆斯居民也前来迎接。当日11点左右，沃尔姆斯的居民还在吃午餐的时候，路德进入城内。据说有2000多人夹道欢迎，并护送他前往住所。路德到达之后就住于罗德岛骑士团的驻地，并受到了热情招待。其间很多伯爵、领主和骑士登门拜访路德。

第二天上午，路德被通知于当天下午四点参加查理亲自出席的议会，届时会告知传召他的原因。到了下午四点，路德由查理的传令官和司礼官带往帝国会议大厅（实际上的主教府邸，帝国议会也是在这个府邸上召开的）。街上已经人山人海，大家都纷纷前来围观，最后路德一行不得不借道几个相互连通的花园，才到达了主教府邸。

在主教府邸的庭院里，路德遇见了格奥尔格·冯·弗伦兹贝格，此后的帕维亚战役和罗马之劫中，我们还会提到这位德意志雇佣军的指挥官。弗伦兹贝格轻拍着路德的肩膀说："我不幸的修士！我年轻的修士！你为之奋斗的正是我和我的士兵们在多次激烈战斗中未曾完成的事业。如果你相信你的事业是正义的，那就以上帝的名义继续前进。鼓起勇气，上帝不会抛弃你的。"除了弗伦兹贝格之外，很多认识路德的人都过来和他打招呼，其他人则高喊着"鼓起勇气"为路德加油。随后路德被带到大厅指定的位置上，此时查理已经坐于正位，教俗贵族分坐两旁。

贵族一边是六位选帝侯，二十四位公爵和一位公主、八位侯爵，教会一边是教宗的特使、枢机主教、大主教和修道院院长等，共两百余人。此时，大厅里所有人的眼睛都看向了路德，而路德也环视众人，看到了查理和其身后的教宗使节以及其他教会显要。当路德注意到查理身穿华贵的礼服，却脸色苍白且毫无表情时，心里充满了怜悯。他在随后的回忆录中写道："在我看来，他宛如置身于猪狗群中的一只可怜的羔羊。"

　　16世纪两个极其重要的人物就这样第一次见面了，他们各自的决定给整个世界所带来的影响延续至今。查理决定维护神圣罗马帝国长久以来的天主教信仰、礼仪和教规。他曾说过，"我的先人们在康斯坦茨和其他宗教会议上确立的事，我有权坚持。只是个别修士在个人见解的驱使下走上歧途，才使自己与全体基督教徒坚持了一千多年的信仰对立了起来，又轻率地下结论说至今所有基督教徒都错了。因此，我决意为此赌上我的所有领地、我的朋友、我的血肉之躯、我的生命和灵魂"。

　　查理试图邀请伊拉斯谟前来出席对路德的审判，但被伊拉斯谟拒绝了。此时如果伊拉斯谟想干预此次审判，是完全有能力做到的。然而伊拉斯谟却缺席了这样一个历史性的时刻。事后得知结果的时候，伊拉斯谟才知道事态已是不可挽回了，他说道："如果我出席了会议，一定会尽力而为，阻止悲剧发生，促成一项温和的裁决。"

路德的申辩

　　路德被带到大厅中央的桌子前站定，桌子上放着路德已经出版的著作，审讯路德的主审官是之前参与莱比锡辩论的埃克。埃克首先询问路德，桌子前的这些著作是否是他的，路德让他列举书名后一一承认。埃克又问路德，对于他的书是准备申辩还是准备放弃。路德在短暂思考后说："这些著作有关上帝的理论和信仰、得救的大问题，如不经深思熟虑就下决定是很危险的，因此，我请求给予时间容我仔细考虑。"

　　查理和众人商议后，让路德明天同一时间前来答复。为了争取时间，路德并未当场回答是或者否。回来后，路德和朋友及支持者们商议，他们纷纷表示支持路德。在第二天的会议上，由于众人已经得知路德的命运即将在此刻揭晓，纷纷赶来围观。道路拥挤不堪，最后路德晚了两个小时才到达大厅。时间已到了下午六点钟，天色已黑，大厅内燃起了火把，在这个规模更大的会场上，埃克再次问了路德同样的问题，路德此时则说："这些书都是我的著作，至于是否放弃，则要加以区分。"因此，路德就有机会在查理和众人面前再次一一申明和讲述自己的著作，这个过程足足进行了两个多小时。

对于攻击教宗个人的部分，路德表示可以道歉，但对于著作和言论的其他部分，他表示教宗也并未说明要全部放弃。这场宗教辩论十分冗长，再加上路德用的是德语方言，还要以拉丁语复述，查理听得越来越不耐烦。最后，查理让埃克传旨，要求路德用简洁扼要的语言予以干脆的回答。他是这样回复的：

　　如果皇帝陛下要求直截了当的答复，我愿意这样回答他，既不带棱角，也不带刺，那就是：除非用《圣经》里的箴言或明白的理性证明我错了，否则我不会放弃我的主张；我不相信教皇的也不相信宗教会议的决定，因为它们不仅明显有误，而且相互矛盾。我的良心向着《圣经》，违反一个人的良心行事既不诚实也不可靠。愿上帝保佑！阿门！

路德用德语和拉丁语各说了一遍这段话，等他讲完后，查理和其他诸侯磋商，之后议长对路德说，他的发言是对皇帝仁慈的侮辱，给路德加上了一个在帝国议会前攻击教宗和天主教的新罪名。接下来埃克又与路德争论了一通。此时夜色已深，大厅内的火炬也即将燃尽。查理表示他再也不愿听完整个冗长的争执了，还和阿林德罗说以后不准他们参加此类会议。查理示意会议结束，路德最后说了一句："这就是我的立场，绝不反悔。"①

　　查理离开了会议，诸侯们也返回了旅馆。路德在一群德意志贵族和城市代表的保护下走出会场，场外群众以为路德要被送进监狱，乱作一团。最后路德还是安全地回到了住处，还和朋友们一起庆祝。第二天，查理召集诸侯讨论如何惩治路德，这是他当选皇帝后面对的第一个如此不畏强权的人。诸侯们依旧意见不一，而场外已是暗流涌动，如果路德遭到惩办，他们就将发动起义。查理拖了好几天才最终决定让步，他用法语在纸上写了一个简短的声明，表明了自己的宗教立场。诸侯们听闻后个个面无血色，试图与查理争论，但查理坚持自己的声明不能有丝毫改变。

　　5月26日周日，查理在做完礼拜后拿到了一份最终决议。他在决议上签了字，并以自己的"皇帝"之名正式颁布了第一道法令：《沃尔姆斯敕令》。法令宣布路德为魔鬼缠身的"传异端者"，是一个无法无天，比胡斯还坏十倍的人，并限定路德在21天内投案自首，期满后任何人不得庇护他，路德的追随者及其著作的阅读者都会被视为异端。

　　因为会议之前查理曾给了路德安全通行证，所以他并未在会议上直接逮捕路德，而是等待路德离开之后才下令拘捕他。路德在18日结束了最后一次申辩后就逃离了，目的地是维滕贝格。路德择小路而行，最后在一处郊外小树林中被几个骑士包围，骑士们给路德披上骑士罩袍，在林中徘徊前行，天黑后才到达了瓦尔特城堡。这实际上是腓特烈三世安排的一次"劫持"。随后的一

① 据考，原始记录里并没有此话，路德说的是"上帝会保佑我的"，也有其他不同的版本。参见《宗教改革史（上卷）》第254页注释1（［英］托马斯·林赛著，商务印书馆，2016年）。

年中，路德脱下了修士袍，在两名仆人的服侍下过起了隐居的生活，开始用德语翻译《新约》。然而，此时维滕贝格和其他地区的路德支持者都以为他被害了，于是各地纷纷出现了骚动。

路德只是当时德意志地区众多棘手的问题之一，沃尔姆斯议会还有更多的问题需要解决和讨论，包括高利贷、垄断、奢侈和罗马法与德意志习惯法的冲突等。1519年，查理还在巴塞罗那时，就被选帝侯的代表告知，皇帝要和他们签订一份"让步协议"。这是中世纪以来被选为德意志国王的人与选帝侯之间签订的一份书面协议，选帝侯承诺向皇帝效忠，而皇帝的权力则要受到限制。当时，查理继承了大半个欧洲，德意志地区的贵族们担心这会让他们卷入到旷日持久的欧洲冲突之中，因此这份协议对于查理的权力作出了约束。在审判路德的过程中，查理能够听取路德的申辩，而不是听从教宗特使的意见直接判处路德，也是由于这份让步协议的内容。

此次查理前来沃尔姆斯，最重要的事情并非处理路德的问题，而还要对帝国的行政管理体系进行改革。由于常年奔赴各地，管理广袤领土的查理需要任命摄政分别管理各处，在佛兰德斯有其姑姑玛格丽特；在西班牙先有阿德里安，后来则有其妻子、儿子；而在哈布斯堡家族则需要另一位帮手，此人就是查理的弟弟斐迪南。查理在西班牙时就将斐迪南送到了佛兰德斯。此次沃尔姆斯会议上，因为奥地利领地继承者的空缺，而自己又分身乏术，查理才将斐迪南擢升为奥地利大公，同时让他代任帝国政府的主席，以及查理在德意志地区的全权代表。虽然斐迪南并不真正拥有实际的决策权，事事都要征求查理的同意，但此后他积极地对抗奥斯曼土耳其的入侵，改革了奥地利的政治体系，在德意志地区也发挥了巨大的作用。

阿姆斯特朗在他所著的传记《皇帝查理五世》一书中如此评价："路德问题让统治者从男孩成了男人。"虽然查理认为教会有必要进行改革，但路德对教宗的抨击让他觉得，这个来自底层的改革者不仅威胁着教权，也威胁着世俗政权的权威。

引蛇出洞

本来伊拉斯谟和路德算是各自相安无事，两人最初彬彬有礼的来往却在最后变成了相互攻击。对于信仰问题，路德向来态度鲜明，讨厌伊拉斯谟模棱两可的态度和顾左右而言他的处事方式，与人斗、与神斗、与罗马教宗斗，战斗就是他拯救灵魂的唯一方法。伊拉斯谟是和平主义者，一位文质彬彬的绅士学者，他不相信上帝是好战的，更对粗俗和野蛮不屑一顾。而路德恰恰相反，他喜欢使用粗俗的语言来攻击别人。听说沃尔姆斯议会上查理宣布了禁令之后，和那个时代大多数人的看法一样，伊拉斯谟认为路德的问题就此结束了。

然而，伊拉斯谟错了，路德还有最后一条路，那就是彻底与教宗决裂，这在那个时代是冒天下之大不韪的事情。与罗马决裂就必然意味着战争。因为身为德意志地区最高权力者的神圣罗马帝国皇帝，查理要确保自己所发出的政令得到彻底执行，新教王子们如有违抗，那便是公开反叛帝国。这种行为和路德与教宗决裂一样，同样是冒天下之大不韪。路德和新教王子们却都这样做了。对于伊拉斯谟来说，战争是他不愿意看到的事情，在路德藏匿之后，年届半百的伊拉斯谟也隐居起来，沉浸于书本之中不问世事。然而，事情并未如其所愿。在两派混战的时候，没有中间派。"有时候中立被指责为犯罪"，茨威格评述伊拉斯谟说。

此时伊拉斯谟住在佛兰德斯的鲁汶，遭到了来自双方的责难，新教一派说他对路德的态度不冷不热，支持天主教的说他推销路德思想，牧师在布道时也大声责骂他，他被从大学教授的位置上赶了下来。此时伊拉斯谟不得不再次躲避，希望选择一个中立的地方定居下来，于是他跑到了瑞士，在巴塞尔待了几年，过了些平静的日子，鹿特丹的伊拉斯谟已经变成了巴塞尔的伊拉斯谟。在此地，他埋头著书立说，出版了很多书籍。但路德之火已经烧遍了半个欧洲，瑞士概莫能免，伊拉斯谟就更别想置身事外。于是风暴袭来，各方都要求伊拉斯谟不能再旁观，而必须在两个阵营中择一而立，盖因此时的伊拉斯谟已享誉欧洲，各方都想拉拢他。

查理、亨利八世、弗朗索瓦一世和斐迪南都恳求伊拉斯谟行动起来，投入战斗。伊拉斯谟用了各种手段推脱，最终谁都没能等到伊拉斯谟表明态度。最后，一位原本追随伊拉斯谟的名为胡腾的人，在临终前写了一篇控诉昔日良师益友的文章《规劝伊拉斯谟》，痛斥伊拉斯谟的各种缺点。这实际上是替路德派给了伊拉斯谟沉重一击。虽然此时胡腾已死，但还是引得伊拉斯谟出面，写了《洗刷胡腾的诽谤》一文反击，并公开表态自己与路德派的观念格格不入，永不相容。

1522年，路德写信给朋友，要他传话给伊拉斯谟，说如果伊拉斯谟攻击他，自己便不会顾忌伊拉斯谟是闻名天下的学者，将起而应战。后来路德又直接写了一封信给伊拉斯谟。此时他说话更有底气，措辞也更加激烈。路德在信中表示："显然上帝没有赋予你坚定不移的意志、不怕危险的精神和明辨是非的能力。你无法做到与我们携手并肩，勇敢地反对这股可怕的力量。既然如此，我就不指望你去做自己力所不及的事了……"之后路德话锋一转，说既然伊拉斯谟不愿意支持他，那么他也不怕伊拉斯谟成为敌人。毕竟，路德连教宗都不再惧怕了，更何况是伊拉斯谟。伊拉斯谟恐怕还从未收到态度如此专横的信，于是他决定拿起笔，与路德进行战斗。

伊拉斯谟抓住路德教义的要害之处进行逻辑论证，在路德的主张中，人实际上是没有自由意志的，能否得救早已为上帝的意志所预定。而伊拉斯谟则认为，人可以发挥意志力，从而提升自身品德，这也是人文主义的核心主张。到这里就可以看出，16世纪的两大思潮是如此背道而驰、水火不容，而现在我们竟将这两股相反的力量当作是同一种趋势，实在是大错特错。路德宗教改革的主张是一种"预定得救"的宿命论，违背了文艺复兴主旨，而人文主义以人拥有自由意志、注重个人选择的主张而获得广泛的认同。

虽然是第一次正面回应路德，但伊拉斯谟仍然不喜欢下斩钉截铁的断言。其实他反对的主要是路德毫不妥协的态度。如果路德选择退让，就能够和伊拉斯谟达成和解，但路德选择了不妥协。此时的德意志因为路德发动的宗教改革爆发了一场农民起义，路德的言论成为他们起义的口号。这一次轮到路德成了中间派，农民起义者指责路德是"新教宗""反基督"，而贵族则认为是路德怂恿了农民。路德也尝到了左右两难的滋味，当然这是后话。

查理以为一道《沃尔姆斯敕令》足以解决德意志的宗教争端，现在对于他来说，最为重要的是另一个人对于他至高权威的挑战，而这个人将在其一生中与查理为敌，成为他最为头疼的对手。

第三部分
争霸欧罗巴

铁拳要藏在天鹅绒手套里

——

查理五世

第八章

分裂的意大利

罗马是地中海文明的巨大传播中心之一。它不是这种文明的唯一传播中心，但却是最重要的传播中心。

——布罗代尔：《地中海与菲利普二世时代的地中海世界》

查理与弗朗索瓦一世在欧洲争霸的焦点地区，就是位于地中海世界中心地带的意大利。地中海地区就地域而言虽然是个整体概念，实际上却被从阿尔卑斯山延伸出的亚平宁半岛所隔开，虽然并未被完全隔断，但无论是从地域方面还是就历史文明发展而言，这种区隔都造就了东西两个完全不同的世界。

富裕的东方

东西地中海文明的发展进程直到查理时期，依然呈现出极不均衡的状态。东地中海一直都比西地中海更加富裕，文明发展得也更早。

如果人类从非洲起源的学说正确的话，人类走出非洲可以选择通过现今连接红海和亚丁湾的曼德海峡，到达阿拉伯半岛，然后再一直沿着海岸线到达印度次大陆，经过东南亚再扩散至太平洋沿岸。至少有一部分智人的迁徙路线是这样的。还有一条路线是沿着尼罗河上游到达如今的埃及地中海沿岸，再沿着类似《圣经·旧约》中摩西带领以色列人"出埃及"的路线，穿过西奈半岛，到达"流着奶与蜜之地"。且不说《圣经》的记载是否属实，东地中海沿岸地区的确是人类农业文明的发祥地之一。相比之下，偏远的西地中海地区，如西班牙等地，在两万多年前仍然还有最后一批尼安德特人的痕迹。

虽然走出非洲的一部分远古人类可能选择了前一条路线，但这条路线上却鲜有人类文明的遗迹发现，从而可以推断，这条路线很有可能后来被放弃了，他们更倾向于选择埃及这条路线。当人类的生产方式从流动的采集狩猎转变为定居的农耕生产之后，人口数量才开始快速膨胀，文明才得以真正发展起来。迄今发现最早的农业耕作遗迹，出自被称为"新月沃地"的西亚、北非地区及两河流域。在这个连接了地中海和波斯湾的欧亚非三大洲交汇的地区，不仅诞生了农业耕作的方式，而且随着人口数量增长，间接地推动了早期人类文明的产生，如苏美尔文明、古埃及文明、亚述文明以及伴随文明出现的文字和宗教。

早期海上贸易也是从东地中海沿岸地区开始扩张。黎凡特地区的腓尼基人往来于地中海和黑海，最远甚至到达了大西洋沿岸西班牙西南部的加的斯地区和北非地中海沿岸的大部分地区。后来希腊人也开始探索地中海。贸易让地中海逐渐联系在一起，也将文明的火种从一个地区传播到了其他地区。

受到埃及和美索不达米亚文明的影响，爱琴海地区的文明开始逐渐发展起来。腓尼基字母不断改良，逐渐演变为希腊字母。各种政治制度也在这一地区不同邦国的实践发展，例如雅典的民主制度、斯巴达的寡头政治。在两个典型的城邦政治制度，又衍生出诸多变种。古希腊文明各个邦国间的联盟、战争和贸易，使得爱琴海文明愈发璀璨多彩。反观同一时期的西地中海地区，仍然没有什么值得记录的历史，发展仍落后于东地中海地区。

埃及、阿卡德、波斯等初具规模的帝国不断涌现。受希腊文明影响的马其顿人通过军事改革和武力扩张逐渐强大起来，亚历山大大帝的军事扩张从希腊开始，逐步征服了安纳托利亚（即小亚细亚半岛）、美索不达米亚、埃及、波斯，最后到达了印度河流域，不过并没有进一步深入印度次大陆。可以说，马其顿的军事改革和远征揭开了人类历史上第一次大规模战争的序幕。然而亚历山大帝国却始终没有建立起能够有效管理如此广袤疆域的政治体系。由于缺乏合适的政治制度，亚历山大大帝死后，其帝国也必定会分裂。即便如此，亚历山大大帝的征服也让原来散落于各地的部落之间的联系更加紧密，原本规模较小的文明和国家被纳入到了三个较大的国家中，即安提柯王朝、塞琉古王朝和托勒密王朝。这三个王朝仍以被征服之前的三个文明中心——希腊、波斯和埃及作为核心，管理着重新拼合起来的国家。亚历山大大帝的丰功伟绩之所以能让后人缅怀，是因为他第一次将欧洲同亚洲、非洲连接了起来。

如果说强势文明的扩散呈类似扇形向外扩张的话，那么在东地中海地区开始进行大规模战争的时候，西地中海地区仍是由各个地方部落酋长统治。不仅意大利半岛如此，法国（高卢）、伊比利亚半岛等地区更是如此，更别提英伦三岛了。这也是为什么亚历山大大帝远征是向东，而不是向西的缘故。原因很简单：当时的东方远比西方富裕。希腊文明在亚历山大大帝之前就已然扩散到了亚平宁半岛，但仅局限于意大利"靴子"的脚跟和脚尖的地方。希腊人善于航海，在那不勒斯和西西里等地建立了一些贸易据点，这些地区受到了希腊文明的一些影响。

罗马人在罗马涅地区开始壮大时，其发展的第一个阻力便是半岛内受希腊文明影响颇深的伊特鲁里亚人。与伊特鲁里亚人和高卢人等的战争，让罗马人逐渐完善了从希腊和马其顿那里学来的军事组织方式，罗马的政治体制也从王政走向了共和元老制度。如果说马其顿拥有先进的军事体系却没有学会如何治理，那么罗马人一开始便将两者综合了起来。他们将自己的传统和从希腊等地学习来的政治管理方式相融合，创建了有效的政治组织体系，并仿效马其顿军团创建了罗马军团，使得罗马人在进行军事征服的同时也能够对被征服地区进行有效治理。

在完成了对亚平宁半岛的统一之后，罗马人的扩张受到了海上强国迦太基的制约。此时的罗马人完全不懂海战，但依靠强大的学习能力，联合同样敌视迦太基的希腊人，罗马人逐步建立起强大的海上力量。罗马和迦太基之间的第一次布匿战争，目标是争夺西西里。战争的胜利对于罗马来说意义重大，象征着它从内陆开始向海洋迈进，面对更为广阔的世界。而这次战争的失败也让迦太基人将地中海的制海权拱手让给了罗马，在短时间内，迦太基的著名军事将领汉尼拔在西班牙的基地新迦太基（现今的卡塔赫纳），重新组建并训练了一支陆军部队，同时从北非地区引进了非洲战象等战力。这是除埃及以外的北非地区第一次进入到欧洲历史的视野。甚至有人把迦太基人和罗马人之间的斗争，上升到闪族人和印欧人之间的种族斗争。这种说法显然有所夸大，无论是罗马人还是迦太基人，都是各民族杂居融合的结果。

对于罗马人以及后来的欧洲人来说，汉尼拔这个名字可谓是家喻户晓，让人闻风丧胆。迦太基原本是以商业建国，打仗基本依靠雇佣兵，此时能够自己训练出一支陆军部队的确是第一次大胆的尝试。如果汉尼拔没有超于常人的军事组织能力和指挥能力，那么他带来的那些非洲动物不过是历史学家茶余饭后的谈资而已，对于实际作战并不会有什么作用，更不用说这些动物在翻越阿尔卑斯山的时候还损失了大半。

汉尼拔是位卓越的军事指挥家。此时的罗马还没有能够超越汉尼拔的指挥官，亚平宁半岛的统一基本上靠的是蛮力，而非军事策略。所以，汉尼拔的军事才能得以充分地发挥，他指挥部队进行运动战和游击战，不攻打防守严密的罗马城市，多年都在罗马外围进行战斗。

游击战术终究不是长久之计。汉尼拔在罗马没有根据地可以为部队提供补给，军需补给都要从遥远的西班牙运送而来。罗马人一旦知晓这个弱点，最明智也是最简单的办法就是切断汉尼拔的后勤补给线。虽然汉尼拔曾试图寻求马其顿人作为外援，但最终还是失败了，这也意味着迦太基的失败。这次战役后不久，罗马就借故发动了第三次布匿战争，而此时迦太基已经没有汉尼拔这样的人物了。罗马人为了纪念这个最难对付的劲敌，还为汉尼拔制作了雕像，将其矗立在罗马城中。

打败了迦太基的罗马人将扩张重心放在了东方，可以说，罗马能够征服亚历山大大帝之前征服过的土地，这丝毫不会令人奇怪。亚历山大大帝早已为罗马人开辟好了道路，罗马人只需要沿着这条路走下去就可以了。比起征服过程相对容易的东方国家，无论是西方的高卢，还是伊比利亚半岛上零散的部落酋长国，都让罗马人举步维艰。类似托勒密这样统一的国家，只要击败统治者的军队，基本上就可以认为这个国家已经被征服。然而西征的道路却异常艰难，不仅因为这里有众多的酋长国，需要逐个征服，更因为这些野蛮部落在面对外来强大的军事力量威胁时，是为了保卫自己的家园而战，而不是为了保卫统治者。

有了亚历山大大帝在东方各国的所作所为作为前例，对于一般人而言，归顺胜利的一方照样能够活下去，只不过是交税对象从托勒密变成了罗马人而已，日常的生活并没有什么变化，因此抵抗相对也没有那么激烈。而从未被征服过的地区的居民，并不知道他们以后的结果会怎样，因此抵抗就要顽强得多，而抵抗越是顽强，胜利者征服之后的报复就越是残忍。虽然在和迦太基人的战争中，罗马人赢得很"顺利"，但却花了将近200年时间，才将行省制度在伊比利亚半岛确立下来。

罗马的衰亡

罗马版图的向外扩张基本上都是在共和时期实现的，进入帝制时期之后，扩张反而停滞下来，只在图拉真时期征服了达契亚王国。帝制时期的罗马为何不如共和时期的罗马那样具有侵略性？这是很多历史学家的疑问。

共和时期的罗马，元老院掌握着主要权力，每年根据军功任命一任恺撒和执政官，军功居多者便有可能出任，使得罗马优秀军事将领辈出，而持续性的扩张战争也造就了罗马军团的强悍。在这种激励机制下，罗马的版图得以快速扩张。但这种制度也让罗马自身极易陷入军事将领争权夺势的危险之中。恺撒、克拉苏、庞培之间以及恺撒与庞培之间的争斗，最终让罗马共和制度濒临瓦解。

恺撒率领军团跨过卢比孔河，不仅仅是一次军事行动，更象征着罗马跨过了共和时代，进入了帝国时代。统一在一人之下的罗马帝国，可能不再面临外部竞争对手的威胁，主要危险则在宫闱之内，如同帝制时期的中国、阿拉伯帝国和奥斯曼帝国一样，宫廷斗争取代了战场上的斗争。皇权或被皇帝的近亲、外戚势力所控制，或被皇帝的近卫权臣所控制，这成为帝制时期罗马的主要问题。

在这样的局势中不乏英明之君，例如五贤帝中的涅尔瓦、图拉真、哈德良等；也有不少暴君，如康茂德、尼禄等。相比这两个极端，更多的皇帝则是平庸之辈，或是刚上任就被杀害的短命皇帝。有统计指出，这个时期的罗马皇帝被频繁谋杀。一旦宫廷之内的派系斗争僵持不下，或者边境受到威胁，引入外来势力来解决问题便成了自然而然的选择，而这些外来势力本身便是大麻烦。国内手握实权的军事将领已经消失，可以抵御外来入侵的领导力量自然不足，所以引入紧邻罗马的日耳曼部落成了罗马解决自身问题的必然出路。

原本居住在莱茵河东部的日耳曼部落人口数量不断增长，又受到来自中亚草原游牧部落的挤压，一批批进入了罗马境内。在此之前，日耳曼部落与罗马在边界地区互有侵扰。随着交往增多，日耳曼部落也渐渐学习罗马的文化和宗教，逐渐变得文明开化。当他们成为一支可以解决罗马宫廷斗争的力量时，其野心也渐渐膨胀。到帝国后期，从帝国军队到皇帝的禁卫军，日耳曼人的地位越来越高，甚至操控了帝国皇帝的更换，有人最终坐上了罗马皇帝之位。不过，罗马皇帝也并非都是土生土长的罗马本地人，例如哈德良就来自西班牙。外邦人当上皇帝在罗马帝国后期变得很常见。值得一提的是，日耳曼部落并非处在罗马统治之下，虽然为罗马人所用，但一个并非罗马行省出身的外邦人做上罗马皇帝，这的确罕见。

罗马的行省制度保留了各地的自治权，同时又派遣总督对该地进行有效管理。这是罗马能包容不同文化、习俗和宗教信仰的原因，体现了罗马的开明与成功。但这种成功在日后尤其是在罗马帝国末期变得愈加危险。在戴克里先时期，罗马帝国的版图仍旧非常庞大，分裂为东西两个大的部分。之后出现了所谓的"四帝共治"，即一方由一位皇帝和一位恺撒共同统治。再加上后来单独划分出的教权，偌大的一个罗马帝国就有将近十个最高权力统治者。

罗马将被征服地区的神带回到自己的万神殿里，并给予外省人以公民权，这种成功的跨民族、跨文化和跨宗教信仰的制度，帮助罗马维持将近千年之久。如果把东罗马帝国存在的时间也计算在内的话，那就是2000年的时间。

罗马人发迹于地中海的中心地带，将地中海变成自己的内海，是一个合理的选择——从意大利半岛出发，到地中海周边任一地区的距离都大致相等。当罗马军队征服欧亚大陆最西端面向大西洋的土地后，西边便再无对手。在地中海南岸，撒哈拉以北的非洲也拥有天然的地理屏障撒哈拉沙漠，也不再可能有新的强敌出现。而地中海东岸却充满危险，这里近有强大的对手波斯，远有中亚草原和阿拉伯半岛的游牧部落，只能依托河流或高山等地形形成屏障作为边界，如莱茵河与阿尔卑斯山，就成了罗马与日耳曼蛮族的分界线。向北以伏尔加河、易北河以及高加索山脉与黑海为界，这是罗马帝国能够统治疆域的极限了。

从另一个角度来说，一旦罗马开始走向衰弱，意大利半岛就很容易成为众矢之的，遭到来自四面八方的攻击和入侵也就不足为奇了。一波波的日耳曼部落，如汪达尔人、东哥特人、伦巴第人来袭。罗马已然是日落西山了，面对外来的劲敌已是自身难保。罗马唯一能采取的策略就是"以夷制夷"，利用东哥特牵制汪达尔，利用伦巴第牵制东哥特，又利用法兰克牵制伦巴第，然而最终都不过是引狼入室。

西罗马所引入的外邦人终于终结了自己。而基督教治下的罗马教区成了维系旧日罗马帝国的唯一象征。法兰克人控制了高卢，西哥特人赶走了盘踞在伊比利亚的汪达尔人和阿兰人；建立了自己的王国，而东哥特人在罗马本土的意大利建立了东哥特王国，伦巴第人占领了罗马以北、阿尔卑斯以南的地方，罗马教宗则为这些王国的国王们一一授予了头衔。

各色小邦国

西罗马灭亡后的欧洲，如同一块被不同颜色所浸染的布料。保罗·肯尼迪在《大国的兴衰》一书中也如此说道："罗马陷落之后，各地的王国、边境贵族领地、高地氏族、低地城镇联邦星罗棋布，组成一幅大杂烩似的欧洲政治地图，地图上的图形从一个世纪到另一个世纪可能有所不同，但始终不能用同一种颜色来表示一个统一的帝国。"

意大利的颜色被浸染得尤为丰富。在西罗马被蛮族人占领之后，这里就不曾统一过。先是东哥特人洗劫了罗马，后来是伦巴第人建立了自己的王国。君士坦丁堡的东罗马在查士丁尼大帝时期一度光复了意大利的南部地区，如西西里和那不勒斯，但终究在混乱的局势下以失败撤离告终。

意大利靠近亚得里亚海的部分是威尼斯的出海口，因此威尼斯共和国一直把持着意大利东部沿海城市。罗马附近是罗马教廷所控制的属地。阿尔卑斯山以南、波河以北则有伦巴第王国，还有后来的米兰公国、热那亚公国、比萨自由城市。而西西里岛曾被阿拉伯人占领过一段时间，后来从此退出。阿拉贡王国崛起之后，一度控制了西地中海的大部分地区，包括西西里岛、科西嘉和撒丁岛。法兰克人一直对阿尔卑斯山以南的土地虎视眈眈。从法王查理八世时起，意大利就战争不断。中世纪末期的意大利，在各方势力的角逐、联盟和兼并下，最终形成了五个主要的政治实体，总计达12个独立国家之多。

意大利北部实际上属于神圣罗马帝国，是帝国的"三领地"之一。帝国所属的意大利领地面积约有6.5万平方公里，实际上阿尔卑斯山以南、教宗国以北的地区，大部分都属于神圣罗马帝国。帝国意大利部分的领土包含了萨伏依、米兰、帕尔马、皮亚琴察、摩德纳、曼图亚、托斯卡纳和米兰多拉等领地，还有热那亚、卢卡两个城市共和国和几个小邦国。在这里，帝国皇帝是三百多个封邑的最高领主。

除了这些地区之外，意大利南部的西西里、科西嘉和那不勒斯，也在查理的外祖父费尔南多二世时期并入了阿拉贡王国，所以查理统治的地区几乎涵盖了除了教宗国、威尼斯、佛罗伦萨和比萨等城市共和国之外的全部意大利领地。查理通过神圣罗马帝国继承的北意大利，通过西班牙阿拉贡王国继承的南意大利，给位于中间地带的教宗国带来了很大压力。

教宗国从基督教合法化之后便不断获得来自罗马皇帝和贵族的捐赠，这使得罗马教会掌握了很多财产和土地。早期最大的馈赠是由君士坦丁大帝所赠予的拉特兰宫，之后此地作为罗马教区办公所在和教宗驻地一直沿用至今。伦巴第入侵意大利并攻占了东罗马在意大利的拉文纳辖区之后，罗马教廷出面进行调解，双方达成了和平协议并使伦巴第人归信天主教。之后伦巴第国王捐赠了一些土地给罗马教会，被称为"伯多禄的遗产"，这才让罗马教会掌握了世俗领地，建立起教宗国。在公元8世纪中期，罗马教宗引入法兰克人驱逐伦巴第人，"矮子"丕平因此将意大利中北部地区赠送给教宗，史称"丕平献土"。教宗为丕平的儿子查理曼加冕为皇帝，查理曼则宣布教宗为父亲所献地区的最高统治者。为了消除法兰克人收回所献土地的可能，教宗后来伪造了一份"君士坦丁献土"的文献，称丕平所献的土地实际上是君士坦丁大帝献给罗马主教的。事实证明，罗马教宗的担心是多余的，查理曼过世之后不久，法兰克就分化为更小的王国了，罗马教宗的地位也逐渐强大，因此没有哪个查理曼的继承者敢收回这份献土了。

然而实际上，罗马教宗在教宗国内并没有太大的权力。无论是"伯多禄的遗产"还是"丕平献土"，领地的治理方式早已封建化，教宗所获得的不过是各地几近独立的领主对自己的效忠。如同神圣罗马帝国的意大利地区一样，虽然他们承认帝国皇帝是其最高统治者，但米兰、萨伏依等地区实际上还是独立的。

神圣罗马帝国的中兴，以及它将北意大利纳入领地范围的举动，对教宗国的生存构成了极大的威胁。帝国皇帝和罗马教宗常常为此争论不休乃至冲突不断。因此，罗马教宗不得不使用特权，将法兰西和其他外部势力引入冲突之中。可以说，实际上是罗马教宗对教宗国安危的担忧，造成了意大利历史上的混乱。

罗马教宗引入的外援主要是当时早已独立的威尼斯共和国。在西罗马崩溃后，东罗马皇帝查士丁尼大帝征服了威尼斯，并于8世纪时获得了自治权，但仍要受君士坦丁堡派出的总督管理。公元1000年后，威尼斯将贸易范围向亚得里亚海之外拓展，渗透到东地中海地区。由于与君士坦丁堡长期的附属关系，威尼斯人十分熟悉东罗马的拜占庭。在第四次十字军东征时期，威尼斯就借助十字军攻陷了君士坦丁堡，并在此次东征中获得了最大的收益，尤其是在击败了意大利半岛另一侧的热那亚人后，威尼斯人成了东地中海的霸主。自此，威尼斯人控制了西欧与东方贸易的主要通道，即便是葡萄牙开辟新航线，也未能对威尼斯人的商业贸易造成太大的影响。在参与海上贸易的同时，威尼斯也大力向意大利内陆地区扩张，向北到达阿尔卑斯山，向西则直接与米兰接壤，向南则侵入教宗国的罗马涅地区。

威尼斯的野心自然引起了罗马教宗的担心。于是在尤利乌斯二世的号召下，法王路易十二和查理的祖父神圣罗马帝国皇帝马克西米利安一世和外祖父阿拉贡的费迪南二世联合起来，在1508年成立康布雷同盟，试图消灭威尼斯共和国。康布雷同盟战争之后，威尼斯人在意大利内陆的霸权扩张才算告一段落。奥斯曼帝国在苏莱曼大帝时期对于威尼斯东地中海贸易港口的争夺，以及葡萄牙和西班牙在大西洋的贸易发展日趋繁荣，使得威尼斯在16世纪就基本衰落了。

佛罗伦萨和米兰在当时都属于神圣罗马帝国的采邑，但享有较大的自由权，在16世纪的欧洲地缘政治中扮演着重要角色，本书还将多次讲述查理插手这两个地方事务的情况。教宗引入法兰克的"矮子"丕平击败了伦巴第人之后，伦巴第地区就并入了法兰克王国，米兰沦为一个贫困的城市。直到12世纪，米兰才从神圣罗马帝国手中获得了自治权。在14世纪末期，统治米兰的维斯孔蒂家族以10万弗洛林的价格，从神圣罗马帝国皇帝手中获得了米兰公爵头衔，米兰从此成为帝国治下的一个独立公国。然而，米兰公国建立50年后，维斯孔蒂家族就面临绝嗣的困境。经历了短暂的共和国时期后，维斯孔蒂家族最后一个继承人私生女的女婿弗朗切斯科·斯福尔扎在1450年夺取了米兰，并自行宣布成为米兰公爵。而奥尔良公爵查理一世也拥有合法继承的权力。因此，路易十二当上法兰西国王之后的第一件事，就是宣布要继承米兰公国，于是在1499年入侵了米兰。具体情况将在下一章展开。

佛罗伦萨在公元1115年获得了神圣罗马帝国皇帝颁布的特许权，成了自治城市，并建立了共和国。15世纪美第奇家族获得了佛罗伦萨的统治权，加上随后家族中出了几位教宗，佛罗伦萨的历史与教宗国的历史密切相连。在1530年查理与教宗克雷芒七世达成的协议中，最重要的内容就是帮助美第奇家族恢复对佛罗伦萨的统治。

意大利南部的两个王国：那不勒斯王国和西西里王国，简称为"两西西里王国"，在12世纪由罗杰二世创建。在13世纪末期至14世纪初，西西里因王位继承问题，在阿拉贡和法兰西两个王国的直接干预下，爆发了"晚祷战争"。战争之后，阿拉贡控制了西西里，法兰西的安茹家族后代则控制了那不勒斯。阿拉贡的阿方索五世在15世纪中期又攻陷了那不勒斯，西西里和那不勒斯再次合并，但阿方索五世死后却将两西西里分别给了两个儿子。15世纪末，法兰西国王查理八世和路易十二以安茹公爵的后裔之名，接连入侵那不勒斯，但都被查理的外祖父费尔南多二世击退。在费尔南多二世死后，查理继承了阿拉贡王位，也就拥有了"两西西里国王"的头衔。因此，查理继承的庞大领土，不仅让意大利本土的教宗国和威尼斯感到了威胁，也对法兰西关于那不勒斯的权利主张和米兰公国的实际占领区构成了威胁，这也是为何查理在欧洲的主要对手常常是法兰西、教宗国和威尼斯的联盟。

这样一个四分五裂的意大利，却在中世纪末期成就了三个奇迹：商业的繁荣、文艺复兴和政治实践。在此就不得不提及一个伟大的学者，他亲身参与到意大利风云变幻的政治关系中，并以其敏锐的观察和独到的评判成为近代政治学之父。

马基雅维利

意大利地区的独立政体有着不同的治理形式，有公国、共和国，也有寡头体制。这里仿佛就是柏拉图或亚里士多德政治理念的试验田，也是政治家们奇特的试验场。正是意大利如此复杂的政治形势，让意大利人热衷于谈论政治，才诞生了马基雅维利。

马基雅维利是土生土长的佛罗伦萨人，在文艺复兴时期的意大利接受了完整的基础教育。佛罗伦萨是15世纪意大利最重要的工业和银行业的集中地，仅这一地的收入就超过了当时英格兰王国各领地收入的总和。在美第奇家族之前，佛罗伦萨一直由奥比奇家族统治，而靠银行业务异军突起的美第奇家族也引起了奥比奇家族的敌意。1433年，美第奇家族的掌门人科西莫被奥比奇家族操控的执政团流放，逐出了佛罗伦萨。但佛罗伦萨在和米兰的交战中失利，引发民众不满，使得执政当局重新改选，科西莫得以重回佛罗伦萨，此时他实际上已经成为此地的僭主。科西莫与刚刚上位的米兰公爵弗朗切斯科·斯福尔扎签订和约，结束了战争。因此，科西莫被佛罗伦萨授予"国父"称号。

科西莫之后，在第三代僭主"伟大的洛伦佐"统治下，佛罗伦萨成为文艺复兴的典范之都。但在这一时期，他对佛罗伦萨的统治让当时的教宗西斯都四世开始与美第奇家族敌对，教宗没收了美第奇家族的财产，开除了洛伦佐和整个宫廷成员的教籍，还褫夺了佛罗伦萨的教权，并与那不勒斯组成同盟入侵佛罗伦萨。洛伦佐成功地抵抗了入侵，并通过积极的外交手段与其他意大利城邦缔结了合约，然而他在1492年去世。此后佛罗伦萨艺术之都的地位让位给了罗马，罗马教宗的位置落入西班牙的波吉亚家族手中，美第奇家族也几近破产。

洛伦佐的儿子"不幸者"皮耶罗刚接管佛罗伦萨两年，便遭遇"不幸"。在罗马教宗的支持下，法兰西国王查理八世入侵意大利，目标直指那不勒斯王位，并要求穿过佛罗伦萨且在托斯卡纳驻军。皮耶罗满足了查理八世的要求，却葬送了美第奇家族在佛罗伦萨的统治，自己也被驱逐出佛罗伦萨。1494年美第奇家族倒台，佛罗伦萨随后由多明我会修士萨佛纳罗拉统治。他试图把佛罗伦萨变成一个"上帝之城"，搜集并烧毁所有虚荣之物，包括假发、香水、绘画和古典手稿等，加上他激烈地反对和批评罗马教宗亚历山大六世的腐败，萨佛纳罗拉很快就失势并被逮捕，最终被佛罗伦萨当局处以火刑。

　　萨佛纳罗拉之后，皮耶罗·索德里尼成为佛罗伦萨的执政官，佛罗伦萨才从僭主政体回归共和国。也正是此时，马基雅维利进入了该政府工作。1498年，29岁的马基雅维利出任佛罗伦萨共和国第二国务厅长官，并兼任共和国执政委员会秘书，负责佛罗伦萨的外交和国防。因此，马基雅维利需要经常出使和拜访各国，有了更多接触外国政治领袖的机会，成为索德里尼的心腹。当时的佛罗伦萨和其他地区一样，以雇佣军来保卫自己，而马基雅维利极力主张自建国民军。终于在1505年，佛罗伦萨通过了国民军立法，成立国民军九人指挥委员会，马基雅维利出任委员会秘书。国民军成立第二年，在征服比萨的战争中，马基雅维利率军出征，并亲临前线指挥作战，迫使比萨投降。

　　在混乱的意大利政局中，马基雅维利极力促使各方和解，同时避免将佛罗伦萨拖入各种战争之中。然而，1503年罗马教宗亚历山大六世去世，经过庇护三世27天的短暂任期后，尤利乌斯二世当选教宗。在他的支持下，美第奇家族的红衣主教乔凡尼于1512年带领教宗国军队攻陷了佛罗伦萨，恢复了美第奇家族的统治。马基雅维利在次年被以密谋叛变的罪名投入监狱，受到严刑拷问，但最终还是被释放。1513年尤利乌斯二世去世后，乔凡尼当选罗马教宗，成为利奥十世，弟弟朱利奥成为佛罗伦萨的统治者。美第奇家族控制了罗马教廷和佛罗伦萨。此时44岁的马基雅维利再无从事政治的可能，转而隐居在佛罗伦萨城郊，开始写作。

在隐居期间，马基雅维利完成了两部著作：《君主论》和《论李维罗马史》。马基雅维利原本打算将《君主论》献给美第奇家族新任统治者朱利奥，以此获取一官半职，但未能如愿。之后，利奥十世的堂弟朱利奥·美第奇作为红衣主教管理佛罗伦萨时，希望改革政治，这才开始征求具有丰富政治和外交经验的马基雅维利的意见。在《君主论》中，马基雅维利总结了当时统治者实际奉行的原则，即尽可能争取最大的利益，而不是以道德为标准来行动，这种做法也被后世称为"马基雅维利主义"。《论李维罗马史》中则是强调共和制思想。马基雅维利对罗马共和国的历史进行分析后认为，共和制要比君主制优秀，这也是文艺复兴时期人文主义者的主张。此后，马基雅维利的思想对法国启蒙运动时期的卢梭等人产生了重要影响。

1523年，马基雅维利出任朱利奥的史官。《君主论》写成十年之后，朱利奥已经当选为罗马教宗，即克雷芒七世。两年后，马基雅维利编写完《佛罗伦萨史》，把这本书献给教宗，获得了120杜卡特的赏赐。随后他被任命为罗马城防委员会的秘书，并加入教宗的军队，同查理的神圣罗马帝国军队作战。就在1527年，查理五世的帝国军队发生叛乱，洗劫了罗马。统治佛罗伦萨的美第奇家族再次被驱逐，此地再次恢复成共和国。马基雅维利又一次失去了公职，最后于1527年抑郁而终。

马基雅维利死后两年，查理与教宗达成了和平协议，同意美第奇家族恢复对佛罗伦萨的统治，于是帝国军队在1529年包围了佛罗伦萨共和国。十个月后，佛罗伦萨被攻陷，美第奇家族再次回到了佛罗伦萨。此次围攻让佛罗伦萨原本繁荣的工商业和银行业遭到致命打击，很多手工业者和艺术家流落各处，尤其是德意志地区。

　　马基雅维利只是"马基雅维利式"政治原则的总结者，他的观点是对那个时代欧洲君主之间外交、军事和政治实践的归纳。在这些君主中，法兰西国王弗朗索瓦一世就是一位地地道道的马基雅维利式君主，与抱有伊拉斯谟人文主义理想的查理有着天壤之别。

第九章
弗朗索瓦一世

伟大的君主多是那些信誓旦旦，以狡猾的手段愚弄人民的人，而他们最后总能凌驾于诚实原则之上。

——马基雅维利：《君主论》

如今，卢浮宫每年接待1000万左右的游客，其中大多数人都会选择前去参观一下意大利艺术家达·芬奇的作品《蒙娜丽莎》。而将这幅作品和达·芬奇本人以及意大利的文艺复兴带到法国的人，便是法兰西国王弗朗索瓦一世。法兰西对于意大利的兴趣，要从更远的时期说起。

法兰西史

查理曼逝世后，其三个孙子分别继承了三个王国：西法兰克、中法兰克和东法兰克。后两个王国已经在前文介绍过，本章就讲述从西法兰克到法兰西的这段历史。

西法兰克的加洛林王朝在《凡尔登条约》签署不到150年后，便因为绝嗣而由卡佩王朝取代。法兰西公爵、卡佩王朝的建立者雨果·卡佩被认为是法兰西王国的创建者，而真正使用法兰西国王头衔的则是200多年后的腓力二世。

卡佩王朝统治初期已经不再承认神圣罗马帝国的宗主地位，然而国王所能控制的地方实际上仅限于"法兰西岛"（现称巴黎大区）。周边的公国只是名义上承认国王，实际上仍然各自为政。公元1000年左右，组成法兰西的七个公国和伯国分别是：阿斯坦、图卢兹、勃艮第、安茹、香槟、佛兰德斯和诺曼底。北部诺曼底公国在"征服者"威廉征服英格兰后，其君主的头衔已经从公爵变成了与法兰西国王地位同等的英格兰国王；东部勃艮第和南部普罗旺斯也几近独立，即南部的阿尔勒王国；位于凸出大西洋的半岛上的布列塔尼公国一直保持着独立；而图卢兹伯国事实上已经独立，并和巴塞罗那伯爵争夺着朗格多克和鲁西永的控制权。

腓力二世奉行明显加强中央集权的政策，并通过军事和外交手段，将王室控制的领地范围扩大了三倍。特别是在与英格兰金雀花王朝的战争中，从英格兰手中夺取了诺曼底、布列塔尼、安茹等地。王室领地的扩大使得腓力二世拥有了强大的势力，得以控制国内公爵、伯爵等封建领主。

法兰西的崛起让英格兰和神圣罗马帝国深感威胁，遂联合佛兰德斯等几位诸侯，组成反法同盟入侵法兰西。然而联军被腓力二世所击败，导致帝国皇帝奥托四世被废黜。而佛兰德斯伯爵不得不屈从于法兰西王室，亚眠、杜埃、里尔和圣昆汀也都收入法兰西王室，其领地扩展到了莱茵河。

腓力二世之后，法兰西国王又因为多次领导十字军东征而使国力大大增强，到腓力四世时法兰西已经成了西欧最强大的国家。然而，卡佩王朝统治341年之后，也如同其前朝加洛林王朝一样后继无人。最后一任卡佩王朝国王查理四世的堂兄安茹伯爵和外甥英格兰国王开始争夺法兰西王位，将法兰西和英格兰拉入了百年战争的泥潭之中。

百年战争历经116年，安茹伯爵一方最终获得了胜利，法兰西王国也因此过渡到瓦卢瓦王朝。百年战争虽然让英格兰和法兰西满目疮痍，但也让双方的战术战略和武器装备水平大幅提升，并提高了两国王室的集权力量。

结束了与英格兰的战争后，法兰西转头将战争引向了王国的东方。查理八世和路易十二把目光转向阿尔卑斯山以南，准备出兵意大利。之所以没有选择越过毗邻的比利牛斯山，是因为山的南面有两个强大的王国——卡斯蒂里亚和阿拉贡。查理八世先是与阿拉贡签约，把鲁西永（北加泰罗尼亚）和塞尔达里让给了查理五世的外祖父阿拉贡的费尔南多二世，把弗朗什-孔泰（勃艮第自由伯国）和阿图瓦还给了查理的祖父马克西米利安一世，然后贿赂英王以换取对方撤兵。

之后的法兰西王国开始全力整顿军备，组建新军，扩张军队（包括后面要提到的重骑兵队），同时建造了当时欧洲最为先进的新式火炮。在15世纪最后几年里时机终于成熟。其时意大利政治形势混乱，米兰大公卢多维科·斯福尔扎迫切希望引入一个同盟来解决米兰公国和那不勒斯王国之间的争端。而查理八世早已对意大利虎视眈眈。1494年，查理八世带领2.5万名士兵（含8000名瑞士雇佣兵）入侵意大利，几乎没遇到阻挠就占领了帕维亚、比萨、佛罗伦萨，最后到达那不勒斯，并在攻占该地之后加冕为那不勒斯国王。

一些意大利人认为查理八世是上帝派来净化意大利的。法军的所向披靡震惊了意大利北部各城邦和其他欧洲国家，他们迅速成立反法同盟"威尼斯联盟"，由威尼斯、米兰、阿拉贡以及神圣罗马帝国组成。佛罗伦萨、曼图瓦，甚至是英格兰也纷纷加入同盟，企图阻止查理八世从那不勒斯开始的北伐。但在福尔诺沃战役中，双方两败俱伤，查理八世率法军主力撤退。

实质上的胜利，还是由从阿拉贡请来的费尔南多二世的部队取得的。这支来自西班牙的部队很快肃清了留驻那不勒斯的法军。查理八世就这样在同一年底，从几乎占领了意大利，落得最后一无所获地从意大利狼狈撤出。马基雅维利在《君主论》中评价查理八世的这次远征，是外族人入侵意大利的开始。

之后查理八世试图再次出兵意大利，但早已入不敷出的财政只能让他抱憾而亡，留给继任者路易十二的是一堆债务和未偿的心愿。路易十二是查理八世的堂叔，在即位后全面继承了查理八世征服意大利的计划。同样经过一系列努力，在稳定了和周边国家的关系之后，路易十二在15世纪的最后一年出兵意大利。这次法国人没有深入意大利靴子的底部，而是先占领了临近法兰西且较为富裕的米兰。比起斯福尔扎家族的恶行，路易十二宽容的政策赢得了米兰人的欢迎，给米兰带来12年的繁荣。

在米兰站稳脚跟之后，路易十二便剑指热那亚和那不勒斯。热那亚投降，佛罗伦萨变成路易十二的盟友，接下来意大利北部大部分贵族和城市共和国都对路易十二卑躬屈膝，竞相成为他的盟友。马基雅维利评价说："直到这时候，威尼斯人才意识到他们把法国人引入意大利的做法是多么愚蠢！他们为了得到伦巴第的两个城镇，却把意大利三分之二国土的统治权让渡给了法国国王。"

查理出生的那年年底，路易十二和查理的外祖父阿拉贡的费尔南多二世签订了条约，算是给意大利带来了短暂的和平。但双方的合约不到两年就撕破了，尤其在那不勒斯问题上，战火再次在意大利燃起。然而法兰西军队这次在意大利战场上再次失利，由"大将军"贡萨洛所指挥的西班牙大方阵最后击败了路易十二，重新控制了那不勒斯王国。正是西班牙大方阵让查理在欧洲陆地战场上几乎所向无敌。

正如整个欧洲不允许过于强大的国家出现一样，一旦意大利半岛出现了较强的政治势力，其他势力必然会联合起来反对。暂且略过期间反反复复结盟、背叛又重新结盟的各种战争、交易、妥协与合约，到了1515年路易十二去世时，他同查理八世一样，失去了在意大利所取得的所有胜利。

马基雅维利将路易十二的失败归结为五点：一是吞并了弱小国家；二是增强了意大利内部强权即教宗势力；三是将另一个强国阿拉贡引入了意大利；四是虽然占领却没有派驻官员；五是没向占领地殖民。

法兰西的债务和对意大利的觊觎，同样又移交给了下一任国王：弗朗索瓦一世。

弗朗索瓦

受制于祖上瓦卢瓦王朝自己炮制的萨利克法，路易十二死后，没有男性子嗣可以继承王位，法兰西王位最后落到了远亲弗朗索瓦身上。萨利克法作为欧洲一种主要的继承制度，在当时实际上也并非惯例。查理的祖母勃艮第的玛丽就继承了父亲"大胆"查理所留下的勃艮第公爵头衔；卡斯蒂利亚也是如此，所以才有了女王伊莎贝拉一世；英格兰的王位随后不久由伊丽莎白继承，同样也不受限于男性。

规定女性无权继承爵位和财产的萨利克法，起源于法兰克人的传统，据说是法兰克王国的奠基人克洛维一世时汇编的。而在查理曼过世后，法兰克王国分裂，地方领主开始崛起，萨利克法就被刻意地遗忘了，女领主在当时早已司空见惯。再加上卡佩王朝一直有男性继承人，所以并未有继承危机。直到1314年，卡佩王朝的腓力四世死后，长子路易十世继承了王位，因为其母是纳瓦拉女王胡安娜一世，所以路易十世也同时继承了纳瓦拉王位。然而路易十世去世较早，其子出生后不久就夭折了，因此他的女儿胡安娜得到了法兰西一些贵族的支持，进而意图继承王位。但是，路易十世的弟弟腓力捏造胡安娜是其母亲涉嫌通奸而生的私生女的谣言，并自封为摄政王。之后，腓力又说服了一些原本支持胡安娜的贵族，从而勉强加冕为法兰西国王，称腓力五世。此时香槟、阿图瓦和勃艮第等地仍然反对腓力五世，加冕后的腓力五世马上召集三级议会，通过了一项"女性不能继承法兰西王位"的决议。

腓力五世在世时还没有想到萨利克法，不过既然三级议会已经通过决议立了法，那么在他逝世后他的女儿也没资格继承，王位传给了他的弟弟查理四世。不幸的是，查理四世也没能留下男嗣。这时，法兰西的王位继承就切切实实地成为问题了。胡安娜虽然没能取得法兰西王位，但在查理四世死后仍然成为纳瓦拉女王胡安娜二世。

安茹伯爵腓力最开始担任查理四世遗孀让娜的摄政，但让娜生下的是女孩，所以安茹伯爵腓力以自己是查理四世的堂兄、先王腓力三世之孙为由，宣称继承王位，称腓力六世。然而，查理四世的妹妹法兰西的伊莎贝拉嫁给了英格兰国王爱德华二世，其儿子爱德华三世就以自己是查理四世的外甥为由，要求兼领法兰西王位。恰巧在此时，法兰西的一位僧侣从故纸堆中翻出了《萨利克法典》，找到了其中女性不能继承祖产的条款，并据此否认英格兰爱德华三世拥有继承权。安茹伯爵腓力最终成为法兰西国王腓力六世，卡佩王朝被瓦卢瓦王朝取代。不过爱德华三世并未就此断了念想，英格兰和法兰西之间的百年战争就此爆发。

经过15世纪的重新诠释，法兰西的瓦卢瓦王朝赋予了《萨利克法典》法兰西基本法的崇高地位，并进一步将其神圣化。到了16世纪，真正严格依照萨利克法实施继承的只有法兰西王位和王室领地。

弗朗索瓦是"英明王"查理五世的玄孙、腓力六世的孙子、昂古莱姆伯爵查理的儿子，属于瓦卢瓦王朝的旁系。等到查理八世死后，奥尔良公爵路易继承王位成为路易十二时，四岁的弗朗索瓦就成了假定继承人，被授予瓦卢瓦公爵之衔。50岁的路易十二娶了亨利七世年满18岁的女儿玛丽·都铎后，仍然没有生下男性子嗣，这才让弗朗索瓦继承了王位。

为了不使布列塔尼再次从法兰西分离出去，弗朗索瓦要想继承路易十二的王位，就不得不娶路易十二和布列塔尼的安妮的女儿、原本许配给查理的未婚妻克洛德。路易十二在病死前，就安排了这一婚事，并让安妮将布列塔尼的继承权传给女儿克洛德。布列塔尼并不实行萨利克法，女性拥有继承权。在安妮和路易十二死后，1515年1月25日，弗朗索瓦一世在兰斯大教堂加冕成为法兰西国王，王后为克洛德。克洛德婚后将领地的权力全部交给弗朗索瓦一世，标志着布列塔尼永远地属于法兰西了。

按说弗朗索瓦一世对这个从天而降的王位应该感到满意，但新婚妻子克洛德的长相实在让人不敢恭维，身材矮小、脊柱侧弯、肥胖而且斜视。在她24年的短暂一生中，克洛德为弗朗索瓦一世生了七个孩子，但最终只有两个活到了30岁以上。此后弗朗索瓦一世又迎娶了查理的姐姐、葡萄牙国王曼努埃尔一世的遗孀埃莉诺，但两人并未有子嗣。

完成了内部统一、战胜了英格兰的法兰西，通过从查理八世到路易十二对意大利的战争，把文艺复兴带到了法兰西。弗朗索瓦一世的教师里就有着不少文艺复兴思想的提倡者，其母亲萨伏依的露易丝，更是对意大利文艺复兴赞不绝口，这些对弗朗索瓦一世的影响甚大。

　　弗朗索瓦一世不仅继承了法兰西国王的王位，也同样继承了他们高傲自大、好大喜功的性格，并把这种性格特征融入法兰西民族的性情之中。这位国王没有将道德和信义当作人生信条。在基督教世界反对异教徒的战争中，他与奥斯曼土耳其合作，还公然违背当初信誓旦旦签订的条约，可谓是一个十足的马基雅维利式的统治者。马基雅维利评论路易十二的说辞，完全可以应用到弗朗索瓦一世以及历任法兰西国王身上。有着深厚骑士传统的国家，国王居然公然违背骑士传统。这把欧洲各国之间的外交和军事关系从中世纪的彬彬有礼拉入到文艺复兴时代的无耻下流之中。或许正是这样的转变，才让欧洲从中世纪进入近代——同中国历史从春秋过渡到战国时代的过程相似，"捐礼让而贵战争，弃仁义而用诈谲，苟以取强而已矣"。

　　即使如此，后世对于弗朗索瓦一世依然有着较高的评价，因为是他将文艺复兴引入了法兰西。或许正是弗朗索瓦一世的自大狂妄和奢侈虚荣，才奠定了法兰西在此之后逐渐引领世界文化和思想潮流的基础。从17世纪的科学革命到18世纪的启蒙运动，法国一直走在世界潮流的前列，从19世纪至今，法国虽然丧失了世界大国的地位，但在文化艺术领域依旧是引领者。

　　杜兰特在《文明的故事》中如此评价："由于露易丝贪、弗朗索瓦淫、法国宫廷乱，教士阶级也找不到好榜样。"弗朗索瓦一世的母亲露易丝在法兰西面临战争时还要支付她个人的岁入，而且还褫夺了波旁公爵的领地。弗朗索瓦一世也是出了名的风流，亨利八世第二任妻子安妮·博林的姐姐玛丽·博林，就曾是他的情妇，弗朗索瓦一世还公开将另外两位情妇先后留在其宫廷之中。弗朗索瓦一世的个人格言"我滋育（善）并扑灭（恶）"，也可以反过来理解：他滋育了恶，也扑灭了善。

但无论如何，弗朗索瓦一世仍是一位受法国人爱戴的国王，他因亲身参与战争而被誉为"骑士国王"，特别是他在继位后打了一场名扬欧洲的战役。

一战成名

自路易十二在意大利失败之后，意大利维持了短暂的和平。弗朗索瓦一世加冕后，对于意大利、对于荣耀和战场充满了向往，其热情甚至超过了先辈查理八世和路易十二。弗朗索瓦一世在1月加冕，5月完婚，8月就迫不及待地亲自率军，翻过阿尔卑斯山直取米兰。

1499年米兰公爵卢多维科·斯福尔扎被路易十二赶出米兰后，便据守在诺瓦拉。次年路易十二包围了这里。卢多维科和路易十二的军队中都有瑞士雇佣兵，这些雇佣兵不愿相互残杀，选择了临阵脱逃。卢多维科在逃跑时被俘获，随后被路易十二囚禁，于1508年去世。

作为帝国采邑的米兰就这样沦于法兰西之手，皇帝马克西米利安一世自然不能坐视不管，无奈在奥格斯堡召开的帝国议会上，德意志诸侯们对于帝国皇权过大的担心，要远远超过对米兰遭受法兰西威胁的担心，因此并未出面干预。之后路易十二又联手阿拉贡的费尔南多二世一同瓜分了那不勒斯王国，但因双方分割不均而再起战事。这次依然是"大将军"贡萨洛指挥的军队取得了胜利，那不勒斯重归于阿拉贡。

此时威尼斯对于教宗国的侵占，使得教宗联合马克西米利安一世、路易十二和费尔南多二世，共同组建康布雷同盟以对付威尼斯。最终威尼斯人使用外交手段瓦解了这个同盟，路易十二变成了意大利的主要敌人。于是教宗又在1511年组成了神圣同盟，联合教宗国、瑞士、英格兰和阿拉贡以及威尼斯，将法兰西人赶出了米兰。在瑞士人的保护下，卢多维科·斯福尔扎的儿子马克西米利安·斯福尔扎继承了米兰公爵，佛罗伦萨重归美第奇家族之手，教宗也收回了大部分失去的领地。1513年路易十二再次起兵入侵米兰时，在诺瓦拉战役中被瑞士-米兰联军击败，从此路易十二被彻底赶出米兰，只剩下了热那亚一个据点。

　　弗朗索瓦一世继承了法兰西王位后，也继承了先辈向意大利扩张的野心。他于8月率领一支近3万人的大军从北面翻越阿尔卑斯山。他这次使用的是险招，如同当年汉尼拔攻取罗马的战略一样，走了一道不为人知的山口①。弗朗索瓦一世让先头部队铺设道路，以便让携有70门火炮的部队能够通过，这个行为也堪比汉尼拔率领着非洲战象翻越阿尔卑斯山。只不过汉尼拔的战象大部分折损于山间，而弗朗索瓦一世的火炮则悉数通过。

　　当法军出现在米兰城外的时候，教宗国军队指挥官普洛斯彼罗·科隆纳还未穿戴整齐，法军的突袭成功击溃了米兰城外的教宗国军队，获得了大量战利品，并抓获了科隆纳。教宗和瑞士人希望能够与弗朗西斯一世达成和解。那不勒斯的总督则按兵不动，静观事态的进一步发展。

　　瑞士雇佣军撤到了米兰，不希望打仗而希望和解。双方经过谈判后达成协议，在弗朗索瓦一世付给他们一大笔金币后，瑞士人将米兰交给了法兰西。后面赶来的瑞士雇佣兵则不希望空

---

① 阿尔卑斯山总共23道关隘，据说罗马人已经使用过其中的17道，弗朗索瓦此次使用的是一道不为人知的山口 Col de l' Argentière，现称 Maddalena 通道。

手而归，不承认前期所签订的协议。于是双方又拉开阵势，准备开战。9月13日，瑞士人突然向法军营地展开进攻，法军被迫应战。

瑞士军队前进到马里尼亚诺村附近的平原地带时，遇到了法军营地。弗朗索瓦一世以为他和瑞士人之间的协议仍然有效，当时正在试穿自己的生日礼物——一副新盔甲，未料到瑞士大军突然来袭。弗朗索瓦一世迅速把军队分成三部分以斜线阵列排开：由波旁公爵夏尔三世指挥右翼，由弗朗索瓦一世亲自坐镇指挥位置稍稍偏后的中军，左后方部队由阿朗松公爵指挥。在弗朗索瓦一世指挥的中军前方，是随法军一同出征的70门火炮和法国重骑兵。日落时分，瑞士步兵方阵展开攻击，计划以军团方阵迅速碾压敌阵，夺取火炮。一开始，瑞士方阵的快速突击使弗朗索瓦一世的火炮攻击并没有取得什么战果，夏尔三世的波旁骑兵从右翼迅速展开包抄，而瑞士方阵的顽强抵抗让法军骑兵无功而返。

夜晚降临，雾气升起，双方在月光中继续战斗。弗朗索瓦一世也亲自率领骑兵多次冲锋，但都被瑞士人的防御阵一一挡了回去。此时更为不幸的是，法军的火炮出现了误击，炸死法军几位重要指挥官。直至凌晨，双方才暂时停止进攻，重组剩余部队。黎明时分，战斗继续。这次弗朗索瓦一世让部队重新调整了火炮。当瑞士方阵再次进攻时，火炮强大的火力将瑞士士兵炸得血肉模糊。最后骑兵再次突袭，迫使瑞士人不断收缩阵形，由进攻转为防守。然而，战斗尚未结束，双方仍然未能取得决定性的胜利。直到威尼斯的援军在清晨赶来支援弗朗索瓦一世的时候，瑞士人的部队才开始撤退。

原本法军的规模不在瑞士雇佣军军团之下。瑞士利用其步兵军团的优势称霸欧洲战场几百年，也使得瑞士雇佣兵的名号享誉欧洲，但此次战役终结了瑞士方阵不可战胜的神话。法军利用铜铸的大炮和查理八世所创建的重骑兵的装备优势，打破了欧洲军事力量的平衡。

瑞士军团的指挥方式，也是造成此次失败的主要原因。每个军团都有自己的指挥官，互不统御且自主权力过大。军团指挥官可以自行决定所辖部队的进攻和撤退，总指挥官的命令常常无法得到有效执行。瑞士方阵在16世纪初期的战场中不再屡战屡胜。此战中瑞士人共死伤1.3万人，并与马克西米利安·斯福尔扎（后被法军俘虏）一同放弃了米兰。此后，瑞士联邦再也没有参与过与法兰西或米兰为敌的战争，终结了其在欧洲充当雇佣兵的传统。

这次战争让弗朗索瓦一世名震欧洲。年轻的国王为自己的胜利制作了勋章，上面写着"我击败了只有恺撒大帝才击败过的那些人"。这场战役中，弗朗索瓦跪在贝亚尔骑士[①]面前，获得了骑士称号。战争之后，法兰西和多方代表在弗莱堡签订了一项被称为"永久和平"的条约，瑞士人放弃了米兰，弗朗索瓦一世则给瑞士人支付一笔费用，从而得到了米兰。

1515年，弗朗索瓦一世在博洛尼亚见到了教宗利奥十世。他穿着华丽，耀武扬威，"急切地要把整个意大利吞下，把教宗仅仅当作一名警卫看待"。弗朗索瓦一世获得了在法兰西境内自行任免主教的权力，从此法兰西国王就拥有了国内106个主教座教

---

① 贝亚尔骑士是指贝亚尔领主皮埃尔·泰拉伊（Pierre Terrail, seigneur de Bayard），被誉为当时欧洲最完美的军人和骑士，追随查理八世、路易十二和弗朗索瓦一世三任法王英勇作战。1524年，在与投靠了查理五世的波旁公爵夏尔三世作战中死去。

室和800个修道院的任命权。相较英格兰，法兰西这次是靠实力获得了主教任免权，后来的亨利八世则通过另一种方式达成了同样的目的。因此，这使得弗朗索瓦一世的权力空前地强大起来，并让君主集权制在法兰西开始有了雏形。

在次年的8月，弗朗索瓦一世和马克西米利安一世在努瓦永和布鲁塞尔分别签订合约。查理的祖父就这样把整个意大利北部交给了法兰西和威尼斯，教宗也被迫交出了帕尔马和皮亚琴察，这些地方还要等到十年后才被查理收回。在弗朗索瓦成名时，查理才刚刚正式统治勃艮第，还是一个小小的公爵，但不久之后，他将抢去弗朗索瓦一世所有的风光。

正是在博洛尼亚，弗朗索瓦一世遇到了达·芬奇，并将他和意大利的文艺复兴一起带回法兰西。

莱昂纳多·达·芬奇，顾名思"地"，出生于佛罗伦萨的芬奇。父母分别是公证员和农妇。达·芬奇从小就被送到当地著名画家安德烈·德尔·韦罗基奥的工作室里当学徒。在意大利文艺复兴时期，手工匠人是最好找到工作的职业。无论是佛罗伦萨本地还是罗马，都需要大量的手工艺人从事教堂和宫廷的绘画、雕塑和装饰等，手工艺人的社会地位得到了极大提升。

作为私生子的达·芬奇，早年并无什么值得书写和记录的事迹，因此他的童年并不太为人所知。1482—1498年，米兰公爵卢多维科·斯福尔扎雇佣了达·芬奇和他的学徒，并允许他开设工作室。法王查理八世侵略米兰时，公爵让达·芬奇将原本制作铜马雕塑的材料熔化，并在达·芬奇的工作室里锻造成了武器。

1498年，路易十二再次征服了米兰，卢多维科·斯福尔扎被囚禁。此时的达·芬奇仍在米兰待了一段时间，之后前往威尼斯。在威尼斯，达·芬奇被聘为军事工程师。直到1500年，他再次回到了出生地佛罗伦萨。随后，他与教宗亚历山大六世的私生子恺萨·波吉亚游遍了意大利，并在1506年回到米兰。此时的米兰已经赶走了法兰西人，重新恢复为公爵领地。

后来在1513—1516年，达·芬奇又去了罗马。当时米开朗基罗已经完成了教宗尤利乌斯二世的委托，将他那幅宏伟的西斯廷礼拜堂的天顶画绘制完成，重新回到了佛罗伦萨；而拉斐尔也接受了教宗的委托在梵蒂冈完成了一系列壁画，正在皮亚琴察创作他的《西斯廷圣母》。比起这两位与之齐名的文艺复兴大师，达·芬奇在罗马并未有什么成就。弗朗索瓦一世入侵米兰并在博洛尼亚和教宗见面时，遇到了达·芬奇，这才将他邀请到了法兰西的昂布瓦斯城堡。弗朗索瓦一世让达·芬奇居住在自己的宫廷附近。达·芬奇为弗朗索瓦一世的香波城堡设计了螺旋双梯和其他一些项目，同时也将自己未完成的作品《蒙娜丽莎》带到了这里。到1519年逝世前，达·芬奇一直居于此地。

除了从博洛尼亚带走了达·芬奇，弗朗索瓦一世还访问了米兰、帕维亚、波隆那等意大利城市，对于各地建筑、绘画艺术的辉煌大为赞赏。他希望能够看到意大利所有大师的所有作品，还通过自己在意大利的代理人购买意大利的艺术品，其中包括米开朗基罗、布隆奇诺、提香等人的作品，收藏在卢浮宫中。

在法兰西接触意大利文艺风格之前，这里遍地是类似巴黎圣母院那样的哥特风格建筑，弗朗索瓦一世甚至抱怨法兰西艺术极度匮乏。事实也的确如此，这个时期我们知道有意大利、尼德兰和德意志的艺术家，却从未听说过有什么法兰西艺术家。有趣的是"文艺复兴"这个词却来自法语，由19世纪的法国史学家提出，用以概括16世纪时"对世界与人类的探索"。法兰西不但对意大利新的艺术风格并不排斥，反而颇受其影响。当匈牙利、尼德兰、德意志等地区都已经接受并吸纳了意大利的新艺术风尚，法兰西自然也不甘落后。得益于法兰西的地理位置和历代法兰西国王对意大利的军事行动，最开始，一些富有头脑的意大利艺人在枫丹白露开设了艺术学校。在达·芬奇等意大利艺术家被邀请到昂布瓦斯后，文艺复兴之风慢慢渗入法兰西社会之中。

　　既然国王起了头，那么法兰西的其他王公贵族也开始雇佣意大利建筑师为自己设计宫殿，聘请意大利画家为自己画像。与达·芬奇一同来到法兰西的还有诸多意大利手工艺人，他们在弗朗索瓦一世长期居住的卢瓦尔河谷建造了数座城堡，现在被称为"卢瓦尔河谷城堡群"，并列入联合国文化遗产名录。

　　马里尼亚诺战役的胜利，极大地满足了弗朗索瓦一世的虚荣心，他自然而然地认为，自己的能力绝不止于意大利的胜利，因而更想恢复先祖查理曼的荣耀。因此，弗朗索瓦一世认为自己要比查理更适合，决心与查理争夺神圣罗马帝国的皇位。然而，与哈布斯堡的野心相比，德意志的诸侯对法兰西的警惕与防备之心更强，最终他们还是选择了哈布斯堡家族的查理。

　　一开始，弗朗索瓦一世对查理的当选还比较能接受。1519年6月时，弗朗索瓦一世还写信祝贺查理的当选，信中说除了他自己，世界上没有任何人比查理更适合成为皇帝。1521年1月，弗朗索瓦一世还顶住了来自教宗利奥十世要求他挑战查理的压力。弗朗索瓦一世认为，尽管查理统治了包括那不勒斯、西班牙以及德意志在内的庞大帝国，但同时也面临着很多问题。帝国领土分散且彼此间距离遥远，每个地区都有很多的异议者，对查理而言，不论付出多大代价，都要维持其治下地区的平稳，以此来避免无底洞般的巨大战争开销。

　　必须要承认的是，弗朗索瓦一世的观点是准确的，不过他还是在一个月后改变了主意。布永公爵、色当领主罗伯特三世之前因为自己的军队被弗朗索瓦一世解散，选择与查理结盟，但弗朗索瓦一世还是把他拉拢了过来，并给了罗伯特三世和他三个儿子一笔巨款，让他们袭击查理治下的尼德兰城市维尔顿①。这个小小的火花点燃了弗朗索瓦一世和查理之间持续四年的冲突。

　　1521年6月，查理还在沃尔姆斯帝国议会上审判路德，于是在查理幼时的老师拿骚的亨利指挥下，反击的军队开进了法兰西北部，夷平了阿德尔和穆松等城市，并包围了图尔奈。在图尔奈，他们遭遇了顽强的抵抗，弗朗索瓦一世得以集结部队，抵抗神圣罗马帝国的进攻。

　　10月22日，弗朗索瓦一世在比利时和法国的边境地带瓦朗谢讷附近，遇到了由查理亲自指挥的帝国主力部队。这是查理人生中第一次披挂上阵。在马里尼亚诺战役中一战成名的弗朗索瓦一世，此时却犯了一个致命的错误。虽然有将领敦促弗朗索瓦一世立刻进攻，但他并未采纳，这给了查理足够的撤退时间。虽然这是查理作为皇帝的军事首秀，但他并未因求胜心切而急于冒进。法军终于准备前进时，却遭遇暴风雨，查理率军顺利撤退。两个欧洲最有权势的年轻人就这样擦肩而过。这也是弗朗索瓦一生中，唯一可能抓住查理的大好机会，然而他却错过了。

　　弗朗索瓦一世的另一把火，在比利牛斯山间点燃了。

---

① 　维尔顿（Virton），现属比利时卢森堡省。

第十章

纳瓦拉之战

我来了，我看见，上帝征服。

　　　　　　　　　　　　　　　　　　——查理五世

　　1520年查理从西班牙前往亚琛加冕时，将局势混乱的西班牙留给了阿德里安处理。西班牙卡斯蒂利亚和阿拉贡两个王国内部的叛乱，为弗朗索瓦一世及其盟友创造了机会，双方交锋的战场已经在纳瓦拉摆开，查理不得不回到西班牙处理各地的叛乱。

各地的叛乱

　　1504年伊莎贝拉女王去世后，卡斯蒂利亚各地已然出现不满情绪。查理登陆西班牙后，在克罗伊的安排下，进行了一系列人事任命，但均将当地贵族排除在外，这违背了伊莎贝拉女王临终所留下的遗嘱，即卡斯蒂利亚不得任命外国人担任本地的神职和公职。查理的卡斯蒂利亚的宫廷官员基本都是外国人，唯独将卡斯蒂利亚本地贵族排除在外，这让他们的不满情绪日益加重。

　　于是，一些对此不满的修士开始煽风点火，谴责他们的新国王重用弗拉芒人，动乱很快便蔓延开来。尤其是查理为了当选神圣罗马帝国皇帝而欠下巨额债务，还要在卡斯蒂利亚地区另外增税，用于支付前往亚琛加冕的费用。1520年3月，查理在圣地亚哥召开了卡斯蒂利亚议会要求增税，但议会代表表示，如要开征新税，必须要听取本地贵族的意见，并加以妥善处理。此时，一些神父开始发表声明向查理抗议，并提出三点要求，即拒绝所有新征税款，任命卡斯蒂利亚人担任政府和教会职务，查理留在卡斯蒂利亚不去加冕，而独立的社区平民应该起来捍卫王国的利益。这场起义随后被称为卡斯蒂利亚社区平民起义。

在圣地亚哥议会上，查理新征税收的提议被否决了，查理只好于4月初决定暂停议会，并于当月底在拉科鲁尼亚重新召开，这次他的要求得到了满足。在5月底出发前往亚琛后，查理留下了阿德里安摄政西班牙。

在查理临走之前，托莱多的暴动就已经开始了。4月16日，托莱多的起义者将查理宫廷的行政人员赶了出去，成立了一个公民委员会。当查理离开后，卡斯蒂利亚各地发生暴动的城市数量大幅增加，先是塞哥维亚的羊毛工人杀害了投票赞成增税的议员，随后布尔戈斯、瓜达拉哈拉等地也出现类似的暴动，莱昂、阿维拉和萨莫拉等城市也有了小规模的暴乱。很多城市已经开始拒绝缴税，驱逐了支持查理的原城市政府官员并宣布自治，之后爆发了冲突。摄政的阿德里安试图控制住局势，然而叛乱的规模和声势越来越大，连政府军都开始瓦解，阿德里安不得不逃到梅迪纳。其后，各地叛军开始联合起来，并于8月29日抵达了托尔德西里亚斯，拥戴查理的母亲胡安娜成为卡斯蒂利亚唯一的国王，叛军政府也从阿维拉迁到了托尔德西里亚斯。

1520年9月24日，胡安娜主持召开了由原贵族议会代表和叛军代表参加的全体议会。除了安达卢西亚地区的塞维利亚、格拉纳达、科尔多瓦和哈恩四个城市外，其他地区的13个城市均派出代表参会，并在会上向胡安娜女王解释说，他们叛乱的目的是保护卡斯蒂利亚的主权并恢复王国的稳定。随后各城市发表联合声明，称将援助任何一个受到威胁的联盟城市，并谴责了查理的王室议会。

刚回到布鲁塞尔的查理从阿德里安的信中得知了事态的严重性，随后下令取消了拉科鲁尼亚议会上的征税提议，并重新任命了卡斯蒂利亚军队的最高指挥官和海军上将。阿德里安也不断游说本地贵族支持查理，并在梅迪纳成立了新议会，拉拢了一些中间派。

而胡安娜并不认同起义军的倡议，拒绝签署任何法令，这使得叛乱没有了正当借口。叛军内部此时也出现了不同的声音，布尔戈斯首先向查理投诚，其他地区也纷纷转而效忠查理五世。在托尔德西里亚斯的战役中，叛军被打败。之后叛军试图在巴利亚多利德重新集结，然而情势已经大不如前。1521年4月的维拉拉尔之战，叛军的主要领导者被俘并处斩，这次起义基本上就平息了。

卡斯蒂利亚叛乱的同时，阿拉贡地区也爆发了兄弟会起义。在查理在前往阿拉贡接受贵族效忠时，阿拉贡争取到了比卡斯蒂利亚更多的特权。1519年的一场瘟疫袭击了瓦伦西亚，很多贵族病死。当时人们将瘟疫看作是上帝对不道德行为的惩罚。查理此前尚未前往瓦伦西亚接受效忠，因此这里的人们对于查理的不满情绪愈发严重。

瓦伦西亚总督政府试图压制暴动，然而暴动者却推翻了该政府，成立了一个类似意大利城市共和国的十三人理事会。1520年4月，查理任命的新总督所采取的政策和措施加剧了局势的恶化，随后新总督被迫逃亡。当地出现了抢劫贵族和重新分配土地的行为，摩尔人居住区也遭到了袭击，之后总督率军北上，意图平息暴乱。在平叛过程中，瓦伦西亚最终被迫向忠于查理的军队投降。此后，瓦伦西亚的叛军转向乡村地区四处掠夺。查理回到西班牙后，于1523年任命杰蔓夫妇为瓦伦西亚总督，杰蔓到任后主张严厉镇压反叛者，一年后才签署赦免书。之后她就与几任丈夫一直共同担任瓦伦西亚总督，直到1536年逝世。

当西班牙各地饱受内乱摧残时，弗朗索瓦一世意识到这是打击查理的大好机会。于是他与年轻的纳瓦拉国王恩里克二世一拍即合，组建了一支1.2万人的远征军，试图夺回纳瓦拉王国在比利牛斯山以南的土地。

纳瓦拉王国

在罗马人征服西班牙的时候，西班牙北部比利牛斯山区和埃布罗河上游附近居住着瓦斯克人（巴克斯人的祖先）和其他瓦斯克–阿基坦部落。这些前印欧人部落所讲的是古巴斯克语和阿基坦语，完全不同于印欧语系的语言。公元前74年该地区被罗马人征服后，既不同于比利牛斯山以北的罗马阿基坦高卢行省，也不同于他们南方的伊比利亚半岛的其他邻居，瓦斯克人与罗马协商了其在帝国中的地位。之后，该地区先是被并入了罗马近西班牙行省，后来又成为塔拉科西班牙行省的一部分。罗马的庞培在此地以自己名字建立了城市，即后来的潘普洛纳。

罗马之后的西哥特王国逐渐将这些地区纳入囊中。北部法兰克人强大后，于墨洛温王朝和加洛林王朝时期逐渐向比利牛斯山扩张。阿拉伯人自南方席卷而来时，巴斯克人为了维持地区稳定，向阿拉伯人妥协，并向科尔多瓦支付岁贡以换取和平。

到了查理曼时期，法兰克以比利牛斯山为屏障，与山南的穆斯林王国安达卢西之间，建立了一系列缓冲地带，称为西班牙区，除了东侧靠近地中海地区的巴塞罗那伯国之外，在西侧靠近大西洋的一边，就是以潘普洛纳为核心的纳瓦拉地区。之后，纳瓦拉为了应对法兰克人的侵扰，和科尔多瓦的阿拉伯人建立了联盟。公元824年，伊尼哥·阿里斯塔成为潘普洛纳国王，并延续了80多年的独立统治，最终仍被科尔多瓦击败，只能向科尔多瓦进贡以换取独立地位。随后科尔多瓦逐渐衰落，潘普洛纳国王桑乔二世在987年首次使用了纳瓦拉国王的头衔，这才逐渐开始了向外扩张的进程。

纳瓦拉王国四周强邻环伺，北面是法兰西王国，西面是莱昂和卡斯蒂利亚王国，东边则是巴塞罗那伯国以及随后的阿拉贡王国，南面有穆斯林的政权，因此只能在夹缝中求存。桑乔三世时期，纳瓦拉和卡斯蒂利亚联姻，双方达成协议，纳瓦拉向南和东扩张，而卡斯蒂利亚则主要南下。通过这场联姻，桑乔三世出其不意地控制了卡斯蒂利亚和莱昂，并让北边法兰克人所封的瓦斯科公爵臣服，因此加冕为"伊比利亚国王"或"全西班牙国王"，不过当时东、南边大部分地区还在穆斯林控制中。

可惜的是，像查理曼一样，桑乔三世死后将他的"西班牙"一分为三，虽然是平分，但后来老大和老三却为领地起了争执，最终小儿子费尔南多获胜，成为莱昂和卡斯蒂利亚国王，并占领了穆斯林控制的部分加利西亚，在此地建立了一个附属伯国，然后在1039年声称自己是西班牙的皇帝。即便如此，"大帝"费尔南多一世也并未完全吞并大哥加西亚·桑乔三世的纳瓦拉。桑乔三世的次子实际上是长子加西亚三世的附庸，在他突然去世后，大哥加西亚三世就把二弟的领地给予了父亲的私生子拉米罗。后来拉米罗的领地就成为阿拉贡王国的主要领土，其后代与巴塞罗那伯爵联姻形成了阿拉贡王国，这一段已经在前文介绍过。

加西亚·桑乔三世随后在和三弟费尔南多一世的战争中战死，他的儿子桑乔四世继位纳瓦拉国王之后又被暗杀，卡斯蒂利亚和阿拉贡趁机抢占了很多纳瓦拉的领地。后面几代国王通过努力，不仅收复了此前被东西两边亲戚夺走的一部分领土，向南边的穆斯林地区也有所拓展。到了1234年，希梅尼斯王朝的最后一任国王桑乔七世死后没有子女，王位传给了外甥香槟伯爵之子特奥巴尔多一世，此后纳瓦拉王位就由法兰西人占据。从此，纳瓦拉王国在原本就错综复杂的西班牙王国传承关系中又加上了一层。

到了香槟王朝的第四代统治者胡安娜一世时，卡佩王朝的腓力四世迎娶了纳瓦拉女王胡安娜一世，因此腓力四世也获得了纳瓦拉的共治权，纳瓦拉由此进入了卡佩王朝时代，直到查理四世死后没有男性继承人，纳瓦拉又重归女性——路易十世的女儿胡安娜二世统治。胡安娜二世的丈夫腓力三世勉强得到纳瓦拉议会同意，和妻子共同拥有统治权。

腓力三世的父亲路易与法兰西国王腓力四世是同父异母的兄弟，因此获得了埃夫勒伯爵的称号，当腓力三世加冕为纳瓦拉共治国王后，纳瓦拉王国就从卡佩王朝进入了埃夫勒王朝时期。埃夫勒王朝历经四代，到了女王布兰卡一世，她嫁给了阿拉贡国王费尔南多一世的儿子胡安二世，自此纳瓦拉王国经历近两百年法兰西王朝的统治，又回到了西班牙的特拉斯塔马拉王朝手中。

胡安二世和妻子布兰卡一世共主纳瓦拉之后，其同父异母的哥哥阿方索五世也继承了阿拉贡和西西里国王，然而他尚未有合法子嗣就死于那不勒斯。于是胡安二世意外获得了阿拉贡、西西里和撒丁王国等庞大领地。

然而，布兰卡一世的去世，让纳瓦拉的王位继承出现了极大的纠纷。胡安二世本因其妻子布兰卡一世而共主纳瓦拉国王，从法理上说，在布兰卡一世死后，应该由他们的儿子维亚纳亲王卡洛斯继承纳瓦拉王位，而根据布兰卡一世留下的遗嘱，她的儿子必须经过父亲同意才能使用王室称号。胡安二世迟迟不允许儿子卡洛斯称王，只允许他以总督的名义统治纳瓦拉。胡安二世还将女儿莱昂诺尔嫁给了富瓦伯爵加斯东四世，从而引入了法兰西的支持。随后，胡安二世又另娶妻室，迎娶了阿方索十一世的玄孙女科尔多瓦的胡安娜·恩里克斯。虽然这个新妻子没有特别显赫的背景，但她却为胡安二世生了一个儿子，名为费尔南多。费尔南多随后与卡斯蒂利亚的伊莎贝拉女王结婚，成为阿拉贡的费尔南多二世，即查理的外公。

费尔南多二世的母亲一心为儿子谋取继承权，说服胡安二世派遣她监督卡洛斯在纳瓦拉的行政。15世纪中期，纳瓦拉王国被支持卡洛斯的一派和支持胡安娜的一派所分裂，以致最终发生了内战。结果是卡洛斯失败，被父亲囚禁了两年。被释放后的卡洛斯四处寻求支援，甚至向法兰西的查理七世和那不勒斯的阿方索五世求助，但都徒劳无功。不久后，在胡安娜的煽动下，卡洛斯再次入狱。加泰罗尼亚人把卡洛斯当作阿拉贡的王储，所以他被囚禁后引起了加泰罗尼亚人的不满甚至叛乱。胡安娜无奈，只能将卡洛斯释放，并任命他为王储和加泰罗尼亚总督。卡洛斯在1461年死去，但这并不能让布兰卡一世的支持者死心，他们立即拥戴卡洛斯的妹妹为下一任继承人，即布兰卡二世。但布兰卡二世此时已经处于胡安二世的监禁之下，女王有名无实。最终，嫁给富瓦伯爵的妹妹莱昂诺尔联合父亲将布兰卡二世毒杀，平定了加泰罗尼亚人的叛乱，重新控制了局势。

重新征服

1506年，伊莎贝拉女王死后，胡安二世第二任妻子的儿子、查理的外祖父费尔南多二世迎娶了富瓦的杰蔓，希望他们的孩子能够继承纳瓦拉王位。费尔南多二世所声称的继承权不是来自他的父亲，而是来自杰蔓的父亲富瓦的约翰。

富瓦的约翰是胡安二世的外孙。在毒害了姐姐布兰卡二世后，莱昂诺尔就名正言顺地成了纳瓦拉王国的继承人，于1455—1479年摄政纳瓦拉，而真正当上纳瓦拉女王，要等到胡安二世在1479年死后。然而，就在胡安二世死后的半个月，莱昂诺尔也紧跟着去世了，虽然只当了十多天的女王，但莱昂诺尔却为自己的后代争取到了纳瓦拉王位的继承权。

莱昂诺尔未能将王位传给儿子，其长子加斯东五世已经先她而去，所以王位传给了长孙——加斯东五世与其妻子瓦卢瓦的马格达莱纳的两个孩子，弗朗西斯和凯瑟琳。弗朗西斯一世十岁成为纳瓦拉国王，三年后也死了，据说是被毒死的。在1483年弗朗西斯一世死后，他的妹妹凯瑟琳在母亲马格达莱纳的摄政下，继承了纳瓦拉王位。然而，凯瑟琳的叔叔约翰，也就是上文所说的杰蔓的父亲，称自己有优先继承权。于是，为了争夺纳瓦拉的王位继承权，约翰和侄女之间爆发了内战。法兰西国王查理八世和路易十二相继支持约翰称王，约翰此后将女儿嫁给了路易十二，成了路易十二的岳父。

阿拉贡国王费尔南多二世实际上是支持凯瑟琳的，因为他可以通过凯瑟琳与其儿子胡安的婚姻争取到纳瓦拉王位，但凯瑟琳却嫁给了阿尔布雷特公爵胡安。胡安以其妻子名义共治纳瓦拉王国，称胡安三世。因此，费尔南多二世必须要重新考虑针对纳瓦拉的外交政策。1488年，纳瓦拉和阿拉贡-卡斯蒂利亚恢复了联盟关系，费尔南多二世却不承认凯瑟琳的继承权，并在纳瓦拉的边境地区部署军队，防范法军。

1497年凯瑟琳在内战中取得胜利，富瓦的约翰放弃了其权力主张，并于查理出生的那一年去世。费尔南多二世与路易十二也达成了短暂的和平，并在潘普洛纳为凯瑟琳一世及其丈夫胡安三世加冕。经历了短暂的和平之后，费尔南多二世迎娶了约翰的女儿富瓦的杰蔓，她也曾试图要求纳瓦拉的王位。于是费尔南多二世和路易十二达成协议，只要他们能够生出男性继承人，那么这孩子将能够继承纳瓦拉王位，不幸的是费尔南多二世未能如愿。

费尔南多二世和杰蔓的婚礼也改善了阿拉贡和法兰西的关系。路易十二向胡安三世和凯瑟琳一世施加压力，要求他们放弃纳瓦拉以外的贝恩、比戈尔和富瓦等公国，但遭到拒绝。随后路易十二诉诸图卢兹议会，颁布了没收法令，纳瓦拉自然就与法兰西反目。另一方面，由于无法通过生下继承人来获得纳瓦拉王位，费尔南多二世便直接介入纳瓦拉内部派系纠纷来控制纳瓦拉。费尔南多二世后来和教宗国等国家共同成立反法神圣同盟，纳瓦拉则保持中立。这给了费尔南多二世一个借口，他请求教宗驱逐胡安三世，以便让他进攻纳瓦拉的行动合法化。教宗的第一个敕令并未将纳瓦拉置于敌方阵营，但在随后的第二个敕令中，就将纳瓦拉国王夫妇称为"异教徒"，于是费尔南多二世取得了进攻纳瓦拉的通行证。

1512年，费尔南多二世派遣由阿尔巴公爵率领的阿拉贡-卡斯蒂利亚军队开进了纳瓦拉，胡安三世不得不逃往贝恩，纳瓦拉内部也分裂为支持女王凯瑟琳的一党和支持费尔南多二世的一党。虽然胡安三世曾在比利牛斯山以北招募军队反扑潘普洛纳，但没有成功。最后，纳瓦拉议会别无选择，只能向费尔南多二世效忠。自1513年开始，第一位卡斯蒂利亚总督在此宣誓就职，表示尊重纳瓦拉的传统和法律。

费尔南多二世占据的只是比利牛斯山以南的上纳瓦拉，在比利牛斯山以北的另一部分被称为下纳瓦拉的地区，作为半个独立的王国幸存了下来。虽然费尔南多二世要求下纳瓦拉向其屈服，却遭到拒绝，他也曾计划入侵下纳瓦拉，但因为诸多不利因素而中断。1516年费尔南多二世死后，上纳瓦拉的部分本地贵族又尝试进行了一次反抗，然而依旧失败了。胡安三世也在此时逝世，凯瑟琳和胡安的儿子恩里克二世继承了纳瓦拉王位。

查理前来西班牙继承的各王国王位中，就包括上纳瓦拉王国的王位，但他并未来此地接受效忠。当查理前往亚琛加冕时，卡斯蒂利亚和阿拉贡等地爆发叛乱，加上得到了来自弗朗索瓦一世的大力支持，年轻的纳瓦拉国王恩里克二世终于盼来了重新收回上纳瓦拉的大好机会。在弗朗索瓦一世的帮助下，恩里克二世组建了一支法兰西-纳瓦拉远征军，这成了弗朗索瓦一世针对查理五世的第二步棋子。这支由1.2万名步兵、800多名骑兵以及29门火炮组成的军队，翻越比利牛斯山来到了上纳瓦拉，将这里的卡斯蒂利亚总督打了个措手不及。此时驻扎此地的大部分士兵已经调到卡斯蒂利亚以镇压社区平民起义。

上纳瓦拉人早已对卡斯蒂利亚总督的统治大为不满，听到恩里克二世远征军的到来后，各地纷纷组建了志愿军，将卡斯蒂利亚人驱逐出去。当远征军接近潘普洛纳时，起义的市民包围了卡斯蒂利亚总督所在的城堡，潘普洛纳守城军队经过几天抵抗，最终不敌恩里克二世的法式火炮，只好投降。此时依纳爵·罗耀拉正是城堡的守军士兵之一，此次战役后，腿部负伤的罗耀拉走上了修行的道路，并成为改变天主教会的重要人物。

不到三周时间里，上纳瓦拉已经全部被恩里克二世的军队所征服。然而恩里克二世并未在胜利后回到上纳瓦拉，这使民众感到不安，同时他的这支远征军也开始在附近地区大肆劫掠，上纳瓦拉人从原本的热切盼望迅速转变为愤怒和失望。之后远征军还越过埃布罗河，向卡斯蒂利亚进军，向4000名守军驻守的洛格罗尼奥发起进攻。此时，卡斯蒂利亚的社区起义已被平定，原先起义的城市转而效忠查理后，认为现在正是表现忠诚的大好时机，于是大量卡斯蒂利亚军队开往纳瓦拉。一支3万人的军队先解除了洛格罗尼奥之围，随后继续向恩里克二世远征军撤往的城市蒂巴斯进军。远征军统帅要求贝恩提供增援，却遭到了恩里克二世的拒绝，因为他认为这场战争已经必输无疑了，没有必要再投入更多的筹码。

1521年6月30日，这支法兰西-纳瓦拉远征军在潘普洛纳附近的诺因（也被译为诺亚安）战役中彻底失败，两倍的敌军规模，加上火炮不足，让远征军损失了一半以上的兵力，主帅也被俘虏。卡斯蒂利亚军队要求恩里克二世提供1万杜卡特的赎金和潘普洛纳投降为条件，来换取人质。

此次远征的失败让弗朗索瓦一世和恩里克二世都不甘心，于是在9月，再次组织了两支部队南下。10月初他们获得首胜后便分兵进军，一支军队开往巴斯克沿海地区，另一支则控制了贝拉特与比达索阿河之间的区域。

伟大的事业

就在弗朗索瓦一世和恩克里二世的远征军第一次出击，以及之后一系列事情刚刚发生的时候，查理尚在沃尔姆斯，饱受病痛折磨，整日呕吐不已。听说弗朗索瓦一世背弃了前几年签署的《伦敦条约》后，查理命人向弗朗索瓦一世传信，表示如果弗朗索瓦违反和约并宣战的话，他将立即采取行动。查理还派人通知罗马教宗利奥十世，要求他立即建立反法同盟，拉拢其他势力共同向弗朗索瓦一世开战。教宗利奥十世想让查理在沃尔姆斯议会上处置路德，于是不得不屈服于查理的要求，从而与弗朗索瓦一世废除了条约，并承诺派兵援助查理，将弗朗索瓦一世的军队驱逐出意大利，还答应在罗马给查理加冕。

1521年10月22日，弗朗索瓦一世与查理差点在比利时和法国边境地带遭遇，查理人生第一次戎装上阵却未战而逃，因此渴望能够通过战争来证明自己。姑姑玛格丽特劝谏查理，希望能够维护和平，但查理回复说，如果现在与弗朗索瓦一世谈判，两个月内他可能还会再惹麻烦。既然这样，那不如在战场上见分晓。

1521年12月1日，教宗利奥十世的逝世让事情有了变化。1522年初，查理的家庭教师、现西班牙摄政阿德里亚当选为罗马教宗，这是将近500年来第一位当选为教宗的荷兰人，所以他也被意大利人称为"野蛮人"教宗，实际称号是"哈德良六世"。刚刚应付完卡斯蒂利亚的起义，哈德良六世就不得不前往罗马上任，去应付罗马教廷的勾心斗角。查理只能让姐姐埃莉诺从葡萄牙回西班牙摄政，此时埃莉诺的丈夫曼努埃尔一世已经过世。

查理本来期望哈德良六世能够帮助自己对付弗朗索瓦一世，然而哈德良六世却写信告知这位学生他将保持公正，因此查理不得不寻求其他的支持。1522年5月，查理先从布鲁塞尔前往伦敦，与姨夫亨利八世再次碰面，这次两人成立了一个反法同盟，名为"伟大的事业"。查理还与亨利八世缔结了一项婚约：当亨利八世的女儿玛丽满12岁后，查理将迎娶这个表妹。这个"伟大的事业"随后又加入了另一个同盟者，那就是已经被弗朗索瓦一世剥夺了领地的波旁公爵夏尔三世（也译作查理三世）。

四线出兵已经使得弗朗索瓦的国库空空如也，而母亲露易丝不喜欢弗朗索瓦一世任命其情妇的兄弟当米兰的总督，因此挪用了军费。弗朗索瓦一世需要从各种渠道来筹集资金，所以将目光投向了波旁公爵。波旁家族的夏尔三世是以其夫人苏珊娜之名义继承波旁公国的，后来成为法王弗朗索瓦一世的最高统帅，在马里尼亚诺战役中打败瑞士夺回了米兰，并俘获了米兰公爵斯福尔扎。在占领米兰后，夏尔三世因功而得以驻守米兰，但随后弗朗索瓦一世将他召回国，以自己情妇的兄弟代之。

在弗朗索瓦一世与查理正式交战前，苏珊娜逝世。这时，弗朗索瓦一世的母亲露易丝以其与苏珊娜的亲缘关系更近为由，企图继承波旁的遗产。其实，露易丝所主张的亲缘关系有点遥远，她的母亲波旁的玛格丽特是波旁公爵夏尔一世的女儿，也就是苏珊娜父亲彼得二世的妹妹，露易丝和苏珊娜拥有同一个爷爷，两人是姑表亲。波旁公爵已经在苏珊娜生前通过特殊安排绕开了限制，使他能够继承夫人的爵位。在苏珊娜死后，露易丝垂涎波旁的富有，毕竟夏尔三世是以女婿的身份，自然没有她用侄女的身份要求继承更为合理。为了安抚夏尔三世，露易丝提议他们两人结婚来解决争议。时年露易丝已经45岁，夏尔三世才31岁，这个提议必然会遭到夏尔三世的拒绝。弗朗索瓦一世也认识到，如果解决了这个争议问题，自己财政紧张的状况就能够改善，维持与查理的战争，所以他支持母亲的要求。

弗朗索瓦一世代母亲向巴黎高等法院提出诉讼，要求夏尔三世归还波旁遗产，面对国王和国王母亲的要求，夏尔三世在无望之下，开始与弗朗索瓦一世的对手——亨利八世和查理谈判，试图瓜分法兰西。于是就在1522年，他也加入了亨利八世和查理的"伟大的事业"中。弗朗索瓦一世得知此事之后，立即免去了夏尔三世的统帅之职，夏尔三世只能逃至意大利，投在查理麾下，准备与弗朗索瓦一世开战。

　　有了巩固的联盟之后，查理从伦敦返回西班牙。途中，查理就已经作出了军事安排并颁布法令，赦免了许多忠于恩里克二世而被放逐的反对派贵族。7月4日，一支7000人的卡斯蒂利亚军队重新占领了潘普洛纳，随后恩里克二世的其他驻军也相继投降。7月16日，查理在桑坦德登陆之后，巴斯克沿海比斯开湾地区很多居民加入了他的军队，其中还包括不少阿拉贡人。随着查理来到潘普洛纳，西班牙各地纷纷开始筹集资金，招募部队来解决纳瓦拉的问题。在卡斯蒂利亚的军队到达比达索阿河之前，一支军队在当地民兵的配合下已经与法兰西-纳瓦拉远征军打响了圣玛西亚尔战役，并取得了胜利。

　　为了彻底打败恩里克二世，查理决定向下纳瓦拉和图卢兹、巴约讷和丰特拉维亚等地进攻。查理的帝国军队在攻占了丰特拉维亚后，于1522年12月15日宣布了新的赦免令，将原来支持恩里克二世的贵族拉拢了过来。虽然丰特拉维亚的战斗一直持续到了1524年4月，但此时的战斗就仅限于下纳瓦拉南部边缘地区的局部军事行动了，西班牙内部叛乱已经平息。上纳瓦拉业已被查理收复。到1530年，期间所有政府职位均由查理任命的卡斯蒂利亚官员接管，包括主教、总督、议会和理事会的行政人员。整个16世纪，查理治下的西班牙对纳瓦拉的忠诚都持怀疑态度，因为在比利牛斯山以北的下纳瓦拉，一个后来信奉新教并一直反对西班牙的王室保存了下来，直到1620年下纳瓦拉被法兰西彻底吞并。

　　1517年的马里尼亚诺战役让年轻的法兰西国王弗朗索瓦一世尝到了人生的第一次胜利，但当命运女神遇到查理后，便不再眷顾弗朗索瓦一世了。虽然针对纳瓦拉的军事行动没有成功，但弗朗索瓦一世对此并不在意，因为他更关心的是米兰，他将聚集全部力量组织起对伦巴第地区的反击。

第十一章

决战帕维亚

不公正的和平总比最公正的战争好。

——西塞罗

弗朗索瓦一世在1521年计划发动反对查理的全面战争时，绝不会想到自己将丢了米兰又折兵。

米兰失守

1521年11月，查理、亨利八世和教宗利奥十世共同成立了反法的进攻同盟，弗朗索瓦一世的盟友只剩下威尼斯共和国了。查理帝国和教宗联军的指挥官是曾在马里尼亚诺战役中被弗朗索瓦一世俘虏的普洛斯彼罗·科隆纳。联军在科隆纳率领下向米兰发起进攻。负责守卫的米兰总督是弗朗索瓦一世情妇的哥哥——富瓦的奥德，他被击败后弃城而逃，联军几乎兵不血刃就占领了米兰。科隆纳在事隔六年后重新回到了米兰。随后，卢多维科·斯福尔扎最小的儿子弗朗西斯科·斯福尔扎被封为米兰公爵。

11月底，奥德撤退到米兰东北方向阿达河附近的城镇，等待瑞士雇佣军到来。当瑞士人赶到时，奥德却没有钱付给他们，因为军费已经被弗朗索瓦一世的母亲露易丝挪用，因此奥德不得不屈从于雇佣军的要求，即尽快与帝国和教宗联军交战，以战利品来支付佣金。而此时帝国和教宗联军在科隆纳的指挥下，已经在米兰城16千米外的比克卡挖掘战壕准备据守。

　　奥德还算是比较有头脑的指挥官，他的作战计划是首先切断科隆纳据守的比可卡与米兰之间的补给线，迫使敌人离开战壕，以便在进攻时能够充分发挥法军的火炮优势。然而瑞士雇佣军却视联军于无物，急于尽快结束战争以拿到报酬，所以他们给奥德下了最后通牒，说如果再不发起进攻，他们就要撤退。奥德别无他法，只能答应他们的要求。

　　1522年4月27日，奥德率领法军和瑞士雇佣军一同向比克卡进发，瑞士雇佣军分为两个各4000人的方阵。天气十分不利于奥德一方，大雨让道路泥泞不堪，奥德的炮兵部队行进艰难。科隆纳一方则占据了防守优势，在瑞士方阵的进攻路线上垒筑了一道土木胸墙，并在胸墙后面部署了四排火枪兵和长矛兵，四周还有火炮阵地作为火力掩护。守军由两支部队组成，一支是费尔南多·达瓦洛斯率领的西班牙军队，另一支是格奥尔格·冯·弗伦兹贝格率领的德意志雇佣步兵，他就是前文提到的路德在进入沃尔姆斯议会受审时，曾与之打过招呼的弗伦兹贝格。

　　在这样不利的情况下，瑞士人仍急不可耐地发起了进攻，两个方阵分别向胸墙和炮兵阵地前进。瑞士雇佣兵还未行进至守军面前，就已经在炮火下折损了1200人，等到其余士兵靠近一些时，又遭遇到配备火绳枪的西班牙火枪手的猛烈射击。瑞士方阵顶着火炮和火枪的攻击，仍试图翻过胸墙。而等他们终于翻过了胸墙，西班牙火枪手便立即后撤，由弗伦兹贝格的德意志长矛兵上前与瑞士人进行搏斗，又有3000名瑞士士兵被消灭，余下士兵则仓皇逃跑。奥德赶到时，试图通过骑兵冲锋逆转战局，但同样溃败，法军火炮部队一炮未开便被全部缴获，奥德不得不率领残余的法军撤出伦巴第。5月30日，帝国军队占领了热那亚。而奥德回到法兰西后，又被调往巴约讷去解围。

此次法军的失败让英格兰的亨利八世认为介入的时机已到。和查理结下"伟大的事业"之盟后，亨利八世派遣一支军队在7月从加莱出兵，袭击了布列塔尼，弗朗索瓦一世无力阻击。由于缺乏足够的攻坚力量，英格兰军队只好在烧毁了乡村地带后撤退。

到了1523年，弗朗索瓦一世的战局已经彻底崩溃。威尼斯总督换了新人，并与查理展开谈判，在当年7月缔结了《沃尔姆斯条约》，威尼斯宣布退出与法兰西的联盟。英格兰则再次从加莱出兵，在9月与查理从佛兰德斯出发的军队会合。弗朗索瓦一世完全没有能力组织起有效的抵抗，查理和亨利八世的军队很快就穿过了索姆河，距离巴黎仅仅80千米。

此时身处纳瓦拉战场的查理已经越过了比利牛斯山，但他并不打算支援北线的进攻。查理不愿冒险去进攻巴黎，同时也担心弗朗索瓦一世随时可能发动反击。由于补给线拉得过长，英格兰军队只好在10月底离开巴黎，并于12月中旬返回加莱。获悉波旁公爵夏尔三世叛变后，弗朗索瓦一世试图将他召到里昂，但夏尔三世装病潜逃，公开加入了查理的阵营。

获得了丰富的波旁财产之后，弗朗索瓦一世开始组织反击，并将主要精力集中于伦巴第。1523年10月，一支1.8万人的法军部队穿过了萨伏依公国的皮埃蒙特，前往意大利的诺瓦拉，一支同等规模的瑞士雇佣军也加入了法军，而只有9000名士兵的科隆纳率军撤回了米兰。法军指挥官高估了查理帝国军队的规模，不敢贸然进攻米兰，只好在米兰附近扎营。而此时冬季已经到来。

12月底，查理任命兰诺伊的查理担任驻米兰部队的指挥官，代替病危的科隆纳。12月28日，帝国军队又召集1.5万名德意志雇佣兵和其他部队，交由波旁公爵夏尔三世指挥，前往米兰。瑞士雇佣军得知帝国军队的确切规模后，弃法军而走，法军也被迫撤退。在塞西亚战役中，西班牙火枪兵再次展示出强大的威力，溃败的法军逃回阿尔卑斯山。曾经在马里尼亚诺战役中亲自为弗朗索瓦一世加封，被誉为"英勇无畏的骑士"的巴亚尔，在掩护法军撤退中身负重伤而亡，而对方的主帅正是在马里尼亚诺战役中曾经与他并肩作战的波旁公爵夏尔三世。当巴亚尔身负重伤躺在一棵大树下等死时，夏尔三世来到他身边说："巴亚尔先生，看到你这般光景，我真的很怜悯你，你是如此勇敢的骑士！"而巴亚尔对夏尔三世的怜悯不以为意，反而讥讽道："你完全不必可怜我，我是为正义和国家荣耀尽责而死；反而我才可怜你，居然背叛自己的国王、祖国和你的效忠誓言。"当然，被弗朗索瓦一世剥夺了继承权和领地的不是这位巴亚尔骑士，因此他才会说得如此义正词严。

波旁夏尔三世和达瓦洛斯继续率领着士兵越过了阿尔卑斯山，于1524年7月自普罗旺斯发起进攻，一路几乎未遇抵抗。到了8月初，帝国军队进入普罗旺斯的艾克斯，普罗旺斯伯爵宣誓效忠亨利八世，期望能够得到亨利八世的支援，但未得到回应。8月中旬，夏尔三世和达瓦洛斯的军队开始围攻普罗旺斯唯一还在法兰西手中的据点马赛，但以失败告终。流行的瘟疫和热那亚海军名将安德烈亚·多利亚率领海军前来支援马赛，让夏尔三世和达瓦洛斯的部队损失惨重。到了9月底，弗朗索瓦一世亲自指挥一支部队抵达阿维尼翁，夏尔三世和达瓦洛斯见攻占马赛无望，只好率军撤回意大利。

这次轮到弗朗索瓦一世率军越过阿尔卑斯山追击了。10月中旬，弗朗索瓦一世率领40000多人的军队开始向米兰进军。由于夏尔三世和达瓦洛斯的军队尚未从马赛围攻战中恢复元气，法军一路上并未遭遇到正面抵抗和拦截。此时，兰诺伊的查理集结了1.6万名士兵试图进行抵抗，不过也清楚在弗朗索瓦一世大军的进攻下，米兰肯定是保不住的，于是被迫放弃米兰，撤到洛迪。

弗朗索瓦一世的军队再一次进入米兰，重新夺回了此城。占领米兰后，弗朗索瓦一世让辅佐了前两任国王的将军图阿尔的路易二世担任米兰总督，自己则亲自率军前往重兵驻守的帕维亚。虽然众多将领对此表示反对，但弗朗索瓦一世此时已听不进任何反对意见，要一雪在纳瓦拉和普罗旺斯的战败之耻。

帕维亚之战

在伦巴第王国统治意大利时期，帕维亚是该王国的首都。在12世纪获得自治地位后，帕维亚便一直反对米兰的统治，最终在维斯孔蒂家族统治米兰时期被迫屈从于米兰。而此次帕维亚之战将成为这个城市命运的分水岭。

10月底，由弗朗索瓦一世亲自指挥的法军主力部队到达了帕维亚。11月2日，法军渡过提契诺河，从南面包围了这座城市。帕维亚城内约有9000守军，以雇佣兵为主。为了让雇佣军继续守卫此城，守城将领甚至熔化了教堂的金银器皿，用以支付佣金。

法军与守军之间进行了一系列的小规模战斗，并使用火炮持续轰击城墙。到了11月中旬，帕维亚的城墙已经快支撑不住了，弗朗索瓦一世遂命令法军进行了两次突袭，但都被守军击退，双方损失惨重。

进入冬季后，天气阴雨连绵，加上缺乏火药，弗朗索瓦一世只能采取围困战术，寄希望于将城内的守军饿死。12月初，查理派遣了一支由蒙卡达的雨果率领的西班牙部队，在热那亚附近登陆，前往支援。弗朗索瓦一世则派出一支大部队前往拦截，此时热那亚舰队指挥官安德烈亚·多利亚又率领一支海上舰队前来支援，这支西班牙援军在没有后援的情况下，只得向法军投降。

此时局势急转而下，新上任的教宗背叛了查理。哈德良六世在位一年零八个月后去世，罗马人对这位"野蛮人"教宗试图整治罗马教会的行为十分反感，还有人送匾给哈德良六世的医生，称他为"意大利之父"。哈德良六世死后，罗马教廷争执了七个月才最终选出意大利美第奇家族的克雷芒七世。1523年11月19日当选为罗马教宗后，克雷芒七世就明文向查理保证了友谊和忠诚，表示愿意继续维持和查理的同盟，但在背地里却和弗朗索瓦一世谈判结盟事宜。1524年12月12日，克雷芒七世秘密与弗朗索瓦一世签署了一份协议，承诺不再协助查理，并希望弗朗索瓦一世能够占领那不勒斯将西班牙人赶出去，还允许弗朗索瓦一世在教宗国征兵，并授权法军自由通过教宗国前往那不勒斯。

在随军将领的建议下，弗朗索瓦一世分派一部分军队前往那不勒斯。兰诺伊的查理率军出击，试图加以拦截，虽然付出了惨重的伤亡但仍未能阻止法军。此时原本支持查理的教宗军队已经投向了敌对阵营，这支军队由美第奇家族的乔凡尼率领，称为"黑带军"。黑带军携带着火药补给前往法军营地，以支援原来的对手弗朗索瓦一世。

乔凡尼黑带军的举动让教宗和弗朗索瓦一世之间的秘密协议昭然若揭。在获悉被教宗欺骗后，身在西班牙的查理恨不得马上前往意大利，"向那些伤害我的人，尤其是那位怯懦的教宗报仇。也许有一天，马丁·路德将成为举足轻重的人物"。查理身边的幕僚提议，他应就克雷芒七世的私生子身份问题提出非难，甚至有人认为查理应推选路德成为教宗。然而4000名黑带军的加入，实际上并未增强法军多少实力，此时法军中已有大约5000名瑞士雇佣兵选择离开。1525年1月，查理派遣了一支由弗伦兹贝格率领的1.5万名德国雇佣兵组成的部队前往增援，大大增强了兰诺伊的查理的实力，帝国军队开始转守为攻。由达瓦洛斯率领的帝国军队先是占领了法军的前哨圣安杰洛，切断了弗朗索瓦一世控制下的米兰和帕维亚之间的联络线和补给线。另一支帝国军队虽然遭到黑带军的袭击，但仍然占领了帕维亚的贝尔焦约索镇。

2月2日，兰诺伊的查理所指挥的大军距离帕维亚只有几十公里时，法军的防御部队在帕维亚城的必经路上设立了防线，大部分守军都驻守在米拉贝罗堡内。兰诺伊的查理率领部队到达后，一时间无法直取帕维亚，只能在距离法军阵地50公里处挖掘堑壕、构筑工事。在此后一系列小规模的冲突中，黑带军统帅乔凡尼受伤，不得不撤回皮亚琴察，弗朗索瓦一世只能调米兰的守军前来支援。到了2月下旬，帝国军队面临着补给不足的困难，于是决定对法军阵地发起突袭，重振士气以便安全撤离。

2月23日晚间，兰诺伊的查理命炮兵掩护轰击法军的外围护墙，并放火烧毁了自己的帐篷，让法军误以为他们开始撤退，而他则率领一支部队，悄悄从法军护墙的东侧向北进发。到24日凌晨，法军护墙被炸开了缺口，达瓦洛斯率领3000名火枪手立即涌入法军阵地，并向弗朗索瓦一世驻扎的米拉贝罗堡攻击前进。此时，兰诺伊的查理也率重骑兵从缺口攻入，意图阻止法军组织有效的抵抗。一支法军重骑兵在查理·瑟兰的率领下及时赶来，拦截住帝国军队的重骑兵，以便为己方部队的集结和组成战斗队形争取时间。两支重骑兵之间爆发了小规模的冲突，最终兰诺伊的查理所率领的重骑兵被击溃。而就在这支法军重骑兵意图继续反攻时，却遭到帝国军队两个西班牙兵团的拦截，在密集的长矛阵面前，查理·瑟兰的重骑兵只能无功而返。

法军中的一群瑞士长枪兵前来支援，并试图阻止帝国军队将火炮拖回营地。达瓦洛斯率领的火枪兵在早上6点半时突然从米拉贝罗堡附近的树林中冲出，有效地阻止了瑞士长枪兵对西班牙兵团的进攻。瑞士雇佣兵在三年前的米兰—比克卡战役中见识过配备火枪的西班牙兵团的威力，因此立即停止了进攻，择路而退，此后又不幸地陷入由弗伦兹贝格率领的6000名德国长矛兵的包围之中。早上7点，步兵最后的对决就此展开。

当由兰诺伊的查理亲自率领的德意志和西班牙的重骑兵，以及由达瓦洛斯率领的西班牙步兵接近弗朗索瓦一世所驻扎的营地时，弗朗索瓦一世一时之间并未意识到问题的严重性。法军炮兵发现达瓦洛斯率领的西班牙步兵的行军队伍，并开始向其射击时，弗朗索瓦一世才警觉起来，立即亲率重骑兵前往迎战。大约20分钟后，在早上7点40分，弗朗索瓦一世率军冲散了兰诺伊的查理的重骑兵。得手后，弗朗索瓦一世率领骑兵继续加速前进，以为能一举挽回战局。但他的冒进使得法军各支部队之间的配合协调被打乱，法军笨重的火炮无法跟着迅速移动，发挥不出火力优势，弗朗索瓦一世率领的先锋部队也脱离了侧翼的掩护。帝国军队的骑兵被冲散后，选择在树林边缘重新集结，并向夏尔三世、弗伦兹贝格和达瓦洛斯发出求助信号。

上午8点，从四面八方集结而来的长枪兵、火枪兵等帝国军队展开了对弗朗索瓦一世的包围。由于周围树林茂密，身处其中的法军骑兵丧失了机动性，当帝国军队一步步缩小包围圈时，弗朗索瓦一世身边的骑兵一个个倒下。法军的两支侧翼部队试图突前支援，却被赶来的弗伦兹贝格的部队拦截在外围，两个领军主将战死，黑带军也在弗伦兹贝格的围攻下被歼灭。弗朗索瓦一世英勇奋战直至筋疲力尽，所骑爱马也战死了，最后在西班牙火枪兵和德意志雇佣兵的联合包围下被俘，纳瓦拉的恩里克二世也一同被俘获。其余的法军部队很快溃败，在溃逃途中损失惨重。

早上9点，帕维亚战役宣告彻底结束。自大的弗朗索瓦一世这次彻底失去了以前赢得的所有荣誉。而法兰西的重骑兵和瑞士的长枪方阵，也在与西班牙大方阵的交锋中丢掉了以往的荣光。

被囚马德里

1525年3月10日中午，身处马德里皇宫的查理正为战事所困，精疲力竭而病卧在床，此时一位从意大利来的信使让他陡然精神抖擞起来。当信使告知"弗朗索瓦已经是皇帝陛下的囚徒"时，查理简直不能相信自己的耳朵。他反复询问："我们赢了？"在得到确认答复后，查理沉默了很长时间，然后回到卧房中，跪在床头的圣母像前做感恩祈祷。其他朝臣和使节得知消息后，纷纷赶来皇宫向查理道贺。而查理却禁止举行公开的庆祝活动，只允许为死者举办祈祷和感恩上帝的游行。他认为胜利是属于上帝的，而他战胜的只是另一个基督徒，不是异教徒，如若被俘的是奥斯曼苏丹，那会让查理感到无上荣耀。

查理谦虚地告诉英格兰大使，胜利并非因为他有什么本事，而完全是蒙神恩宠。尤其是当查理意识到战争的胜利日正好是他25岁的生日时，更加确信了这一切都来自于天意，自己是受到上帝的眷顾。查理坚信自己能够为基督教世界带来和平的希望，愿意赦免他的敌人，并再给他一次机会。当然，这种机会是要付出代价的，更别说这次抓到的是欧洲最大的一张"王"牌。查理不仅可以从弗朗索瓦一世这只"高卢鸡"身上拔下羽毛，也能用他来对付教宗和威尼斯的背叛。大首相墨丘里诺建议查理不要和弗朗索瓦一世直接谈判，而是和摄政法兰西的露易丝谈判。查理听取了建议，遣使前去面见露易丝，并带去了他的要求。

查理要求露易丝必须立即以弗朗索瓦一世的名义，宣布归还原本属于勃艮第公国、在"大胆"查理去世后被法兰西所占领的阿图瓦、勃艮第、佛兰德斯等地，并让米兰、那不勒斯的法军即刻投降；此外，还必须放弃对海尔德公国等反叛帝国势力的所有支持，原谅波旁公爵，并将普罗旺斯这块原本属于帝国的采邑赐予夏尔三世；还要帮助劝说教宗召开大公会议以改革教会。同时，查理写信给兰诺伊的查理，让他另外做好准备，如果法兰西拒绝这些条件，就随时准备动用武力，迫使他们屈服，届时查理将率领一支军队出兵朗格多克，兰诺伊的查理和波旁公爵则率军进攻王太子领地多菲内或者普罗旺斯，两军计划在阿维尼翁会师。

弗朗索瓦一世先是被押送到了帕维亚附近的皮齐盖托内的城堡中关押。在此地，弗朗索瓦一世给母亲露易丝写了一封信，信中说："除了荣誉和生命之外，一切都没了。"露易丝得知儿子被俘后就立即集结部队，抵御了英格兰的入侵，同时还向奥斯曼派遣了使团，请求援助。第一次派出的使团没能完成任务，露易丝于当年12月再次派出的使团成功到达了伊斯坦布尔，将求助信递交到奥斯曼帝国苏莱曼大帝的手中。"百合花与新月"即将开始一场长达数百年的结盟。

查理所认为的"正义且合理"的请求被送到露易丝手中，露易丝告诉皇帝特使说，查理的请求"过分且离谱"，并扬言即便儿子成了囚徒，做母亲的她也准备好了保卫王国。查理还送了一份副本给被囚禁的弗朗索瓦一世，弗朗索瓦表示愿意满足查理的所有要求，但有个条件：查理要将姐姐埃莉诺嫁给他，他们的儿子将统治勃艮第和米兰。弗朗索瓦还提出，将查理以前的婚约对象、路易十二留下的女儿蕾妮许配给夏尔三世，他愿意将此前剥夺的波旁爵位和领地归还给夏尔三世。弗朗索瓦一世之所以这么做，旨在分化查理和夏尔三世的联盟（查理原本将姐姐埃莉诺许配给了夏尔三世），同时也能避免自己被押送到那不勒斯。

被关押的弗朗索瓦一世并未感到沮丧，因为他相信，如果能够与查理见面，他就将重获自由。因此，他反而敦促兰诺伊的查理尽快把自己送到西班牙。随后弗朗索瓦一世被带到热那亚，兰诺伊的查理打算遵照查理的命令，从这里用船将弗朗索瓦一世送至那不勒斯关押。不过在中途他改变了主意，直接将弗朗索瓦一世押解回了西班牙。6月12日，弗朗索瓦一世被押解到巴塞罗那，随后又被带到瓦伦西亚关押。不久之后，查理又将弗朗索瓦一世从瓦伦西亚转移到马德里皇宫中关押，并安排人进行密切监视。但他始终拒绝与弗朗索瓦一世见面，除非弗朗索瓦一世能够说服母亲接受他提出的所有要求，因为此时露易丝仅愿意交出勃艮第，而查理又没有足够的军费采取军事手段来迫使其就范。

弗朗索瓦一世称法兰西律法禁止他交出王室所有的土地，而且即便是他同意，也需要得到法兰西高等法院的批准。随后，弗朗索瓦一世又试图勾引查理的姐姐埃莉诺，给她写了情书，但埃莉诺礼貌地回复说，在婚姻问题上她听从弟弟的安排。万般无奈之下，弗朗索瓦一世只能靠生病来迫使查理来见他了。

9月，弗朗索瓦一世患上了重病。查理的宫廷医生敦促查理尽快前去看望。那时候查理正在塞哥维亚狩猎，医生警告说如果不抓紧时间的话，就看不到活着的弗朗索瓦一世了。查理仅用两个半小时就从50公里开外的塞哥维亚赶回了马德里，大步奔向昏迷在病床上的弗朗索瓦一世。

两个死对头就这样第一次见面了。弗朗索瓦一世紧紧抱着查理，查理则告诉他，"我最需要的是您的健康，并尽可能让您的身体康复"。随后，两人又手拉着手单独相谈了一个小时左右。不久之后，弗朗索瓦一世的病就好了。到了1526年初，查理面临着教宗和威尼斯方面的压力，希望尽快与法兰西达成和解。最终，弗朗索瓦一世只能放弃勃艮第以换取自由，条件是他本人被释放后要说服高等法院，还必须迎娶埃莉诺。最初查理不愿放弃这桩与波旁公爵的婚约，但为了勃艮第也只能如此了。1月14日，弗朗索瓦一世和查理签署了《马德里条约》，法兰西放弃所有的意大利领地，并将佛兰德斯和阿图瓦等勃艮第领地交还查理，同意将弗朗索瓦一世的两个儿子留在西班牙作为人质，同时，查理将姐姐埃莉诺嫁给弗朗索瓦一世。另外，弗朗索瓦一世也同意说服恩里克二世放弃下纳瓦拉的王位并支持查理。此前不久，在帕维亚战场上一同被俘的恩里克二世从马德里的监狱里逃脱，回到下纳瓦拉继续与查理战斗。查理派兵占据了下纳瓦拉靠近比利牛斯山附近的地方，但没能抓住恩里克二世。

条约签订后，弗朗索瓦一世于3月6日被释放，并在兰诺伊的查理的护送下前往法国边境。12天之后，弗朗索瓦一世回到了法兰西，而同时露易丝则将弗朗索瓦一世的两个儿子送到西班牙，交给了查理当人质。另一方面，在沃尔西的调解下，英法也达成了和约。

虽然帕维亚战争中失败的一方是弗朗索瓦一世，取得胜利的查理也如愿获得了勃艮第旧地，但查理的处境并不怎么好，他已经没有足够的资金来支付在意大利驻军的费用了。所以在囚禁弗朗索瓦一世的同时，查理也放弃了和亨利八世的女儿玛丽的婚约，转而向葡萄牙求亲。葡萄牙国王若昂三世已经答应将姐姐嫁给查理，并愿付出90万金币作为嫁妆。

和弗朗索瓦一世签完约后，查理终于可以去见一见等候已久的新娘了。

第十二章

90万的嫁妆

财富是个妓女。

——查理五世

　　帕维亚战役结束时，查理正好25岁，这时的他已经对男女之事一清二楚，虽然尚未正式结婚，但已经是四个孩子的父亲了。

婚前的风流

　　富瓦的杰蔓为查理打开了一扇通往男女世界的窗户，在随后的几年里，查理接二连三地与一些女性有染，大部分还为其生下了孩子。

　　1521年，查理在德意志开完沃尔姆斯议会后就返回了佛兰德斯，在尼德兰奥德纳尔德城堡居住的六周时间里，看中了一位名叫珍妮的侍女。珍妮·凡·德·珍斯特是当地一位地毯制造商的女儿，与查理同岁，幼年时父母双亡，成了孤儿。21岁的查理瞥见了美丽的珍妮。两人迅速坠入爱河之中，一年后珍妮为查理生下一个女儿，取名为玛格丽特。查理从未隐藏自己的这段关系，公开承认了女儿小玛格丽特的存在，这样能为她谋取到更好的婚姻，也能为他自己谋取到丰厚的"回报"。

　　小玛格丽特出生后就与母亲分开，由摄政勃艮第的查理的姑姑玛格丽特照顾，并按照贵族的方式培养成人。在姑姑去世后，查理的妹妹玛丽摄政勃艮第，继续照顾查理的这个女儿。在"罗马之劫"后，教宗克雷芒七世与查理签订了一项协议，条款之一就是将小玛格丽特嫁给教宗的私生子"摩尔人"亚历山德罗·美第奇。当时小玛格丽特才五岁，这桩婚事要待日后完成。

1531年，这位"摩尔人"成为佛罗伦萨公爵，次年查理又将佛罗伦萨提升为世袭公国，这也提高了小玛格丽特的地位。1536年，已经13岁的小玛格丽特和亚历山德罗的婚礼在那不勒斯举行。然而亚历山德罗实际上另有所爱，所以新娘不得不长期忍受丈夫的冷漠。不久之后，亚历山德罗被人暗杀，14岁的玛格丽特成了寡妇。于是她又回到尼德兰，直到再次婚配。两年后，玛格丽特嫁给了帕尔马公爵，此后人们就一直以"帕尔马的玛格丽特"称呼她。

查理死后，玛格丽特曾担任过一段时间的尼德兰总督。查理的儿子、玛格丽特同父异母的弟弟菲利普二世继续进行父亲未完成的战争，在尼德兰实施的高赋税政策造成该地区严重不满，1566年，尼德兰各地发生圣像破坏运动，身为总督的玛格丽特没有得到菲利普二世任何的支持，但她表现出了从姑祖母玛格丽特处学来的外交才能，很快平息了尼德兰的起义。此后，菲利普二世任命了阿尔瓦公爵，代替玛格丽特的总督之职。

玛格丽特退居到意大利，被任命为阿布鲁佐的总督，还担任儿子的顾问，帮助他管理父亲帕尔马公爵留下的遗产。1578年后，玛格丽特的儿子被菲利普二世任命为尼德兰总督，自己出任摄政。几年后玛格丽特因年事已高，再次选择退居，于1583年返回意大利，并于三年后在奥托那去世。作家查理·斯汀在为玛格丽特所撰写的传记中，将她描述为"致力于在公共事务中使用妥协和调解的女性"。

查理下一个的情人是乌苏里娜，她与查理同岁，出生于意大利的佩鲁贾，因此也被称为"佩鲁贾的美人"，高贵而又充满爱心。当时乌苏里娜的丈夫已经病故，她在前往布鲁塞尔宫廷追悼丈夫时遇到了查理。1522年初，乌苏里娜与查理开始接触，不久后就怀上了他的孩子。随后她返回了意大利，并在次年1月23日在博洛尼亚生下一个女儿，取名为塔德娅。生下塔德娅之后，乌苏里娜便返回佩鲁贾，将孩子委托给修道院抚养。1530年查理在意大利博洛尼亚加冕时，召乌苏里娜前来相见，才得知女儿的存在。乌苏里娜将塔德娅带到查理面前。查理在年仅七岁的女儿右腿膝盖下方，用刀给她纹下了一个标记"J"，即耶稣的缩写。随后塔德娅又被送回到修道院。

两年后，查理返回意大利，再次让女儿来相见。短暂的会面之后，查理便将她送回，并指示下属如果没有他的旨意，绝不能将塔德娅交回乌苏里娜或其他人手中。然而在1536年，乌苏里娜同父异母的兄弟闯入修道院带走了塔德娅，并强行把她嫁给了当地的一位贵族，此时的塔德娅才13岁。查理闻讯后非常生气，本打算像对待帕尔马的玛格丽特一样，给塔德娅寻一门更好的亲事。查理给乌苏里娜写了一封信，严厉斥责此事，然而生米已成熟饭，他还是给了女儿3000金币作为嫁妆。塔德娅此后就和丈夫一直在当地生活，直到1550年，母亲乌苏里娜和丈夫相继死去后，她前往罗马做了一名修女。

查理退位后，塔德娅得知查理住在尤斯特修道院，便写信给父亲，希望能准许她前往西班牙看望，不过直到查理去世她都没有收到任何回复。之后塔德娅还给同父异母的弟弟菲利普二世写信，提出了同样的要求，还提供了自己的"亲子证明"文件。然而塔德娅并不知道，父亲一直羞愧于此事，因此并未将塔德娅的存在告诉过儿子菲利普。当收到塔德娅的"亲子证明"时，菲利普二世才知道自己还有一个同父异母的姐姐。然而，既然父亲并未公开承认，菲利普二世也只好装作不知情，毕竟父亲留下的"债"太多了。菲利普将塔德娅的要求存档，但没有做任何回复。不久之后，塔德娅去世了。

说回到1522年，查理从尼德兰回到西班牙处理各地叛乱和法兰西的入侵，在处理繁忙政务的同时，也不忘给自己找乐子。除了打猎之外，他还与一位威尼斯流亡贵族的女儿发生了一段亲密关系，但史料上并未记载此女的名字。这位意大利贵族的女儿于1523年在巴利亚多利德为查理又生下一个女儿，取名为胡安娜。查理立即将胡安娜和她母亲一起送到修道院，交给管理这座修道院的亲戚——查理的外祖父费尔南多二世的私生女玛利亚照顾。一年后，修道院院长玛利亚向查理报告说，这个孩子身体健康，不到一岁就能握住别人的手走路了，并说胡安娜长得特别像皇帝。同时，她也告知查理，胡安娜的母亲很伤心，因为将她们母女送到修道院后，查理从未去看过她们。即便后来查理前往托尔德西亚斯去见"疯女"母亲时，也不愿去附近的这座修道院见见这对母女。据说胡安娜于1530年淹死在修道院的水井中，至死也未曾见过父亲。

除了对待最后这对母女比较残忍外，查理对其他非婚生子女还是尽到了当父亲的义务，为她们安排了比较好的婚姻，也给了孩子的母亲极大的补偿。鉴于基督教的信仰，非婚生子和婚外生子皆为私生子，所以他们通常无法继承爵位和财产（但也有不少例外）。

因此，查理是时候需要一桩正式婚姻，迎娶一位皇后为其生育合法继承人了。

康乃馨皇后

查理于是写信给英格兰国王亨利八世，希望能够履行他和表妹玛丽的婚事。在玛丽两岁的时候，亨利八世曾打算将她许配给当时的法兰西王位的假定继承人弗朗索瓦。然而，三年后弗朗索瓦正式加冕为法兰西国王后，迎娶了前任国王路易十二的女儿布列塔尼的克洛德，他和玛丽的婚约宣告失效。

在1522年查理与亨利八世缔结"伟大的事业"之盟的同时，也缔结了迎娶玛丽的婚约，原计划在玛丽年满12岁时便正式完婚。然而此后一系列战争让查理背负巨额债务，因此他希望能够尽快完婚，用亨利八世给女儿的嫁妆来偿还债务，而玛丽此时还不到十岁。

查理希望亨利八世能立即送玛丽来西班牙完婚，因为他答应西班牙臣民不离开此地，直到完婚后在此地生下一个本土的继承人。不过即便将玛丽送过来，查理也必须再等两年才能同房。急需继承人和资金支持的查理，和弟弟斐迪南商议后，决定放弃与玛丽的婚约，转而迎娶已经成年的葡萄牙公主伊莎贝拉。

这时候的葡萄牙已经因与亚洲的香料贸易收益颇丰而富甲欧洲。不仅伊莎贝拉带来的丰厚嫁妆能为查理填补因意大利战争而高企的债务，这次联姻还能够阻止葡萄牙与对手法兰西结盟。卡斯蒂利亚的贵族们也希望查理能够迎娶这位在伊比利亚出生的伊莎贝拉为妻。考虑至此，查理给亨利八世发出了最后通牒：除非亨利八世能立即将玛丽送到西班牙，并带上商定的嫁妆，否则他将取消婚约。

同时，查理还向罗马教宗去信，请求取消他和英格兰的婚约。鉴于此举会惹怒英格兰，教宗并未立即同意查理的请求。不过此时的查理已经等不及教宗和英格兰两方面的回信，而是直接向葡萄牙现任国王、他的表弟若昂三世提出一份缔结双重婚约的请求。这项双重婚约的内容是，若昂三世迎娶查理最小的妹妹凯瑟琳——与"疯女"胡安娜一同被关在托德西利亚斯的女儿，而查理则迎娶若昂三世的妹妹，也是他的表妹伊莎贝拉。

伊莎贝拉是前葡萄牙国王曼努埃尔一世和第二任妻子阿拉贡的玛利亚所生，玛利亚是曼努埃尔第一任妻子伊莎贝拉的妹妹，两人都是查理的姨母。伊莎贝拉的母亲玛利亚在政治上并没有多少影响力，在1500年嫁给曼努埃尔一世后几乎一直在怀孕生子。她在短暂的一生中，一共为曼努埃尔一世生养过十个孩子，伊莎贝拉是第二个。

伊莎贝拉出生于1503年，比查理小三岁，从小就受到良好的宫廷教育，不仅掌握了拉丁语、卡斯蒂利亚语和法语，学习了政治、数学以及古典作品和基督教教义，还拥有一个巨大的私人图书馆。伊莎贝拉作为长公主拥有如此显赫的背景，加上葡萄牙的富裕，从小就是欧洲各国王室极力争取的联姻候选人。

玛利亚持续不断的生育，导致她的健康状况不断恶化，在1516年生完倒数第二胎后就已经精疲力竭，在休养期间还有些精神错乱。即便这样，在一年后去世的时候，玛利亚还怀着孕，年仅34岁。玛利亚临终前曾留下遗嘱，让曼努埃尔一世为已经14岁的伊莎贝拉找一位国王或者王子为夫，如果不能嫁给王子，玛利亚宁可让自己的女儿去当修女，终身不嫁。

或许正是受母亲影响，年幼的伊莎贝拉心中认定未来的夫婿一定要是基督教世界最伟大的国王。"要么成为恺撒，要么什么都不是"成了她的个人信条。这时候，她的表兄查理，才刚刚在布鲁塞尔宣布继承西班牙国王。正值18岁的查理已经有了婚约，那时候的他刚刚遇见第一位情人——29岁的杰蔓。因此，这时候查理还没打算婚嫁，但伊莎贝拉这位14岁的少女却坚定地想要嫁给这位王子表哥。在克罗伊的建议下，查理让姐姐埃莉诺嫁给了年近半百的姨夫曼努埃尔一世，以巩固和葡萄牙的关系。随后，查理与英格兰的表妹玛丽定了亲。

1525年，在帕维亚战役中打败了弗朗索瓦一世并将其囚禁在马德里后，查理获得了空前的自信，与英格兰的联盟已经变得可有可无，加上玛丽还不到十岁，而查理又急需用钱，所以才想起了伊莎贝拉。这时候，曼努埃尔一世已经去世，埃莉诺被查理召回了西班牙，伊莎贝拉的弟弟若昂三世继承了葡萄牙王位。若昂三世愿意提供90万葡萄牙十字金币[①]作为姐姐伊莎贝拉的嫁妆，查理正好可以用来支付在1521—1526年意大利战争中所欠下的部分债务——如果再拖延下去，意大利就要发生兵变了。而对于葡萄牙来说，这样的政治联盟也好处甚多，至少能够缓解西班牙和葡萄牙在亚洲和其他地区的冲突。此时两个国家都已经成了海上霸主，一个控制着往西的美洲探险航线，一个控制着往东的香料贸易航线。但若昂三世却没想到，这个双重婚约却将让葡萄牙在此后失去60年的独立。

查理和两位表妹伊莎贝拉与玛丽都是四度亲属。早期教会法规定，近亲血缘关系四度以内禁止结婚。到了9世纪时，随着罗马教会地位的提高，教会加强了对人们日常生活的介入，改变了以前依照地方传统的结婚方式，未经教会允许的婚姻便"宣告无效"。同时，教会还将禁止结婚的血亲度提高到了七度。如此一来，欧洲男女到了适婚年龄基本上在当地找不到适合结婚的人

---

① 1139—1910年葡萄牙使用的金币名称，因其背面铸有十字架得名。

了，许多贵族只好四处寻求结婚对象，这也扩大了欧洲王室贵族之间的联姻。教会对禁止血亲结婚的严格规定，正是为了阻止欧洲贵族通过联姻来扩大领地，但贵族也当然不会甘心，而是越来越多地向教宗或主教支付高昂的特许金来寻求教会的特许。亨利八世就因血亲度禁令寻求教宗特许，准许他和凯瑟琳离婚，因为凯瑟琳原本是其哥哥亚瑟的遗孀。

当然，并不是所有人都能付得起特许金。11世纪后出现了越来越多违反禁令的婚姻，加上越来越多人找不到结婚对象，于是13世纪召开的第四次拉特朗大公会议对教会法做了更改，将禁止结婚的血亲度降回到四度，同时也更改了血缘关系计算方法，相对扩大了可结婚的范围。

查理从教宗那里获得了一项总特许，允许他迎娶一等血亲（包含子女和父母）之外的任何人为妻，甚至是亲姐妹。所以他无论娶英格兰的玛丽还是葡萄牙的伊莎贝拉，都没有问题，然而教宗却回复他说，总特许不足以免除多重血亲关系。因为一方面查理和伊莎贝拉是表亲，另一方面查理的姐姐埃莉诺又是伊莎贝拉父亲的遗孀。教宗迟迟不给查理特许，主要还是担心此举会冒犯亨利八世，而不是因为特许的有效性。查理不得不让前去迎接新娘的队伍尽可能地缓慢前行，接到伊莎贝拉后，又缓慢地将她送到距离马德里五百多公里的塞维利亚。

阿尔卡萨宫的婚礼

塞维利亚的春天虽短暂却非常宜人。自哥伦布发现"印度"之后，这里就成了从大西洋回航的船只将货物经内河向内陆转运的唯一港口。

科尔特斯、皮萨罗等美洲探险家们源源不断地将黄金白银从美洲运回，然后沿着瓜达尔基维尔河运送到塞维利亚。河边的码头上，装卸工们忙着将各种珍贵货物和黄金白银从船上卸下来堆放在黄金塔旁；河边的马车又将这一批批贵金属经陆路运至托莱多和马德里的皇室所在地；另外一侧的尼德兰船只则将货物装船后运送到西欧，然后再转运至欧洲各国。

直到1526年3月3日，伊莎贝拉才被送到塞维利亚等待查理前来。2月，查理终于收到了教宗的特许，匆匆赶往塞维利亚。伊莎贝拉不得不再等待一周，但她愿意等待，因为这一天她已经等了23年。事实证明，耐心是有回报的。

这是查理第一次离开北方的卡斯蒂利亚旧地南下，前往安达卢西亚地区。这个曾被摩尔人统治了近八百年的地区，现已被悉数收复，不愿皈依天主教的犹太人和摩尔人也已被驱逐，假意皈依而又反叛的摩里斯科人最终选择了归顺，当地的宗教裁判所密切监视着所有可能的不顺从者。

这是塞维利亚的市民们第一次见到他们的国王卡洛斯一世、神圣罗马帝国皇帝查理五世。西班牙在五百年前曾出过一个号称"皇帝"的西班牙国王，但那时候塞维利亚还处于穆斯林统治之下，更为熟悉的是远在巴格达的"哈里发"。这样的机会百年难遇。据说，有10万人在查理进入塞维利亚城的道路两边迎接这位帝王的到来。风尘仆仆的查理，未及洗去风尘就直奔塞维利亚的阿尔卡萨宫，他的新娘伊莎贝拉等候他的地方。得知查理即将到来的消息，伊莎贝拉在仆人的引领下，在皇宫花园一侧的大厅里静静地等待着。

13世纪中期，将卡斯蒂利亚和莱昂两个王国合而为一的费尔南多三世征服了塞维利亚，住进了阿尔卡萨宫这个原本由阿拉伯人所修建的宫殿。费尔南多三世把阿尔卡萨宫作为自己的王宫，后来在这里逝世。在他死后，历代卡斯蒂利亚国王都将塞维利亚作为首都之一，每当王室驻留于塞维利亚，一定会选择住在阿尔卡萨宫。时至今日，这里依旧保留着摩尔风格的宫殿，吸引了无数游客和影视制作者前来取景。

查理虽然已经有过一段爱情和几个情人，但当看到年轻貌美、举止高雅的伊莎贝拉时，仍止不住怦然心动。政治婚约有时候也是幸福的，查理的外祖父母费尔南多二世和伊莎贝拉一世、祖父母马克西米利安一世和勃艮第的玛丽，彼此都是对方一生的挚爱，他父母费利佩和胡安娜最开始那段时期也很甜蜜。

两人见面后，轻松礼貌地交谈了一会儿。伊莎贝拉会说卡斯蒂利亚语，此时已在西班牙生活多年的查理也已经能够流利地使用这门语言，所以两人之间的沟通并没有任何问题，很快他们就对彼此倾心。简短地交谈后，查理换完衣服，在阿尔卡萨宫里举办了一场舞会和宴席，两人在跳舞的时候也聊了很多。当晚，他们便在皇宫的一个房间里举办了简单的婚礼，随后就睡在了一起。尽管没有华贵的排场，但对于这场婚礼的每个细节，两人想必都记在心里。新婚之夜过后，两人卿卿我我，每日到中午时分才起床，让等待议事的外国使节和朝臣多有微词，原本勤政的查理竟然也荒废了朝政，不过对此他回复说："原谅朕无法批奏签字，朕现在还是个新郎官。"夫妻二人有说有笑，每天都有聊不完的话题。

此时仍有两件事让查理无法完全沉浸在新婚的幸福中。其一是他命人处决了一位萨莫拉主教。这位主教曾领导了卡斯蒂利亚的社区起义，在1521年起义被镇压后逃往纳瓦拉，随后被抓回关在地牢中，又用砖头砸晕了看守试图逃跑，最终仍被抓住。就在结婚第二天，查理收到了这位主教被绞死的消息，夫妻两人原本打算在塞维利亚的修道院里度过圣周，这下不得不取消计划。因为主教属于罗马教会的高级神职人员，由罗马教宗任命，在其辖区内拥有较大的影响力，通常都会在世俗政治中担任要职。现今的安道尔公国，两个国家元首之一就是加泰罗尼亚乌赫尔教区主教。主教通常要交由罗马教廷下属的法院来审理，世俗权力是无法判处主教死刑的，这才是查理所担忧的。

　　查理并未将萨莫拉主教交由罗马教廷处置，而是命人严刑拷打之后处决了他，这极大地冒犯了教宗的权威，很可能会被教宗实施绝罚。教宗得知这个消息后，查理便不能参加任何弥撒和宗教活动，直到得到教宗的赦免。教宗也的确赦免了查理，因为在给教宗克雷芒七世的信中，查理列数了萨莫拉主教的多项罪行，并卑词恳求教宗的原谅。

　　而另一件事情让查理更为悲伤：从小和他长大的妹妹伊莎贝拉去世了。伊莎贝拉仅比查理小一岁，在查理13岁时，妹妹就被祖父马克西米利安一世嫁给了丹麦-挪威-瑞典国王克里斯蒂安二世①，并于1514年送到哥本哈根完婚，此后十多年里查理再也没有见过她。1523年，克里斯蒂安二世被丹麦和挪威人流放，伊莎贝拉就带着丈夫和子女一同逃回家乡布鲁塞尔，正好与查理错过，此时查理已经回到西班牙指挥纳瓦拉战争。回到布鲁塞尔之后，伊莎贝拉和克里斯蒂安四处寻求帮助，以图复国，在柏林时还对路德教产生了兴趣，虽未皈依，但对新教徒较为同情。当然这些都是私下进行的，查理并不知道此事。1525年春，伊莎贝拉得了重病，于次年1月19日在根特过世，年仅24岁。

　　查理对妹妹的死感到十分悲痛，妹妹曾请求他出兵助其丈夫

①　1520年瑞典脱离后卡尔马联盟后，克里斯蒂安二世仅仅是丹麦和挪威国王。

复辟，但查理一直忙于与弗朗索瓦一世的战争，根本无暇顾及。得知妹妹去世的消息后，查理取消了新婚庆典和骑马比武，改为对妹妹的追悼活动。

虽然经历了些许波折，但查理和新婚妻子在塞维利亚的蜜月仍从圣周持续至盛夏。9月塞维利亚的天气已经十分难熬，加上查理被病痛所折磨，他们决定前往其他地方避暑。离开塞维利亚后，他们最终到达了格拉纳达。

1526年夏末，新婚蜜月中的查理和伊莎贝拉在格拉纳达皇家礼拜堂里祭拜了共同的外祖父母，阿拉贡的费尔南多二世和卡斯蒂利亚的伊莎贝拉一世。查理也将父亲费利佩的棺椁迁到了这里。

查理和伊莎贝拉两人漫步在阿尔罕布拉宫。宫殿南面的内华达山脉上或许已有积雪，狮庭里的流水依旧汩汩作响，宫殿门墙上"没有胜者，只有真主"的阿拉伯铭文依旧清晰可见。查理希望在阿尔罕布拉宫里建造一座属于他们两人的宫殿，一座能够匹配伊莎贝拉美丽的永久住所。该宫殿于1527年开始建设，查理命人拆除了原宫殿中冬宫的大部分地方，以文艺复兴风格建造了一个以他名字命名的宫殿：查理五世宫殿。然而，这个宫殿终其一生都未曾建完，直到20世纪后期，这座宫殿仍然没有屋顶。如果放在其他任何一个地方，查理五世宫殿都将成为文艺复兴的代表性建筑之一，但在阿尔罕布拉宫中，这座宫殿只能获得丑陋和不协调的负面评价。1537年，查理又在原来的阿布一世海耶塔上为伊莎贝拉建造了更衣室，建成后两人便住在了这里。查理还命人在该塔的墙壁上绘制了他1535年征服突尼斯的战役场景。

查理最开始并未打算在阿尔罕布拉宫住太久，希望来年能从格拉纳达近处的海港起航，前往巴塞罗那，再到意大利。因为放走弗朗索瓦一世之后，弗朗索瓦一世并未履行自己的承诺，反而和教宗、威尼斯等成立了一个反查理同盟。

　　但伊莎贝拉在阿尔罕布拉宫中怀孕了，查理不得不中止这次远行计划。1527年5月21日，她为查理生下了第一位合法的男性继承人，以查理父亲的名字命名，他就是此后的西班牙国王菲利普二世。查理最终还是决定留下来陪伴伊莎贝拉和小菲利普，一家人度过了一小段幸福时光。

　　此时大事陡临，罗马传来消息，查理的帝国军队洗劫了这个永恒之城，并劫持了教宗。

第十三章

罗马之劫

只有从未经历过战争的人才会以为战争是美丽的。

——鹿特丹的伊拉斯谟

交出两个儿子当人质，又如愿娶了查理的姐姐埃莉诺为妻的弗朗索瓦一世，返回法兰西仅仅四天，就立即以其被胁迫为由宣布他与查理签订的《马德里条约》无效。举动不但获得了法兰西人的广泛同情，还得到了罗马教宗的支持与神圣保证。

科涅克神圣联盟

获悉弗朗索瓦一世在帕维亚被俘后，教宗克雷芒七世就开始担心查理会对意大利包括教宗国在内的其他势力造成威胁，于是教宗和威尼斯共和国迅速组织了一个科涅克神圣联盟。弗朗索瓦一世宣布不受《马德里条约》约束的举动得到了教宗的支持，随后法兰西也加入了科涅克联盟。逃回到纳瓦拉的恩里克二世，追随弗朗索瓦一世加入了这个联盟。

如前所述，佛罗伦萨在1512年回归美第奇家族的统治，克雷芒七世随后当选为教宗，更加强了佛罗伦萨和教宗国之间的联系，佛罗伦萨自然站到了科涅克联盟一边。查理扶植的米兰公爵弗朗西斯科·斯福尔扎另有打算，希望不受帝国的干预，独立掌控米兰。随后查理废黜了其米兰公爵的头衔，因此斯福尔扎也选择加入同盟。亨利八世因为没有收到查理所承诺的总额80万杜卡特的款项，也要求加入联盟，不过被拒绝了。

1526年6月，克雷芒七世向查理发出谴责，指责其对法兰西的非法入侵、对法兰西国王弗朗索瓦一世的囚禁和羞辱、对斯福尔扎的废黜、对教宗国的践踏等，并警告查理说："你想要和平是最好，如若不然我将用士兵和武器来保卫意大利和罗马。"查理对弗朗索瓦一世、克雷芒七世等人无耻的背叛感到十分气愤，教宗随后的挑衅更是让他恨不得马上亲自前往意大利将其擒住。不过正和新婚妻子伊莎贝拉度蜜月的查理，此时分身乏术，只好派蒙卡达的雨果前往意大利与教宗进行谈判，并指示雨果，如果与克雷芒七世谈不拢，就鼓动罗马科隆纳家族的红衣主教庞培·科隆纳领导罗马人起来反对教宗，并设法策动佛罗伦萨和锡耶纳脱离教宗的控制。

6月17日，雨果到达罗马，将查理意在维护和平的愿望告知克雷芒七世，并试图说服教宗，一旦开战，无论是英格兰还是法兰西，都无法及时提供援助。但教宗对此不以为意，认为自己拥有半个基督教世界的支持，所以拒绝了查理的全部提议。雨果向固执的克雷芒七世甩下一句"勿谓言之不预"的警告后便立即前去会见庞培·科隆纳。

此时虽然科涅克联盟很快占领了伦巴第的洛迪，但斯福尔扎在米兰发动的政变却陷入了帝国军队的包围，他不得不在7月24日向帝国军队投降。佛罗伦萨在进攻锡耶纳时也被击败，期间和之后都没有获得同盟的任何帮助。这些都给了意大利其他势力一个强有力的信号：此时已经到了反对教宗联盟的大好时机。

9月20日，庞培·科隆纳和雨果率领一支包括3000名步兵和800名骑兵的部队开进了罗马。教宗克雷芒七世并未得到罗马人的任何支持，不得不逃到圣天使（即圣安杰洛）城堡以躲避兵锋。科隆纳的军队随后洗劫了梵蒂冈和圣伯多禄大殿。次日，教宗请求与科隆纳和雨果会面，但科隆纳拒绝，只有雨果愿意前去会谈。雨果表示愿意将罗马归还给教宗，还代表查理表达了对教宗的善意。随后雨果以查理之名和教宗签订了一个为期四个月的休战协定，教宗表示将撤出伦巴第的军队和热那亚的舰队，承诺赦免科隆纳，让他前往那不勒斯。协议签订后，科隆纳的军队就撤出了罗马。然而军队刚撤出，克雷芒七世和弗朗索瓦一世一样，立即宣称自己签订的协议无效，并编造了科隆纳试图抓捕他的谎言，鼓动罗马教廷投票将科隆纳免职。得知教宗反目之后，雨果匆忙逃出罗马，科隆纳则赶到罗马城外20公里处的自家修道院中，并从此地前往那不勒斯。

　　教宗募集了一支7000人的军队，向科隆纳发动进攻，并计划远征那不勒斯。教宗请求弗朗索瓦一世和亨利八世赶来支援，但弗朗索瓦一世犹豫不决，亨利八世则因为教宗迟迟不批准他的离婚请求而没有采取任何行动。

　　查理暂停了1521年签署的《沃尔姆斯法令》，命令在帕维亚战争中表现出色的弗伦兹贝格从德意志募兵。由于资金短缺，弗伦兹贝格当掉城堡并变卖了其他财产，东拼西凑出3.8万杜卡特，征集了一支1.4万人[①]的德意志雇佣兵部队，士兵大部分人都信奉新教。查理对《沃尔姆斯法令》的暂缓执行极大地鼓舞了他们参军的热情，他们早就对罗马教廷恨之入骨，此时更恨不得带着套索前往罗马绞死教宗。1526年11月，弗伦兹贝格的雇佣兵翻过了大雪覆盖的阿尔卑斯山，向皮亚琴察进军，与波旁公爵夏尔三世的部队会合。达到意大利后，费拉拉公爵阿方索一世因教宗

---

① 　也有资料说是 1.2 万人。

多次想吞并他的领地而视其为敌，因此赠送给弗伦兹贝格四门当时最有威力的大炮。

弗朗索瓦一世背弃《马德里条约》后，波旁公爵夏尔三世就失去了所有财产和领地，查理遂任命他为米兰公爵，算是作为补偿。然而米兰公爵的头衔有名无实，米兰已经被军队掠夺得几近荒芜，士兵也仅有几百人可用。查理让帕维亚战役的统帅兰诺伊的查理从西班牙募集了一支9000人的军队，从海路前往支援夏尔三世，但这支部队在前往热那亚途中被加入教宗联盟的热那亚舰队驱逐，只好改道前往那不勒斯。1527年2月初，夏尔三世率领6000名饥肠辘辘的士兵从米兰出发，前往皮亚琴察与弗伦兹贝格会合。两军会合后总计兵力有6万多，随后一同向罗马进军。他们避开沿途重兵把守的城市，在乡间一路行军、一路抢劫，所过之处一片荒芜。

这个时候教宗才意识到，自己根本无法抵抗这支大军，急忙派人与之协商停战条件。教宗愿意拿出6万杜卡特给弗伦兹贝格军队，以换取其不进攻教宗国。波旁公爵的士兵得知停战条件后大为不满——他们忍受四个月的艰苦行军、迄今未拿任何军饷，就是为了攻进罗马后能够大肆劫掠一番。如果现在与教宗谈和，3万多人瓜分区区6万杜卡特，即便是平分每人也分不到两个杜卡特，更何况长官肯定会比底层士兵拿得更多，如此一来，对于底层士兵来说，岂不是白白辛苦一番？

由于担心波旁公爵会签订协议，士兵们包围了他的帐篷要求发饷，夏尔三世不得不暂且躲避。不巧此时试图平息军队哗变的弗伦兹贝格突然中风，根本无法处理军务。两支军队都揪住夏尔三世不放，让他同意进军罗马，不然就不再接受他作为统帅。最终，夏尔三世不得不答应士兵们的请求，同时私下派人告知克雷芒七世自己已经无法约束军队，停战协议也不可能执行下去了。罗马此时已是孤立无援，教宗参加复活节祝福时被一些狂热的罗马人咒骂为"索多玛城的杂种"，之前路德也如此骂过克雷芒七世的堂兄利奥十世。

夏尔三世还以为事情或许能有所转机，派人向教宗索要24万杜卡特以满足士兵要求。但克雷芒七世声称自己无法募集如此多的赎金，还存有援军前来的希望，不承想不久后却要付出不止40倍的代价。在向罗马进军的途中，这支帝国军队试图进攻佛罗伦萨，却没能成功。教宗见帝国军队日益迫近，便再次向科涅克求援，同时向罗马的富人出售红衣主教之职以募集资金用来组织防卫，但收效甚微。

被羞辱的教宗

在夏尔三世的统帅下，这支部队一路烧杀抢掠而来，于5月6日抵达罗马城下。教宗最终仅组织起5000名民兵，加上少量的瑞士近卫军，守城人数总计不超过6000。夏尔三世希望速战速决，避免被守军和援军前后夹击。然而在进攻贾尼科洛山及梵蒂冈的城墙时，他受了致命的枪伤，不久就死去了。随后这支军队推选奥兰治亲王菲尔伯特代替夏尔三世出任统帅之职，但此时已经没有人能够控制住士兵了。军队很快就攻占了梵蒂冈城墙。在圣伯多禄大殿前的台阶上，教宗的近卫军几乎全部战死，教宗只能通过密道再次逃往圣天使城堡。

无人能约束的帝国军队在罗马城内展开了大洗劫，教堂、修道院和宫廷无一幸免，罗马积攒千年的财富被搜刮一空，附近一些农民也进入城中随着军队一起劫掠。三日之后，按照惯例劫掠应当停止，但主帅奥兰治亲王的命令无人遵从。随后罗马城内富人和主教的宫殿均遭洗劫，"整个罗马城内，没有一个三岁以上的人是不需要付钱以换取安全的"。

在德意志雇佣兵中，信奉新教的士兵这次算是为路德报了仇。他们尤其喜欢戏弄和折磨罗马城里的红衣主教，并向他们勒索巨额赎金。正所谓二十年前的罗马，二十年后的维腾贝格。1547年查理率领的帝国军队占领维滕贝格时，其中的意大利士兵就想要将新教"教宗"路德的尸体从坟墓中挖出来挫骨扬灰。

这次洗劫让这批士兵获得了远超预期的收入。据估计，光赎金一项就有300万杜卡特，而教宗的损失则达到了1000万杜卡特，远远高于最初他只愿支付的6万杜卡特。克雷芒七世只能躲在圣天使城堡内，望着罗马城里火光连天、哭嚎遍野的景象。此时他才知道自己的固执导致了多么大的悲剧，或许他还记得不久前雨果的警告。从此之后，克雷芒七世便蓄须来纪念此次浩劫。

罗马之劫从1527年5月一直持续到年底。在此期间，克雷芒七世一直被困在圣天使城堡，没有等来一支援军。6月6日，教宗被迫签下了屈辱的和约，给查理的军队40万杜卡特的补偿，并割让皮亚琴察、帕尔马、摩德纳和奥斯蒂亚，包括他藏身的圣天使城堡。这次洗劫让整个意大利都如同经历了大地震一般。佛罗伦萨人赶走了美第奇家族，重新恢复了共和国，其他地方势力也趁机扩张。献给德意志雇佣兵大炮的费拉拉公爵阿方索一世夺取了雷焦和摩德纳，威尼斯则占领了拉文纳等地。

当查理结束了蜜月旅行，带着伊莎贝拉和刚刚出生的菲利普回到托莱多之后，听闻罗马被攻陷、教宗被围困的消息，他非常高兴，但对士兵洗劫罗马大为震惊，立即宣称自己不对此事负责。实际上，查理曾在6月初尚不知夏尔三世已去世的情况下，写信指示他攻占罗马后抓住教宗，并将其押解回西班牙。得知教宗已然被俘、夏尔三世过世后，查理命兰诺伊的查理全权处理罗马事务。

查理一度考虑废除克雷芒七世，并将帝国首都迁往罗马，从而将教宗国与阿拉贡控制下的那不勒斯合并，把罗马教宗贬回原本的罗马主教地位，如同东罗马拜占庭帝国一样，让主教臣属于皇帝，如此一来整个西方世界或许就不会再因罗马教宗的贪婪和对世俗权力的欲望而引发无数战争了。但最后查理还是打消了这个想法。这样做不仅使得自己与路德派的要求如出一辙，让自己变成异端，更为严重的是，此举势必会让他变成整个欧洲的敌人，法兰西、英格兰、波兰和北欧各国都会联合起来对付他。

实际情况也与查理预想的差不多。得知罗马被攻陷，教宗被俘虏后，弗朗索瓦一世先是派遣曾经兵败米兰却又极富作战经验的奥德远征伦巴第，占领并劫掠了帕维亚，其程度不输于帝国军队对罗马的劫掠。之后，弗朗索瓦一世又与亨利八世在8月18日签订了《亚眠条约》，之后亨利八世派遣了一支军队登陆热那亚，并夺取了热那亚的大部分舰船来向查理施压，同时也期望教宗能够同意他和凯瑟琳的离婚。意大利尚未被查理军队控制的威尼斯和佛罗伦萨随后也加入进来，他们都担心查理会趁机吞并整个意大利。曼图亚和费拉拉公爵阿方索一世同样担心被帝国吞并，因此加入了反对查理的阵营，却并未采取任何行动。

面对如此局势，查理只好选择分而治之的策略，以分化这个打着"解救教宗"旗号的同盟。首先，查理同意释放教宗，这样同盟就没有了讨伐他的借口；同时要求教宗不能支持这个同盟，还要再支付给帝国军队12万杜卡特。教宗只好又通过出售红衣主教职位募集资金，克雷芒七世终于在12月7日获得了自由，并伪装成小贩逃到了奥尔维耶托避难。

1528年初，从前一年夏天就开始流行的瘟疫并未因过冬而消失，于是这支在罗马劫掠了大半年的军队，不得不在2月17日撤出罗马，前往那不勒斯。瘟疫同样袭击了热那亚，英格兰军队患病减员，也很快就撤离了。4月，奥德率领法军进攻那不勒斯，热那亚舰队在安德里亚·多利亚的率领下，对那不勒斯进行了海上封锁。蒙卡达在此次那不勒斯之围中战死，查理任命奥兰治的菲尔伯特为那不勒斯总督。

形势已然对查理非常不利。但幸运的是热那亚舰队指挥官多利亚被劝降，并出任海军总司令，查理为他提供了能够维持20只舰船规模的人力、资金和其他物资。此后，查理在地中海对抗奥斯曼土耳其的战役，大都交由多利亚指挥，之后我们还会反复提到他。

效忠查理之后，多利亚于7月4日解除了对那不勒斯的封锁，并调转船头进攻热那亚反查理的联军。这次重大逆转也借助了那不勒斯的高温天气，瘟疫在法军中爆发，指挥官奥德染病去世，法军不得不在8月底放弃围城。在撤退途中，法军又遭到帝国军队的阻截而全军覆没。

教宗意识到大势已去，不得不向查理全面投降。10月6日，他才获准回到已是遍地废墟的罗马。这座永恒与罪孽之城，彻底失去了文艺复兴的中心地位，很多艺术家和手工艺人逃亡到了威尼斯等地。同时代的意大利艺术家瓦萨里在其著作《艺苑名人传》中指出，罗马之劫彻底终结了文艺复兴，艺术家们一部分被杀，一部分生活难以为继，更多人逃往了威尼斯。瓦萨里并未看到，不久之后罗马将再次迎来巴洛克艺术的繁荣。

此次教宗的受辱，加上新教运动的方兴未艾，彻底让罗马教会失去了威信。亨利八世在此时选择脱离罗马教廷。他知道，查理控制下的克雷芒七世不可能通过他的离婚请求。而法兰西方面，1529年6月，弗朗索瓦一世军队与查理的军队在帕维亚进行了最后的决战，这次战役法军惨败，统帅也被帝国军队俘虏。

自此，意大利战争告一段落，弗朗索瓦一世不得不再次向查理低头。然而，查理和弗朗索瓦一世都不愿再见到对方，不约而同地选择了由他们各自最信任的人，缔结了一份"女士的和平"。

女士的和平

回到罗马的克雷芒七世已经再无能力、也无盟友对抗查理，更无力去收复教宗国被威尼斯和费拉拉抢去的地区，恢复美第奇家族在佛罗伦萨的统治，意大利秩序的恢复只能依靠查理实现了。鉴于此，克雷芒七世只好赦免了罗马之劫的参与者，并答应为查理加冕，同时承认查理拥有那不勒斯王位并给予他任命那不勒斯主教的权力，允许帝国军队自由进出教宗国。此外教宗还提名查理的大首相墨丘里诺成为红衣主教，给予查理及其弟弟斐迪南以特权，可以分得其统治地区教会收入的四分之一，用作抵抗奥斯曼土耳其人的军费。至于米兰，弗朗西斯科·斯福尔扎在乞求查理原谅他的背叛后，又继续当起了米兰公爵。

作为回报，1529年6月查理在巴塞罗那批准了《巴塞罗那和约》，对教宗也做出了极大的让步，基本上恢复了意大利战争前的局面，将罗马涅的拉文纳和切尔维亚全部归还给教宗，并向教宗承诺他会使用武力帮助美第奇家族恢复在佛罗伦萨的统治。

《巴塞罗那和约》的签订以及帕维亚战场的再次失利，使得弗朗索瓦一世不得不再次向查理乞和。双方都不愿意见到彼此，所以只能请出各自的代表来进行和谈。查理派出的是姑姑玛格丽特，弗朗索瓦一世则将母亲派去谈判。

　　那个时代可以和奥地利的玛格丽特相比肩的女性，莫过于弗朗索瓦一世的母亲露易丝了。这位萨伏依公国的女儿在七岁时母亲便去世了，随后被带入法兰西的宫廷中生活。这是那时女性参与宫廷生活的常见方式，年轻的女孩子通常在别国的宫廷里接受训练，例如安妮·博林就曾是玛格丽特府上的侍女，后来又回到了安妮王后府。露易丝受法兰西的安妮影响颇大。这位路易十一的长女，在弟弟查理八世年幼的时期担任他的摄政，因此成为欧洲最有权力的女性，被称为"长夫人"。在安妮身边的另一位女性就是奥地利的玛格丽特，她当时已经与查理八世有了婚约，所以也与露易丝一起陪同在安妮身边。由安妮调教出来的这两个女孩，没想到彼此会在若干年后成为对手。

　　比起玛格丽特的身世遭遇，露易丝算是幸运的，她15岁便嫁给了昂古莱姆伯爵，但这位多情的丈夫还有两个情妇，还生下了私生子。在弗朗索瓦一世出生的第二年冬天，伯爵骑马外出后病倒，于1496年逝世。19岁的露易丝成了寡妇。在这样一个年纪，拥有显赫地位的女性大都会选择再嫁，但露易丝却没有。有着敏锐政治意识和长远外交眼光的她，为自己的孩子和丈夫的私生子都做了很好的安排，尤其是儿子弗朗索瓦，正是由于其母的良苦用心他才能成为法兰西王位的继承人。在弗朗索瓦一世统治期间，露易丝在政治上相当活跃，弗朗索瓦一世外出时，她便摄政法兰西。后来弗朗索瓦一世被俘，是露易丝坚决不同意查理的过分要求，并派遣使团一手促成了法兰西和奥斯曼的联盟。

　　两大王国之间的争斗，最后由两位女性出面进行和谈，不能说是"绝后"，但肯定算是"空前"的事情。双方约定将巴黎和布鲁塞尔中间的边境小城康布雷作为会谈地点。康布雷的地理位置令其多次成为和谈的绝佳场所。1508年马克西米利安一世、路易十二和罗马教宗尤利乌斯二世也是在康布雷签订了联盟。此时的玛格丽特已经49岁，而露易丝也年过半百，年幼时一同在安妮身边生活的快乐时光，或许两人都记忆犹新。此后虽然玛格丽特嫁给了露易丝的弟弟萨伏依公爵，成了露易丝的弟媳，但此时她们却代表着水火不容的两个王国。

这次的协议条款不过是三年前《马德里条约》的翻版，弗朗索瓦一世只同意割让阿图瓦、佛兰德斯和图尔奈，并支付200万杜卡特赎回被查理扣押的两个儿子。同时，玛格丽特还派人与英格兰签订和约。这次会谈是玛格丽特和露易丝的最后一次露面，此后两人分别于1530年和1531年去世。

现在整个意大利，几乎掌控在查理的手中，他比查理曼更有能力完成西罗马帝国分裂之后意大利的统一，让意大利各个公国臣服于一个统治者的局面在查理时代即将实现。而此时的查理已经在西班牙待了七年时间，完全成了一个西班牙人。1529年7月下旬，他告别心爱的皇后和孩子，从巴塞罗那出发，前往意大利。帝国军队在罗马的破坏和对教宗的羞辱，让意大利人深感不安。为了安抚意大利人的情绪，查理特意更换了形象，剪掉了西班牙人习惯蓄留的长发，改成意大利式的短发，并将自己塑造成罗马恺撒的化身。

8月12日，查理从热那亚下船，走陆路前往东边200公里的博洛尼亚。此时热那亚已经修建了一座凯旋门，正中装饰着哈布斯堡家族双头鹰的徽章以欢迎查理的到来。尽管帝国军队基本掌控了意大利，然而这却是查理第一次来到意大利的土地上。和罗马时期的尤利乌斯·恺撒曾说过的"我看见，我征服"相反，这位新的恺撒是"我征服，我看见"。

伦巴第的铁王冠

罗马刚刚遭受劫难，一切尚未恢复，所以查理和教宗克雷芒七世决定在博洛尼亚举行加冕仪式。就在前往博洛尼亚的途中，查理收到弟弟斐迪南的求助，得知此时苏莱曼的大军已经再次攻陷了匈牙利的布达，准备进攻维也纳。听到这个消息后，查理一度想要取消加冕典礼，但考虑到自己此时前往维也纳也于事无补，最终只好让斐迪南先向德意志的新教王子们求助。

查理采用了古罗马皇帝的凯旋仪式，花了三个月从一个城镇到另一个城镇，在11月5日才到达博洛尼亚。博洛尼亚是教宗国罗马涅的属地，而现在已由查理的军队控制。教宗克雷芒七世早在10月23日就抵达了博洛尼亚，开始布置迎接查理的欢迎仪式。博洛尼亚圣菲利斯门前，也建起了一个凯旋门，一面有恺撒、奥古斯都、提图斯和图拉真的雕像，而另一面则是君士坦丁大帝、查理曼和查理的雕像。罗马教廷25位红衣主教齐齐在城门口等待，见到皇帝的到来，他们下马鞠躬迎接。这是罗马教廷历史上从未曾有过的耻辱。他们在中世纪随意对不听从罗马教宗的国王发出绝罚令，对不同于罗马正统信仰的异端者实施火刑，参与欧洲各国的战争和内政，也曾领导整个基督教世界发起过数次十字军东征。然而此刻，他们不得不对皇帝卑躬屈膝。

从1519年的皇位选举到1529年，查理已经当了十年的皇帝，亚琛的加冕已经让他成了"罗马人的王"。正如之前提到过的，中世纪以来神圣罗马帝国是由德意志、勃艮第和意大利"三领地"所组成。查理这次实际是加冕为意大利的国王，因此戴上的是"伦巴第的铁王冠"①。

1529年11月5日，基督教世界两个最重要的人物终于在博洛尼亚见面了，克雷芒七世已经在圣白托略大殿等候查理多时。这是两人第一次见面，查理按照习俗跪在这个被他打败了的教宗面前，亲吻了他的脚，而克雷芒七世也宽恕了查理军队所有的冒犯之举。在短暂的欢迎仪式后，双方先坐下来商讨意大利战后的重建，等一切都商议妥当后，才最终将查理的加冕礼定在他30岁生日那天，也是帕维亚战争胜利五周年的日子。为了使得查理的加冕看起来更像是在罗马举行，教宗努力将博洛尼亚装饰成罗马的样子，为了让博洛尼亚圣白托略大殿更像是罗马圣伯多禄大殿，该教堂还进行了内外改建。

1530年2月22日，克雷芒七世在宽恕了查理包括罗马之劫的所有罪行之后，将伦巴第的铁王冠戴在了查理的头上。这个铁王冠在查理曼的加冕礼中用过，后来在拿破仑加冕的时候也用过，最后一位使用者是奥地利帝国皇帝斐迪南一世。第二次意大利独立战争结束后，铁王冠在奥地利从伦巴第撤退时被带走，直到第三次意大利战争后才被交还给意大利。

这次加冕为意大利国王的典礼很像是一次彩排，在私下举行，真正隆重的是两天后即查理30岁生日当天的正式加冕礼仪，他将加冕为三个国王之上的皇帝。

在24日那天，为了防止拥挤的人群使得加冕队伍无法行进，在查理下榻的宫殿和大教堂之间已经架设起木桥。在典礼规定的

---

① 基督教世界最为重要的王冠之一。在中世纪初期制作而成，据说用钉过耶稣的钉子的铁所铸成，因此才被称为铁王冠，但现代科技分析显示，该王冠并不含铁。

时间，查理穿上华丽的礼服，头戴伦巴第铁王冠，由拥有罗马帝国贵族头衔的人在前面领路。他们分别是萨伏依公爵、乌尔比诺和巴伐利亚公爵及蒙菲拉托侯爵，各自拿着象征帝国的皇冠、宝剑、金球和权杖，而查理披风的下摆则由拿骚的亨利捧扶。

进入教堂后，红衣主教、未来的教宗保禄三世为查理涂了油。而教宗克雷芒七世则在仿照圣伯多禄大殿而建的主祭坛上举起了剑，将其交给查理，象征着查理以后拥有发动战争和保护教会的权力，并授予他一个金制的地球，象征着查理拥有世界帝国的统治权。克雷芒七世再次将金色的恺撒王冠戴在查理头上，仪式此时达到了高潮。

仪式结束后，教宗和皇帝举行了庄严的游行，盛装穿过博洛尼亚的主要街道。结束一天的仪式后，帝国和罗马代表团在公共宫殿里举办盛大的宴会，与此同时，广场上的人们也欢聚一堂，活动准备了烤牛，红酒从一个赫拉克勒斯雕塑的喷泉中源源流出，所有人都尽情畅饮。

这是神圣罗马帝国自查理曼以来，七百年里最后一次在意大利为皇帝举行加冕仪式，自此之后，神圣罗马帝国皇帝就再也不用前来由罗马教宗加冕了。基督教徒称赞查理为恺撒的继承人，查理成了基督教世界无可争议的霸主。

意大利各地都制作了奉承查理的作品，有壁画、油画和雕塑，并以此献给皇帝，希望能够得到一些赏赐。但查理对此不以为意，拒绝为这座加冕教堂的壁画付费，就是提香被带到博洛尼亚为皇帝的画像撒上了金粉，查理也只给了他一个杜克特作为酬劳。这让很多人都感到不满，有人甚至说，给查理陪睡一晚的侍女，每人都有两个杜卡特。

因为查理承诺教宗帮助恢复美第奇家族在佛罗伦萨的统治，

并将教宗的私生子"摩尔人"亚历山德罗送上佛罗伦萨公爵的位置，所以他在意大利战场上最后的敌人就是佛罗伦萨共和国了。佛罗伦萨共和国不愿接受美第奇家族的重新统治，因此誓死抵抗。然而所谓的科涅克同盟都已经被逐个击破，佛罗伦萨只能孤军奋战了。查理派遣了一支庞大的军队包围了佛罗伦萨，佛罗伦萨召集了1万民兵进行抵抗，其中就包括米开朗基罗，他指挥建设了防御工事。这位为美第奇贡献了毕生的艺术家，此时用他的才华抵挡着支持美第奇的军队进攻佛罗伦萨。

防御工事建设的重大进展和帝国军队的延误，增强了佛罗伦萨人的战斗决心。帝国军队围攻了十个月才最终攻陷此城，佛罗伦萨共和国被推翻，教宗的私生子登上了佛罗伦萨公爵之位，而查理也将自己婚前所生的女儿——奥地利的玛格丽特嫁给了这位佛罗伦萨公爵。佛罗伦萨的沦陷让此地的工匠四处逃散，尤其是逃到德意志地区。文艺复兴在罗马之劫和佛罗伦萨之围后，转向了其他地方。

30岁的查理被加冕为"罗马人的王"，正式拥有了神圣罗马帝国皇帝的头衔，取得了基督教世界最高的荣耀和地位，也达到了他本人在整个欧洲的权力顶峰，欧洲已经无人再敢挑战其权威。然而，一个来自欧洲之外的强大对手，已经出现在哈布斯堡家族领地的门前。匈牙利陷落，维也纳告急！

第四部分
奥斯曼来袭

请称呼我为一个被炮弹击中过的皇帝

——

查理五世

第十四章

奥斯曼帝国的崛起

当宫廷里狡诈的首相和军营中胜利的将领相继推翻亚洲那些短命王朝时，奥斯曼的世袭制度却在500年的实践中获得肯定，现在已经与土耳其民族最重要的政治原则结合在一起。

——爱德华·吉本：《罗马帝国衰亡史》

在四分五裂的罗姆苏丹国中，一个突厥小部落很快从十多个小国中脱颖而出，迅速崛起，一改先辈突厥人只会打仗不懂治理的习性，建立起了一个统治六百多年的庞大帝国，这个帝国的开创者便是奥斯曼。

从缔造者到征服者

传说有一天奥斯曼在一位穆斯林家中过夜，睡前主人将《古兰经》放在他的房间里，奥斯曼读到凌晨才睡。在梦中，奥斯曼梦见一位天使，天使说因为奥斯曼的虔诚阅读，其子孙将世代享有荣光。还有一个传说是奥斯曼梦见了四条山脉和君士坦丁堡，从而获得了一位伊斯兰教法官的认可，并将女儿嫁给了他。

怀着满腔的宗教热忱，奥斯曼开始率领部众，趁着罗姆苏丹国衰弱积极拓展疆域，不久便吞并了原罗姆苏丹国的大部分地区。在尼西亚击败拜占庭部队后，奥斯曼又占领了拜占庭在爱琴海边的最后一个根据地以弗所，成为威胁拜占庭的主要势力。

奥斯曼一世在位期间将领土扩大至拜占庭边境，此后奥斯曼帝国的版图又继续扩张到地中海东部，甚至越过拜占庭到达了巴尔干地区。奥斯曼留给这个帝国的不仅仅是名字，还有一把奥斯曼之剑，作为历任帝国苏丹加冕仪式中受赠的国家之剑，该剑一直延用到1922年最后一任奥斯曼帝国的苏丹离开土耳其。

一旦历史上有了前例，后起之秀只要潜心学习和吸纳前者的经验和教训，很快就能超越前辈，建立更为广大的帝国。奥斯曼土耳其人顺着阿拉伯人和东罗马的步伐，继承了前人的统治之道，稳扎稳打地开始了帝国的扩张。奥斯曼一世逝世后，他的儿子奥尔汗一世继续扩张的步伐，并开始进行行政体系与军队体制的改革和完善，还发行自己的货币，甚至迎娶了拜占庭的公主，参与到拜占庭帝国的内部事务之中。奥尔汗用十多年时间征服了拜占庭之北的色雷斯地区，这相当于切断了拜占庭与巴尔干地区的联系。

奥尔汗还创建了一种军事封地制度，这种军事封地面积狭小，基本不可世袭，所有土地都归苏丹所有，因此没有出现欧洲那种世袭的、能够与君主抗衡的土地贵族。士兵只有通过征服才能获得更多的封地，这使得帝国君主可以拥有一支直接听命于自己的职业常备军队。除此之外，军队还招募土库曼骑兵作为前卫部队扫清障碍，以非正规步兵充当炮灰，用以吸引敌人火力。

此后的穆拉德一世又对奥尔汗时期的步兵组织进行了发展，并创立了此后影响深远的土耳其近卫军①。近卫军一开始是从被征服的巴尔干半岛上的斯拉夫人中选取的，随后范围逐渐扩大，包括了希腊人、保加利亚人、阿尔巴尼亚人、罗马尼亚人、乌克兰人和波兰人。一般是选取最强壮的男童进行军事训练，并让其

① 即耶尼切里，又叫土耳其新军。

改信伊斯兰教和学习土耳其语，随后经过层层选拔和审查，待这些男孩长大后，便成为最具战斗力的军人。

近卫军的编制非常有趣，部队的标志是汤锅和勺子，军官的头衔也一直从主厨到送水使，炖锅是荣誉标志，连开会都选在炖锅附近。近卫军在穆拉德一世时期只有1000人左右，是整个帝国武装力量很小的一部分，随后却发挥了越来越重要的作用。

奥斯曼的军队实际施行的是奴隶制，帝国苏丹的祖先原来也是阿拉伯帝国的突厥奴隶，所以并未对士兵的出身表示过反感。根据奥斯曼帝国的法律，在被土耳其征服的地区，被俘者要么改宗伊斯兰教成为自由民，要么拒绝改宗成为奴隶。因此，帝国军队中就有很多不愿意改宗的基督徒奴隶。不过奴隶的地位并不是固化的，而是可以通过自己的能力加官晋爵，甚至可以当上仅次于苏丹的大维齐尔[①]。

穆拉德一世时期，奥斯曼帝国对于欧洲的觊觎之心已经引起了各方势力的警惕，在经过多年艰苦的战争之后，奥斯曼帝国在巴尔干半岛的扩张达到了极限。如果说奥尔汗一世是奥斯曼帝国进军欧洲的开拓者，那么穆拉德一世则成功地将巴尔干半岛保持在帝国版图内长达五个世纪之久，直到19世纪此地区的民族国家相继建立为止。

穆拉德一世在科索沃战役中被诈降的塞尔维亚贵族刺杀身亡，其长子巴耶济德一世（又译为巴耶塞特）宣布即位，随后勒死了自己的弟弟，开启了奥斯曼帝国此后在皇位继承方面手足相残的血腥传统。巴耶济德一世不仅通过战争，也通过联姻与塞尔维亚联盟，并在尼科堡之战打败了由法兰西和匈牙利骑士组成的

---

① Grand vizier，苏丹以下最高级的大臣，相当于宰相，拥有绝对的代理权。

十字军。保加利亚陷落，此后阿尔巴尼亚也被降服，奥斯曼帝国开始围攻孤立无援的君士坦丁堡。

正当自称"罗马皇帝的继承人"的巴耶济德准备对君士坦丁堡发起最后一击时，一支突厥化的蒙古人入侵了奥斯曼土耳其帝国。这个由成吉思汗后裔创立的帖木儿帝国信仰伊斯兰教，相比其祖先而言要文明得多，还在首都撒马尔罕创立了大学，甚至逐渐取代巴格达成为穆斯林的学术中心。在其最强盛的时期，帖木儿帝国统治的疆域几乎横跨中亚大草原，一直到达小亚细亚。

帖木儿帝国创始者帖木儿和马其顿帝国的亚历山大、罗马的大西庇阿等人被列为人类军事史上不曾战败过的军事指挥官。帖木儿先是拿下了锡瓦斯，然后向南攻打阿勒颇、大马士革和巴格达，迫使巴耶济德一世撤除对君士坦丁堡的包围，抽调军队前往亚洲迎战帖木儿大军。如同一百年前蒙古人的祖先曾间接地挽救了君士坦丁堡的燃眉之急一样，这次他们再度挽救了这座城市。和帖木儿的战斗中，巴耶济德一世大败，自己也被生擒，并于1403年在囚禁中逝世。帖木儿横扫小亚细亚，将麦地那的医院骑士团驱赶到罗德岛。此后罗德岛成为奥斯曼苏丹最难啃的骨头之一。

帖木儿掌控奥斯曼帝国后，并未想占据这里，在巴耶济德一世死后不久就返回了撒马尔罕。听闻明朝内部发生靖难之变后，他准备前去征服明王朝，然而不久后却死于行军途中。自此之后，鞑靼众部各奔前程，而奥斯曼帝国也将迎来崭新的开始。

巴耶济德一世战败被俘后，奥斯曼苏丹之位一直悬而未决，巴耶济德一世的几个儿子各自割据，相互争斗了十年，这段内战时期被称为"奥斯曼帝国大空位期"，也让东罗马帝国仅存的"孤岛"君士坦丁堡又苟延残喘了50年。最终巴耶济德最小的儿子穆罕默德成为苏丹，于1413年加冕为穆罕穆德一世，将帝国带回了正轨。

从穆罕默德一世到苏莱曼一世近两百年的时间里，奥斯曼帝国在连续几位能力出众的苏丹统治下迅速扩张，比查士丁尼大帝时期的拜占庭帝国更为强大。穆罕默德一世之后的苏丹是穆拉德二世，他曾将近卫军的规模扩充至7000人，并围困过君士坦丁堡。虽然穆拉德二世厌倦战事而渴望和平，但在两次让位给儿子后又不得不收回成命，继续统治这个庞大的帝国，并率军西征，吞并了塞尔维亚，将摩里亚半岛和波斯亚尼变成帝国的附庸。在与基督教各国签订了和约后，他再次主动退位，并将征服的使命留给了年仅19岁、由奴隶所生的穆罕默德二世。

穆罕默德二世重组了奥斯曼的国家和军事结构，为日后奥斯曼帝国一百余年的称霸奠定了基础。其统治的30年间，亲率大军远征26次，几乎是连年征战，因此被称为"征服者"。其中最辉煌的成就，就是攻克了千年永固的东罗马帝国首都君士坦丁堡。

君士坦丁堡的陷落

1453年初，穆罕默德二世亲率大军包围了君士坦丁堡。这个从阿拉伯帝国兴起以来穆斯林世界最渴望征服的地区，已经是一座孤城。巴耶济德一世曾在君士坦丁堡的海峡对岸修建了一处要塞，称为安纳托利亚堡垒，穆罕默德二世则在君士坦丁堡同侧的外城墙边修建起了第二座城堡，即如梅利堡垒，这就相当于控制住了博斯普鲁斯海峡。两处城堡可以阻止黑海沿岸热那亚殖民地的援兵到达君士坦丁堡。

双方多年来已经积累了太多的怨恨，此时东罗马帝国向西欧的求助已经得不到所期望的回应了。同时欧洲各主要国家也都有自己需要解决的问题，无法派兵前来。虽然有意大利北方城邦的一些部队前来增援，但面对奥斯曼的大军不过是杯水车薪而已。当时君士坦丁堡守军仅有约7000人，而奥斯曼的军队超过了10万，同时穆罕默德二世还加强了海上舰队，以便从海上围城。

奥斯曼军雇佣了一位来自匈牙利的火炮制造专家乌尔班。他建造的巨型火炮，射程较长，但炮身笨重不堪，在坚持使用了六个星期后便因后坐力太大而损坏。火炮轰击未能打开君士坦丁堡城墙的缺口，奥斯曼的舰队也因横江铁锁而无法进入金角湾。最后穆罕默德二世听取建议，在加拉塔建起一条陆地船槽，翻山越岭地将70艘舰船运进金角湾，从而切断了热那亚至君士坦丁堡的海上补给线。虽然奥斯曼军发动了多次正面攻击，并试图挖掘隧道穿过城墙，但最终这些努力都没能打开君士坦丁堡的缺口。

5月23日，穆罕默德二世再次发起多轮进攻，都被守军一一击败。最后，一小队奥斯曼士兵发现贝拉奈城墙的科克波塔门因守军大意而未能锁上，便以此为突破口迅速登上城墙。东罗马皇帝君士坦丁十一世亲自带领守军奋勇抵抗，直至战死。奥斯曼军队攻入城中，烧杀抢掠三日，直到局势平静后，穆罕默德二世才以盛大的仪式入城。自此，穆罕默德二世便以罗马皇帝的继承者自居，自封"罗马恺撒"，而君士坦丁堡改名为伊斯坦布尔，成为奥斯曼帝国的新都，圣索菲亚大教堂也被改为清真寺。

虽然面对奥斯曼帝国强大的军事实力，君士坦丁堡的陷落只是时间问题。但当这一切真的发生时，西方世界还是受到了极大的冲击。在西方看来，是异教徒入侵后毁灭了拜占庭帝国，然而对于奥斯曼帝国来说，则是以奥斯曼的方式使帝国的辉煌重现。

在穆罕默德二世的恩准下，原本生活在这里的基督徒们仍然享有信仰自由，并保留了自己的仪式和传统，希腊东正教的牧首、亚美尼亚教会的牧首，还有犹太教的首席大拉比，与伊斯兰教的乌莱玛共存于伊斯坦布尔。尤其是圣索菲亚大教堂，虽然被改成了清真寺，但也不过只是添加了宣礼塔，苏丹并未因伊斯兰教禁止人像艺术而拆除教堂内的马赛克人像，这与新教改革后新教地区教堂的命运截然不同。希腊正教牧首的地位也得到提高，几乎相当于"罗马教皇"的"希腊教皇"。

为了让伊斯坦布尔这个新都与其地位相匹配，穆罕默德二世派人修复了城墙，并召回因战争而逃走的居民，承诺保护他们的财产和信仰，还可以免除赋税。奥斯曼帝国政府还重建伊斯坦布尔的住房和店面，释放俘虏，并允许他们居住于此。从帝国各城中选出的富人、商人和手工艺人被迁移到新都，以促进当地的商业和手工业发展。相比同时代驱逐犹太人和摩尔人的西班牙等欧洲国家，这些西方世界的异教徒在伊斯坦布尔受到了欢迎。

伊斯坦布尔很快就再次繁荣起来，在不到百年的时间里，这里的人口就达到了50万。行会体系、城镇化和市场设施的增加，让奥斯曼帝国成了重要的世界贸易中心以及连接欧亚贸易的重要纽带。奥斯曼商人从东欧渗透到中欧，足迹亦远达北欧，他们的商铺遍布各主要城市，还发展出一套信用体系来促进贸易发展。

奥斯曼土耳其从原来以游牧民族为主体的国家，逐步转变为一个跨民族的包容多种宗教和文化的帝国。对于这种转变与他们的扩张，著名史学家吉本在《罗马帝国衰亡史》中如此说道：

> 王朝的继承人不是豢养在后宫奢华的环境之中，而是在朝堂和战场接受教育，在幼小的年纪就被父亲授予管理行省和军队的职位，这种显现男性刚强气概的制度虽然很容易引发内战，但对于君主国家培养重视纪律和励精图治的精神却起了很重要的作用。

这只是其军事成功的一部分。相比西罗马帝国和东罗马拜占庭帝国后期那些被权臣和将领轮流控制和推翻的短命王朝，奥斯曼帝国的世袭制度能够成功延续600年，主要也是因为建立了一套有效的政治体系、军事制度和互利的税收体制，并不断完善。

拜占庭陷落之后，进攻欧洲最大的障碍已经拔除，穆罕默德二世渴望能够再次攻下罗马。此时他首先要面对的是匈牙利、塞尔维亚、阿尔巴尼亚以及东地中海上的威尼斯。穆罕默德二世先向塞尔维亚发起连番进攻，随后召集了15万精兵于1456年攻打贝尔格莱德，然而这次战事他却遭遇惨败，第二年又攻打希腊并取得了成功。随后他东征西战，但实际上并没有大规模地扩大帝国的疆土。要成为"两个大陆的国王、两个海洋的统治者、两个圣地的守护者、两支大军的统帅"，并得到其他厥功至伟的头衔，还要靠后面几位苏丹。

穆罕默德二世的继承者巴耶济德二世被称为"正义者"，在军事征服上亦有颇多建树，不过比起征服，他对宗教和诗歌更加感兴趣。他潜心宗教信仰，生活朴素，为人包容，也很热衷于艺术。晚年，巴耶济德二世被儿子赶下苏丹之位，"冷酷者"塞利姆一世继承大统。他发动数次征服战争，开启了奥斯曼帝国与欧洲正面相争的时代。

"冷酷者"塞利姆一世

塞利姆一世是巴耶济德二世的幼子，实际上并非王位第一继承人。当年迈的父亲宣布哥哥为继承人的时候，塞利姆愤愤不平，开始兴兵夺取王位，最终成功击败父亲和兄长，于1512年迫使父亲退位隐居，顺利登上苏丹之位。之后他又相继击败并用弓弦勒死了两位兄长，绞杀了五位侄子，只有一位侄子侥幸逃至波斯。

奥斯曼帝国这种同胞兄弟相残的传统自巴耶济德一世开创，到穆罕默德二世时上升到法律的高度。穆罕默德二世说过："经大多数法学家的认可，我的任何一个儿子，如果蒙真主恩赐而继承苏丹大位，都有权为了国家的福祉处死他的兄弟。"因此，塞利姆一世的做法可谓是得到了先祖和法律的双重认可。

塞利姆一世上位后，并未直接攻打匈牙利，而是将目光瞄向帝国内部的挑战者——什叶派势力。这就要讲到以什叶派思想作为意识形态基础、崛起于奥斯曼东方边境的萨非（又译为萨法维）王朝了。

萨非家族原本是一个伊斯兰教的苏菲派教团，以其创立者的名字命名。帖木儿帝国式微后，伊朗高原和安纳托利亚地区陷入混乱之中，这为萨非教团问鼎政坛创造了条件，其自身的宗教影响力也不断扩大。随后由于奥斯曼帝国不断扩张，并迫害什叶派，1501年，什叶派信徒联合了对帝国不满的阿塞拜疆和东安纳托利亚的土库曼民兵，一同攻占了大不里士，推翻了当时统治波斯的白羊王朝，建立了萨非王朝。

萨非王朝的第一任君主伊斯玛仪一世自称为穆罕默德女儿法蒂玛和阿里的后代，为了稳定自己在波斯的统治，还宣称自己是萨珊王朝的后裔，故以波斯帝国传统的君主头衔沙阿自称。萨非王朝以大不里士为首都，在消灭前朝余党巩固政权的同时，也积极地向外扩张。到了1510年时，伊斯玛仪一世已经征服了整个伊朗和阿塞拜疆，还有美索不达米亚和亚美尼亚、呼罗珊和安纳托利亚以东的地区，并将高加索地区格鲁吉亚两个王国纳为附属国。强盛时期，萨非王朝的版图西起两河流域，东至阿富汗和土库曼斯坦，北至里海，南到波斯湾和阿拉伯海。

　　面对萨非王朝的崛起，塞利姆一世在攻打欧洲前，必须先解决这个来自东方的日益增长的威胁。这场军事行动以消灭什叶派"异端"为名。塞利姆一世试图先用言语激怒伊斯玛仪一世，但伊斯玛仪一世并不上当。1514年，塞利姆一世率军远征萨非王朝，伊斯玛仪一世却不断后撤，避而不战，并执行焦土政策，塞利姆一世的军队所到之处早已成为残垣断壁。最终，伊斯玛仪一世还是被迫在查尔迪兰与塞利姆一世正面交锋。塞利姆一世军队普遍装备火炮和火绳枪等新型武器，而伊斯玛仪一世军队的兵器却仍以刀剑和弓箭为主。此战中，伊斯玛仪一世战败，本人也于战场上负伤，两个妻子被塞利姆一世抓获。随后塞利姆一世的大军又攻陷了萨非王朝的首都大不里士，后因冬季到来而撤军。萨非王朝并未被彻底征服。随后塞利姆一世禁止了与波斯的丝绸贸易，试图在经济上打击萨非王朝。这场战争让伊斯玛仪失去了之前战无不胜的光环，随后，他便整日酗酒，脸上再无笑容，既不住在宫殿里，也不参加任何军事活动，对国家政务撒手不理。

　　打败伊斯玛仪一世之后，塞利姆一世才将目光转向东地中海，埃及的马穆鲁克王朝成为他接下来的目标。1516年，他先是在达比克草原战役中战胜了马穆鲁克军队，随后又相继征服了叙利亚、阿勒颇、大马士革、贝鲁特和加沙等黎凡特地区，并为这些城市委任了总督。接下来塞利姆一世继续向南推进，率领大军驻扎在埃及边境。此时他写信给开罗继任苏丹的图曼贝伊，宣称自己成为马穆鲁克王朝的合法苏丹，只要图曼贝伊等人宣誓效忠，就可以在此地继续执政，只需作为伊斯坦布尔的附庸并朝贡即可。图曼贝伊当然不会只因寥寥数语就屈从于塞利姆一世，反而继续使用苏丹的称号。此时的塞利姆一世率军穿过西奈半岛，在里达尼亚战役中再次获胜，随即进军开罗及周边地区。战斗进行了几天之后，图曼贝伊战败，只好渡过尼罗河逃亡，最终于两个月后被俘虏，在开罗城门上被绞死。奥斯曼帝国吞并了整个马穆鲁克王朝的领土，整个东地中海岸已经尽归于奥斯曼帝国的掌控之下。

塞利姆一世在埃及待了六个月，留下一位总督之后率军返回了伊斯坦布尔。随塞利姆一世一起回到伊斯坦布尔的还有先知穆罕默德以及历代哈里发的长袍和旗帜。自此，奥斯曼不仅在军事上成为阿拉伯帝国的继承者，也在宗教上成为整个穆斯林世界的首领。至此，对埃及的征服，让阿拉伯半岛的西部也纳入塞利姆一世的治下，奥斯曼帝国成为麦加和麦地那两座圣城的保护者，塞利姆一世因此也获得了"两圣地之仆"的头衔。在不到十年的时间里，塞利姆一世将奥斯曼帝国的领域扩大了将近两倍。此时奥斯曼帝国的疆域从多瑙河到尼罗河，从亚得里亚海到印度洋。

从塞利姆一世开始，奥斯曼帝国才真正冲出了安纳托利亚地区，成为穆斯林世界的绝对领导者。从此，奥斯曼帝国也逐渐介入到欧洲政治格局中，两者之间的历史联系越来越紧密。这个身材高大、外表凶狠、内心冷酷、性格暴戾的统治者在两年后死于癌症，仅仅统治了九年。接下来的伟大事业将留待继承者来完成。

奥斯曼帝国的触角已经深入意大利半岛。随着查理加冕为神圣罗马帝国皇帝，保卫基督教和基督教世界的责任也落在了他的肩上。他要面对的将是奥斯曼帝国最为强大的征服者、他称霸欧洲和地中海世界最重要的一个对手：苏莱曼大帝。

苏莱曼大帝

苏莱曼一世是塞利姆一世王后的独子，出生于1494年，比查理五世大六岁，和弗朗索瓦一世同龄。苏莱曼七岁时，依传统在伊斯坦布尔的皇家学校学习科学、历史、文学、神学和兵法，接受的教育程度之高远远超过了年轻时的查理和弗朗索瓦一世。

苏莱曼12岁的时候和一个名叫易卜拉欣的奴隶结下了友谊。易卜拉欣是希腊渔民之子，身材中等，皮肤黝黑，被土耳其海盗俘获后卖为奴隶。同龄的两人很快就成为朋友，苏莱曼很欣赏易卜拉欣的聪明才智以及演奏小提琴的技巧，而易卜拉欣后来也成为苏莱曼最信任的顾问和大维齐尔。

苏莱曼15岁时开始担任安纳托利亚西北部一个小省的长官，在随后三年里担任克里米亚卡法港的总督，在此处管理与印度和伊朗的贸易，之后又担任奥斯曼帝国君士坦丁堡和亚得里亚堡两个城市的总督。塞利姆一世逝世前，苏莱曼又接任了极具战略地位的安纳托利亚西部的马尼萨省总督。此时，25岁的苏莱曼已经熟练掌握了统治的技巧。

因为苏莱曼是塞利姆一世与王后的独子，所以塞利姆一世去世后，并没有发生父辈先祖那样血腥的王位争夺。1520年9月30日，也就是查理在亚琛加冕为神圣罗马帝国皇帝的22天前，苏莱曼成为这个地跨欧亚非的庞大奥斯曼帝国的第十任苏丹。

苏莱曼的名字来自古代犹太王国的贤王所罗门，这也将完美的君主形象以及正义主持者的身份一同赋予了苏莱曼一世。查理驻奥斯曼的大使对苏莱曼一世的描述极尽奉承之词："他永远具有成为谨慎、中庸之人的个性。就算在他早年，按照土耳其的规定任何罪行都可宽恕的时期，他的生活也没有可以责难的地方，因为他在年轻时，既不耽溺醇酒，也不犯上那些土耳其人常犯的不合天性的罪孽……"一位威尼斯特使的描述则较为客观："他今年25岁，个子很高，瘦而结实，表情柔和。他的脖子有点太长，脸有点太瘦，还长了个鹰钩鼻子。他的唇上留着一点胡子，下巴上也有一撮小胡子。不过，他的相貌还是让人感到愉快，尽管肤色略有些苍白。据说，他是一位睿智的君主，热爱学习，所有人都期望他的统治会带来好日子。"

就这些赞美之言来说，苏莱曼一世确实当之无愧，他的实权和统治能力，都远远超过当时任何一位欧洲君主。比起并无多少实权的神圣罗马帝国皇帝，苏莱曼一世被称为与亚历山大齐名的"大帝"一点也不夸张。当时西方有人将查理比作查理曼，而苏莱曼一世也同样仰慕亚历山大的事迹，并受其影响，立志建立一个类似于马其顿帝国那样的世界帝国。因此，向欧洲内陆扩张，进入神圣罗马帝国的中心地带，就成了他毕生的目标。

西方人听到"战争狂人"塞利姆一世逝世的消息后，无不松了一口气，认为欧洲终于可以暂时不用担心奥斯曼帝国的进攻了，新任苏丹苏莱曼一世看起来仿佛是"一头温柔羔羊继承了凶猛狮子的位置"，是一位尚无经验、喜好安静和平的苏丹。刚继任的苏莱曼一世一开始的确没有将心思放在战争上，甚至对国事都不怎么上心。他和易卜拉欣一起探索皇宫各处，从鸵鸟园到马房，从宫内内室到秘密通道。伊斯坦布尔居民经常能够在各处看到这两人形影不离。

苏莱曼一世加冕后不久，埃及马穆鲁克和大马士革发生叛乱，他不得不派兵镇压。在平定两地叛乱之后，苏莱曼一世派特使前往匈牙利，索要和平协议所规定的贡奉，然而这位特使却被匈牙利国王削鼻割耳后赶了回来。这个野蛮且愚蠢的举动无疑是对苏丹权威的挑衅，苏莱曼一世决定要教训一下这些傲慢无礼的马扎尔人。从此之后苏莱曼一世开启了一系列的军事征服行动。第一战的目标自然就是一直以来阻挡奥斯曼帝国向欧洲内陆扩张的匈牙利。此时的匈牙利已经通过联姻并入了哈布斯堡帝国，就这样，16世纪的"查理曼"和"亚历山大"就展开了他们对地中海和欧洲霸权的争夺。

1525年查理俘获了弗朗索瓦一世之后，弗朗索瓦一世的母亲露易丝两次派使者前往奥斯曼，请求苏莱曼一世攻打匈牙利，以解救自己的儿子。苏莱曼一世本来就计划入侵匈牙利，于是回复说，"马以加鞍，刀已系腰"。这一次苏莱曼一世没有食言。1526年4月，他亲率10万大军和300门火炮向匈牙利进发。

第十五章
匈牙利告急

从野蛮到文明需要一个世纪，从文明到野蛮只要一天。

——威尔·杜兰特《文明的故事》

马克西米利安一世生前所安排的最后一项双重婚约，让匈牙利和波西米亚并入了哈布斯堡王朝，也让哈布斯堡王朝的东部边界直接面临来自奥斯曼帝国的进犯。如若丧失了匈牙利这一屏障，欧洲内陆的门户便会洞开，奥斯曼帝国随时能够大举入侵西欧。

匈牙利王国的崛起

匈牙利在罗马帝国时期，仅仅是帝国的一个名为潘诺尼亚的行省。匈牙利大平原的地理学名称"潘诺尼亚盆地"便来自于此。罗马帝国灭亡之后，匈人的入侵瓦解了罗马人在潘诺尼亚地区的统治，此地变成了匈人帝国的一部分。匈人帝国崩溃之后，东哥特人趁机摆脱匈人的统治，并于493年成立了东哥特王国，此后又被阿瓦尔人（中国古称柔然）取代。直到查理曼时期，法兰克人才击败阿瓦尔人，但法兰克对匈牙利的统治并不稳固。

伊什特万一世打败了受异教徒支持的叔父后，成为匈牙利最有实权的大公，并在马扎尔人中传播天主教。公元1000年，罗马教宗加冕伊什特万一世为匈牙利第一任国王，从此开启了匈牙利王国的阿帕德王朝。匈牙利语中的伊什特万就是德语中的史蒂芬，此后历代匈牙利国王所戴的王冠就被译为"圣史蒂芬王冠"。从此，匈牙利成为一个由少数马扎尔人统治多数斯拉夫人的国家。

匈牙利王国在1222年颁布金玺诏书，开始限制王权的过分扩张，这被认为是欧洲首份宪政文件。阿帕德王朝在此地统治了三百年之久。到了13世纪中期蒙古人第二次西征时，布达和佩斯被攻陷，这个基督教王国便告瓦解，国王逃往神圣罗马帝国避难。成吉思汗死后，金帐汗国再次入侵匈牙利，但无法攻陷堡垒，匈牙利国王拉斯洛四世在蒙古军撤退时将其成功击退。但拉斯洛四世因沉迷享乐，纵容异教信仰，招致罗马教宗的讨伐，最后被刺杀而亡。拉斯洛四世死后无嗣，其堂叔安德烈三世继承王位。安德烈三世统治十年后也暴毙而亡，死前未留下男性继承人，从此匈牙利结束了阿帕德王朝统治的历史。

与神圣罗马帝国的空位期大致相同，匈牙利也迎来了一段空位期。匈牙利贵族最后选举了前国王伊什特万五世的曾孙——安茹家族的查理·罗贝尔为王，查理·罗贝尔加冕为查理一世，匈牙利由此进入了安茹王朝时期。

查理一世从法兰西带来了封建主义和骑士观念，从意大利带来了工商业体系，推行了一系列改革，训练骑兵，发展经贸，又与波兰结盟对抗哈布斯堡王朝。此时，匈牙利在东部、北部发现了丰富的金银矿资源，并逐步大量开采，产量达到了每年1350千克，占当时世界总产量的三分之一。这个时期的匈牙利王国也变得极为强盛。查理一世还希望将匈牙利和那不勒斯统一为一个强大的国家，这引起了教宗和威尼斯的恐惧。在和威尼斯的战争失败后，他不得不放弃了这一企图。查理一世死后，长子拉约什一世继承王位。拉约什一世被称为匈牙利最强大的君主，此时匈牙利的国力更是达到了顶峰。拉约什一世不仅统治着巴尔干半岛，还统治意大利南部的那不勒斯，以及波罗的海的立陶宛，其王国范围跨越了亚得里亚海、波罗的海和黑海。

拉约什一世将匈牙利变成了一个西方国家。他从威尼斯手中收复了在第四次十字军东征时丢掉的达尔马提亚扎拉港，重新控制了地中海的出海口，并把克罗地亚、波斯尼亚和北保加利亚等地纳入匈牙利的控制下，使匈牙利的势力延伸到巴尔干半岛和喀尔巴阡山脉以东，成了一个中欧强权国家。拉约什一世还以身作则地在贵族中推广骑士精神，提高了当地贵族的礼仪和道德水准。权力的稳定和国家的富裕，让匈牙利成为继意大利之后第二个出现文艺复兴的欧洲国家。也正是在拉约什一世统治时期，匈牙利与正在崛起的奥斯曼帝国正面相遇。在1366年的战役中，正值强盛时期的匈牙利无惧奥斯曼的大军，拉约什一世击败了当时的苏丹穆拉德一世。

后来因和波兰的联姻，拉约什一世在皮雅斯特王朝绝嗣后又入主波兰，当地贵族承认女儿可以继承波兰王位。拉约什一世死后无嗣，大女儿玛丽与卢森堡家族的西吉斯蒙德结婚，共治匈牙利，而小女儿雅德维加则继承了波兰王位。两个女儿不幸相继去世，都没有留下子嗣，她们的丈夫就以共治国王的名义分别把持了匈牙利和波兰的王权。

西吉斯蒙德成为神圣罗马帝国皇帝后，就将匈牙利王国带入了神圣罗马帝国。拥有勃兰登堡选帝侯身份的西吉斯蒙德于1433年加冕为皇帝，同时还兼任匈牙利和克罗地亚国王，以及波西米亚国王。他虽然贵为帝国皇帝，但长期被波西米亚的胡斯战争所困扰。事实证明，无论是皇帝的头衔还是波西米亚的王位，都远不及匈牙利所提供的巨大财富和权力。出于争取匈牙利持续支持的考虑，他积极学习匈牙利的文化，穿着匈牙利服饰，甚至留起匈牙利式的大胡子。西吉斯蒙德知道，奥斯曼帝国的进犯是欧洲最大的威胁，所以他在多瑙河和萨韦河边建起了坚固的贝尔格勒堡垒。西吉斯蒙德统治期间发起了中世纪最后一场大规模的十字军东征，并获得英格兰、法兰西和勃艮第公爵以及威尼斯的支持，总共征召了大约8000人的十字军前往保加利亚境内，在尼科波利斯与巴耶济德一世的1万兵力展开对决。然而，"十字"再次不幸地输给了"新月"。

西吉斯蒙德死后又无子嗣，于是他的女婿——哈布斯堡家族的奥地利大公阿尔布雷希特二世便成为匈牙利国王兼波西米亚国王。然而他在试图镇压波西米亚的胡斯派运动时被圣杯派打败，此后便不再试图控制波西米亚。1439年，阿尔布雷希特二世颁布了著名的美因茨国事诏书，提升了皇帝在德意志教会中的影响力。同年，奥斯曼帝国苏丹穆拉德二世派兵大举入侵匈牙利，阿尔布雷希特二世战死，将匈牙利留给了尚在母胎中的"遗腹子"拉斯洛。

阿尔布雷希特二世去世后四个月，拉斯洛才出生。他一出生就继承了奥地利大公的头衔，并拥有波西米亚和匈牙利等王位的继承权。然而，此时匈牙利贵族却支持波兰国王瓦迪斯瓦夫三世继承王位，称其为乌拉斯洛一世。这位"遗腹子"的母亲为阻止乌拉斯洛一世加冕，将圣史蒂芬王冠偷了出来，带着孩子前往神圣罗马帝国皇帝腓特烈三世处寻求庇护和支持，结果遭到软禁。1444年，乌拉斯洛一世在瓦尔纳战役中阵亡，"遗腹子"拉斯洛才被贵族从腓特烈三世的囚室中解救出来，加冕为匈牙利和波西米亚国王，称拉斯洛五世。此时匈牙利实际掌权的却是多次战胜奥斯曼帝国的英雄匈雅提·亚诺什。

土耳其克星匈雅提

如果从奥斯曼一世与匈牙利争夺巴尔干地区开始算起，除去奥斯曼空位期的那十年外，奥斯曼与匈牙利之间的战争长达近两百年时间。穆罕默德二世攻陷君士坦丁堡后不久，便开始向中欧进军。此时巴尔干半岛和保加利亚、罗马尼亚都已尽附属于奥斯曼帝国，匈牙利成为穆罕默德二世的首要目标。拥有赫赫战功的穆罕默德二世，却被匈雅提指挥的军队多次击败。

匈雅提的父亲因保护西吉斯蒙德有功而被赏赐"匈雅提堡"，这个封地的名称此后成了他们家族的姓氏。西吉斯蒙德加冕为皇帝后，匈雅提也回到了匈牙利，被雇为"宫廷骑士"。在阿尔布雷希特二世时，匈雅提被任命到南方边境担任军事长官，阻挡奥斯曼帝国的进攻。1439年，匈雅提第一次打败奥斯曼军队，声名鹊起，与之相反，阿尔布雷希特二世率部与奥斯曼人作战时却不幸死于战场。乌拉斯洛一世时期，匈雅提被升为外西凡尼亚总督兼王国大元帅。1441年，匈雅提大破2万人的土耳其军队，杀死敌方主帅。随后一年，穆拉德二世又派遣8万土耳其新军前来，匈雅提诈退，诱敌深入到一个狭窄过道之中，随后堵截掩杀，再次打败了土耳其大军。从此之后，匈雅提被称为"土耳其克星"。

因奥斯曼帝国亚洲部分暴乱，穆拉德二世不得不提出有条件的求和，并在支付了大量赔款后，与匈牙利签订了和约。罗马教宗驻布达的使节、红衣主教切萨里尼却认为，与异教徒的和约没必要遵守，此时敌军既已撤回亚洲，正是攻打土耳其的大好时机。匈雅提并不同意破坏和平，但西方世界支持这位红衣主教的看法，乌拉斯洛一世也作出了让步，亲率大军攻击土耳其阵地。

然而没想到的是，苏丹的6万军队返回了欧洲，并在1444年的瓦尔纳战役中，歼灭了匈牙利国王率领的2万军队。此时，匈雅提建议撤退，但乌拉斯洛一世年轻好胜，不听劝告，坚决进攻，而且亲率前锋杀敌，结果不幸战死。

匈雅提从战场上逃回，年幼的"遗腹子"拉斯洛五世此时继承了王位，由匈雅提担任摄政，实际统治匈牙利。匈雅提一举成为匈牙利王国最具权势和最富有的人，这也让他更有能力组织军队以对抗奥斯曼土耳其。为了一雪四年前失败之耻，1448年匈雅提借道塞尔维亚向东进军，却在科索沃遭遇土耳其军队，苦战三天，仍不敌穆拉德二世的军队。匈雅提混在散兵之中逃走，在沼泽地中藏身以躲避搜捕，最后饥饿难忍出来寻找食物时，被塞尔维亚人俘虏。塞尔维亚人本想将他交给土耳其人，不过匈雅提答应他们从此不再领军通过塞尔维亚的土地，并承诺交付一大笔赎金，遂被释放。匈雅提此后又多次攻打苏丹控制下的巴尔干半岛，取得了一些胜利，并与塞尔维亚签订了和约。

君士坦丁堡被征服后，中欧的大门彻底敞开。1456年，穆罕默德二世将征服君士坦丁堡的巨型火炮运到了贝尔格莱德城前，同时而来的是7万人左右的军队，随后便包围了该城。此时，贝尔格莱德城里只有不到7000守军，不过好在此城虽不及君士坦丁堡那样坚固，却也是巴尔干半岛数一数二的坚城了。

匈雅提获知消息后，迅速召集了一支3万多名农民组成的军队，前去解贝尔格莱德之围。匈雅提从多瑙河抵达城堡，冲破了多瑙河上土耳其海军的阻拦，并击沉了三艘土耳其军舰，俘虏了四艘大型战船和20艘小船。贝尔格莱德的守军终于可以通过水路获得补给，此举增强了他们守城的信心。

火炮已经将好几处城墙轰开，苏丹准备发起最后的总攻。土耳其军队冲破第一层防线后，开始向主城发动攻击。匈雅提令士兵将涂了焦油的木材和其他燃烧物点燃，构建起一道火墙，将两股土耳其军队分隔开来，火墙之内的土耳其部队很快就被歼灭，外面的部队也遭受了重创。

　　第二天，一部分农民兵开始主动发起进攻，冲出城墙，占领了一部分土耳其阵地，并与之进行了小规模战斗。随后一些骑兵也主动开始出击。匈雅提见状，率军从城堡内冲出发起反攻，夺得了土耳其军的两门巨型火炮。这两门火炮随后作为战利品被运回布达保存，直到苏莱曼一世在80年后才将其夺回。穆罕默德二世被箭射中大腿而陷入昏迷，土耳其军队迅速撤离。穆罕默德二世醒来，知晓自己的绝大多数部将都已被杀时，差点服毒自尽。之后这位苏丹只好带着残余部队撤回到伊斯坦布尔，随后整整一年都没有发动任何战争。

　　经此一役后的六年，匈牙利都免于遭受土耳其的攻击。穆罕默德二世认为多瑙河和萨瓦河就是帝国在欧洲最北部的边界了。而这次战役之后，因军营中鼠疫爆发，匈雅提也不幸染病去世了。

　　在15世纪后半段的大部分时间里，奥斯曼和匈牙利之间的战争中，双方都无实质性进展。不幸的是，奥斯曼帝国此时正处于从塞利姆一世到苏莱曼大帝的黄金时期，相比之下，匈牙利却日益衰弱。土耳其此后又重新征服了巴尔干半岛，1459年彻底吞并了塞尔维亚，并攻取了科林斯和雅典。20年后，阿尔巴尼亚也变成奥斯曼帝国的一个省，意大利北部的威尼斯也饱受土耳其军队的蹂躏，不得不与奥斯曼帝国签订了和平协议。1480年，穆罕默德二世又派军队从海路进攻那不勒斯及罗德岛。在这一系列的战争中，这位征服者终于去世了。

　　匈雅提死后第二年，匈牙利国王拉斯洛五世也去世了，匈雅提14岁的次子趁着国内贵族叛乱，获得了匈牙利贵族和人民的支持，被选举为匈牙利国王，称为马加什一世。此时，奥地利大公国被神圣罗马帝国皇帝腓特烈三世重新统一，波西米亚国王由其原来的摄政波杰布拉德的伊日继承。波西米亚和匈牙利两个王国的王位又短暂地分开了。通过战争，马加什一世从波西米亚伊日的继承者乌拉斯洛二世手中，收回了摩拉维亚和西里西亚，但未能彻底征服波西米亚。随后，马加什一世又与神圣罗马帝国的腓特烈三世开战。经过四次战役，马加什一世攻占了维也纳，将半个奥地利并入王国之中，因此他有时也被称为奥匈帝国的第一位皇帝。

在马加什一世统治匈牙利时期，文艺复兴运动再次受到追捧，国王宫廷、贵族教士中，艺术家和学者的赞助人和支持者比比皆是。然而，这样的光景却最终被土耳其人毁灭了。

摩哈赤战役的惨败

马加什一世于1490年去世，只遗有一名私生子，没有可以继承王位的合法子嗣。于是被他击败的波西米亚国王乌拉斯洛二世继承了匈牙利王位，波西米亚国王的头衔又再次和匈牙利王位合并到了一起。这位乌拉斯洛二世是有名的"好好国王"，能统治波西米亚和匈牙利45年，完全是因为两国的贵族可以控制软弱的国王。在他执政期间，贵金属矿产的减产让匈牙利的国力孱弱不堪，贵族们又从国王手中攫取了巨大的权力以充实自身。乌拉斯洛二世还解散了马加什一世所创立、曾经打败过他的匈牙利黑军，使匈牙利再也无力抵抗进犯的土耳其军队。

乌拉斯洛二世在第三任妻子死后患上了严重的抑郁症，放弃了所有的政务国事。他对贵族的要求一概回答"好的"，所以才被称为"好的乌拉斯洛"。乌拉斯洛二世由于无力统治，只能将王位交给儿子拉约什二世，这个拉约什二世正是神圣罗马帝国皇帝马克西米利安一世安排的那份双重婚约中提到的那位。拉约什二世娶了查理的妹妹玛丽，而查理的弟弟斐迪南则迎娶了拉约什二世的姐姐、波西米亚公主安娜。马克西米利安一世借此机会，成为年幼的匈牙利国王拉约什二世的监护人，把神圣罗马帝国直接拖入了与奥斯曼帝国的战争中。查理的这位祖父为哈布斯堡家族扩大了疆域，同时也让奥地利和匈牙利（及之后的奥匈帝国）与奥斯曼帝国这两个大帝国之间的冲突持续了五百年之久，直到第一次世界大战结束。

1521年，匈牙利国王拉约什二世年仅15岁，其监护人马克西米利安一世已经过世。年仅21岁的查理刚刚当上神圣罗马帝国的皇帝，还远未意识到一个强大的对手已经将目光落到他这位年幼的妹夫身上。而刚刚继承了苏丹的苏莱曼大帝，则派出10万人的军队，再次攻打匈牙利重镇贝尔格莱德。拉约什二世和匈牙利贵族们匆忙组建了一支6万人的大军赶赴战场，然而面对强悍的土耳其军队，他们竟然不敢救援贝尔格莱德，眼看着这座城池失陷敌手。这次战争中不再有匈雅提那样的指挥官和匈牙利黑军那样的部队，奥斯曼军队仅以轻微损失就拿下了贝尔格莱德。

从此之后，贝尔格莱德就成为苏莱曼一世进攻欧洲的重要基地，匈牙利平原和多瑙河上游盆地已是门户大开。贝尔格莱德陷落的消息很快就传到了欧洲。年轻的拉约什二世根本无力重振国势。此时依照先前马克西米利安一世所签订的婚约，拉约什二世已和玛丽正式成婚，而斐迪南也与安娜同房。婚约的履行，意味着哈布斯堡王朝与亚盖隆王朝密切地结合了在一起，当然也意味着面对共同的敌人。

　　此时，拉约什二世便伸手向查理请求给予强大的外援和资金支持，以解决匈牙利的军费和战备不足的困难。但查理正和弗朗索瓦一世在意大利交战，自己也已债台高筑。德意志王子们也不约而同拒绝给予援助，因此查理对拉约什二世的请求无能为力。拉约什向波兰的叔父——波兰国王和立陶宛大公齐格蒙特一世求助，但波兰和条顿骑士团也正在进行着战争，无钱也无兵援助匈牙利。拉约什二世向西方的每一个基督教王国都发出了求援信，甚至包括查理的对手弗朗索瓦一世，但都没有得到回应。

　　还好，此时苏莱曼一世并没有急着继续进攻匈牙利，而是将注意力转移到位于埃及与叙利亚之间被医院骑士团占据的罗德岛。征服罗德岛之后，苏莱曼一世连续休整了三个夏天，没有发动新的战争。在这段时间里，他花费了大量的时间改进政府内部结构，平定了一次埃及总督的叛乱，又制止了一次近卫军的哗变。因为长期没有战事，近卫军没有机会掠夺战利品，所以他们对苏丹的按兵不动而感到不满。

　　另一方面，查理于1525年在帕维亚打败了弗朗索瓦一世之后，弗朗索瓦一世的母亲秘密联系了苏莱曼一世，请求他帮助自己向查理发起进攻，以免其成为"世界之主"。有了这两个事件的影响，苏莱曼一世不得不再次出兵。终于，在1526年，苏莱曼一世将他最信任的易卜拉欣从埃及召回，任命他为大将军，自己亲自担任总指挥，率领7万精兵和20余万部队，向多瑙河上游进发，第二次进攻匈牙利。

　　自五年前的贝尔格莱德之战后，奥斯曼帝国和匈牙利之间就摩擦不断，双方在边境冲突中互有胜负。这次苏莱曼一世所率领的军队大半是由步兵、骑兵和炮兵组成的正规军，其余的则是充当炮灰的非正规军。苏莱曼一世出师不利，途中遭遇了暴雨和冰雹，恶劣的天气一直持续到夏天，洪水让部队无法继续前进。多瑙河上的舰队也因为水流湍急而无法跟上陆军的步伐。

当大军终于抵达贝尔格莱德附近时，苏莱曼一世已让人在多瑙河两条支流上分别架设好了桥梁，匈牙利部队也撤到了多瑙河北岸，因此苏莱曼一世的军队很轻易地就攻占了匈牙利人在南岸留下的一处要塞。接下来，苏莱曼一世的军队继续向德拉瓦河一线进军，而匈牙利人在这个战略要地并未设防。面对奥斯曼帝国大军压境，他们还在犹豫不决，竟然拿不出一个作战方案来。

苏莱曼的军队步步逼近，此时匈牙利人的部队正在摩哈赤平原集结，国王拉约什二世也带领4000人抵达，总计兵力约2.5万人。这次他获得了查理的支持。在1526年的帝国议会上，德意志王子们终于投票决定派兵支持匈牙利了，然而拉约什二世已经等不到帝国军队的增援了。

匈牙利的主力部队不到3万人，分成三个部分别把守着几个关口，军队主力仍由年仅20岁的国王指挥。有经验的匈牙利军官建议部队向布达撤退，以吸引土耳其军队跟进，拉长其补给线，从而为赶来支援的部队争取时间。但或许是匈雅提的英勇事迹还留在他们记忆中，马扎尔贵族们争相要求开战，以求建功立业。

拉约什二世在多瑙河下游一片空阔但坑坑坎坎的平原上布阵排兵，希望能够通过地理上的优势取得胜利。然而此时的奥斯曼军队早已熟悉各种作战方式，由鲁米利亚①军团作为先锋冲入战场，但遭到匈牙利军队伏击。苏莱曼一世的主力部队于中午抵达后，也正式加入战斗。此时匈牙利骑兵还不知道自己遭遇的是奥斯曼近卫军的主力部队，双方爆发了激烈的肉搏战。匈牙利骑

---

① 鲁米利亚是土耳其控制下的罗马尼亚的称呼。

兵部队作战勇猛，连苏莱曼一世也被射中了盔甲。此时，奥斯曼的炮兵部队发挥了决定性作用，火炮打乱了匈牙利军队的阵形，使其损伤惨重。奥斯曼军队开始包围匈牙利军队，集中攻击拉约什二世指挥的中路，并一举将其击溃，一个半小时不到便结束了战斗。拉约什二世头部受伤，在逃离的途中，从马背上跌入河中淹死。

奥斯曼军队找到了拉约什二世的遗体，将其带到苏莱曼一世面前时，苏丹对这位年轻国王的早亡感到遗憾，"愿真主宽仁待他；他涉世未深，愿真主惩罚那些误导了他的人；他尚未品尝过身为君主的人生之乐，却丧命于此，这并非我愿"。苏莱曼一世并未将他的同情用在战俘上，下令杀光了所有匈牙利战俘。此次战役发生于8月底，苏莱曼一世军队此后又攻陷了布达，于9月便撤兵返回，并没有占领该地。此战之后，匈牙利这个曾经强盛的中欧王国就此逐渐衰落。

这次摩哈赤战役史称"第一次摩哈赤战役"，也称"摩哈赤浩劫"，摩哈赤成为"匈牙利国家之墓"，奥斯曼土耳其一举奠定了其后的两百多年间在中欧的主导地位。虽然在一百多年后的第二次摩哈赤战役中，奥斯曼帝国大败于神圣罗马帝国的利奥波德一世。

基督教世界对于此次战役反应不一，尤其是查理的对手们反而幸灾乐祸。弗朗索瓦一世说："土耳其是上帝对我们的恩赐；他们牵制着皇帝，使他不能变得更加强大。"德意志诸侯仍然觉得自己是安全的，毕竟前方还有奥地利阻挡着土耳其。路德在向其追随者发出的文告中要求他们不要对土耳其人作出任何反抗，路德把他们当作上帝之鞭，如同罗马的基督徒把阿提拉当作上帝之鞭一样。直到土耳其大军兵临维也纳城下时，除了弗朗索瓦一世，其余人终于改变了看法。

斐迪南入主匈牙利

苏莱曼一世的军队将布达夷为平地，并将在此掠夺的奇珍异宝运回伊斯坦布尔，其中就包括马加什一世收藏的艺术品和珍贵藏书，还有穆罕默德二世时期被马加什一世缴获的两门巨型火炮。苏莱曼一世的大军还跨过多瑙河，将河对岸的佩斯付之一炬后才撤退，但并未占领匈牙利。

查理在1518年前往西班牙继承王位时，就将弟弟斐迪南送到了佛兰德斯。1521年贝尔格莱德被攻陷时，查理让弟弟斐迪南继任奥地利大公，成为他在德意志地区的全权代理人。拉约什二世死后，斐迪南先是在1526年10月被选举为波西米亚国王，并承诺从奥地利迁居至布拉格。随后，斐迪南再申请继承匈牙利国王。拉约什二世死后无嗣，因此查理的弟弟奥地利大公斐迪南以拉约什二世内兄和妹夫的名义，申请继承匈牙利王位。如前所述，匈牙利和波西米亚都是选举君主制，由贵族组成的议会选举国王。

然而，斐迪南并未在匈牙利竞选中获胜，匈牙利的贵族支持原先指挥大军救援拉约什二世的将军扎波尧伊成为国王。扎波尧伊在摩哈赤战役后的第二天抵达多瑙河，听闻拉约什二世战败就撤退了，因此他所率领的军队得以完好无损地保留下来。扎波尧伊获得匈牙利众多中小贵族的支持当选国王，并于1526年11月11日于塞克什白堡正式加冕为匈牙利国王，称亚诺什一世。但匈牙利贵族中仍有不少支持斐迪南和斐迪南的妹妹、拉约什二世的遗孀玛丽王后。玛丽在1522年正式成为匈牙利王后，渐渐争取到一些贵族的支持，获得了重要的影响力。拉约什二世死后，玛丽发誓永不再婚，并始终佩戴着拉约什二世在摩哈赤战役中佩戴过的心形纪念章。

　　丈夫死后的第二天，玛丽就让哥哥斐迪南前来匈牙利，并请求军队支持她，直至斐迪南到来。当时斐迪南还无法从波西米亚脱身，于是就任命玛丽为匈牙利摄政。亚诺什一世加冕后，在玛丽的争取下，在1526年12月的布拉迪斯拉发召开的议会上，匈牙利上层贵族和天主教神职人员选择斐迪南成为匈牙利国王。

　　斐迪南当选匈牙利国王后，玛丽希望辞去摄政之职，却被哥哥拒绝。直到1527年夏天，斐迪南终于来到匈牙利，并于当年11月在布达圣母升天教堂里加冕。克罗地亚贵族向来支持斐迪南，承认他为克罗地亚国王。斐迪南也承诺尊重克罗地亚的传统权利、自由、法律和习俗，并帮助克罗地亚阻挡奥斯曼帝国的入侵。

　　斐迪南加冕后，玛丽才终于松了一口气。她觉得自己不够聪明也缺乏经验，因此谢绝了哥哥让她继续担任匈牙利摄政的好意，很快她又遇到了财务、疾病和孤独的困扰。1528年，姑姑玛格丽特建议玛丽嫁给苏格兰国王，但被玛丽拒绝。1530年，查理也建议她嫁给曾经追求过他们大姐埃莉诺的帕拉丁选帝侯弗里德里克，玛丽再次拒绝。1529年姑姑玛格丽特去世，玛丽才不得不接替她摄政勃艮第和尼德兰。

　　此时的匈牙利分成了三个部分，一部分被奥斯曼占据，一部分被亚诺什一世占据，一部分被斐迪南控制。为了组织军队抵抗土耳其，斐迪南提出征收一种被称为"土耳其税"的新税，但仍然无法筹集到足够资金，而国王的年收入只够维持5000名雇佣兵两个月的开销，所以斐迪南不得不再次求助于兄长查理，并从富格尔家族再次借钱征兵。

　　在匈牙利同时拥有两个国王的九个月里，匈牙利暂时保持了和平。但这种状态终究还是被打破了，亚诺什一世期望能够与哈布斯堡家族和解，一同对付奥斯曼，然而一山不容二虎，斐迪南拒绝和解。只有与哈布斯堡家族长期抗争的弗朗索瓦一世给予了亚诺什一世少量支持，期望匈牙利能够加入法兰西对抗哈布斯堡家族的战争中。

1527年9月，斐迪南率领一支1.8万人的德意志雇佣军和其在匈牙利西部的支持者，在托考伊与亚诺什一世率领的不到8000人的部队交战。亚诺什一世被农民起义分散了注意力，所以部队数量有限。双方只发生了小规模的冲突和交战，随后亚诺什一世的部队被击败，被迫撤退到纳吉瓦拉德。

就在斐迪南以为已经征服整个匈牙利的时候，亚诺什一世又组建了一支新军，并于次年3月从特兰西瓦尼亚向斐迪南发起攻进。在西涅，双方再次交战。此次亚诺什一世率领的新军有1.5万人，斐迪南的士兵数量略少。然而亚诺什一世的这支新军中，塞尔维亚和波兰两支雇佣军之间爆发了矛盾，骑兵和步兵的配合也不如德国雇佣兵熟练，只有波兰雇佣军奋勇作战，但这并不能扭转战局。亚诺什一世再败于斐迪南之手，只好逃往波兰寻求帮助。

此时波兰的国王还是西吉斯蒙德一世，他与哈布斯堡家族还有姻亲关系，拉约什二世是他的子侄，斐迪南也算是他的侄女婿，因此拒绝了亚诺什一世的请求。亚诺什一世走投无路，只能转而向曾经的对手寻求帮助。他以成为奥斯曼的附庸国为代价，请求苏莱曼一世帮助他重夺王位。这个机会对于苏莱曼一世来说求之不得。在以往奥斯曼帝国征服各地的过程中，使用的就是支持一派、打击一派的方式。斐迪南渴望将奥地利、波西米亚、匈牙利全部并入哈布斯堡家族之中，这当然不是苏莱曼一世所愿意看到的，于是苏莱曼一世同意支持亚诺什一世。此时的奥斯曼帝国，对于欧洲的政治局势而言，已经是一支不可低估的力量了。亚诺什一世同意向苏丹纳贡，并同意每十年将十分之一的匈牙利人交给苏丹差遣，永远准许苏丹军队在其土地上自由通行。斐迪南也向苏莱曼一世示好，并派遣使团，希望能够达成合约，然而斐迪南的使者却被苏莱曼一世投入监狱。

　　随后，苏莱曼一世便以亚诺什一世保护人的身份第三次发兵进攻中欧，其规模远远超过了以往任何一次进攻。哈布斯堡的家族领地奥地利岌岌可危。维也纳告急！

第十六章

维也纳之围

世间万物皆臣属奥地利。

——腓特烈三世（神圣罗马帝国皇帝）

哈布斯堡家族并非一开始就占有奥地利，而是通过其在神圣罗马帝国的特权，一步步将奥地利变成自己的家族领地。奥地利有一千多年的历史，其中有三分之二都是哈布斯堡家族的历史，也可以说哈布斯堡家族就是奥地利家族。15世纪初，哈布斯堡已经失去了家族在瑞士的发源地，面对奥斯曼土耳其的进攻，如果连奥地利也无法保住的话，那么奥地利的哈布斯堡就将变成尼德兰的哈布斯堡或者西班牙的哈布斯堡了。

奥地利公国的小特权

奥地利从公元前15年和平并入罗马帝国之后，此后五百年间分别是罗马帝国的诺里孔行省、潘诺尼亚行省和雷蒂亚行省。以多瑙河和莱茵河为界，奥地利与日耳曼部落区隔开来，成了罗马帝国的边缘地带。罗马人在这条边界上建立起了军事城墙——界墙。在今天的林茨、萨尔茨堡、布雷根茨和维也纳，罗马边防驻军建立起定居点。随着日耳曼人的威胁日益加剧，奥地利和匈牙利的多瑙河边界地区成为日耳曼人首要的进攻目标。公元172年，罗马皇帝马可·奥勒留亲临此地，试图驱逐这些进犯的日耳曼部落，却不幸在文多博纳（今维也纳）驾崩。

日耳曼人在与罗马的长期交流中，也渐渐接受了罗马文化。到了君士坦丁堡时期，罗马边防军中已经满是日耳曼雇佣兵。由于来自东方草原匈人部落的侵扰日益加剧，罗马让日耳曼部落移居到界墙之内，埋下了罗马帝国覆灭的种子。

“上帝之鞭”阿提拉率领大军攻伐而来，罗马军队自知不敌，便撤出了潘诺尼亚。阿提拉死后，留下的权力真空就被日耳曼部落中的哥特人所填补。奥地利在阿尔卑斯山以东的部分便纳入提奥多里克的东哥特王国。此后，伦巴第人、阿瓦尔人、斯拉夫人，以及附庸于法兰克人的巴伐利亚人都相继迁徙到多瑙河河谷，反复争夺该地的控制权。

7世纪初，强悍的阿瓦尔人控制了南起地中海的巴尔干半岛、北至波罗的海沿岸的广大地区。阿瓦尔人进攻君士坦丁堡失败后，其治下的奥地利地区便出现分化，北部的斯拉夫人地区支持法兰克人萨摩为王，阿尔卑斯山区的斯拉夫人（斯洛文尼亚人）支持巴伐利亚伯爵。前者随后又被阿瓦尔人所征服，阿尔卑斯山的斯拉夫人则一直在巴伐利亚伯爵的统领下与阿瓦尔人作战。后来巴伐利亚伯爵将北部阿瓦尔治下的斯拉夫人赶到了恩斯河以东，自此恩斯河以西的地区便尽归于巴伐利亚。7世纪，恩斯河以东的斯拉夫人摆脱了阿瓦尔人的统治，建立了卡兰塔尼亚公国。而巴伐利亚虽然起初是东哥特王国的附庸，后来又转而向法兰克国王效忠，但基本上保留了较大的自主权。加洛林王朝在查理曼时期崛起后，便恢复了对巴伐利亚的控制。法兰克人联合巴伐利亚人将阿瓦尔人赶出了这一地区，斯拉夫人的卡兰塔尼亚公国也难以保持独立，被并入查理曼的法兰克王国中。

阿瓦尔人被驱逐之后，更加凶悍的马扎尔人又从中亚大草原攻伐而来。9世纪中期，马扎尔人只是零星出现在这一地区，而到了9世纪末期，大批马扎尔骑兵已经在潘诺尼亚平原上掀起了一场"匈牙利风暴"。法兰克人根本无法对此进行有效的防御，马扎尔人便开始肆无忌惮地袭击周边地区，并于10世纪初先后打败了摩拉维亚人、巴伐利亚人，加洛林帝国在西部边境地区的统治宣告瓦解。

面对马扎尔人的侵袭，公元955年，东法兰克国王奥托一世率领日耳曼人在奥格斯堡郊外打败了马扎尔人和巴伐利亚叛军，被罗马教宗加冕为皇帝，由此开创了神圣罗马帝国。此次战役后，恩斯河以东原本被马扎尔人占据的土地逐渐被收复，奥托一世在此建立了新的边防区，设立巴伐利亚多瑙区的藩侯，交由巴本堡家族的利奥波德伯爵统领。

在巴伐利亚军队的帮助下，奥地利边境线从恩斯河沿着多瑙河向东扩张到维也纳周边地区，奥地利的雏形至此也大体确定下来。奥地利人此时已经皈依了基督教，随后萨尔茨堡在798年升为大主教区。这里以巴伐利亚的德语方言为主，延续了罗马人留下的习俗，同时也汇入了斯拉夫、马扎尔等多种民族的文化。

在伊什特万一世（斯蒂芬）1000年皈依基督教并加冕为匈牙利国王之后，巴伐利亚人向东多瑙河平原推进的步伐就被遏制住了，莱塔河成为奥地利和匈牙利的分界线。这个以日耳曼人为主的奥地利，四周被波西米亚、匈牙利和波兰等几个非日耳曼基督教王国所包围。与拥有较强实力的邻国相比，此时的奥地利还只不过是一个臣服于巴伐利亚公爵的小小边地伯国。但不久之后，这个小小的伯国将会把四周这些强大的邻居相继吞入腹中。

巴本堡家族通过高明大胆的政治手腕，加上一连串好运，在此后三个世纪里逐步成为神圣罗马帝国东南辽阔领地的统治者，还与当时显赫的霍亨施陶芬家族联姻。利奥波德三世于1106年娶了皇帝亨利五世的妹妹，成为皇亲国戚，大大提高了巴本堡家族的声望。利奥波德三世对教会十分慷慨，修建了多个修道院，并于1485年被罗马教宗封圣，成为奥地利的主保圣徒。

巴本堡家族在其领地内实行了一系列成功的政策，例如在此地修建的诸多修道院，就成为拓居的推进器，不断吸引农奴耕种、拓展新居地，该地区的大部分土地被开垦出来。随着葡萄种植的推广和新农业技术的采用，奥地利的农业生产逐步转向精耕细作。与此同时，这里的城市也成为重要的商贸和行政中心。维也纳的地理位置优越，可沿多瑙河到达德意志腹地，还是西欧通往匈牙利和拜占庭的门户。铁矿开采业让维也纳日益繁荣，市政建设逐渐奢华铺张。

巴本堡家族中最为成功的还是亨利二世。他在1156年从帝国皇帝"红胡子"腓特烈一世手中获得了一项"小特权"，使奥地利得以脱离巴伐利亚，成为独立的公国。这个小特权也成为奥地利建国的标志。"小特权"规定了巴本堡家族世袭奥地利公爵，无论男女都可以成为爵位继承人，如果两系均绝嗣，则由在位公爵或其夫人指定继承人。然而，这个特权没有赋予奥地利独立参与帝国议会的权利，它必须和巴伐利亚一同出席，在必要时还要承担为帝国军队提供兵源的义务。

巴本堡家族的后继者利奥波德六世成功地调停了帝国皇帝和罗马教宗之间的冲突，拓展了维也纳的影响力，稳固了家族基础，并强化了对领地的控制。此时，奥地利已经成为帝国内一个强大的诸侯国。利奥波德六世1230年去世后，其子腓特烈二世即位。此后腓特烈二世于1246年在与匈牙利人的战争中被杀死，未能留下任何子嗣，巴本堡家族还真遇到了"小特权"所说的情形。此后奥地利陷入了几十年的危机和战乱，神圣罗马帝国也进

入了 "大空位时期"。直到1273年，出身于当时还很弱小的哈布斯堡家族的鲁道夫一世，被德意志的选帝侯们选中继承帝国皇位，结束了近三十年的空位期，奥地利也迎来了其属于哈布斯堡家族的历史。

哈布斯堡家族领地

哈布斯堡家族之所以能够继巴本堡家族之后掌控奥地利，完全是由于奥地利介入帝国政治太深。腓特烈二世死后，一批奥地利贵族邀请波西米亚国王奥托卡二世继承爵位，条件是他必须迎娶巴本堡家族比他大26岁的女性继承人玛格丽特。但年近50岁的玛格丽特不可能为他诞下子嗣，这位波西米亚国王最后与玛格丽特离婚，转而与匈牙利联姻。本来这位国王即将统治一个北起波罗的海、南至亚得里亚海的大帝国，但神圣罗马帝国因腓特烈二世的去世而陷入崩溃和混乱之中。奥托卡二世竞选皇位失败，德意志诸侯们选举了哈布斯堡家族的鲁道夫一世成为皇帝。

哈布斯堡家族发源于阿尔高地区（今属瑞士），家族以其坐落于阿尔高的鹰堡（Habichtsburg）而得名，后转写为哈布斯堡（Habsburg）。在获得奥地利领地之前，除阿尔高地区之外，哈布斯堡家族还控制着上阿尔萨斯的森德高以及通往阿尔卑斯山圣戈达尔山口的重要关隘，是德意志南部施瓦本的重要领主。

选帝侯们之所以从较弱的哈布斯堡家族中选出皇帝，是为了便于控制和操纵帝国最高的权力为己所用，然而他们却失算了。鲁道夫一世加冕后，首先针对的就是这位波西米亚国王奥托卡二世。在1276年维也纳东北部的原野上，鲁道夫一世击败了波西米亚国王，奥托卡二世不得不把奥地利交给了皇帝。

　　鲁道夫一世在战争中的胜利，让他可以名正言顺地把奥地利授予自己的家族。他本来要将领地分封给自己的两个儿子，后来家族间达成协议，由长子阿尔布雷希特独自继承整个奥地利。随着将奥地利领地收入囊中，哈布斯堡家族又从帝权中攫取到重要收益，为家族此后的崛起奠定了基础。自此以后，哈布斯堡家族就牢牢地控制了奥地利，直到第一次世界大战结束。

　　鲁道夫一世逝世后，他的儿子阿尔布雷希特继承皇位，以在奥地利和施瓦本的领地为基础，试图加强家族在神圣罗马帝国的皇权。颇有野心的阿尔布雷希特在1308年被人谋杀。选帝侯们不敢再选择哈布斯堡家族的人为帝，转而选择了卢森堡家族的海因里希七世。

　　参与帝国事务也让哈布斯堡家族原先的利益受到严重损害。与巴伐利亚争夺帝位，全力经营奥地利的举措，让哈布斯堡家族丢掉了其发源地阿尔高。为了抵抗哈布斯堡家族的野心，阿尔卑斯山间的反对派结成了一个永久同盟，这就是旧瑞士联邦的雏形。1315年，瑞士人重组联邦，打败了利奥波德一世的军队，在阿尔卑斯山地地区，瑞士联邦成为哈布斯堡家族的主要抗衡者。

　　14世纪，哈布斯堡家族成员、奥地利公爵"创始者"鲁道夫四世对奥地利领地内的行政和税收进行改革，创办了维也纳大学，翻修圣斯特凡大教堂。1356年，来自卢森堡家族的查理四世皇帝颁布了《金玺诏书》，试图削弱巴伐利亚和奥地利的地位，规定拥有选举皇帝资格的七位选帝侯之中，并没有奥地利公爵。对此，鲁道夫四世做出了大胆的反击，伪造了一份"大特权"文件。1156年的"小特权"将奥地利提升为公国，而这份伪造的"大特权"文件将奥地利从公国提升为大公国，其统领者是高于公爵的大公，还授予奥地利类似选帝侯的权力，诸如领土不可分割、长子继承、司法最高管辖权和立法权，还宣称免除了哈布斯堡家族对帝国的一切赋税和义务。这封伪造的文书在15世纪被精通古典文化的人文主义学者认定为伪造。

皇帝查理四世虽然拒绝了这份特权书，但承认了其中一些条款。这份"大特权"文件在1442年被马克西米利安一世的父亲腓特烈三世正式承认，从此，伪造成了事实。查理四世还支持哈布斯堡兼并了阿尔卑斯山圣戈达尔山口的蒂罗尔，牢牢地控制住了德意志和意大利在阿尔卑斯山间的所有主要通道。

1364年，哈布斯堡家族和卢森堡家族签订了一份王朝相互继承的条约。鲁道夫四世还觊觎阿尔卑斯山另一侧的米兰，却在前往米兰的路上不幸去世，年仅25岁。鲁道夫四世没有留下子嗣，奥地利就被分给了他的两个兄弟阿尔布雷希特三世和利奥波德三世共同统治。兄弟之间争执不断，哈布斯堡家族领地不得不在1379年又一分为二，阿尔布雷希特三世获得了上奥地利与下奥地利的中间地带，而利奥波德三世获得了其余地区。奥地利之后再度分裂了一百多年，哈布斯堡家族正是在这一时期成为真正的"奥地利家族"。

到了15世纪，哈布斯堡家族分裂的同时，卢森堡家族也分裂了。1410年，西吉斯蒙德取代他的兄弟，当上了帝国皇帝和波西米亚国王。在1414年召开的康斯坦茨大公会议上，哈布斯堡家族统治蒂罗尔地区的腓特烈四世擅自安排教宗逃离会议，惹怒了皇帝西吉斯蒙德而遭囚禁。趁此机会，瑞士联邦征服了哈布斯堡家族在瑞士地区剩余的领地，包括其发源地鹰堡。腓特烈四世被西吉斯蒙德释放后，面对这样的局面也只能叹息作罢。

上一章中提到，西吉斯蒙德死后，他的女婿阿尔布雷希特二世有望继承帝国皇位，却在奥斯曼苏丹穆拉德二世入侵匈牙利时死在战场上，仅留下一个尚未出生的"遗腹子"。腓特烈三世——马克西米利安一世的父亲、查理的曾祖父腓特烈三世成为匈牙利国王"遗腹子"的监护人。1452年，在君士坦丁堡被攻陷的前一年，腓特烈三世加冕为神圣罗马帝国皇帝，之后又因为其余支系没有继承人，得以重新统一奥地利。从他开始，哈布斯堡家族垄断了帝国的皇位，腓特烈三世成为称霸欧洲多年的哈布斯堡帝国的奠基者。

成为皇帝后的腓特烈三世开始鼓吹"君权神授"，"哈布斯堡家族试图让他们的神圣统治权变成现实，这不仅是对他们自己领地的统治，而且是作为被神特选的王朝对整个文明世界（即基督教世界）的领导权"。虽然这种"神授"在神圣罗马帝国、波西米亚和匈牙利三大王国中以选举的形式产生，但哈布斯堡家族成功地将其变成世袭君主制，选举成为一种形式，如同罗马帝国的元老院一样形同虚设。

如之前所述，腓特烈三世通过联姻，使其子马克西米利安一世在"大胆"查理死后，获得了"勃艮第遗产"。然而，长期卷入和法兰西在意大利的战争，再加上德意志诸侯们的态度不冷不热，使得不知疲倦的马克西米利安一世也感到了厌烦。随后他不得不将治理重心从帝国转移到奥地利这个家族领地，而将勃艮第留给自己的儿子——查理的父亲费利佩打理。

马克西米利安一世及此后斐迪南进行的一系列改制，使得奥地利开始成为一个独立、强大的政治实体，并于随后几百年在欧洲历史中发挥着举足轻重的作用。

奥地利的重组

在第一部分已经说过，马克西米利安一世巧妙地通过两次联姻安排，让哈布斯堡家族通过"爱神"在欧洲获取了庞大的领地，而他自己则要依靠"战神"来获取威望。"当两次联姻给哈布斯堡人带来的利益远高于起初的设想时，他们不仅能在宣传和仪式中，而且也能在战场上声张他们的权利。"

马克西米利安一世最重要的举措就是在奥地利领地实施重整计划，包括军队的改组和政府机构的重新整合。首先是将蒂罗尔重新纳入自己的领地，因为此地银矿储量相当大，在发现美洲的白银之前，奥地利是整个欧洲白银的主要供应地。另外，匈牙利的内讧让马克西米利安一世获得了机会，迫使匈牙利放弃了对奥地利领土的所有要求。

在与匈牙利签订和约后，马克西米利安一世草创了第一个统辖奥地利全境的中央机关——枢密院（也称为摄政委员会）。最初管辖上、下奥地利，随后又扩展到内奥地利，为之后的哈布斯堡统治者创建了一个官僚统治机构。奥地利全境均实施统一的刑法，并规定各地向领地中央政府缴纳各项税收。比起之前各地议会各自为政、互不往来的做法，此时的奥地利俨然已经是一个如同当时法兰西、英格兰那样的近代国家了。

马克西米利安一世也试图将在奥地利实行的改革搬到德意志地区。然而德意志并不是哈布斯堡家族的领地，自古以来就充满了各种纷争，很难做到令行禁止。同时，强大的地方议会让马克西米利安一世的举措根本无法实施，甚至整个德意志地区的诸侯们试图要发动一场战争以反对他们的皇帝。一直到19世纪普鲁士崛起之后，德意志地区才勉强统一起来。

15世纪末欧洲战场上的军队主力还是以附属于贵族领地的骑士为主，其次是雇佣军。西班牙已经开始组建了"西班牙大方阵"那样的常备军，法兰西和英格兰也在改革自己的军备力量。

为钱而战的雇佣军常常反噬其主，而贵族领地的武装力量几乎没有经过任何军事训练，行动迟缓，骑兵又拒绝使用火器这种"粗鄙的、杀人的"武器来代替长矛和战马。马克西米利安一世在奥地利建立起一支新型军队，只受雇于奥地利大公，用以代替中世纪的传统骑士组成的军队。所以这位"最后的骑士"实际上成了骑士阶层的掘墓人，通过自己的军事改革将骑士传统彻底埋葬。这种新型雇军非常受奥地利人的欢迎，他们还像其他手工艺人一样组织起行业工会。很多蒂罗尔的农民，包括奥地利的城市工人和农村工人都加入其中。雇佣军每个连队中配备25名火枪手、100名矛兵和一门火炮。

与西班牙联姻后，奥地利不必再同时面对法兰西和奥斯曼两线作战。这一联盟实际上使得法兰西受到三面包围的压力，也让哈布斯堡家族不再需要过多依赖德意志诸侯。1515年，马克西米利安一世在维也纳召开了第一次帝国贵族会议，与雅盖隆兄弟两人（一位是匈牙利和波西米亚的"好好国王"乌拉斯洛二世，另一位是波兰国王和立陶宛大公齐格蒙特一世）缔结了之前反复提到的"双重婚姻"的合约——由查理的弟弟斐迪南迎娶乌拉斯洛二世的女儿安娜，查理的妹妹玛丽嫁给拉约什二世。马克西米利安一世还亲自充当代理，代替孙子参加了订婚仪式。这一设计彻底改变了中东欧地区的历史，虽然在一年之后，斐迪南才答应这件婚事，六年之后才正式完婚。

在匈牙利遭奥斯曼帝国入侵后，斐迪南和匈牙利的安娜于1521年5月26日正式结婚。虽然查理在竞选皇位成功后将奥地利大公的头衔授予了弟弟斐迪南，但此时的斐迪南尚没有任何实际权力。直到1521年，查理才将上、下奥地利和内奥地利都给了斐迪南作为安慰，第二年又将蒂罗尔和该地银矿赐给了他。虽然斐迪南拥有了封地，但仍要效忠于家族首脑，也就是以查理作为最高领袖。查理直到1556年临死前才将奥地利全境正式授予斐迪南。

斐迪南在1521年来到奥地利时还不会讲德语，甚至当时的下奥地利议会还在反叛之中。斐迪南用行动证明了自己是一个有能力的统治者。在稳定住局势之后，斐迪南延续了祖父马克西米利安一世的各项改革政策，1527年正式成立了枢密院，并设立御前会议作为奥地利全境的最高法庭，还在维也纳、因斯布鲁克等四地设立了财政厅、宫廷大臣公署等机构负责地区管理。到了16世纪中期，奥地利又有了全境统一的警察法规和铸币条例，同时派出专员对教会和修道院进行监督。随后斐迪南又针对匈牙利的军事行动设立了御前战争会议。

经过马克西米利安一世的奠基和斐迪南的推进，奥地利已经是一个体制健全、统治稳固的近代国家了，成为基督教世界抵抗新月世界最坚强的堡垒。

基督教世界的堡垒

1529年5月10日，苏莱曼一世亲率大军离开伊斯坦布尔，指挥官依旧是易卜拉欣。这次奥斯曼军队的规模估计在12万—30万，由精锐骑兵和步兵组成，比以往任何一次用兵规模都要庞大。

这次奥斯曼军队遭遇了比上一次出征奥地利时更加猛烈的暴雨。当地典型的春季阵雨导致保加利亚发生洪灾，苏莱曼一世部队规划的所有进军路线几乎无法通行，随军携带的火炮陷入泥潭，最终只能抛弃，从东部各省征召来的骆驼也只能丢掉。虽然出师不利，但苏莱曼一世并未放弃这次征伐，历时三个月才抵达了上次的胜利之地摩哈赤平原。亚诺什一世率领的6000人部队在此地已经等候多时。苏莱曼一世举行了欢迎仪式，还亲自给他戴上了圣史蒂芬王冠。

苏莱曼一世此次出征夺回了上次失去的所有地区，并于9月8日再次攻陷布达。亚诺什一世再次入城，又一次被加冕为匈牙利国王。苏丹的先行骑兵部队沿途四处出击侵扰，于9月27日抵达维也纳城下，比原计划晚了一个多月，这也给了维也纳一定的时间组织防御。

当时查理刚刚抵达热那亚不久，正准备前往博洛尼亚加冕，所以要求斐迪南暂时与亚诺什一世议和，然而斐迪南并未听从哥哥的命令，而是加紧在其统治下的所有领地征募士兵。德意志诸侯们也终于不再犹豫，纷纷向奥地利伸出援手。因为一旦奥地利落入奥斯曼帝国之手，接下来战火必然会烧到德意志境内。在斐迪南劝说德意志诸侯出兵的时候，维也纳也已经将当地平民和军队组织起来进行防卫，查理也派遣了德国雇佣兵和西班牙火枪手前去支援，维也纳守军此时已增加到2万多人。

防御作战指挥官由萨尔姆伯爵尼古拉斯担任，这位已70岁的雇佣军首领曾在帕维亚战役中奋勇作战。尼古拉斯在圣史蒂芬大教堂附近建立了总部，并对四个城门进行加固，做好了长期抵抗的准备。守军先是将靠近城墙的房子拆毁，并且将维也纳城外包括医院、教堂和修道院在内的800栋建筑全部烧毁，以免被敌军利用；而后在城内建造了新的土构防御工事，修建了壕沟及六米高的新墙，在多瑙河沿岸修建了篱笆屏障，还将周边乡村能用的物资统一收集起来；同时将易燃的房屋拆除，把城门堵死，只留下一道暗门备用。城中的老幼妇孺都被疏散出城以节约粮食，有的人在逃离过程中遇到了奥斯曼大军的骑兵先锋。

苏莱曼一世的部队已经在匈牙利的消耗战以及春季洪水中损失了大部分的攻城器械，他本人的身体状况也不佳。一路经过奥地利领地时，部队又遭遇了一定程度的抵抗。所以到达维也纳城下时，这支奥斯曼军队已然是筋疲力尽。

　　起先，如同当年围攻君士坦丁堡时所采取的策略一样，苏莱曼一世的工兵挖掘地道并埋入炸药，试图炸毁城墙，进入维也纳城。但奥地利驻军并非仅是坚守城池，而是出城突袭，成功破解了奥斯曼军队的作战企图，还差点俘虏了易卜拉欣。同时，守军还发现并引爆了数个地雷，摧毁了多条地道。进入10月，奥地利下起了大雨，恶劣的天气让住在行军帐篷里的土耳其士兵吃了不少苦头，苏莱曼一世的部队面临着补给和饮水短缺的难题。

　　奥斯曼军队并未放弃进攻，成功地将城墙炸出了缺口，但攻城部队还是被守军击退了。苏莱曼一世将抓获的俘虏放回，赏赐给他们重金，让他们向守军传话诱使其投降，但守军并未为之所动。苏莱曼一世还向己方士兵发布悬赏令以鼓舞士气，但效果不尽如其意。苏丹的军队在连续的战争中已是伤亡惨重，甚至开始出现逃兵。一些军事将领也纷纷劝说苏莱曼一世放弃围攻，选择撤军。

　　10月12日，苏莱曼一世召开会议，决定发起最后一次总攻，进行一场"要么全胜要么全败"的赌博。这一决定刺激了士兵，但这次总攻仍然被顽强的维也纳人抵挡下来。苏丹终于决定撤军。此时已接近冬季，维也纳提早下了一场大雪，让这次撤军变成了一场溃败式的撤退。土耳其军队丢弃了随身的行李物资，不顾一切地快速撤退，途中还不断受到奥地利骑兵的骚扰。

　　维也纳守住了，欧洲的心脏地带没有落入土耳其人之手。亚诺什一世漂亮的恭维言辞中令惨败的苏莱曼一世获得了一些心理平衡，而作为胜利方的斐迪南派遣的求和使团，才真正让苏莱曼一世挽回了颜面。该使团到伊斯坦布尔请求停战，还承诺向苏丹和大维齐尔每人提供一大笔年俸，请求苏莱曼一世承认斐迪南为匈牙利国王，放弃支持亚诺什一世，并将军队撤出布达。

　　苏莱曼一世这次没有斩杀使团，但他拒绝承认查理的"皇帝"称号。苏莱曼一世认为，只有他才配拥有这个称号，而仅仅将查理视为"西班牙国王"。另外，苏莱曼一世还傲慢地告诉斐迪南的使者，要想和平，必须要由他这个苏丹来开出条件。

第十七章

恺撒的决斗

如果他真是一个了不起的人，就让他在战场上等着我，由真主来决定后面会发生什么。

——苏莱曼大帝

1530年在博洛尼亚加冕后，查理便如同逃离监狱一般离开了博洛尼亚，骑马北上至曼图亚，与一些他提拔的贵族侯爵们一起狩猎、猎鹰。查理在曼图亚停留了将近一个月，等候夺取佛罗伦萨的部队凯旋。然而出乎意料的是，佛罗伦萨的抵抗竟然相当顽强。到了4月，佛罗伦萨仍未攻克。因此他不得不继续北上，在特伦托又花了一些时间猎熊，等待斐迪南的到来。5月2日，两兄弟终于在阿尔卑斯山的布伦纳山口相聚。自1521年的沃尔姆斯会议之后，他们已经近十年没有见过。当初沃尔姆斯会议上的那个年轻皇帝，已然成了整个欧洲的头号人物。而斐迪南也已经结婚生子，竭尽全力地在中欧抵御着土耳其的一次次进犯。后来，斐迪南在此地竖起一座纪念碑，来纪念兄弟两人的重逢。

斐迪南用自己的亲身经历向查理讲述了土耳其人对匈牙利和维也纳的蹂躏，以及在查理离开沃尔姆斯回到西班牙之后，德意志地区被各地起义所吞噬的过程。

德意志的起义

德意志地区的贵族虽然要求神圣罗马帝国皇帝将权力下放，

但在自己领地内却实施着高度的集权，所以各地农民和社会底层人民对这些领主的所作所为已是忍无可忍。从15世纪到16世纪初的一百年间，德意志地区相继爆发了多场农民起义和城市暴动。

查理成为帝国皇帝之后，首先就遇到了一场从1522年秋持续到来年5月的"骑士起义"。中世纪末期骑士的地位越来越低，德意志地区的城市逐渐兴起，新兴的贸易和工业对原有的农业造成了极大的冲击，原先被束缚在土地上的农奴纷纷跑去城市做工，而封地主要在农村的骑士阶层面临着无人可以"保护"的窘境。第二个原因是火枪、火炮等热兵器在16世纪的战争中使用越来越普遍。各地的封建领主都放弃了以笨重且花费高昂的骑士作为军队主力，德意志雇佣兵已经成为首选的作战部队。

作为底层贵族的骑士与农民的联合通常被视为对王国的致命威胁，然而德意志的骑士们却找不到联合的对象。他们试图获取农民的支持，而农民却早已经恨透了一直在自己头上作威作福的骑士阶层；他们试图与城市合作，但城市不需要骑士来保护。在1495年，德意志又废除了贵族间的私战，骑士们依靠私战获取赎金的这一主要收入来源就此被切断。

待1522年查理回到西班牙后，这些没落的骑士们将他们心中积压许久的不满转变成行动，发动了起义，这也是他们在中世纪末期最后一次登上历史舞台。原本帮助查理夺取法兰西皮卡迪的一位骑士弗兰茨·冯·希金根召集发起了"骑士兄弟会"，会议上他被推选为领袖。骑士们决定用武力取得他们在帝国议会中应有的席位。

他们的第一个目标是夺取特里尔大主教区。希金根的兄弟会打着帝国的旗号，诈称自己是代表皇帝查理前来，因为他们认为高高在上的皇帝要比那些上层领主更能代表宽容和正义。纽伦堡的帝国枢密院坚决否认起义与皇帝有关，并命令希金根马上停止进军。希金根并未理会，继续率军向特里尔进发。

　　特里尔人支持他们的大主教，而这位特里尔大主教也绝非等闲之辈，虽身领教职，但亦可领兵打仗。希金根围攻特里尔七天之后用光了火药，无奈之下只得退兵，率军撤到埃伯恩贝格。在此，帝国枢密院发出的帝国禁令也递到了他手上。希金根不得不率部从埃伯恩贝格撤退到兰茨图尔，准备在那里过冬，并在加固城堡之后意图寻求瑞士的支持，以预备来年的军事行动。

　　就在希金根等待瑞士来援的时候，黑森的菲利普、特里尔大主教还有帕拉丁的路易斯一同率军前来攻打兰茨图尔。希金根以为这座加固后的城堡至少能够支撑四个月，不料还不到一周，城堡就在新型火炮的轰击下沦陷，而他最终也未能等到援军。1523年6月7日，希金根不得不向三位围攻者投降，自己也因为在之前的战斗中负伤，不久后不治身亡。

　　这场持续了不到一年的骑士起义引发了随后两年德意志地区血腥的农民战争。路德的宗教改革赋予了农民起义新的口号。1524年纽伦堡附近再次爆发动乱，不久后，在德意志其他地方也相继爆发农民起义。路德起初对农民起义加以声援，批评领主强加给农民的不公正待遇，但同时也批评农民起义是轻率之举。

　　一位名为托马斯·闵采尔的路德派传教士支持农民阶层关于政治和法律权利的要求，并呼吁建立一个能解决农民政治和社会诉求的新秩序。1524年底，闵采尔回到德意志西南部地区，加入了那里的农民起义军。他与一些起义领导人广泛接触，影响并帮助农民军提出诉求，此后著名的《十二条款》很有可能就是出自闵采尔之手。1525年初，闵采尔回到萨克森和图林根，开始协助并组织起义军，并于当年5月15日的巴德弗兰肯豪森战役中亲自上阵指挥。虽然此次起义中闵采尔所充当的角色一直有争议，但无论如何，闵采尔都为这次农民起义提供了新的指导思想，那就是路德的新神学。闵采尔认为，农民起义是迎合上帝的末日审判之举，而他是"上帝对付异端的仆人"。

1525年3月6日，施瓦本的50名农民代表在梅明根会面，共同商讨如何反对施瓦本同盟，经过一天的艰苦谈判，他们宣布成立一个基督教的农民联合会，并于十天后再次聚会，进一步审议通过《十二条款》和《联盟法令》。这些文章被印刷出版，其中《十二条款》被印刷了2.5万次，是16世纪最大规模的一次印刷发行，这些印刷品迅速传遍了整个德意志地区。

《十二条款》中提出村社有权自由选举和罢免传教士，传教士仍然享有什一税，但盈余应用于资助穷人、慈善和缴纳战争税，强调农民是自由的、平等的；农民享有狩猎、捕鱼和伐木自由；要求贵族不得要求农民提供无偿服务等。对于闵采尔歪曲自己的神学观点，路德自然感到十分愤怒。而闵采尔对于路德谴责农民起义也非常不理解，因此双方相互攻击。《十二条款》提出后，很快就遭到路德的反驳，他还号召贵族们组织起来镇压农民起义。

镇压农民起义的主要力量是德意志的施瓦本同盟。这个同盟源于早年的施瓦本城市同盟，早在1331年，神圣罗马帝国22个城市在施瓦本公国的联合下成立了施瓦本城市同盟，支持帝国皇帝路易四世。到14世纪80年代，同盟城市的数量达到32个。而13世纪莱茵河流域的主要城市组成了莱茵同盟，随后莱茵同盟和施瓦本城市同盟合并成了南德意志城市联盟，其本质是一个互助的军事联盟。然而这个军事同盟先是被两位选帝侯联手击败，后来又被帝国议会解散。

　　虽然城市同盟最终遭到解散，但德意志的自由城市并未完全受制于比他们更为强大的公国和伯国。同盟解散的一百年后，他们就又发起成立了施瓦本同盟，主要还是由帝国自由城市加上各地主教、王宫贵族和骑士等组成。由于施瓦本同盟是在帝国皇帝腓特烈三世和美因茨大主教授意下成立的，所以从某种意义上说，同盟自成立之始便拥有了皇家授权的背景。同盟的主要作用是维护帝国和平，遏制维特尔斯巴赫王朝在巴伐利亚境内的扩张，以及应对德意志南部瑞士联邦的威胁。施瓦本同盟拥有自己的议会和法庭，并组建了一支包括1.2万名步兵和1200名骑兵的部队。这支部队后来还曾解救被困在尼德兰的皇帝马克西米利安一世，因而施瓦本同盟也是马克西米利安一世在南德意志地区的主要支持者。随后同盟自然也就成了查理的主要支持者。1519年施瓦本同盟征服了施瓦本西南的符腾堡公国，并将其卖给了查理。在此次农民起义中，施瓦本同盟发挥了重要作用，帮助查理迅速镇压了起义。5月农民起义被击败后，路德立即发表了《反对农民的抢劫和屠杀行径》一文，对闵采尔的失败表示庆贺，并兴高采烈地自夸说"他们的死由我负责"。

　　这场农民起义让查理意识到，德意志的宗教问题已经到了刻不容缓的地步，如果不解决此问题，那么如果苏莱曼一世发起新一轮的进攻，帝国将无法组织起有效的防御。

奥格斯堡信纲

　　从博洛尼亚出发时，查理就已经向德意志诸侯和等级代表发出传召，令他们出席于1530年4月8日在奥格斯堡召开的帝国议会。他打算听取每个人的意见和想法，唯一的愿望就是能够将帝国维持在"一个基督、一个国家、一个教会和一个整体的气氛下",共同抵御土耳其人的入侵。5月查理在布伦纳再见到斐迪南时,帝国军队仍然没有攻陷佛罗伦萨。查理只好和斐迪南一同前往蒂罗尔,他们在此受到当地贵族的隆重欢迎。之后兄弟二人又一同前往因斯布鲁克,在那里查理召萨克森选帝侯前来会见,不料被其拒绝。

一度支持查理成为神圣罗马帝国皇帝,同时又庇护了马丁·路德的萨克森选帝侯腓特烈三世于1525年去世,据称他临终时接受了路德会的圣餐,归叛了新教。因其死后无嗣,故其爵位传给了弟弟约翰。约翰支持宗教改革,于是成了查理坚定的敌人,又被称为"坚定者"约翰。

没能与约翰会面,查理只好按照原计划前往奥格斯堡,出席在那里召开的帝国议会。就在兄弟二人准备从因斯布鲁克出发的时候,大首相加蒂纳拉的墨丘里诺去世了。无论是对西班牙的管理、意大利战争、对外政策的制定,还是协助查理实现其关于普世帝国的宏大理想,墨丘里诺都扮演着重要的角色。失去了这样一位重要的助手,查理突然发现,如今自己只能独自承担起管理庞大帝国的责任。

墨丘里诺死后,有人建议查理撤销大首相一职,并将帝国所有事务一分为二,分别交由两个人处理。查理听从了这个建议,因此他指任了两个首相,一个是格兰维尔的尼古拉斯·派雷诺特,担任掌玺大臣,统管北欧事务;另一个是弗朗西斯科·德·罗斯·科博斯,统管西班牙及地中海附属地区和美洲事务,随后也成为菲利普二世的辅政大臣。尼古拉斯出生于勃艮第,从1518年开始成为查理的勃艮第议会成员,随后取得了查理的信任。而弗朗西斯科则出生于西班牙安达卢西亚地区,祖上一直是西班牙贵族,家族成员自伊莎贝拉女王在位时期就担任要职，后来成为查理的秘书。查理任命两人来分担已逝的墨丘里诺的工作，自此建立起了以他为核心的世袭皇权专制。

6月6日，查理和斐迪南离开因斯布鲁克，并于15日晚抵达奥格斯堡城外的河边，已经有不少诸侯早在下午就在此地恭候他的驾临了。此时的奥格斯堡已经成为连接意大利、黎凡特以及北欧诸城市巨大贸易网络的枢纽，因此繁华至极。奥格斯堡还获得了自由城市的称号，在地位上能够与其他诸侯平起平坐。

查理进入奥格斯堡城的入城仪式非常壮观。原本随行的教宗代表按照德意志诸侯的要求，不再与他并列骑马入城。在教士们"你来得合乎愿望"的齐声唱诵中，查理和其他诸侯及随从走进了大教堂。之后查理下榻于主教的宅邸，并邀请萨克森、勃兰登堡、黑森和吕内堡的诸侯一同前往其住处。查理告诉他们，他希望路德派在此次帝国议会的进行期间能够保持沉默，这一要求被诸侯们断然拒绝。随后查理又要求他们同他一起参加第二天的基督圣体节游行，也被诸侯们以"偶像崇拜"为由拒绝了。

诸侯们对待皇帝的态度让斐迪南感到非常愤怒，而查理则漠然视之。勃兰登堡的老乔治态度恭敬地告诉查理，说他无法做到皇帝的要求，所以也无法服从，"我宁愿跪在陛下面前并砍下自己的脑袋，也决不违敢抗上帝和上帝的福音"，说话间就将利刃放到了自己的脖子上。虽然查理听不懂德语，但看动作也明白了他的意思，便急忙用弗拉芒式的德语劝说他："不要砍脑袋，亲爱的边侯，不要砍脑袋。"

6月20日，帝国议会正式开幕，此次议会主要是讨论共同抗击土耳其人的问题，所以查理希望以公平合理又温文尔雅的方式结束德意志的宗教争端。实际上，查理的军队直到8月才最终攻陷佛罗伦萨，而到了这个时候，法兰西随时可能再次与查理开战，再加上查理还希望能够从德意志地区征税以对付土耳其人，所以他更倾向于妥协，而不是使用武力迫使他们屈服，即使武力可能是最有效的手段。

查理要求新教徒以书面形式提出要求，再也不想跟沃尔姆斯会议那次一样听他们进行冗长的争辩了。6月25日，在议会大厅里，萨克森的总理大臣宣读了之后众所周知的《奥格斯堡信纲》，查理同意了他们的要求，并暂时停止执行1521年颁布的《沃尔姆斯法令》。查理并没有花太多心思在宗教辩论和宗教礼仪的争端上，而是更多地将时间花在和新教王子们的宴会和打猎上。在会议结束的8月，查理发表了一篇很长的演讲结束了本次帝国议会。在演讲中，他虽然在表面上还是主张路德能够回归罗马天主教，否则将报以武力，但最终还是期望能够达成和解，并呼吁停止宗教争议，将那些问题留待大公会议解决。

最重要的是，查理在奥格斯堡狩猎期间解决了一项重大的继承人问题。他说服了除萨克森选帝侯之外的其他六位德意志选帝侯选举弟弟斐迪南成为下一任神圣罗马帝国皇帝，这样就不用担心弟弟再像他那样花费巨额资金来竞选帝国皇位。当然，他答应选帝侯们偿付自己还未付清的竞选费用。就这样，在1531年1月，查理主持了一场盛宴，以庆祝斐迪南在亚琛加冕为"罗马人的王"。半个世纪以来，神圣罗马帝国第一次既拥有现任皇帝，还不必为下任皇帝人选的不确定而担忧。这让查理心情大悦。

解决了德意志的问题，下一步就是解决勃艮第的问题了。查理让斐迪南返回维也纳，自己则前往布鲁塞尔。1530年底奥格斯堡议会结束，查理正准备为斐迪南加冕时，根特传来消息，为他摄政多年的姑姑玛格丽特因被玻璃扎破了脚，最终导致感染而死，享年55岁。临终前，玛格丽特还悔恨自己在死前未能见到查理最后一面。玛格丽特留下遗嘱，将自己继承的弗朗什-孔泰（即勃艮第自由伯国）领地转赠给查理，期望他能够将此地永远留在哈布斯堡家族。玛格丽特死后，她的内阁成员迅速稳住局势，并禀告查理他们会暂时代管此地，直到查理任命的继任者到任为止。

在自己的出生地，查理受到了热烈欢迎，尼德兰贵族进献了一幅描绘查理在帕维亚取得胜利的巨幅挂毯，诗人写下了颂扬他英勇事迹的诗歌，布鲁日献上了按查理和其四位祖父母真人比例雕刻的壁雕，各个城市都树立起了查理的雕塑。很多小时候目睹查理成长的人像迎接英雄般迎接这位根特之子的归来。

回到根特后，查理凭吊完姑姑，就赶紧写信给身在匈牙利的妹妹玛丽，询问她是否愿意前来帮他治理勃艮第，具体职权待两人见面后再议。在匈牙利无亲无故且已经帮助哥哥斐迪南当上匈牙利和波西米亚国王的玛丽，此时觉得已经没有必要继续留在匈牙利，所以在接到信后就即刻启程返回根特。

回到故乡的查理神采奕奕，在庆祝之余也抽出时间来解决当地民众所反映的诸多问题。查理改革了尼德兰地区的中央政府，并成立了三个部门作为即将到任的玛丽的辅政机构，包括管理外交、国防和宗教事务的委员会，管理立法和法院以及民事上诉的枢密院，还有负责监督财政税收、贷款和皇家资产的财政委员会。这为尼德兰随后成为帝国独立的治区作好了准备。

苏丹的和平

土耳其人的威胁让斐迪南祈求查理尽快回去，但查理认为还需要更多时间来处理尼德兰的事务，于是去信给斐迪南让他耐心等待，自己最多再待一个月便返回。然而行程一拖再拖，直到

1531年11月，教宗特使前来才促使查理启程。

1532年1月18日，查理极不情愿地从布鲁塞尔出发前往德意志，留下玛丽管理勃艮第。他告诉妹妹，自己非常不愿离开故乡，期望能够很快回来。在前往德意志的途中，他只能通过狩猎来排解无聊和孤独，到达莱茵河附近的莱茵兰地区时，竟然捕获了500头鹿。在一次狩猎中，拴猎狗的带子缠住了马腿，查理从马背上跌落，摔在一块大石头上，腿部严重受伤。这次受伤让查理休息了五个月才恢复行走。他拒绝了当时医生常用的放血疗法，不过也正是如此才得以保住性命，没有被这种疗法所害。

最初查理的伤势恢复得很快，然而他只要能下地走路就迫不及待地跑去打猎，导致腿部再次肿胀并出现溃疡。医生建议他待在房间，并通过节食来恢复，查理则怒气冲冲地说："这种治疗方法比起腿伤伤害更大。"很多人担心查理会因此截肢，他本人也考虑过装一具木质的假肢。伤口的溃疡奇痒难耐，他总是忍不住去抓挠，身上多处出现皮疹，甚至脸上也出现肿胀。因此查理在公开场合露面时，不得不用一块织物来遮盖自己肿胀的左眼。疗伤期间，在医生的建议下，查理也没有处理政务。直到5月，查理才感觉自己有所恢复，于是又出去打猎。骑马追逐鹿群三个小时后，查理又发起烧来。尽管病情如此反复，他还是时不时跑去狩猎。此时，苏莱曼一世的大军已再次向维也纳袭来。

1532年4月，苏莱曼一世再次发兵进攻维也纳，海上舰队也同时出击西地中海。弗朗索瓦一世的使者试图说服苏莱曼一世进攻意大利，但苏莱曼一世坚持进攻中欧。还未等奥斯曼大军抵达贝尔格莱德，斐迪南就立刻派出使团向苏丹提出更有诚意的和平条件，但苏莱曼一世不为所动。他告诉斐迪南的使者，他的敌人不是斐迪南，而是"西班牙国王"查理。苏丹还说："他一直宣称想要对付土耳其人；而我，在真主的庇佑下，正在向他进军。如果他真是一个了不起的人，就让他在战场上等着我，由真主来决定后面会发生什么。不过，如果他不想在战场上跟我会面，那就让他向我的帝国纳贡。"

苏莱曼一世的战书已下，查理自然也绝不示弱。腿伤未好的他在1532年7月再次召开议会，75个来自世俗和教会的统治者以及德意志的七位选帝侯全部出席，再加上来自德意志55个自由城镇的代表，共计约有3000人参加了此次纽伦堡帝国议会。虽然教宗特使去信给查理，担心他会未经教宗允许便与德意志新教诸侯达成妥协，不过此时的查理已经顾不了那么多了，他向新教徒许诺中止《沃尔姆斯法令》，直到教宗召开大公会议为止。

查理认为，1521年颁布的《沃尔姆斯法令》用意很好，如果教宗能够履行其召开大公会议的承诺，那么该法令自然还是生效的，但是现在土耳其大军压境，他不得不与路德派妥协。查理提出了宗教宽容的条件，路德派可以按照自己的信仰生活，只要不把这个"错误"传播给其他基督徒，并尽可能地与之和平共处即可。此举立即换来了新教王子们的支持，他们同意提供4万名步兵和8000名骑兵以对抗土耳其人，路德也评价查理说"恺撒是个诚实的人"。

纽伦堡议会上的妥协，为查理换来了一支西欧历史上前所未见的大军，除了德意志诸侯的士兵，查理还从西班牙、意大利和尼德兰召集近3万人的军队。所有士兵都认为这将是基督世界和穆斯林世界一场史诗般的战斗，定会被后世称颂，所以纷纷加入战团，再加上查理从各地调集的士兵，总兵力超过了10万人。

查理于9月21日从德意志来到奥地利，在多瑙河上游的林茨乘船顺流而下。他身着金色外套，头顶拖着褐色羽毛，前往维也纳指挥大军。9月23日，查理到达维也纳，并向苏莱曼一世宣告自己并不是孬种。

和上次一样，奥斯曼大军在6—7月遇到了雨水期，大雨使得多瑙河水位暴涨，汹涌的河水阻碍了苏丹大军的前进，也使维也纳和周边地区有更多的时间加固防御工事。不过苏莱曼一世的军队并未直接进攻维也纳城，而是不断地骚扰周边地区。在围攻一座奥匈边界的小城时，土耳其军队遇到了顽强抵抗，苦战半个月才占领此城。之后苏莱曼还一世还是没有直接攻打维也纳，而是试图逼迫查理本人亲自迎战，引诱其部队正面决战。而查理据城不出，苏莱曼一世意识到自己缺乏攻城武器，又不想再经历前次围攻维也纳那样的败绩，只好先率军向南撤到奥地利东南部。

奥斯曼军队沿途绕过主要的城堡，大肆毁坏村庄，抢掠毫无抵抗能力的农民，所到之处一片废墟。两个月后，苏莱曼一世领军撤回伊斯坦布尔。面对这次的失利，他向臣民宣称是查理不敢出城应战，全军凯旋。

此次围攻维也纳的失败暴露了奥斯曼军队的弱点。以往奥斯曼都是春季出兵，入冬前撤回。中欧地区的天气状况和补给线的拉长，都是影响奥斯曼军队攻势的阻力。此后的数十年间，苏莱曼一世再也没有直接攻入过中欧，而是将目光瞄向了背后的波斯，那里的萨非王朝再次生出变故。

苏丹这次终于接受和谈了，但虚荣心强的苏莱曼一世要求斐迪南向他称儿臣，同时许诺会像对待儿子一样对待斐迪南，并且说"这不是七年的和约，不是二十五年的和约，不是一百年的和约，也不是两个世纪、三个世纪的和约。只要斐迪南本人不撕毁和约，他将永远享有和平"。

然而苏丹的永久和平却并未维持很久。150年后的1683年，奥斯曼帝国再次出兵围攻维也纳，试图完成苏莱曼大帝未竟之业，只不过那次他们败得更惨。自那之后，奥斯曼帝国对欧洲的战略才开始收缩，不再成为基督教世界的威胁。18世纪奥斯曼帝国在与神圣罗马帝国的多次交锋中都以惨败告终，至此才终结了其强国的地位，直到第一次世界大战后被瓦解。

教宗的算盘

查理一下子就能召集十万大军，让整个基督教世界都感到震惊，尤其是教宗克雷芒七世。虽然他极力支持查理与苏莱曼一世开战，但他更担心的是查理成为欧洲唯一的霸主之后会损害教宗和教宗国的地位和利益，还会对教宗在欧洲所起的主导和平衡作用构成威胁。于是教宗请查理前来罗马会见，但查理坚持选择博洛尼亚。

10月，维也纳地区暴发瘟疫，查理不得不离开，同行的还有一支包括1万名步兵、3000名骑兵和火炮的部队，以及随行的6000多名各国使节和政府官员。队伍一路行进到距离意大利边境不远、位于阿尔卑斯山中的小镇菲拉赫才停了下来。虽然此地距威尼斯只有200多公里，但穿越阿尔卑斯山的最近通道是位于因斯布鲁克附近的布伦纳山口，在菲拉赫以西250公里左右。查理要通过布伦纳到达博洛尼亚，就要经过威尼斯人的领地，带着这么多部队，难免会让威尼斯人感到担忧。毕竟查理早在三年前的意大利战争期间就曾扬言要入侵威尼斯。查理向威尼斯派来的大使表达了自己寻求和平的愿望，并解释说自己正在回西班牙的路上，前来意大利是为了去博洛尼亚和教宗进行商谈，并表示自己在圣诞节前就会回到西班牙。这才让威尼斯人放了心。

然而，教宗克雷芒七世却推迟了行程，查理不得不推迟回西班牙的行程。查理被迫在曼图亚又待了一个月，期间与贵族们一起狩猎，不慎割伤了右手手指，签下的名字都让人无法辨别。闲来无事，查理还在曼图亚附近的贡扎加城堡举办各种舞会和宴会。冬季下雪时，他还准备了德意志风格的雪橇去滑雪。查理在此地如同在自己家里一般，常常独自一人漫步于城市和乡村之中。

在此地，查理见到了艺术家安德烈亚·曼特尼亚，并对他的设计表示赞赏，不久后就命他承担格兰纳达查理宫殿的翻修和设计工作，每年付给曼特尼亚1.2万杜卡特的酬劳。查理带着曼特尼亚回到西班牙后，就开始动工建设他和伊莎贝拉的那个永久住所了。查理还召来了提香。随后提香创作了著名的油画《查理五世和狗》。这幅画原本是由与查理同行的奥地利画家雅克布·塞森内格尔绘制，然而查理对那幅画并不满意，所以就请提香重新绘制。提香对绘画的原有布局做了一些调整，使查理身处的空间显得更加立体和简化，色调也比原作更加温暖。查理对提香的画非常满意，付给他500杜卡特。

一直等到12月10日，教宗才到达博洛尼亚，三天之后查理也从曼图亚赶来，两人又一次碰面了。查理和教宗相谈了两个多小时，向教宗述说了自上次见面后他所经历的一切。之后二人的和谈秘密进行，所以我们并不知道他们具体谈了什么。但在1533年新年伊始，克雷芒七世就宣布了一个重大决定：他将召集大公会议来讨论宗教问题，并邀请基督教世界的所有王子前来参加。克雷芒七世任命了一个由红衣主教组成的委员会，同查理的两个首相弗朗西斯科和尼古拉斯一起商议会议细节。

1533年2月24日，在查理33岁生日，同时也是帕维亚战役胜利的八周年纪念日上，查理和克雷芒七世签订了一项秘密协议。

在协议中，教宗承诺会说服弗朗索瓦一世在查理受到土耳其攻击时向其提供援助，并否决亨利八世与凯瑟琳的离婚请求，同时保证与他国缔结任何条约时都要经过查理的同意。

　　然而，这些都只不过是教宗耍的另一个蒙骗查理的把戏而已。这次克雷芒七世面对的也是查理的1万多名士兵，所以表面上对查理客客气气、十分热情，以至于让查理真的相信教宗会在博洛尼亚、曼图亚或者皮亚琴察举办大公会议，解决路德派的异端并对付土耳其人。这位擅长玩弄手段的教宗在和查理于博洛尼亚会面之后，就与亨利八世和弗朗索瓦一世缔结了另一份密约，让弗朗索瓦一世在18个月内入侵意大利并征服米兰，同时将教宗的侄女许配给弗朗索瓦一世的次子奥尔良公爵亨利。

　　杜兰特评价利奥十世时曾说，"利奥用以对付法王的只有教皇（教宗）职位的尊严和美第奇家族的狡诈"。这句话同样可以用到他这位堂弟身上，克雷芒七世也在"法王与皇帝之间挑拨离间、翻云覆雨，一会儿站在法王这边，一会儿站在奥皇（神圣罗马帝国皇帝）那边，并同时和两方签订攻击对方的条约"。

　　查理此时并不知道教皇的小算盘。3月告别教宗之后，他还去参观了曾经的帕维亚战场和弗朗索瓦一世被俘前的避难之处。在此之后，他才前往热那亚，多利亚的舰队已经在此等候多时了。返回西班牙的航程十分不顺利，查理的船未能到达目的地巴塞罗那，只能在其北部的一座港口靠岸，查理只得换乘马匹骑行到达巴塞罗那。

　　伊莎贝拉已经带着儿女在巴塞罗那等候丈夫的归来。自1529年查理离开之后，夫妻已阔别四年之久。久别重逢的夫妻两人一直睡到第二天下午两点才起床。查理在巴塞罗那陪着家人待了几个月，之后又前往萨拉戈萨召开了议会。不料此时怀孕八个月的伊莎贝拉却流产了，查理又急忙赶回安抚伊莎贝拉。

　　一家人此后返回托莱多，但托莱多夏季高温超过40度，是整个西班牙最热的地区。查理只能让伊莎贝拉前往更北边的巴利亚多利德避暑，自己则前往之前社区起义爆发的地方进行安抚，随后又来到萨拉曼卡，像个学生一样访问并参观了这座古老的大学。然而就在查理不在身边的时候，伊莎贝拉再次流产。

　　查理回到西班牙之后，他在英格兰的姨母凯瑟琳已经被原来的盟友亨利八世彻底抛弃，查理和亨利八世之间"伟大的事业"破产了。与此同时，来自奥斯曼土耳其的海上进攻也威胁着西地中海，弗朗索瓦一世已经明目张胆地让土耳其海军驶入马赛港，哈布斯堡帝国内外危机四起。

第五部分
危机四起

节制永远是最好的策略
——

查理五世

第十八章

英格兰的决裂

法兰西与西班牙两大君主国的兴起，使英国不得不采用欧洲均势这样的一个策略。因为彼此稍有上下，则胜利者立即会执全欧的牛耳，而小小英吉利将因地位将低下而失却保障。

——屈勒味林：《英国史》

在16世纪法兰西、西班牙–神圣罗马帝国、神圣罗马帝国与奥斯曼土耳其帝国之间争霸之时，英格兰只能算是个小角色，所能起到的作用无非就是查理与弗朗索瓦一世开战时与之结盟，在背后骚扰一下法兰西。无论是对欧洲的宗教事务还是政治进程，此时的英格兰都只能算是个旁观者。

亨利八世

公元43年，英格兰和威尔士等大不列颠南部地区始归于罗马，被纳入布列塔尼亚行省。和奥地利一样，这些地区起初都是不太重要的边区。公元122年，罗马皇帝哈德良下令在不列颠北部边界修建界墙，名为哈德良长城，以抵御更北方的皮克特人。

由于西罗马后期的动乱，为了防御日耳曼蛮族的入侵，君士坦丁撤走了罗马军队。罗马军队撤出后，一支日耳曼部落，即盎格鲁–撒克逊人，在罗马–不列颠贵族的邀请下前来抗击北部皮克特人的侵袭。因得不到报酬，盎格鲁–撒克逊人随后便反客为主，占据了布列塔尼亚，罗马–不列颠人求援罗马无望，只得依靠自己的力量与之抗争。

盎格鲁-撒克逊人此后建立了一众小国，随着相互之间不断的征战与吞并，最终在公元600年左右形成了七个较大的王国，因此此时期的英格兰历史被称为"七国时代"。7世纪初，罗马教会在英格兰设主教，并为第一位加入基督教的盎格鲁-撒克逊国王施洗。自此之后，英格兰各王国相继皈依基督教。

到了9世纪，崛起的维京人袭击并征服了不列颠半岛大部分王国，仅剩威塞克斯王国在阿尔弗雷德大帝的领导下，成功地抵抗了侵略。在随后的一个世纪里，威塞克斯王国试图重新统一英格兰，然而最终还是不敌彪悍勇猛的北欧海盗。拥有"大帝"之称的克努特将英格兰、挪威、瑞典、丹麦和部分瑞典地区统一到了盎格鲁-斯堪的纳维亚帝国（又称北海帝国）之中。

克努特死后，北海帝国就分裂了。英格兰的这些王位在经历短暂的两次变更后，最终由"宣信者"爱德华继承，他恢复了威塞克斯家族的统治，结束了自1016年克努特征服英格兰后实行的丹麦法统治。而对英格兰而言影响至今的重要事件，当属1066年爱德华逝世所引发的王位继承问题。同年9月，爱德华的表弟诺曼底公爵威廉率领一支由来自欧陆的诺曼人、布列塔尼人、弗拉芒人组成的军队登陆英格兰，在黑斯廷斯战役中消灭了岛上原来的丹麦-盎格鲁统治者，建立诺曼王朝，史称"诺曼征服"。

"诺曼征服"之后的三个世纪里，法语成为英格兰贵族的语言，来自欧陆的政治和法律体系逐渐为英格兰所奉行，自此英格兰才逐渐参与到欧陆的政治角逐中。此后的英格兰经历了金雀花王朝两百多年的统治。在法兰西国王集权化的压力下，英格兰渐渐丧失了其在诺曼底的共主领土。当法兰西王位继承出现问题时，在联姻与战争的双重作用力下，英法之间不可避免地爆发了一场长达百年的战争。战争一直持续到1453年，也就是在君士坦丁堡被奥斯曼土耳其攻陷的同一年才结束。因此，很多史学家也把百年战争的结束当作中世纪的终点。

在百年战争期间，英法两国的军备竞赛不断升级，战争后期火炮被大规模使用，中世纪的长弓手越发式微。与法兰西的战争刚刚结束，英格兰又爆发了一场内战，战争发生在兰开斯特和约克两个家族之间，史称"玫瑰战争"。直到1485年，这场争夺王位的战争才以兰开斯特家族的亨利娶了约克家族的伊丽莎白而宣告结束，亨利登基为亨利七世，开启了英格兰的都铎王朝时代。

150年里经历了两场战争之后，英格兰终于重新归于稳定。不过，此时积弱的英格兰只能通过与欧陆其他国家联姻求得自保。于是亨利七世通过长子亚瑟与阿拉贡公主凯瑟琳之间的婚约，引入在法兰西之后崛起的西班牙王国的势力来巩固自身的地位。也正是这位西班牙公主的到来，让都铎王朝在此后的一百多年时间里，得以更加深入地参与到欧洲大陆的政治体系之中。然而亚瑟王子在婚后不久便离世，为了保持与西班牙的联盟，亨利七世的次子接手了哥哥的王储之位和遗孀。亨利七世在位期间，通过调整国内的税收制度、改革政府机构、鼓励贸易等措施，使得英格兰的国力迅速提高。正如伊拉斯谟在英格兰所见，这里充满了积极向上的氛围。

1509年亨利七世去世后，次子亨利八世继承了王位，亨利八世积极参与欧洲政治事务。1519年，弗朗索瓦一世竞选神圣罗马帝国皇位失利，在红衣主教托马斯·沃尔西的积极联络下，亨利八世先是与查理结成了"伟大的事业"联盟，随后又与弗朗索瓦一世签订了另一项合约。

弗朗索瓦一世和查理两雄相争，让英格兰的地位陡然重要起来。因为两国都需要英格兰作为盟友，以便在战争中占据一些优势。已经取得西班牙王位和神圣罗马帝国帝位的查理对法兰西形成了半包围的态势，且尼德兰和佛兰德斯更靠近英格兰。如果法兰西向南入侵意大利或者向北入侵尼德兰，那么对于弗朗索瓦一世来说，保证英格兰不支持查理就十分重要了。而查理要抗击弗朗索瓦一世，则要保证己方的尼德兰不受英格兰骚扰，另外如果在意大利与法军交战时，英格兰能从加莱入侵法兰西的话，那么形势无疑将对查理十分有利。

此时正是英格兰提升在欧洲政治地位的大好时机。在沃尔西的斡旋下，亨利八世和弗朗索瓦一世于英格兰唯一控制的欧陆城市加莱举办了一场大型会议。

一年前，在沃尔西的主持设计下，教宗利奥十世、弗朗索瓦一世和查理签署了一项五年和平协议《伦敦条约》，协议保证勃艮第、法兰西、英格兰、神圣罗马帝国、尼德兰、教宗国和西班牙等各国之间不相互攻击，并向任何遭受攻击的国家提供帮助。条约还希望基督教国家能够团结一致，共同抵御奥斯曼土耳其帝国在巴尔干半岛和匈牙利的扩张。当时欧洲有二十多个国家参加了该条约，《伦敦条约》也被教宗所批准。沃尔西主持的这场多边峰会，让英格兰一下子从孤立的海外岛国跻身欧洲第三大国的地位，这也是沃尔西本人在外交上所取得的最大胜利，令其获得了亨利八世的极大认可，被封为御前大臣。

然而在那个时代，欧洲的和平不是依靠条约达成和维持的，虽然条约在一定程度上能延缓战争的发生，但参与各方之间的利益冲突并未因条约的达成而消弭。因此这份条约只是在沃尔西的政治简历上增添了光彩的一笔而已。在此条约签署两天之后，英法又单独签订了一项合约，随后造成了查理和弗朗索瓦一世之间的冲突。查理当选为帝国皇帝让弗朗索瓦一世极其不平，于是他便以《伦敦条约》为借口，向哈布斯堡家族发起进攻。当时，弗朗索瓦一世首先想到的就是英格兰。

1521年，沃尔西组织了"金布场"会议，英法双方共计有5000多名随从参加。英格兰希望通过此次盛大活动，向弗朗索瓦一世彰显自己国家的财富和实力。会议地点选择在加莱乡间的山谷中，风景优美。沃尔西是整个活动的总策划，又是教宗的使节，谈吐颇具魅力，这成为他一生最值得夸耀的事。英法两国从国王到随从都身着耀眼的服装，整场会议有音乐、比赛和游戏，简直就是一场大型市集。因两个国王所扎的帐篷和所穿衣饰都使用了一种用丝绸和金线混织而成的布料，活动因此被称为"金布场"。为了向弗朗索瓦一世展现英格兰的实力，亨利八世临时修建了一座占地1万平方米的宫殿，玩乐间还有两只穿着金衣的猴子助兴，此外还有红酒喷泉等，不一而足。两位国王还亲自下场参加摔跤比赛，亨利八世最后输给了弗朗索瓦一世。

这场嘉年华般的结盟在两位国王各自酒醒之后就结束了。1522年亨利八世和查理签订了《温莎条约》以共同对付法兰西。在该条约中，查理同意赔偿英格兰与法兰西冲突所造成的损失，并偿还过去被废除的债务。双方还缔结了姻亲作为保证，当亨利八世年仅六岁的女儿玛丽成年后，查理将娶她为妻。

亨利八世的帮助，让查理在与弗朗索瓦一世的意大利战争中取得了很大优势，赢得了帕维亚战役的胜利。然而此时，亨利八世断定已经年届40岁的凯瑟琳无法为他生下男性继承人，一场婚变即将打乱查理和亨利八世的"伟大的事业"。

王后凯瑟琳

伊比利亚女王伊莎贝拉一世所生子女的命运，实在是没有最惨，只有更惨。长女伊莎贝拉嫁给葡萄牙国王曼努埃尔一世，死于难产；长子胡安死于床事过度或瘟疫；次女胡安娜成了疯子，大半生被关在牢狱中；三女也嫁给了曼努埃尔一世，因生养过多劳累致死。而最为悲惨的，还是小女儿凯瑟琳。

阿拉贡的凯瑟琳是伊莎贝拉所有女儿中最聪明也最漂亮的一个。1501年，15岁的凯瑟琳嫁给了英格兰国王亨利七世的长子威尔士亲王亚瑟。凯瑟琳因此获得了威尔士王妃的头衔，但婚后几个月，亚瑟就病逝了。如果让守寡的凯瑟琳就这样返回娘家西班牙的话，亨利七世就需要返还西班牙给凯瑟琳的20万杜卡特的嫁妆（虽然当时只支付了一半），吝啬的亨利七世不愿接受。凯瑟琳的母亲伊莎贝拉一世在1504年去世后，亨利七世一开始打算自己娶了这个儿媳妇，但岳父费尔南多二世坚决反对这桩婚姻。于是亨利七世安排次子约克公爵亨利迎娶嫂子，约克公爵比凯瑟琳小五岁，此举能让亨利七世名正言顺地向西班牙索要剩余的一半嫁妆。

伊莎贝拉一世的去世，让胡安娜及其丈夫费利佩成为卡斯蒂利亚王位的第一顺位继承人，同时也让凯瑟琳这个最小的孩子在婚姻市场上的价值缩了水，费尔南多二世也迟迟不支付剩余的10万杜卡特的嫁妆。亨利七世曾考虑废止其子和凯瑟琳的婚约，但在两国的斡旋下，婚约得以维持。在等待小亨利长大的时间里，凯瑟琳成为西班牙驻英国大使，也是欧洲历史上第一位女大使。

1509年亨利七世去世，亨利八世正式登基成为英格兰国王，与凯瑟琳完婚，此时凯瑟琳已经23岁了。后来凯瑟琳为亨利八世怀孕七次，前四次所生的孩子都不幸早夭而亡，一直到1515年第五次怀胎时，才生出一位健康的女婴，取名为玛丽。玛丽是她唯一养育成人的孩子。

虽然凯瑟琳与亨利八世的婚姻早年还算美满，但亨利八世一直想有一个男性继承人。英国并不实行萨利克法，虽然男性继承人很重要，但也不至于让这位国王失去理智选择与教宗决裂。因此想要男性继承人并不能成为亨利八世与各色侍女勾搭调情的借口。亨利八世从《圣经》里找到了一段话，说如果男人娶了自己哥哥的妻子，那么他们将会没有子嗣。因此他便以自己的婚姻遭到诅咒为借口，向教宗提出他与凯瑟琳的婚姻应属无效的请求。实际上，他断定凯瑟琳已经无法再生育，而此时又正好遇到了"宫廷之花"安妮·博林。

英格兰宫廷里的斗争，常常被人津津乐道。安妮·博林和姐姐玛丽·博林也算是出身于英格兰的一个贵族家庭。安妮早年曾在查理的姑姑玛格丽特府上当宫廷陪伴侍女。将未及待嫁年龄的女子送到一些有权势的府邸学习，作为日后政治联盟的一项长远投资，在中世纪的欧洲贵族中是很常见的方式。而这一点却常常被男性史学家们所忽略，认为女性只是在男性参与的政治角逐中充当不太起眼的配角。实则不然。罗马帝国及后来的诸日耳曼王国能够皈依基督教，很多时候都因皇帝或国王的妻子说教有功，而这些女性通常来自已经皈依基督教的王国宫廷，或在类似的宫廷里受过教育。

查理的姑姑玛格丽特、弗朗索瓦一世的母亲露易丝都曾在法兰西的安妮王后府上学习，而安妮·博林在梅赫林时就深受玛格丽特喜欢。直到她父亲当上英格兰驻法国公使，才将安妮接到法兰西宫廷，接受更为完整的教育和更高雅的宫廷文化，作为待嫁前的准备。在此之前，安妮的姐姐玛丽已经在弗朗索瓦一世王后克洛德那里做侍女官，并在英格兰亨利八世与弗朗索瓦一世见面时充当翻译。玛丽·博林深谙宫廷之道，又工于心计，风流韵事不断，在法兰西王公贵族中有"不列颠母马"之称，还做过弗朗索瓦一世的情妇。

安妮也在一定程度上受到了姐姐的影响。1521年冬天，20岁的安妮已经俏丽成熟，被父亲召回英格兰准备婚事。而早安妮回来两年的姐姐玛丽已经成为亨利八世的情妇，在英格兰又被称作"国王的婊子"。回到英格兰后，安妮成了王后凯瑟琳的侍女官，将法兰西的宫廷时尚和不良风气都带到了这里，被称为典型的法兰西女人，并在一次宫廷的化装舞会中大放异彩，拥有了一大批仰慕者。年轻漂亮的安妮很快就被好色多情的亨利八世看中，他对安妮展开了疯狂的追求。1527年，安妮终于接受了亨利的追求，但拒绝在没有婚约的情况下与亨利八世发生任何性关系。被欲火折磨的亨利八世便只得答应了安妮的请求，决定与凯瑟琳离婚。

1527年，亨利八世向教宗提出婚姻无效的申请，之后未等罗马教宗同意，便迫不及待地准备和安妮成婚。教宗克雷芒七世此时正遭遇罗马之劫，且被查理囚禁，迟迟不敢答应亨利的请求。

至高法案

亨利八世的一场婚变，无意中推动了英国的宗教改革运动。亨利八世继位时，沃尔西已经成为英格兰大主教和大法官，此后一直官居高位，同时也深受罗马教宗信任。沃尔西在处理外交事务上得心应手，然而在处理亨利八世的个人婚姻问题时，却把自己栽了进去。为缓和罗马教宗和亨利八世之间的关系，沃尔西尽了最大的努力。教宗最终同意由英格兰自己决定是否允许亨利八世离婚，并派遣一名代表洛伦佐·坎培乔前往英格兰，和沃尔西一起审理亨利八世的婚姻官司。

教宗对查理的惧怕，让这位教宗代表也是能拖就拖，不断推迟行程，直到1528年10月才抵达伦敦，而正式的庭审在次年的5月31日才召开。6月21日，亨利八世和王后凯瑟琳都出席了庭审，凯瑟琳当着所有人的面，请求亨利八世念在多年夫妻之情的份上不要抛弃她。亨利八世也承认与凯瑟琳的婚姻美满，但声称这么做全都是为了王国利益，同时还指责凯瑟琳向查理控制的罗马教廷提出申诉。得知亨利八世心意已决，凯瑟琳转身离开。

坎培乔在处理这场离婚官司中，也是极尽拖延之能事。亨利八世请求他立即宣判结果，但这位特使却拖延到了7月23日，在宣布庭审延期之后便去度假了。此时教宗已经和查理签订了《巴塞罗那和约》，查理答应帮助美第奇家族恢复在佛罗伦萨的统治，教宗克雷芒七世决定将亨利八世的离婚案件撤回罗马审理。

亨利八世等待了两年却换来这样的结果，于是一怒之下将凯瑟琳囚禁起来，还将所有王后应有的东西，包括珠宝、寝宫等都交到尚未合法成婚的情人安妮·博林手中。安妮·博林此时已年近三十，敦促亨利八世尽快确定两人的婚姻关系。亨利八世把外交失利、庭审拖延等一系列事件全都归罪于沃尔西。不久后沃尔西被捕，并被剥夺了所有财产，被下放到约克担任大主教。此后不久，沃尔西又被指控犯有叛国罪，在押解至伦敦的途中病倒。1530年11月，57岁的沃尔西去世。

此时，一位叫做托马斯·克兰默的剑桥神学博士的一项提议，引起了亨利八世的兴趣。克兰默建议先搁置罗马的审议程序，转而向欧洲各个有名望的神学家寻求支持。这一提议得到了亨利八世的认可，随即克兰默被派往欧陆访问。欧洲各地的神学家对于亨利八世的请求分成了两派。查理控制下的尼德兰、西班牙、意大利部分地区和德意志等地支持查理的意见，否认亨利八世的离婚有效，而法兰西和英格兰的大学以及部分意大利地区则支持亨利八世。两派平分秋色。

在坎特伯雷大主教威廉·沃勒姆1532年去世时，克兰默被亨利八世召回，接任坎特伯雷大主教之职。从一个并不重要的职位上连升几级，对于克兰默来说是国王给予的莫大恩赐。回到英格兰后的几个月里，克兰默积极帮助亨利八世筹备废除与凯瑟琳婚姻的相关手续。与此同时，安妮也终于答应和亨利八世同床了，两人在1533年1月秘密结婚，而克兰默在半个月后才得知此事。1533年5月底，克兰默邀请原配两人出庭审议，然而仅有亨利八世的代表前来，凯瑟琳并未出席也并未派人代理出席。5月23日的审判结果完全是克兰默依照亨利八世的意思单方面做出的。克兰默认为两人之间的婚姻违反了上帝的律法，如果亨利八世不离开凯瑟琳，他就有可能被开除教籍并被驱逐。此时，亨利八世终于可以自由结婚了。5月28日克兰默宣布亨利和安妮的婚姻合法。在6月1日的典礼上，克兰默亲自为已经怀孕的安妮加冕并涂膏，安妮如愿以偿地成了英格兰王后。

亨利八世对其原本合法妻子的行为不仅让英格兰人民更加讨厌安妮·博林，也让他在欧洲大陆国家间无法获得认同。为了保住自己的地位，安妮试图说服亨利八世脱离罗马教廷。而罗马教宗克雷芒七世得知此事后异常愤怒，认为亨利八世此举完全是对教宗的蔑视。7月，教宗向亨利八世和克兰默发出限期绝罚令，除非在9月底前否决安妮的合法身份，否则绝罚生效。然而，9月7日，安妮为亨利生下了一个女儿，取名为伊丽莎白，克兰默为其施洗，还亲自担任伊丽莎白的教父。

　　按说，亨利八世渴望生下男婴，而安妮所生是个女孩，他还是有机会挽回局面的，但大错已铸，难以挽回。克兰默也担心自己已经忤逆了教宗，会被判处火刑烧死，因此两人在错误的道路上越走越坚定。1534年，在克伦威尔等人的建议和操纵下，亨利八世力促国会通过了《至尊法案》，进一步将自己推到了权力顶峰。此法案一是禁止英格兰教会法庭上诉至罗马教廷；二是规定教会未经英格兰国王允许不得发布规章；三是教会高级人员的人选应当由国王推选。同时发布的《王位继承法》将凯瑟琳的女儿玛丽贬为私生女，并指定安妮的女儿伊丽莎白继承王位。同时，亨利八世还取消了英格兰给教宗的献金。

　　《至尊法案》的通过被认为是英格兰宗教改革的开端，此后英格兰教会就变成了英格兰圣公宗。实际上，无论是从尊奉的教义还是所采取的仪式上，英格兰教会都与罗马公教（天主教）无甚差别。相比之下，早在英格兰的《至尊法案》通过之前，法王弗朗索瓦一世在马里尼亚诺战役后就已经拥有了部分独立于教宗的权力，可以决定主教的任免。而神圣罗马帝国则更早，在奥托一世时便拥有了类似的权力。日耳曼国王和罗马教宗之间的权力争夺，已经持续了一千多年。回顾之前的历史，亨利八世的这场所谓的"宗教改革"一点都称不上新颖，反而是一种历史的退步。但这些法案的推出让亨利八世获得了没有约束的权力，他开始直接没收修道院、教会所拥有的土地和财产，在国内恣意妄为，没有任何势力敢于与王权进行抗争。

　　生下孩子后，安妮·博林让英格兰曾经名正言顺的公主玛丽服侍自己的女儿伊丽莎白。不过权倾一时的安妮很快惹得亨利八世不满，加上她此后两次流产、一次诞下死胎，35岁的安妮很快就被亨利八世甩掉了。亨利八世此时已经与另一位侍女珍·西摩有染。在亨利八世的授意下，1536年安妮被关进了伦敦塔，这位负心人逼迫安妮签下离婚协议后，便判处他曾经深爱的王后以死刑。此时已经没有任何人能够阻止亨利八世了。安妮死后，亨利八世自然也不会恢复与凯瑟琳的婚姻，而是在第二天即刻与新宠侍女珍·西摩订婚，并于十天后结婚。

珍·西摩终于为亨利产下了一位男婴，取名爱德华，自己却因产褥热在不久后死去。亨利八世此后又结了三次婚，再无任何子嗣。

血腥玛丽

在亨利八世的离婚案件中，查理极力帮助姨母凯瑟琳和表妹玛丽免受羞辱，如果当初他和玛丽结婚，或许她们的处境就不会如此悲惨。在克兰默到欧陆寻求支持时，查理联合德意志的弟弟斐迪南、尼德兰的妹妹玛丽、已经嫁给弗朗索瓦一世的姐姐埃莉诺，以及葡萄牙的妹妹卡特琳娜，共同宣布对凯瑟琳的支持。在促使教宗克雷芒七世宣布亨利八世与凯瑟琳的婚姻有效，并给予亨利八世和克兰默绝罚令之后，查理便派遣使者前往欧洲各国，试探他们对哈布斯堡帝国远征英格兰的反应。虽然西班牙人对于他们的公主被亨利八世斥为不合法而感到愤怒至极，但并未打算支持他们的国王远征英格兰。查理最终也以德意志和意大利的动荡以及地中海可能遭受土耳其人的入侵为由，放弃了对凯瑟琳和玛丽的帮助，任由她们在安妮的羞辱下自生自灭。

凯瑟琳和玛丽被废之后，不被允许见面或是通信。1535年末，知道自己大限已至的凯瑟琳立下遗嘱，并向查理写信求助，希望这个侄子能够保护他的表妹玛丽。凯瑟琳还给亨利八世写了一封感人至深的信件，据说亨利八世读后痛哭流涕。1536年1月7日，凯瑟琳在被关押的金博尔顿城堡中去世，享年50岁。凯瑟琳死后第二天，就有谣传说她是被人毒死的。

安妮·博林被亨利八世处死后，她仅两岁的女儿伊丽莎白被剥夺了所有继承权和头衔。此后，亨利八世虽又四度娶妻，但玛丽与父亲的关系逐渐缓和，被迫承认自己私生女的地位并接受亨利八世的《至尊法案》，这才让父亲重新给予她相应的地位和权力。此时玛丽的地位已经远远高过妹妹伊丽莎白。随后玛丽掌管了后宫，还成了弟弟爱德华的教母，而此时的伊丽莎白还只能在爱德华洗礼仪式上捧着洗礼服。玛丽还为珍·西摩主持了葬礼。

1543年，在第六任妻子凯瑟琳·帕尔的协调下，亨利八世恢复了玛丽和伊丽莎白的王位继承权，位于爱德华之后。1547年亨利八世逝世，英格兰王位由唯一的男性继承人，也就是安妮的侍女珍·西摩所生的爱德华六世继承。此时爱德华六世只有九岁，且最终未满16岁就过世了，亨利八世的王位还是要传给他的女儿。但爱德华六世在死前将两位姐姐的继承权排除在外，并将王位直接交由远亲简·格雷继承。不过简·格雷并未获得大部分人的承认，仅当了九日的女王就被废黜。1553年10月1日，玛丽继承了英格兰王位，称为玛丽一世。

这位深受母亲影响、命运多舛的孩子继承王位时已经37岁，尚未成婚，因此在继承王位后要做的第一件事就是把自己嫁出去。玛丽一世召开议会讨论婚事，主张如果议会认为自己的婚姻不利于英格兰王国，那么她将不会结婚。玛丽一世也向表哥查理发出了邀请，但查理建议玛丽与自己的儿子菲利普成婚。菲利普的第一任妻子葡萄牙的玛利亚·曼努埃尔已于1543年过世，此时鳏居的菲利普比查理更适合成为新郎。英格兰很多人曾担心此次联姻会使英格兰沦为哈布斯堡家族的附庸国，而且他们没有女王统治的先例，还不知道如何像查理的外祖父母"天主教双王"那样，在共同统治的同时保持各自的独立性。

随后英格兰议会通过了一项法案以确保自身的独立性，名为《玛丽女王与西班牙菲利普结婚法案》。该法案更多地被认为是英格兰与西班牙之间的一份商业合同，规定了菲利普拥有和玛丽一世共治英格兰的名义，但菲利普的国王权力被限制为仅与玛丽一起行使方能有效。为了不让英格兰陷入查理的战争泥潭中，法案也限定了英格兰没有为查理提供军事援助的义务，不允许国王任命外国人来英格兰任职。

为了使自己儿子的头衔能够与玛丽一世匹配，菲利普被查理赐予那不勒斯国王和耶路撒冷国王的称号，玛丽一世也同时获得了两地的王后称号。在查理退位时，菲利普和玛丽一世两人同时兼任以下王国的国王和王后：英格兰、西班牙、那不勒斯、耶路撒冷以及新世界（印度群岛）。此后他们二人还在1555年获得了教宗认可，被承认为爱尔兰君主。

玛丽一世一直被认为是"血腥玛丽"的原型，但她一开始也并非血腥的，反而是温和的。玛丽一世受到母亲的熏陶而坚持天主教信仰，也正是天主教的信仰支撑她度过了长年的监禁和羞辱生涯，所以她即位之后在英格兰复辟了天主教，并将父亲亨利八世原先没收的教会和修道院返还给天主教会。重新上台的天主教势力开始大肆报复，使得英格兰新教徒铁下心来要压制天主教，玛丽一世实际上是从反面支持了英格兰的新教发展。两个新的"天主教双王"随后对英格兰的新教徒采取高压政策，大肆迫害新教徒，试图恢复天主教在英格兰的影响力。直到菲利普再次和法兰西宣战，作为妻子的玛丽一世不得不顺应丈夫的要求，向西班牙提供支持。此举破坏了两人的婚约约定，让原本就心有不满的新教徒有了再次发难的理由。

1558年，42岁的玛丽一世病逝，她的死对头——安妮·博林的女儿伊丽莎白继承了王位，而菲利普的英格兰王位也随着玛丽的去世而终结。玛丽一世并没有和菲利普生下任何子女。最终菲利普不得不应父亲查理之召，于1555年返回尼德兰，继承父亲留下的庞大帝国。伊丽莎白一世继位后，菲利普为了保住英格兰王位，转而追求伊丽莎白一世，然而伊丽莎白一世并没有答应。

王位巩固后，由于不希望自己的权力因另一个人的分享而被削弱，更不希望因为生育继承人而给政敌提供反对自己的机会，伊丽莎白一世最后选择了终身不婚。不过她也并非"贞洁女王"，如同母亲安妮一样，伊丽莎白一世同样生性风流，传闻有很多情夫和私生子。

由于伊丽莎白一世采取了对新教徒的宗教宽容政策，罗马教宗庇护五世再次对英格兰发出了绝罚令。菲利普二世求婚未果，又对英格兰国王之位保留着期许，再加上西班牙的美洲运输船又接二连三地遭到伊丽莎白一世支持的海盗袭击，遂决定于1588年派出无敌舰队进攻英格兰。

这些都是后话。此刻，西地中海一处具有重要战略地位的城市突尼斯，被红胡子海盗巴巴罗萨所占领，查理决定亲征北非。

第十九章

突尼斯的征服

面对土耳其人和海上行劫者，基督教世界在边境遍筑防御工事，把自己隐藏在工程师的技术和挖土工人的劳作成果的后面。

——布罗代尔：《地中海与菲利普二世时代的地中海世界》

1521年，苏莱曼一世在占领了匈牙利的门户贝尔格莱德之后，便将目光转到了长期困扰帝国的基督教海盗身上，这些海盗盘踞在爱琴海的罗德岛上。塞利姆一世正是在前往攻打罗德岛的途中逝世，苏莱曼一世决定完成父亲的遗志。

夺取罗德岛

地中海东侧靠近叙利亚和埃及的海上，有一个基督教世界的重要前哨，是阻碍奥斯曼扩张的眼中钉之一，这就是耶路撒冷医院骑士团所驻守的罗德岛。如同其名称所示，医院骑士团最初只是为了照料由西方世界与耶路撒冷往返途中的伤患和朝圣者们而成立的。后来在朝圣者的捐助下，骑士团迅速发展，并于成立14年后被罗马教廷承认为独立修会，赐予经济和政治特权，无需缴纳什一税，也无需接受任何国王的领导，只听从教宗的节制。

医院骑士团从慈善组织演变为军事组织，以保护往来的朝圣者，最后成为耶路撒冷王国的主要军事力量。耶路撒冷被占领后，骑士团于1291年前往塞浦路斯。1309年，骑士团从拜占庭手中夺取了罗德岛及周边岛屿，才拥有了自己单独的领地。在奥斯曼帝国扩张到色雷斯、巴尔干半岛并攻占了君士坦丁堡之后，医院骑士团的罗德岛一直是奥斯曼帝国庞大疆域里的一座孤岛，坚持反抗土耳其人。一直以来，他们阻碍着伊斯坦布尔和亚历山大港之间的贸易路线，并时常拦截奥斯曼帝国的补给船只，阻拦前往麦加的朝觐者。在奥斯曼帝国看来，医院骑士团就是一群基督教海盗。

苏莱曼一世继承苏丹之位后，意识到想要在东地中海建立霸权，就必须拔掉罗德岛这个眼中钉。1522年，苏莱曼一世亲率10万（也有说是20万）军队、400艘战舰将罗德岛包围得水泄不通。

岛上的骑士团守军只有7000人，由刚刚上任的大团长菲利普·维里埃担任指挥。骑士团加强了罗德岛的防御力量，并在各处设置了火炮。6月26日，先是400艘战舰到达罗德岛外海，一个月后，苏莱曼一世率领大军抵达。土耳其军队封锁了罗德岛港口，并用火炮持续轰击堡垒侧墙，同时依旧采取惯用的挖掘隧道、埋置火药的方法，试图破坏罗德岛的城墙。经过五个星期的轰炸和火药爆破，将堡垒一侧的城墙终于轰塌，填满了护城河。土耳其士兵立即利用这一缺口发起冲锋，然而在骑士团的英勇抵抗下，多次进攻都被成功击退。次日，规模两倍于前的土耳其士兵再次发起强攻，但仍未能成功突破骑士团的防守。

到了9月24日，海军大将穆斯塔法帕夏下令总攻，集中攻击其中几个堡垒。经过一天的激战，最终仍未能取得任何战果。苏莱曼一世一怒之下要斩杀这位海军大将的女儿以示警告，在其他人的劝说下才强压住怒火，仅将其免职关押，并由哈因·艾哈迈德帕夏接任指挥。

　　土耳其人集中全力，再次使用埋置火药的方式炸毁城墙，并用火炮持续轰击。直到11月底，土耳其军的进攻仍然被骑士团所挫败。此时已经入冬，冬季的地中海天气变得反复无常，双方士兵也都筋疲力尽，士气低落。苏莱曼一世已无法彻底攻陷该岛，而骑士团也无望于援军。迫于岛上其他平民的压力，双方进行和谈。苏莱曼一世提出保证，如果骑士团投降，他将提供充足的食物，并送他们安全出岛离开，如果拒不投降，那么他也只能继续进攻，强行占领该岛。骑士团要么战死，要么成为奴隶。

　　双方休战的三日内，岛上居民提出了更多的要求，让苏莱曼一世进一步保证他们的安全。此举惹怒了苏丹，他即刻下令继续轰击，直到17日一处堡垒彻底坍塌。大部分护墙被摧毁后，留给罗德岛的只有投降一条路了。到了20日，镇民要求团长重新休战。两天后，镇上军民接受了苏莱曼一世的条件，并要求骑士团在12天内离开罗德岛，离开时可以携带武器、贵重物品和宗教物品，岛民在停战后三年内的任意时间随时可以离开，岛上的教堂不会遭到亵渎或者改建为清真寺。同时苏莱曼一世还免除了留在岛上的居民五年的税收和兵役，这是他从未提出过的极为慷慨的投降条款。

　　1523年新年的第一天，骑士团成员举着自己的旗帜，身穿战甲，登上了苏莱曼一世为他们提供的50艘船，和数千名平民一起离开了罗德岛。从此，自伊斯坦布尔到地中海东岸的黎凡特，以及到北非开罗之间的海上交通再无阻碍，奥斯曼帝国的东地中海控制权才算是稳固了。

　　医院骑士团坚守罗德岛六个月，苏莱曼一世的军队损失了5万多人。虽然这场战争最后以医院骑士团的失败告终，但他们在穆斯林世界和基督教世界都获得了至高无上的尊重，教宗哈德良六世称他们为"信仰的捍卫者"。骑士团撤出罗德岛后，先来到了威尼斯人控制下的克里特岛，又在随后的七年中四处迁徙，从墨西拿到维泰博，再到尼斯等地。直到1530年，在克雷芒七世和查理的命令下，罗德岛医院骑士团才来到了马耳他和北非港口的黎波里驻守，从此成了马耳他骑士团。骑士团每年向查理的西西里王国象征性缴纳一个鹰币作为租金，而查理则获取了一支据守东西地中海咽喉之地的优秀军队。

罗德岛的小小胜利自然不能满足苏莱曼一世的胃口，他想要的是在地中海建立起真正的霸权，在海上与神圣罗马帝国的查理争锋，因此必须组建起一支更为庞大的海军。维也纳围城战失利后，苏莱曼大帝才想起了在西地中海长期与基督教世界敌对、曾经效力于父亲塞利姆一世的海盗头子：红胡子巴巴罗萨。

红胡子海盗

当埃及的法蒂玛王朝被奥斯曼灭亡后，北非的巴巴利海岸就落入诸多小部落酋长的手中，地中海南岸的各个港口则成了海盗的基地。另外，西班牙的天主教双王驱逐了西班牙的穆斯林，而后他们便纷纷逃往北非，这些逃亡者很多加入了海盗的队伍。

"红胡子"巴巴罗萨家中共有兄弟四人：大哥叫做伊沙克，和他的三个兄弟不同，他继承了父亲的衣钵做了陶工；老二叫阿鲁奇；老三叫赫兹尔·雷斯，也就是后人所知的巴巴罗萨·海雷丁（海雷丁并非其原名，而是由苏莱曼一世所赐，意为"信任的美德"）；四弟叫伊利亚斯。后面的三兄弟就是大名鼎鼎的地中海海盗"巴巴罗萨"，其中海雷丁最为著名。

四兄弟出生于马格里布地区的米蒂利亚岛（今莱斯博斯岛），其父亲是希腊出生的土耳其近卫军，退役后做陶工谋生，后来娶了一位希腊牧师的遗孀。近卫军都来自于基督徒奴隶，所以兄弟三人实际上并非土耳其人，也不是阿拉伯人或柏柏尔人，而是日耳曼人的后裔。

排行老二的阿鲁奇年轻时参加过罗德岛战争，并在此次远征中被骑士团俘虏，被迫在船上服苦役。之后有人将他赎了出来，他很快就被君士坦丁堡商人任命为一艘私掠船的船长，为埃及的马穆鲁克统治者服务。私掠与海盗稍有不同，私掠是有官方执照许可的抢劫活动，有通用的规则，并不滥杀无辜而是谋取赎金。被英格兰女王伊丽莎白一世授予爵士的弗兰克·德雷克和约翰·霍金斯就是私掠船长，他们获得了英格兰政府的批准，可以对西班牙的美洲运输船进行劫掠。

16世纪初，巴巴罗萨兄弟各驾一艘大帆船来到突尼斯，请求突尼斯苏丹租借拉古莱特港口供他们使用，并以三分之一的战利品作为对苏丹的回报。1504年，他们在第勒尼安海和利古里亚海之间，也就是意大利和科西嘉之间的厄尔巴岛海峡发了第一笔财，截获了热那亚的大帆船，里面满载着送给罗马教宗的珍贵货物。

随后的几年里，他们又俘获了西班牙的几艘舰船，引起了红衣主教西斯内罗斯的愤怒，他派遣一支由90艘舰船组成的西班牙舰队，满载着1.1万名全副武装的西班牙士兵，前来抓捕巴巴罗萨兄弟。随后西班牙仅以30人牺牲的代价占领了阿尔及利亚的奥兰，杀害了城中4000名居民，并带回了5000名俘虏和价值50万杜卡特的战利品。1510年，贝贾亚、的黎波里也被西班牙占领，此时巴巴罗萨兄弟被迫迁移至杰尔巴岛，并以此为根据地。

1512年，贝贾亚的流亡统治者向巴巴罗萨兄弟求助，希望他们能帮忙赶走西班牙人，收复贝贾亚。巴巴罗萨兄弟答应了他们的请求，率领部队向贝贾亚发起了持续一周的进攻。就在西班牙部队快支撑不住的时候，阿鲁奇左臂被打伤，他们的舰队只得返回，在归途中还俘获了热那亚的一艘大帆船。这种手法此后成了巴巴罗萨常见的作战方式。

热那亚人也开始了复仇行动。他们派出一支由12艘大帆船组成的舰队开往突尼斯，洗劫了拉古莱特堡垒并俘获了一半的海盗船。阿鲁奇养好伤后，就着手展开更大规模的劫掠。1514年他们夺取了阿尔及利亚的另一座城市吉杰利，随后受阿尔及尔居民邀请前往阿尔及尔。到达阿尔及尔之后，当地居民请求他进攻岩石岛的西班牙驻军，然而阿鲁奇拒绝了阿尔及尔人，反而接管了阿尔及尔，自立为该地的苏丹。此后兄弟二人开始在阿尔及尔聚集力量，准备攻击西班牙的入侵者。巴巴罗萨兄弟的地盘一度扩张到特莱姆森，不料却被西班牙军队联合当地的贝都因人包围。阿鲁奇在这场战役中被西班牙军队抓住并处死，此时巴巴罗萨兄弟三人就只剩下海雷丁。海雷丁知道阿尔及尔难以守住，便开始与伊斯坦布尔苏丹塞利姆一世联系，并表达了对苏丹的忠诚。塞利姆一世支持了海雷丁，从此之后巴巴罗萨才真正飞黄腾达起来，开始名正言顺地控制西地中海及马格里布地区。

巴巴罗萨向苏丹称臣，并将满满一船的贵重礼物送给伊斯坦布尔的苏丹塞利姆一世，因此获得了阿尔及利亚的贝勒贝伊（即总督）头衔。苏丹还给巴巴罗萨送去武器和战士，允许他征募军队，从此巴巴罗萨誓死效忠于奥斯曼帝国。自1518年起，巴巴罗萨便与内陆的阿拉伯部落结盟，加强了海岸地区的守备力量，并与塞利姆一世控制下的埃及和叙利亚地区进行联系。次年，塞利姆一世又派遣了一支2000人的军队，带着火炮支援巴巴罗萨，还允许巴巴罗萨从帝国东部招募士兵。

　　在苏丹的大力援助之下，巴巴罗萨虽然撤出了阿尔及尔，却攻下了阿尔及利亚东北部的阿纳巴和君士坦丁。1525年，巴巴罗萨重新夺回了之前属于他的阿尔及尔，并报复性地将敌人全部处死。四年之后，他终于回应了阿尔及尔民众的要求，打下了岩石岛。占领岩石岛之后，巴巴罗萨清除了岛屿周边的石礁，还修建了堤道，将此地扩建为自己的根据地。

　　到了苏莱曼大帝时期，陆上的失利让他想起地中海上长期忠于奥斯曼帝国的巴巴罗萨。苏莱曼一世执政初期由陆路进攻欧洲，考验土耳其军队的长距离补给和攻击要塞的能力，而两次围攻维也纳的失败，极大地凸显了奥斯曼帝国的弱点。与欧洲采取以守为攻的军事作战方式完全不同，奥斯曼帝国的军事思想是以攻为守，帝国庞大的疆域内，较少有欧洲那样坚固的城堡，无法凭城据守。而欧洲自中世纪以来，城堡的建造技术已经达到了炉火纯青的地步，即便是出现了火炮这一攻城利器，欧洲的城堡也可以通过改变造型与设计，有效地抵御火炮的攻击。

　　在对比了基督教世界和穆斯林世界两种不同的"防御心理学"后，布罗代尔总结道："基督教世界面对穆斯林世界，处处设防自卫，此一普遍性的景象是个重大标志，也是个重要标志。穆斯林世界宁肯使用大量骑兵打进攻战，也不采取这样的防御措施。"

　　面对欧洲城堡的严防死守，苏莱曼一世在进攻维也纳和匈牙利失利之后，便改变了军事行动的重心，决定从海上向欧洲发起进攻。此时，被称为"基督教海洋"的西地中海被西班牙人和热那亚人所把持，而东地中海基本上由奥斯曼苏丹掌控。效忠西班牙-神圣罗马帝国的热那亚军舰从西地中海进入东地中海，夺取了土耳其控制下的爱琴海岛屿科伦。虽然苏莱曼一世派了一支大军试图夺回科伦，但未能如愿。

这次失败才让苏莱曼一世顿然醒悟，如果无法从陆上进入中欧，海上会时刻面临着来自基督教世界神圣罗马帝国的威胁，此时必须要加强海备力量了。苏莱曼一世随后派遣使臣前往北非联系巴巴罗萨，召其立即前往伊斯坦布尔。接到苏丹传唤的巴巴罗萨立刻召集了40艘舰船，将这些船装饰得富丽堂皇，大张旗鼓地进入了伊斯坦布尔。巴巴罗萨为苏莱曼一世带来了大量的黄金、珠宝和非洲野兽等礼物，还有抓来的众多基督徒女奴。

虽然此时巴巴罗萨已经55岁，但精力异常旺盛。苏莱曼一世重重赏赐了巴巴罗萨，任命他为卡普丹帕夏，即海军总司令，负责帝国造船厂的舰船建造。拥有多年海上作战经验的巴巴罗萨改进了奥斯曼的造船工艺，经过一个冬天的努力，总共建造了70艘桨帆船，使用1200名抓来的基督徒奴隶充当划桨手。舰队试炼的第一个目标就是夺取突尼斯。

1534年，就在苏莱曼一世率领大军前往波斯不久，海军总司令巴巴罗萨率领着他为奥斯曼帝国打造的新舰队，穿过达达尼尔海峡，驶入了爱琴海。此时爱琴海的大部分岛屿在奥斯曼的盟友威尼斯人控制中，因此舰队很顺利地驶入了意大利的亚得里亚海，穿过了西西里的墨西拿海峡，朝突尼斯出发。

突尼斯海战

突尼斯是控制东西地中海的重要战略之地，位于北非马格里布地区伸出的半岛上。巴巴罗萨一路沿着意大利海岸进行突袭，取得了一些战果，于1534年8月16日到达突尼斯。此时的突尼斯在西班牙扶植下，由哈夫斯王朝统治，当时哈夫斯王朝正处于内讧中，给巴巴罗萨提供了大好机会。巴巴罗萨承诺帮助被流放在外的王子复辟而得以在拉古莱特城堡登陆，这也是巴巴罗萨当海盗时经常驻停的港口。巴巴罗萨在马格里布地区的名声让亲西班牙的摄政王穆莱·哈桑闻风丧胆，直接弃城而逃。巴巴罗萨立即控制了这里，并在此建立海军基地，作为对西地中海发动进一步攻击的据点。他的下一个目标便是马耳他和西西里。

突尼斯失守，让查理立即意识到西西里已经岌岌可危，而西西里一旦不保，就意味着那不勒斯、科西嘉和巴塞罗那等地将直接受到威胁。这时另一个消息也让查理感到担忧。1534年9月，教宗克雷芒七世死了，虽然在意大利的战争中克雷芒七世常常站在弗朗索瓦一世一边，但在反对异教徒方面，克雷芒七世对自己的支持是坚决的。之后当选的教宗是保罗三世，曾在博洛尼亚为查理加冕时涂过油，查理尚且不知新教宗是否支持弗朗索瓦一世对米兰和热那亚的主张。不过好消息是，保罗三世保留了前任教宗签订的所有协议，也积极支持查理向非洲发动十字军新征。

在听说苏莱曼一世发起了对波斯的战争之后，保罗三世立即宣布，此时正是皇帝远征非洲的大好时机，并敦促查理不要错过此等良机。但查理的大臣们对此有所顾虑，最主要的担心还是弗朗索瓦一世是否会趁此机会再次夺取米兰，如果查理在此次战役中被俘或者战死，年轻的菲利普王子将如何管理他留下的帝国？思考再三，查理于1534年2月28日留下了一封新遗嘱，便决定亲征突尼斯，随后离开再度怀孕的伊莎贝拉启程。

皇帝亲征突尼斯的举动，重新激起了基督教世界对于十字军的热情。葡萄牙国王若昂三世自愿派出20艘舰船加入其中，其中包括一艘可以容纳2000人的大加莱船，取名"施洗者圣若昂"号①。这艘装备了366门加农炮的大船是当时世界上最大的船只，以其绰号"燃烧者"闻名。

查理派了一名热那亚使者前往突尼斯，第一个计划是联系穆莱·哈桑，让其组织力量，里应外合对付巴巴罗萨。第二个计划是争取巴巴罗萨的效忠。如果巴巴罗萨未能被说服，那么开启第三个计划，将其暗杀。而查理的第二个计划未能成功，使者反而被斩杀。闻讯之后的查理立即将意大利、西班牙各个港口的舰队集合在一起，由74艘桨帆船和400艘帆船，加上3万名来自西班牙、德意志和意大利士兵，组成了一支庞大的远征舰队，由热那亚海军统帅亚德里安·多利亚率领出征突尼斯。这支庞大的舰队共花费了查理100万杜卡特，与匈牙利战场上的耗资相当。不过查理刚获得了探险家皮萨罗从南美洲运回来的200万杜卡特金币②，因此此时并不缺钱。

1535年5月底，查理撇下伊莎贝拉前往巴塞罗那，并从这里带领西班牙和葡萄牙舰队起航，在撒丁岛与其余舰队会合后，于6月13日向南驶向突尼斯。次日，查理的大军就已抵达突尼斯近海，在热那亚舰队的保护下，圣若昂号先以强大的炮火摧毁了海港入口处的锁链，随后便向拉古莱特城堡开火。经过24天的激战，查理的舰队炸开了拉古莱特城堡，进入内湖，俘获了巴巴罗萨的大部分舰队。在一场干净利落的围歼战之后，舰队继续向突尼斯城进发。此时的巴巴罗萨只得退回突尼斯城内，重新组织军队迎战。不料城中却出现内乱，一名医院骑士团的骑士指挥城内

---

① 此处依据葡萄牙语翻译而来，新教翻译为"施洗者圣约翰"。
② 这是印加人用来换回其国王的赎金，但最后皮萨罗无耻地撕票，处决了印加国王，见本书第二十五章。

的1.2万名基督徒俘虏夺取了军械库。内部的叛乱也让柏柏尔人拒绝协助土耳其人作战。于是，查理的军队仅遭遇微弱的抵抗，很快就夺取了突尼斯城。之后西班牙人不断加固突尼斯的防卫，使城堡更加坚固，直到40年后，奥斯曼才有能力重新夺回此地。

巴巴罗萨为自己留好了后路。他早已命人将15艘体积较大、装备精良的舰船停靠在突尼斯与后方基地阿尔及尔之间的博恩港，溃败之后，便带着几千名土耳其士兵乘船逃离了。可惜查理此时并未乘胜追击，如果继续追赶，肯定能够一举歼灭巴巴罗萨，也就不会有在随后近30年里横行地中海的海盗王巴巴罗萨了。

查理亲率军队进入突尼斯城后，依照传统让军队掳掠三天。查理帮助哈桑重新恢复了王位，并留下一支军队驻守拉古莱特城堡，随后就离开了突尼斯，将营地迁至另一座海港城市拉迪斯。此次战役后，西班牙人在废墟中发现了印有法兰西王室象征的百合花饰样的物品，坐实了法兰西和奥斯曼之间的联盟关系。

远征突尼斯的成功也让查理在西地中海的实力得以恢复。依靠意大利南部的那不勒斯、西西里岛加上西班牙本土和在北非的据点，查理牢牢地控制住了这里。不过他无力触及东地中海，那里依旧是威尼斯和奥斯曼的天下。

突尼斯局势稳定后，查理便动身前往意大利，派多利亚向西去搜捕巴巴罗萨。然而，巴巴罗萨并未回到阿尔及尔，而是在博恩立即组织补给和充实舰队，然后迅速前往西班牙近海的巴利阿里群岛进行报复。他们的船只桅杆上挂着西班牙和意大利的旗帜，让人以为是查理的舰队凯旋，守军被打了个措手不及。俘获了一艘葡萄牙商船后，巴巴罗萨又登陆梅诺卡洗劫了马洪港，抓了数千名基督徒，烧毁了海港的防御设施，这才带着洗劫的财物回到阿尔及尔。一年后巴巴罗萨被召回伊斯坦布尔，或许是征服巴格达的胜利，或许是巴巴罗萨用他的脸蹭了君主的马镫，才未让苏莱曼一世发怒，反而命令巴巴罗萨去建造一支200艘船的舰队，为进攻意大利做准备。

比起维也纳战场，这场压倒性的胜利更值得纪念，况且还是皇帝本人亲自参与指挥。获胜的查理海军沿着巴巴罗萨来的方向进发。舰队总司令多利亚开始进入墨西拿海峡，俘获了十艘土耳其商船后，向东驶过伊奥尼亚海，在帕克西岛附近再次击败了苏莱曼一世的舰队。这让苏莱曼一世大为光火，他决定寻找基督教世界的盟友，一同展开反击。

第二十章

百合与新月

马已备好，刀已出鞘。

——苏莱曼大帝

　　"远交近攻"适用于中国的战国时代，也适用于四分五裂的欧洲，与敌人的敌人成为朋友，这个结盟策略不分信仰和地域，古今中外皆适用。

　　查理和弗朗索瓦一世的意大利战争进行得如火如荼时，在奥地利和匈牙利，他与苏莱曼一世也同样打得不可开交。因此，对于法兰西和奥斯曼来说，结盟对付共同的敌人查理，就是自然而然的事情了。只是他们当初都没想到，这样跨越宗教的同盟，竟能够断断续续地维持三个多世纪之久，直到拿破仑时期法国转而与俄罗斯合作，才宣告终结。

远交近攻

　　早年路易十一时代，法兰西就与奥斯曼土耳其暗通款曲。1483年，奥斯曼帝国苏丹巴耶济德二世同父异母的弟弟杰姆被囚禁于法兰西的布尔加讷夫，巴耶济德二世派遣使者前来与路易十一会谈，以确保杰姆被长期囚禁。路易十一拒绝接见苏丹的特使，但接受了使者送来的金钱和基督圣物，将杰姆长囚此地。

　　路易十二于1500年在开罗与埃及马穆鲁克王朝签订了《屈从奥斯曼帝国条款》。这份文件不同于以往基于双方平等地位而签订的条约，而是奥斯曼帝国给予进入帝国境内的基督徒商人颁发的一份许可，可以免于被起诉、征税、征兵和搜查住所等。这种特权是为了鼓励奥斯曼帝国与西方世界进行商业往来，热那亚人在君士坦丁堡被征服的同一年获得了第一份特权，后来这也成为奥斯曼帝国颁发给西方基督教世界的一种标准文件。此后威尼斯、法兰西、英格兰、尼德兰、奥地利等在不同年份先后获得了此项特权。直到20世纪，土耳其和埃及才废除了这种落后的特权形式，代以当今国家之间平等的贸易方式。西欧国家中，先是法兰西通过马穆鲁克王朝获得了此项特权，在塞利姆一世征服埃及之后，奥斯曼帝国继续将这项特权颁给法兰西。这也是法兰西能够参与地中海贸易，使葡萄牙人开辟的新航线获利甚微的原因之一。

弗朗索瓦一世在帕维亚战役中被查理俘虏，因此只能暗中与哈布斯堡另一边的对手、基督教世界的敌人——奥斯曼帝国的苏莱曼一世结盟了。在和异教徒结盟之前，法兰西曾在欧洲各地寻找盟友，尤其是神圣罗马帝国背后的东欧国家。1524年弗朗索瓦一世就和波兰王国的齐格蒙特一世签订了合约，合约中以双方儿女的双重婚约作为合约执行的保证，弗朗索瓦一世占领米兰后获得了波兰国王的支持。然而，仅仅一年后，帕维亚战役的失败便宣告两国同盟的破裂。

弗朗索瓦一世之后将目光转向了匈牙利。当时面临着斐迪南对匈牙利王位的竞争的亚诺什一世，与法王在1528年结成同盟。此时亚诺什一世在匈牙利的统治已非常脆弱，但通过亚诺什一世作为桥梁，法兰西终于和奥斯曼搭上了线，以共同对抗哈布斯堡帝国。不过，波兰与匈牙利并未给弗朗索瓦一世对抗查理带来多少帮助，奥斯曼帝国苏丹苏莱曼一世才是他最为可靠的盟友。弗朗索瓦一世被囚期间，其母露易丝两次派人向苏莱曼一世求助。
第二次苏莱曼一世终于收到来信并予以答复，虽然言语中带着莫
大的自负，但对于已经一败涂地的弗朗索瓦一世来说，承认一个
异教徒为恺撒，并不比在查理膝下苟活更加耻辱。1526年2月，
在苏莱曼一世写给弗朗索瓦一世的信中，光是自己的头衔就占据
了大部分篇幅，而最重要的一句就是表示愿意与法国结盟，"马
已备好，刀已出鞘"。弗朗索瓦一世就这样和苏莱曼结下了被基
督教世界称为"亵渎神明的百合花和新月同盟"。虽然是秘密结
盟，但终究还是会被人发现，尤其是当苏丹的舰队恣意地开进马
赛港口的时候。

　　有了法王的求助，奥斯曼帝国终于可以光明正大地插手欧
洲的政治了，1526年苏莱曼一世进攻匈牙利，就是应这个盟友的
请求出兵的。苏莱曼一世一直试图在欧洲局势中扮演重要的角
色，对此感到很得意。"在16世纪，苏莱曼扮演了平衡欧洲局势
的角色，而这一角色无论是在军事上还是在外交上，都提高了
奥斯曼帝国的实力和威信。"此后，苏莱曼一世多次资助弗朗索
瓦一世，1533年为其提供了10万杜卡特的援助，帮助他联合英格
兰和德意志新教王子一同反对查理。1535年，为了再次发起挑战
查理的意大利战争，弗朗索瓦一世又向苏莱曼一世索要了100万
杜卡特的资助。弗朗索瓦一世曾向威尼斯的使者说，奥斯曼帝国
是唯一能够让欧洲诸国在哈布斯堡皇帝威胁下存活下来的外部力
量。殊不知，正是他自己的野心和孤傲才造就了动荡不安的欧洲
局势。

　　查理握有一些弗朗索瓦一世与苏丹结盟的证据，对弗朗索
瓦一世亲异教徒的态度加以指责。但弗朗索瓦一世此时公开许诺
要加入十字军圣战，虽然这种许诺如同当年他竞选皇帝之时向德

意志选帝侯作出的承诺一样虚伪。查理对此也并不是没有办法，既然法兰西能够与奥斯曼结盟，奥斯曼的背后也有长期与之为敌的波斯。1516年，已经宣称继承西班牙王位但尚未正式加冕的查理，派遣一位使节前往波斯，希望与伊斯玛仪一世合作共同对付奥斯曼土耳其。但伊斯玛仪一世的回信并未保存下来，回信的具体内容如今不得而知。到了1524年，查理的军队正与弗朗索瓦一世在意大利战场上相互搏杀一决胜负。同年夏天，查理接到了伊斯玛仪一世用拉丁语写就的信件，伊斯玛仪一世在信中表示，他对基督教世界各个王国之间不是联合起来共同御敌而是相互争斗表示惊讶，并敦促查理将其军队转向攻击土耳其人。

当查理收到伊斯玛仪一世这封信的时候，伊斯玛仪一世已逝世，哈布斯堡-波斯同盟还没有形成便搁浅了。1529年，得知苏莱曼一世进军维也纳后，查理在托莱多急忙向伊斯玛仪一世写信求援并派使者前往波斯，希望波斯能够发起军事行动来分散奥斯曼的注意。当然，查理并不知道伊斯玛仪一世已于五年前过世，此时是塔赫马斯普担任萨非王朝的沙阿（即国王）。

塔赫马斯普一世很快就回应了查理，两国再次结盟，双方计划在两条战线上共同向奥斯曼帝国发起进攻。从此开始，查理便与波斯萨非王朝保持长久的联系，结成了哈布斯堡-波斯同盟（也叫哈布斯堡-萨非同盟）。一旦奥斯曼进攻匈牙利，波斯就会袭击奥斯曼的后方；一旦奥斯曼进攻波斯，查理便会发起对奥斯曼的攻击，突尼斯海战就是这一配合最好的例证。这样的合作策略几乎是欧洲以后各种战争结盟的模板。

相比来说，法兰西-奥斯曼的同盟可以通过地中海互相派遣使者进行沟通，虽然比较危险，但也不失便利，这也是这个同盟能维持300年的关键，而哈布斯堡-波斯同盟间的联系则因路途遥远而时断时续。但总体来说，一旦奥斯曼进入欧洲，萨非王朝总会袭扰其后方，迫使奥斯曼帝国回头解决背后的问题。

法兰西-奥斯曼同盟、哈布斯堡-波斯同盟让查理和弗朗索瓦一世的争端似乎又回到了起点上。他们将亚洲的这两个国家也卷入欧洲的战争中，西亚地区自此与欧洲的政治格局变化再也无法分割了。奥斯曼和波斯之间的战争，弗朗索瓦一世和查理的战争，每次都将彼此的国力消耗殆尽。法兰西火炮部队和军事将领加入奥斯曼帝国军队中，促进了欧亚之间军事战略和武器的相互交流。

凯旋罗马

突尼斯之战获胜后，查理的舰队于8月21日到达了西西里。在此后的八个月中，从西西里到卡拉布里亚、那不勒斯再到罗马，查理沿着意大利第勒尼安海一路北上。沿途的各个城市举办了一场场规模宏大的胜利游行，凯旋的查理被宣传为基督教十字军战士式的英雄。

当时的意大利，到处是奉行马基雅维利主义的地区领主。与查理在西班牙所获得的巨大支持不同，很多意大利地区领主更倾向于支持法兰西，但查理仍然受到了如同迎接英雄般的欢迎。在查理一行沿途到达的每个城镇，当地要员和贵族都在城外恭候查理的到来，并向他提供象征臣服的城门钥匙以及贵重的礼物。作为回报，查理也确认了当地领主的权力。此行也让查理得到总计25万杜卡特的税收。查理还访问了一些著名的宗教圣地，使他前往罗马的行程更像是朝圣之旅。皇帝骑在由金银装饰的戎马上，走过一座又一座装饰着赞颂其战绩图样的凯旋门，在这些图像艺术中，人民把查理比做希腊神话中的伊阿宋、古罗马的西庇阿和奥古斯都，以及《圣经》中的基甸和大卫王。沿途的庆典仪式上有军事表演、骑马比赛，还有再现西庇阿打败汉尼拔和摧毁迦太基的戏剧，沿途的每个城市都竖起了查理的雕像或半胸像。从西西里的巴勒莫到墨西拿，人们用《圣经·诗篇》中的"从日出到日落"致敬查理，这句话后来演变为查理帝国的格言"在朕的土地上，太阳永不落下"。

1535年底，在那不勒斯度过冬季之后，查理于次年3月启程前往罗马。教宗保罗三世为皇帝的到来做好了充分准备。此次查理依旧带领着5000名士兵和400名骑士，这还不包括一路从西西里和那不勒斯跟随而来的贵族们。教宗将自己一半的宫殿腾了出来，布置了3000个床位，还将进入罗马的道路沿途的两百多座房子和几座教堂夷为平地，以便查理带领的队伍能够顺利通过。直到复活节，查理的队伍才浩浩荡荡地进入了罗马。他们从斗兽场旁的君士坦丁凯旋门穿过，又穿过提图斯凯旋门，再经过塞普蒂米乌斯·塞维鲁凯旋门，到达鲜花广场，然后越过台伯河，来到圣伯多禄大殿的门前，教宗早已在门前等候。查理骑着白马，身穿紫色斗篷，沿着古老的凯旋门大道进入罗马。此时的查理已经毫不怀疑自己是罗马帝国的合法继承者，仿佛罗马皇帝凯旋，有人以《皇帝查理进入古帝都》为名写了文章颂扬此盛事。

在罗马期间，查理还带着少数随从私下参观了名胜古迹。为了纪念此次胜利，4月5日，查理在罗马举行了一场名为"驱逐异教徒"的活动，并让乐师排演了历史剧来重现此次胜利。同时，罗马也准备了盛大的复活节庆典。圣周以圣枝主日为开始，此项是按照耶稣于此日骑驴进入耶路撒冷城，民众手持棕榈树枝礼遇耶稣的典故安排的，查理也参加了圣枝主日游行，手持棕榈叶，在教宗和其他红衣主教的主持下，于圣伯多禄大殿参加了弥撒。在周四的圣体瞻礼（又称濯足节）那天，查理还仿效耶稣为门徒洗脚的做法，给13名穷人洗脚。此后，在复活节前夕的周六，查理在没有任何护卫保护、只有20个朝臣陪伴的情况下，参观了罗马的七座教堂。复活节当天，有3000多人参加了圣伯多禄大殿举办的大弥撒。查理身穿长袍，如同主教一般戴着手套。在弥撒上，教宗和皇帝表现得非常和谐，两人一同起坐，一同更换头冠。

不幸的是，米兰公爵的突然死亡让米兰再次面临战争的威胁。1535年10月，就在查理还在墨西拿的时候，米兰公爵斯福尔扎家族的弗朗西斯科二世死后无嗣。前文说到，在路易十二监禁了米兰公爵弗朗西斯科一世①之后，法兰西统治了米兰。之后虽然马克西米利安·斯福尔扎在瑞士人的支持下，曾短暂统治过米兰，但弗朗索瓦一世在马里尼亚诺战役后将其囚禁。

1521年，查理将米兰从弗朗索瓦一世手中抢回来，扶持弗朗西斯科一世的另一个儿子弗朗西斯科二世上位。虽然在科涅克联盟战役中，弗朗西斯科二世站在了反对查理的一边，但帕维亚胜利后，二人言归于好，查理还将自己的外甥女、妹妹伊莎贝拉的女儿克里斯蒂安娜嫁给了弗朗西斯科二世。根据当时二人的婚姻约定，如果他们生有后代，则其子孙将效忠于哈布斯堡家族；如果没有子嗣，那么米兰就将成为查理的帝国采邑。

克里斯蒂安娜和弗朗西斯科二世果然没有孩子。在弗兰西斯科二世死后，米兰议会立即向查理宣誓效忠，并临时任命了一位总督，直到查理委任的新总督前来。查理对米兰的做法很满意。

最初，他为米兰设想了三种选择，其一是将米兰公国割让给

---

① 即卢多维科·斯福尔扎，"摩尔人"卢多维科。

法兰西，其二是将其置于帝国直接控制之下，其三则是寻找另一位斯福尔扎的后人来继承公国，使其保持现状。

查理的祖父马克西米利安一世曾经赋予米兰一份特权：如果斯福尔扎家族的正统无嗣，那么其私生子可以继承公国。卢多维科·斯福尔扎的另一个私生子、弗朗西斯科二世同父异母的弟弟，正是查理曾经授予卡拉瓦乔侯爵的乔凡尼·保罗·斯福尔扎。得知弗朗西斯科二世死后，乔凡尼带着这份授权前往那不勒斯面见查理，要求继承米兰公国。不料他在前往佛罗伦萨的途中神秘死亡，据说是被家族的敌人所毒死。

这下米兰只剩下两条出路。有人建议查理将米兰保留在帝国之中，因为米兰连接着热那亚，一旦将米兰让给法兰西，热那亚很可能也保不住，帝国军队登陆意大利前往德意志的通道就会非常危险。然而，查理一直没有决定该如何安排米兰，此时他正在前往罗马庆典的途中，私底下也在为应对弗朗索瓦一世入侵米兰做好准备。意大利各个公国、共和国以及教宗特使都来到查理身边，商议如何解决米兰问题。查理尽量让意大利各方认为他才是意大利和平的保护者，而弗朗索瓦一世则是意大利的主要威胁。这个威胁果然如约而至，弗朗索瓦一世并未直接向米兰发起进攻，而是先入侵了位于米兰和法兰西之间的萨伏依公国。

查理的姑姑玛格丽特的最后一任丈夫，即弗朗索瓦一世母亲露易丝的弟弟萨伏依公爵菲尔贝托二世坠马死后，其幼子继承了公国，人称"善者"查理三世。此外，查理三世还迎娶了前任葡萄牙国王曼努埃尔一世的次女比亚特丽斯，也就是伊莎贝拉的妹妹，查理三世和查理五世因此成了连襟。

此时，瑞士人占领了萨伏依的日内瓦。日内瓦在16世纪中期成立自己的议会之后，就渐渐与萨伏依疏远。查理三世统治时期试图压制日内瓦的独立倾向，而日内瓦开始与瑞士联邦结盟。加尔文在日内瓦的新教活动更是让这里成为新教加尔文宗（即长老宗）的发源地。萨伏依公爵一直试图压制这里的新教势力，导致日内瓦地区的天主教徒和新教徒之间冲突不断。1533年，日内瓦召开大议会，通过了日内瓦人宗教信仰自由的决定，同时禁止双方在公开场合布道。

然而这并未能够阻止双方之间的冲突升级。1535年10月，萨伏依公爵率军入侵日内瓦，并向查理求援，不过皇帝和顾问都认为，瑞士人不会自掏军费打仗，所以估计瑞士人不会出兵援助日内瓦。但查理不知道的是，日内瓦和伯尔尼、法兰西曾成立防御联盟，弗朗索瓦一世也早就对萨伏依垂涎三尺。在萨伏依公爵出兵后，1536年1月，伯尔尼便对萨伏依宣战。没几个月后，弗朗索瓦一世便以同盟相迫为借口，也对萨伏依宣战。法军在3月就占领了萨伏依和皮埃蒙特的大部分地区，并随时可能逼近米兰。

查理在罗马的盛大典礼也因此受了影响。得知法兰西出兵之后，查理便开始从伦巴第、德意志、尼德兰和西班牙等地召集兵马，并立即将皮萨罗从秘鲁刚刚运到塞维利亚的40万杜卡特送到热那亚。查理本来打算用这笔钱支付夏天远征阿尔及尔的军费开支。与美洲金币一同到达热那亚的，还有3000名西班牙士兵。

罗马教宗建议查理将米兰公爵弗朗西斯科二世的遗孀、外甥女克里斯蒂安娜嫁给弗朗索瓦一世的小儿子昂古莱姆公爵，使其后代统治米兰。如果昂古莱姆公爵继承了法兰西王位，并和克里斯蒂安娜没有子嗣的话，米兰还将继续归于帝国统治。弗朗索瓦一世拒绝了这个建议，坚持把他的二儿子奥尔良公爵亨利任命为米兰公爵。查理得知弗朗索瓦一世的决定后，就知道他和弗朗索瓦一世之间，已经不得不再次通过战争来分出胜负了。

再退一步

1536年4月17日，复活节过后的星期一，查理在教宗的住处当着教宗和各地红衣主教的面，汇报了他在突尼斯所取得的成就，并就远征阿尔及尔寻求教廷的支持。

查理在演讲中提起了弗朗索瓦一世，用平静的语气悉数弗朗索瓦一世各种表里不一、背信弃约的行为，"这是朕第十一次与（法兰西）国王订立和约，如同以往一样，朕这么做是因为渴望为基督教世界带来和平，而不是因为朕认为（法兰西）国王会打破和约，如同他以往所做的那样"。查理继续不带任何怒气地说道："法兰西国王阻碍了基督教世界的和平，以及我们对上帝的敌人所发起的战争。"查理向众人表露，并非他想要统治世界，而是弗朗索瓦一世对萨伏依的入侵以及对米兰的贪欲，让他不得不发动一次入侵法兰西的战争。最后，查理宣告，要求法兰西国王本人前来与他面谈，并给予他20天的时间考虑，否则只能兵戎相见。而弗朗索瓦一世认为查理的威胁并非认真，因此便以开玩笑的态度回复说，他们两人的兵器都不够长，无法在如此远的距离进行决斗。

随后，查理带着部队离开罗马前往伦巴第，锡耶纳、佛罗伦萨和卢卡等地也同样举办了凯旋仪式。与此同时，他命令在勃艮第摄政的妹妹玛丽，在德意志的弟弟斐迪南以及在西班牙摄政的皇后伊莎贝拉，一同发兵进攻法兰西，并命令多利亚带领海军做好进攻普罗旺斯的准备。7月17日，查理带着从伦巴第、德意志和西班牙召集的士兵向法兰西进发。他再次身着戎装，与士兵一同翻山越岭、昼夜行军。7月25日进入法兰西边境之后，查理才让士兵休息三日。与此同时，一支由拿骚的亨利所率领的军队由尼德兰出发，向索姆河前进。此举让弗朗索瓦一世担忧起来，因为索姆河到巴黎之间的距离仅有150公里。于是弗朗索瓦一世赶紧从普罗旺斯调集一支部队，前往巴黎以北的皮卡第地区，并命令这支军队将该地区的所有食物销毁，使得亨利的军队无法获得补给。但真正让亨利撤军的原因，是佛兰德斯各地反对玛丽再次征税用于进攻索姆河。

此时法兰西和奥斯曼的同盟发挥了重要作用。为了防止斐迪南出兵入侵法兰西，苏莱曼一世立即调动军队再次入侵匈牙利，同时派海军进入马赛，法-奥联合舰队准备从陆海两路入侵热那亚。弗朗索瓦一世也征集了5万人的部队向热那亚进发，但由于热那亚早已加强防御，法军向只能转向占领皮埃蒙特和周边城镇。

查理率领的军队在8月5日到达了普罗旺斯的艾克斯，他宣布自己为普罗旺斯伯爵和阿尔勒国王。弗朗索瓦一世派使者前来质问查理为何要入侵法兰西，查理则回复说："因为你们的国王说过，我们的剑因为隔得太远而无法决斗。朕来到此地的目的就是应你们国王之愿，缩短我们之间的决斗距离。朕已经答应了教宗，要么是两个男人之间面对面的决斗，要么是两国军队之间的战斗。"

8月10日，弗朗索瓦一世的长子法兰西王太子出乎意料地死亡，为两个发上冲冠的对手提供了一条不用决斗就能解决问题的途径。弗朗索瓦一世的次子奥尔良伯爵亨利成为王太子，对此米兰人表示愿意接受。然而弗朗索瓦一世坚持拒绝和谈，理由是查理还带着一支大军在他的王国里。到了9月，疾病和饥饿给帝国军队造成了七八千人的减员，即便如此，查理仍然打算攻下马赛再撤退。正在查理的军队备受煎熬之际，一支由切萨雷·弗雷戈索率领的法军突袭了多利亚，查理的舰队不得不放弃围攻马赛。

多利亚的撤退也使查理不得不在9月12日开始撤军,随后一路退回到热那亚。

这次远征法兰西的失败让查理备受打击。这些年多次战争的胜利,让查理产生错觉,认为自己受到上帝的庇佑而无人能敌。此次战争之后,有人将查理帝国的拉丁标语"PLVS VLTRA"(更进一步)改为"PLVS RESTRO"(再退一步)和"NO PLVS VLTRA RHODANVS"(别进入罗姆河),以此作为对皇帝失败的嘲讽。

11月15日,由于战争的失利和疾病的折磨,查理只好让多利亚将他送回巴塞罗那,并从巴塞罗那返回托尔德西亚斯和家人团聚。1536年的圣诞节后,查理基本恢复了健康,不料更多的坏消息从各地传来。1537年1月,弗朗索瓦一世宣布将佛兰德斯、阿图瓦和夏洛莱等领地收回,并入法兰西王室的封地;佛罗伦萨公爵"摩尔人"亚历山德罗被人谋害;在4月举行的卡斯蒂利亚议会上,贵族们拒绝了查理再次征税以重启战争的提议;而巴巴罗萨再度骚扰意大利海岸地区,苏莱曼一世的大军也离此不远了。

突尼斯失守之后,巴巴罗萨回到伊斯坦布尔,地中海也恢复了土耳其占东、西班牙占西的格局。1536年,在突尼斯战争中表现出色的多利亚带领着一支帝国舰队在墨西拿俘虏了十名土耳其商人,随后又对希腊爱奥尼亚海附近的一支土耳其舰队发起突袭,闯入了东地中海海域。被惹怒的苏莱曼一世决定联合弗朗索瓦一世,再次向查理发动战争。1537年夏,他三管齐下,由巴巴罗萨率领海军对意大利东南海岸地区进行扫荡,威胁亚得里亚海上的船只往来。苏莱曼一世亲自率领2万人的部队穿过色雷斯,沿着巴尔干半岛到达阿尔巴尼亚的发罗拉,准备登陆南意大利;弗朗索瓦一世则率5万人的大军入侵意大利,并派遣使节随苏莱曼一世的军队同行。

苏莱曼一世在阿尔巴尼亚的陆战中并未取得多少成果。待巴巴罗萨带领的100艘舰船到达此处后，舰船载着军队驶向海峡对岸意大利半岛上的布林迪西。苏莱曼一世本来想通过收买布林迪西的将领来打开城门，但计策因被人发现而落空。随后苏莱曼一世决定对威尼斯下手，消灭威尼斯在地中海上的势力。爱奥尼亚海上的威尼斯据点是苏莱曼一世夺取地中海霸权的障碍。新月与百合联盟之后，威尼斯人在奥斯曼帝国经商的权益为法兰西商人所排挤，这让威尼斯人感到不满，开始俘虏奥斯曼的商船。

苏莱曼一世打算首先进攻距离舰队最近的科孚岛，此处是威尼斯人由亚得里亚海进入爱奥尼亚海的第一个中转站，也是控制海峡的重要关口。苏莱曼的大军很快就登陆了科孚岛，并带着30门火炮包围了岛上的主要堡垒。苏莱曼一世试图通过猛烈的炮轰迫使守军投降。然而科孚岛堡垒的地理位置相当优越，而且防御坚固，由2000名威尼斯驻军和2000名当地人把守，加上威尼斯的一些舰队也停泊于此，弹药食物都非常充足。

苏莱曼一世的登陆部队从陆上进攻，巴巴罗萨舰队从海上进攻，形成夹击之势，但依旧无法攻破堡垒。随后弗朗索瓦一世派出12艘舰船前来支援苏莱曼一世，法军海军上将劝说苏莱曼一世突袭普利亚、西西里海岸，并深入亚得里亚海进攻安科纳。但苏莱曼一世并未予以采纳，而是选择继续进攻科孚岛。9月，秋季来临，科孚岛上下起了猛烈的暴雨，奥斯曼军队的火炮陷入泥潭之中无法移动，传染病也开始在军中流行。恶劣的天气加上科孚岛的防御优势，使得苏莱曼一世在进攻了不到一个月之后只得撤回伊斯坦布尔。

东西方两位"恺撒"的远征计划都以失败而告终了，只有弗朗索瓦一世取得了少许战果。在进攻热那亚无果后，弗朗索瓦一世派兵于10月31日占据了托斯卡纳的利沃利，同时吞并了佛兰德斯、阿图瓦和夏洛莱。苏莱曼一世撤军后，命令巴巴罗萨继续袭击并占领威尼斯在爱奥尼亚海的据点。巴巴罗萨相继攻占威尼斯控制下的希腊南部的爱琴海岛屿，同时还俘获了众多往来威尼斯的船只，并将劫掠所获的40多万金币和上千名俘虏献给了苏莱曼一世。

握手言和

　　1536年那次远征失败后，查理在1537年一整年都未离开过西班牙。尽管苏莱曼一世和巴巴罗萨在意大利发起的攻势很猛，但最后也都铩羽而归，未曾取得实质性胜利。查理和家人在西班牙过了一个还算愉快的复活节，不久后伊莎贝拉再次怀孕。伊莎贝拉不想再被丈夫撇下，一再向查理表达了一同前往阿拉贡的期望，但最终查理还是留下伊莎贝拉，选择独自前往。不久后，伊莎贝拉生下一个名叫胡安的男婴，但孩子不到六个月便夭折了，这导致她的精神萎靡了很长时间。此时他们还只有菲利普一个儿子，而伊莎贝拉已经34岁了。查理希望伊莎贝拉还能再为他怀孕生子，所以经常性短暂返回与伊莎贝拉重聚，等她怀孕后又再次离开。查理始终念念不忘的还是远征阿尔及尔，所以他动身前往巴塞罗那，打算与弗朗索瓦一世举行和谈，同时让玛丽停止了勃艮第地区的局部军事行动。

　　此时的弗朗索瓦一世也期望与查理进行和谈，但双方的互不信任由来已久，必须有第三方确保两人的合谈能够顺利进行，而这个第三方自然非罗马教宗莫属。教宗保罗三世也希望看到基督教世界迎来和平，于是非常爽快地接受了他们的请求，并建议将会谈地点选在萨伏依公国的尼斯。

　　1538年5月9日，查理乘船从巴塞罗那到达尼斯。和谈双方分别与教宗见面，而后会谈长达数个小时。5月底，查理答应将米兰转交给刚刚接替亨利成为奥尔良公爵①的弗朗索瓦一世的幼子，奥尔良公爵将迎娶斐迪南的一个女儿为妻。作为回报，弗朗索瓦一世答应不再支持勃艮第地区的海尔德公国的反叛。条件谈妥后，双方签订了《尼斯和约》，承诺维持十年的和平。

　　直到离开尼斯前，这两个死对头再也没有过面对面的会谈。6月20日，教宗走后，弗朗索瓦一世和查理也离开了尼斯，决定前往蒙彼利埃附近的艾格莫尔特港继续进行谈判。两人在这个海港见面时，竟然出奇地友好起来。

　　7月14日，弗朗索瓦一世发现查理乘坐的船只即将到港，竟在没有护卫的陪同下冲出去迎接查理。查理也从船上的阶梯上走下，迎接弗朗索瓦一世的到来，二人一同登船。在船尾甲板上，当着双方朝臣的面，查理和弗朗索瓦一世相互微笑着拥抱了五六次，之后两人又独自相谈了两个小时之久。两人一起进餐时，争着让对方先坐下。查理对弗朗索瓦一世说："你年纪大，你先坐。"而弗朗索瓦一世则回答说："这点我承认，我年纪更大一点，同时也更蠢一点。"在吃饭过程中，查理也尽量在弗朗索瓦一世拿起刀叉之后才开始用餐。

　　弗朗索瓦一世为查理举办了盛大的宴会，双方在欢快友好的气氛中继续进行讨论。弗朗索瓦一世还和查理交换了戒指，弗朗

---

① 奥尔良公爵在法兰西王国传统中被授予国王的次子，类似于英格兰的约克公爵。当法兰西王太子死后，原本的奥尔良公爵亨利就成了王太子，而第三子昂古莱姆公爵查理就晋升为奥尔良公爵。

索瓦一世宣誓说："吾在此，作为正人君子向您宣誓，我将置所有财物与个人危险于不顾，宣告自己将是所有那些试图对您领地有敌对行动之人的对手。"查理也立下了相同的誓言。

弗朗索瓦一世和查理之间出乎意料的友好，让基督教世界所有的君主们都感到不可思议。可以相信，此时他们彼此之间的结盟是真诚的，基督教世界最大的两个霸主，争斗了半辈子的两人，终于在这个港口城市握手言和了。那么接下来就要解决奥斯曼土耳其人的问题了。

一旦威尼斯人和罗马教宗的利益受到威胁，他们便会向欧洲列国发出号召以共同抗击敌人。这一次，威尼斯人、罗马教宗和查理的帝国联合在一起，于1538年组成神圣同盟，集结了由200艘船、6万士兵和多门火炮组成的联合舰队，查理仍然任命多利亚担任此次舰队的总指挥。巴巴罗萨也做好了迎战准备，召集了150艘左右的舰船，大部分舰船由海盗出身的将领指挥。基督教世界的十字舰队和伊斯兰的新月舰队在希腊海域排兵布阵，大战一触即发。虽然基督教阵营貌似强大，但神圣同盟的各方实际上心思各异：威尼斯人想在此战胜利后便与苏丹和谈；教宗派来的舰队则是为了保护意大利西海岸和各个港口，尤其是罗马的安全；而两年前的失利让查理对东地中海并不太上心，他只希望能够维持现状，并不想侵入东地中海，他知道自己即便能在那里打一次胜仗，也终究无法控制这个地区。

多利亚前来与其他西方舰队会合的行程一拖再拖，直到9月22日才到达，地中海即将进入暴风季节。威尼斯舰队等得不耐烦，就独自前往阿尔塔海湾处的普雷维扎，罗马时代的安东尼和屋大维就在此地进行过战争。威尼斯人没有发现巴巴罗萨的踪迹。实际上几天后巴巴罗萨才到达此地，随后就立即意识到这里是伏击的好地方。多利亚舰队到达科孚岛与联军会合后，便一同向南航行，进入土耳其人控制的海域。巴巴罗萨的舰队躲在普雷韦扎海峡，想引诱敌人进入伏击圈，而联军舰队则想将巴巴罗萨引到外海，结果双方都不愿意前进，因此并未发生大规模战斗。

随后联军舰队佯装撤退，巴巴罗萨以为时机已到，便率军驶出海峡进行追击，结果与多利亚已经排好阵形的舰队撞个正着。巴巴罗萨集中兵力，首先进攻威尼斯笨重的盖伦帆船，而此时其他盟国的舰队却并未支援威尼斯人，而是眼睁睁地看着巴巴罗萨击败威尼斯的几艘船只。多利亚想继续诱敌追击，但巴巴罗萨并不上当。最后，这支声势浩大的联合舰队在回到科孚岛后便自行解散了。

1538年的这次战役虽然称不上是失败，但也并不怎么光彩。此役之后威尼斯人退出了神圣联盟，转而在法兰西的帮助下与苏莱曼一世进行和谈，而弗朗索瓦一世因为和查理在尼斯签订了和约，短暂地放弃了与奥斯曼的同盟。

地中海又恢复了以前的局面。之后，巴巴罗萨以马赛为基地，远达直布罗陀海峡，同时以阿尔及尔为据点四处出击，对基督教世界展开持续性的侵扰。一直萦绕在查理心上远征阿尔及尔的计划，因为伊莎贝拉的去世而不得不暂停。

第二十一章

再起争端

要么成为恺撒，要么一无所有。

———葡萄牙的伊莎贝拉

　　和弗朗索瓦一世握手言和之后，查理从艾格莫尔特港回到了西班牙。他心中还是念念不忘远征阿尔及尔的计划，于是决定再次召开卡斯蒂利亚议会，告诉他们自己近年来对外战争的成果和开销，600万杜卡特的巨债压在卡斯蒂利亚人民肩上，查理期望能够通过额外征税来填补空缺。

　　在卡斯蒂利亚为期三个月的议会期间，伊莎贝拉第七次怀孕了。1539年4月21日生下一个死胎后，伊莎贝拉虽然气色有所好转，却在十天后突然去世，年仅35岁。

痛失爱妻

　　1527年，在格拉纳达已经怀孕的伊莎贝拉，随查理返回巴利亚多利德后就即将临盆。因为是头胎，所以伊莎贝拉生产的时候比较困难。为了不让别人看见她生产时的痛苦表情，伊莎贝拉命人用面纱将她的脸部遮住。产婆让她大声叫喊，而这位淑女则死也不愿意叫出声来。5月21日下午4点左右，经过数个小时的煎熬，伊莎贝拉终于为查理生下一位男婴。卡斯蒂利亚贵族希望这位未来的国王能够取名为"胡安"或"费尔南多"这样传统的名字，而查理坚持以父亲费利佩的名字为他的第一个孩子命名。出生两周后，菲利普接受了洗礼。此后查理常常叫他"小菲利普"。

1526—1529年，查理身在西班牙，夫妻二人常常一起出现在公共场合，表现得十分恩爱幸福。但这对夫妻对彼此的期待，可能有些不太对等，在伊莎贝拉眼中，查理是她梦寐以求的"恺撒"式的夫君，而查理或许更多是把伊莎贝拉看作是可以帮助他管理西班牙的助手，一个可以为自己不断生育后代的皇后。

中世纪贵族都不会亲自抚养孩子，以便能够尽快再次生育。在菲利普出生后三个月，伊莎贝拉就再次怀孕。查理将怀孕的伊莎贝拉留在卡斯蒂利亚，而自己前往阿拉贡召开议会。之后查理选择了前往巴塞罗那和瓦伦西亚等地筹集资金，而不是回到妻子身边。1528年6月，伊莎贝拉生下第二个孩子玛利亚，几周之后查理才回到伊莎贝拉身边。等到伊莎贝拉再次怀孕后，查理又断然离开西班牙前往意大利，而此次一去便是四年未回。

1529年11月22日，伊莎贝拉产下另一个男孩，取了一个更加西班牙化的名字"费尔南多"。加冕后的查理正从博洛尼亚前往德意志时，这个孩子早夭，伊莎贝拉独自一人承受着丧子之痛。费尔南多的死，让伊莎贝拉对菲利普和玛利亚倍加留心，生怕他们生病。在菲利普和玛利亚儿时的记忆中，父亲永远是缺失的。

1533年春，得知查理即将回到巴塞罗那，伊莎贝拉立即带着两个孩子前去与丈夫见面。回到西班牙后，查理看到长子菲利普已经七岁，于是便聘请老师教育他。这次回来后，查理陪着伊莎贝拉度过了两年的时间，1534年6月又一个孩子胎死腹中。查理特意多留了一年，等到伊莎贝拉再次怀孕后才出发。查理出发后三个月，伊莎贝拉又为他生下一个女儿，取名为胡安娜。这个时候，查理觉得菲利普不能成长于周围全是女性的环境中，于是为儿子建立了自己的议庭。

　　1535年5月，查理再次离去，远征突尼斯，直到1537年1月才回来。查理回来后让伊莎贝拉再次怀孕。不久后，就在查理前往阿拉贡时，伊莎贝拉产下了一个男孩，取名为胡安，但胡安在五个月后也不幸早夭。还未走远的查理迅速返回，他担心伊莎贝拉年纪已大而即将结束生育期，于是又逗留了一段时间，再次让伊莎贝拉怀孕，但不久后伊莎贝拉就流产了。最后这次怀孕让伊莎贝拉的身体彻底垮掉，不久便去世了。

　　只有在查理离开西班牙的四年时间里，伊莎贝拉才没有怀孕，这段期间她得肩负起摄政西班牙的重任。在1529—1533年以及1537—1539年查理不在西班牙的时候，伊莎贝拉摄政西班牙总计超过七年之久，她经常参加议会并与贵族磋商，在西班牙的政事决策中扮演了积极的角色，而不仅仅是查理的牵线木偶。查理也夸奖这位能干的妻子"非常审慎和深思熟虑"。历史学家常常将她与其外祖母卡斯蒂利亚女王伊莎贝拉一世相提并论，她也获得了卡斯蒂利亚人的爱戴。

　　伊莎贝拉生于葡萄牙，所以她的政策更偏向于伊比利亚半岛的利益，而不是像查理那样从整个帝国大局出发。她捍卫伊比利亚半岛免受穆斯林海盗的袭击，确保西班牙独立于查理的帝国军事行动，这点也影响了菲利普此后对待父亲的态度。为了确保西班牙不会再发动针对查理的叛乱，伊莎贝拉定期在托莱多、巴利亚多利德、塞维利亚、巴塞罗那和马略卡岛等地巡视访问。

　　和伊莎贝拉结婚后，查理似乎也结束了婚前的那种滥交行为，虽然其间仍然诱惑不断。据说1531年查理为妹妹玛丽在尼德兰建造住所时，曾与一位叫做艾格蒙特的年轻寡妇有染，但查理在写给斐迪南的信中称自己并没有被年轻女人所吸引，他并非一个不忠的丈夫。因此，我们可以相信在长达十三年的婚姻里，查理对伊莎贝拉十分忠诚。

伊莎贝拉的突然过世让查理痛苦万分。在给斐迪南的信中，查理写道："面对如此巨大和恐怖的损失，我感到万分的焦虑和悲伤。"之后的两个多月里，查理一直都沉浸在丧妻之痛之中，他把自己关在修道院五十天，以追悼缅怀伊莎贝拉。同时他将两个女儿玛利亚和胡安娜转移到了阿雷瓦洛，让她们在那里成长，免得让女儿跟着他的议庭来回奔走，同时也是为了让她们离开哥哥菲利普。

在当时的欧洲，路易十二、费尔南多二世等国王在妻子死后都会立即续弦，以便能够多生继承人。葡萄牙的曼努埃尔一世也曾娶过三任妻子，英格兰的亨利八世更是随心所愿地废娶王后。而伊莎贝拉只为查理留下了三个未成年的孩子。在死亡率颇高的中世纪，难免会因为王储夭折而出现王位继承危机。因此查理决定不再娶妻的做法在当时不仅罕见，也非常冒险。一旦菲利普意外身亡，不仅刚刚统一的西班牙会再次分裂，整个勃艮第也有很大可能丢失。虽然斐迪南已经继承了神圣罗马帝国，但意大利的境况也非常令人担忧。因此查理只能加紧对菲利普的培养。还未满12岁的菲利普不得不独自在托莱多的圣若望皇家修道院①中主持了母亲的葬礼。这也是他首次独自在公共场合出现。之后，查理为菲利普正式创建了府院。查理过于悲痛，以致无法亲自将伊莎贝拉的遗体送往格拉纳达皇家礼拜堂安葬在祖父母和父母的坟墓旁，只能将此事交由儿子菲利普处理。

---

① 该修道院为天主教双王伊莎贝拉和费尔南多修建，原本二人打算死后安葬在此，后来因为征服了格拉纳达才改葬在格拉纳达皇家修道院中。

　　1540年之后，查理让人创作了许多艺术作品和音乐作品向其心爱的妻子致敬。佛兰德斯作曲家创作了安魂弥撒，以表达查理对于妻子去世的悲痛和期望与伊莎贝拉重逢的愿望。查理还委托他的御用画家提香为伊莎贝拉创作遗像，其中最知名的一幅就是《葡萄牙的伊莎贝拉肖像》。在这幅画中，提香使用了拉斐尔和达·芬奇所使用的经典构图技巧。画中伊莎贝拉坐在靠窗的床边，窗外的风景增加了空间深度，背景以蓝、绿色为主，以衬托室内的暖色调。伊莎贝拉身着红色饰有水钻的连衣裙，衣服上还装饰着其他珠宝，胸前佩戴的一条珍珠项链挂在一颗宝石上，左手捧着一本打开的书，眼睛沉迷地望着远方。画中的伊莎贝拉正值壮年，神态坚定，雍容华贵，与其皇后的身份十分匹配。

　　除此画作之外，提香还创作了《荣耀》，画中是奥古斯都的上帝之城的景象，其中查理和伊莎贝拉和儿子菲利普、女儿胡安娜以及玛丽和埃莉诺在一起。这幅画表达了查理渴望他和伊莎贝拉以及几个子女都能够进入天堂的愿望。查理退位后，还将此画带到了尤斯特修道院中，之后又转移到埃斯科里亚修道院，直到19世纪后收藏于马德里的普拉多博物馆。

　　伊莎贝拉去世后很多年，查理始终未能从伤痛中恢复过来。他此后一生都身着黑衣，以表示对伊莎贝拉的哀悼。

平定叛乱

　　1539年11月5日，查理任命儿子菲利普为西班牙摄政，并为他留下了一份"治理指导"，该指导成为菲利普日后统治西班牙的基本国策。这份文件中包括：与奥地利家族保持良好的关系，使哈布斯堡家族能够协同防御共同的敌人；与葡萄牙王室联姻，此举后来让菲利普获得了葡萄牙王位；将米兰或尼德兰与西班牙分离，以免这些地方出现反对西班牙统治暴动；恢复萨伏依公国的地位，使其至少可以成为阻挡法兰西对伦巴第扩张野心的阻碍；维护天主教的信仰，保护英格兰的天主教徒。

查理还安排了辅助菲利普摄政的府院成员，并给他们划定了基本职责和义务的范围之后，才准备动身前往尼德兰，此时的根特因为再次征税而发生叛乱。这次查理准备取道法兰西进入尼德兰，很多官员在听到皇帝的决定后简直不敢相信自己的耳朵，甚至就连弗朗索瓦一世的使节也觉得不可思议。但刚刚和弗朗索瓦一世签订了《尼斯和约》，两人又在艾格莫尔特港度过了一段愉快时光，这让查理认为他的这位兄长拥有维持和平的诚意。

那个曾被查理囚禁并虐待过的法兰西王太子亨利再次前来西班牙，迎接查理前往巴黎。1540年新年的第一天，查理进入巴黎城，据说当时有20万人目睹皇帝的到来。弗朗索瓦一世也让人将巴黎凯旋门装饰一新，并举办活动，以盛大的仪式迎接皇帝的到来。法兰西人民也终于盼来了他们与查理帝国久违的和平。

弗朗索瓦一世为查理安排了各种活动，打猎、通宵舞会和宴会，尽其所能地展示他的富有和慷慨，并赠送给查理很多精美的衣服和贵重礼物，据说其中一件华服就价值4万杜卡特。不过查理正为亡妻服丧而只身穿黑衣，因此他并未接受这件华服，但收下了弗朗索瓦一世奉上的其他财宝。查理打算和弗朗索瓦一世缔结一项婚约，将他的女儿玛利亚嫁给弗朗索瓦一世的幼子奥尔良公爵查理二世，此时奥尔良公爵已年满18岁，虽然天生有一只眼睛失明，却是弗朗索瓦一世的三个儿子中最英俊的一个，而玛利亚也12岁了，到了适合婚配的年龄。双方的婚约规定，奥尔良公爵和玛利亚两人结婚后将共同统治尼德兰和勃艮第，以及位于勃艮第和波旁公国之间的夏洛莱。而弗朗索瓦一世放弃对米兰和萨伏依公国的主张，查理则放弃对勃艮第的主张。

　　然而，米兰对于弗朗索瓦一世太具诱惑了，他并不愿意就这么放弃。奥尔良公爵和玛利亚的婚姻是否能够达成以及是否能有子嗣，还是一个不太确定的问题，所以法兰西是否能够拥有尼德兰也存在变数。因此，弗朗索瓦一世迟迟不愿意批准这个婚约。但米兰的问题并没有妨碍两人在巴黎的友谊，弗朗索瓦一世将查理从巴黎一路送到边境，答应暂时搁置米兰问题留待以后解决，而查理则告诉弗朗索瓦一世，斐迪南到布鲁塞尔之后，他们将再商议如何解决此事，并暗示弗朗索瓦一世他有意将米兰交给奥尔良公爵。

　　查理在2月回到了根特，派出3000人的德意志部队迅速平定了叛乱。查理处决了一百多名叛乱者，有的予以没收财产。那些因拒绝交税而叛乱的地方势力又不得不将应缴之税全部补齐。查理就此撤销了根特的城市特权，并将地方政府的权力削弱，没收了其所有的火炮和重型武器。

　　到了4月时，弗朗索瓦一世终于答应放弃米兰，但前提是能够立即得到尼德兰。这对于查理来说是绝对不可能应允的，尼德兰不仅仅是他的财富来源，一旦将北部的尼德兰地区给了弗朗索瓦一世，那么剩余的其他勃艮第地区就成了被法兰西所包围的囊中之物，他自己的出生地也肯定保不住。双方的谈判持续了数周，没有任何进展。

　　5月1日，查理为了纪念伊莎贝拉逝世一周年又清修了两日。当查理再次出现在根特市民面前时，城市里的权贵光着头、脖子上套着绳索站在他的面前，跪下来祈求宽恕。而查理只是望着远方，并未打算宽恕他们的叛乱行径，直到妹妹玛丽前来帮他们求情，查理这才同意放了他们。不久后斐迪南从维也纳赶来，兄妹三人一同讨论查理死后如何分割哈布斯堡帝国的遗产。此时查理原先的主张略有改动，他原本答应将女儿玛利亚嫁给奥尔良公爵后，由他们夫妻二人共同统治此地，但这时候查理认为他们只能虚位持有尼德兰，而实际统治者还是查理自己，直至他去世后才能将尼德兰完全交给他们。如果玛丽亚并未与奥尔良公爵生下子嗣就死去，尼德兰还是要回归哈布斯堡帝国。同时，法兰西还要为此项婚约提供保证，要帮助查理和斐迪南消灭德意志的新教徒，还要协助斐迪南驱逐匈牙利的土耳其人，并允许查理的儿子菲利普迎娶纳瓦拉公国的珍妮·阿尔布莱特，以继承该公国。弗朗索瓦一世还应赐予奥尔良公爵更多的土地，同时还要放弃对米兰和萨伏依公国的权力主张。

这个在查理看来已经做出巨大让步的新提议，对弗朗索瓦一世而言则完全不能接受。且不说法军撤离萨伏依和米兰是完全不可能的，让菲利普迎娶珍妮更是巩固了西班牙和法兰西的边界，这对法兰西没有任何好处。另外让弗朗索瓦一世赐予奥尔良公爵更多的土地，也就相当于恢复了"大胆"查理的"勃艮第王国"。弗朗索瓦一世非常不喜欢这份提议，在很多外国使节看来，弗朗索瓦一世和查理的谈判已然宣告破裂，战争即将爆发。

但令人跌破眼镜的是，5月弗朗索瓦一世收到这个不可能实现的提议后，却建议暂时维持现状，而查理也接受了。到了6月，双方最终还是谈崩了，婚约也被取消。此时弗朗索瓦一世已经在暗地里采取行动，准备再次向查理开战。

查理在尼德兰度过夏天，在佛兰德斯各地重申了他的权威。在确保不会再次发生叛乱后，查理打算先去趟德意志，再经由热那亚返回西班牙，为应对弗朗索瓦一世即将发动的战争做好准备。而对于这次的德意志之行，查理打算在雷根斯堡再次召开帝国议会，解决此地的所有宗教问题，然后远征阿尔及尔。

雷根斯堡

1541年2月，查理动身从布鲁塞尔前往德意志，在雷根斯堡召开议会，试图重新讨论在1530年所确定的《奥格斯堡信纲》。那时候为了让德意志王子们团结起来，共同抵御土耳其人对匈牙利和奥地利的入侵，查理暂停了1521年他所发布的《沃尔姆斯法令》，等待教宗召开一次全体大公会议以解决宗教分歧。

不过路德派也已经意识到，他们没有在任何教宗所召开的大公会议上取得宽容，教宗克雷芒七世为了维护教宗和罗马教廷的传统特权，直到过世也未曾召开大公会议。在1535年，由德意志诸侯组成的施马尔卡尔登联盟投票决定，将这个共同防御同盟的时限再延长12年，同时还邀请丹麦、英格兰和法兰西加入此同盟。

保罗三世于1534年当选为教宗之后，便开始针对新教在教会内部积极采取措施进行改革。1536年6月，他发出号召，准备于次年5月在曼图亚召开一次大公会议，但德意志新教王子们极力反对会议在曼图亚召开，再加上曼图亚公爵拒绝承担维护秩序的责任，保罗三世的计划受阻。不过教宗并未就此放弃，不久后他又成立了一个九人委员会，以对教会进行改革的必要性提供意见。委员会起草了一份名叫《红衣主教代表及其他高级教士关于改进教会的建议》的报告，并于1537年呈报给保罗三世。这份报告的语气及内容丝毫不逊于路德对罗马教廷的攻击，其中猛烈地斥责和控诉了教宗的丑行和教会的腐朽，教宗本人读过之后深感惶恐不安，决定不对外公布。但这份报告竟然秘密流传到德意志，并被翻译为德语，而且还附上了路德的评论，用来证明德意志要求改革的正当性。路德在德语版《建议》的扉页上讽刺说，红衣主教是用狐狸尾巴而不是扫帚来打扫"奥革阿斯的牛圈"①。

两次失败并未动摇保罗三世改革的决心，1540年他正式承认了新创的耶稣会（见第二十九章）。查理建议教宗在与德意志新教徒和解的方向上多做尝试，因此保罗三世于1540年又两次派遣使者前往德意志，参加在哈根瑙②和沃尔姆斯召开的会议，讨论宗教问题。这次雷根斯堡议会，教宗派了红衣主教加斯帕罗·孔塔里尼作为使者前来参加。

教宗试图阻止查理在帝国议会上讨论宗教问题，查理则回复说，路德派也拒绝参加任何在帝国之外举办的大公会议，此前保罗三世还曾想在威尼斯的维琴察再次召集大公会议。同时，查理还告知教宗，只有帝国会议才有能力募集资金以共同抵抗土耳其人，而大公会议则帮不上什么忙。

为了能够解决德意志的宗教问题，查理建议神学家拿出一份可以用于讨论的草案，同时让德意志的天主教阵营结成统一战线。查理从天主教和新教之中各选择了三位神学家，让他们一同寻找双方的共同点，而不是强调彼此的差异。双方在原罪和称义的问题上达成了一致，但在信条与护教辞等方面分歧较大。这份草案成了雷根斯堡讨论的基础。

2月23日，查理到达雷根斯堡。此时他希望能够安抚德意志民众，面临着土耳其人的威胁和与弗朗索瓦一世之间可能发生的

---

① 根据希腊传说奥革阿斯的牛圈30年未曾清扫，污秽不堪，因此"奥革阿斯的牛圈"一词用来形容痼疾难除，路德讽刺罗马教廷不可能通过自身的改革达到清除罗马教会弊病的目的。

② 原属德意志，后并入法国。此处根据德语音译作哈根瑙，现通常译为阿格诺。

战争，无论发生哪种情况，他都需要德意志出钱出力。会议直到
4月5日才开幕，天主教和新教各派三个代表出席，由教宗特使红
衣主教孔塔里尼充当监督，同时还有帕拉丁选帝侯弗雷德里克二
世，以及查理掌管北欧事务的首相格兰维尔的尼古拉斯等六名见
证人在场。

　　草案中双方没有异议的部分很快通过，而关于称义的问题只
有天主教方、曾经与路德辩论过的埃克坚决反对，但最终双方还
是通过了这条。其余关于教会的圣礼和其他一些教会规章、权威
的部分并没有达成协议，尽管如此，他们还是通过了这些有争议
的内容。5月31日，查理拿到这份经过双方讨论修改和商定后的
书面报告，认为双方还是可以在争议并不太大的条款上达成一致
的，其余部分则可以推迟到以后解决。届时如果仍解决不了，那
么只能通过皇帝的权威来强行实现了。

　　此时的路德仍不能公开活动，有人将议会的条款送往维滕贝
格给路德过目，路德对协议中的某些内容表示满意，但仍不能相
信天主教会的诚意。在同意该决议之前，他必须要知道罗马教廷
无条件接受此决议。当新教徒带着路德的意见返回到会议时，红
衣主教孔塔里尼从罗马教宗那里得到消息，教宗果然拒绝了这样
的妥协，并坚持认为宗教的问题只能在大公会议上解决，而不是
由德意志地区召开的议会来决定。

　　此后，双方便不再是找共识了，而是在日渐扩大彼此之间的
差异和分歧，前期取得的共识也被推翻，甚至原本查理支持的天
主教一方也试图与法兰西结盟，以反对皇帝强行要求他们妥协来
达成一致。会议开到了7月，最终查理也没能在议会上取得任何
结果。新教一方只能接受一些有争议的条款，而天主教一方则要
求对已商定的条款再次进行调查，并等待罗马教宗最后的解释和

决定，还提议在未来18个月内召开大公会议，届时双方的争议将在会议上提出并解决。在大公会议召开前，查理制定了一份《雷根斯堡临时公约》以确保德意志地区的新教徒遵守协议，不让他们再发表任何动议和主张，也停止拆除天主教堂和修道院的举动，同时要求德意志新教神职人员按照协议规定的内容，改革他们的错误做法，例如结婚和生子。

查理的这份临时公约反而使他处于内外交困的境地，不但新教徒更加反对他，且罗马教廷也不承认他的这份声明。托马斯·林赛在《宗教改革史》中如此评价此次帝国议会："雷根斯堡会议简直可以说是分道扬镳之转折点。直到1525年，路德领导之下的运动还表现为德国整个教会之内的宗教改革。从1525年至这次会议，还一直存在这样的期望：将已经形成领土教会的路德宗包括进整个德国教会的总体改革里……但是妥协在雷根斯堡失败了，以后再也没有继续妥协的希望。"

布达失陷

就在查理身处帝国议会期间，斐迪南于6月22日来到了雷根斯堡，请求查理提供援军，支援他对匈牙利布达的围攻。

1532年，第二次进攻维也纳失败的苏莱曼一世和斐迪南达成了停战协定。苏莱曼一世以斐迪南称"儿臣"为条件，承认他控制下的西匈牙利主权，而匈牙利其余的部分则成为奥斯曼帝国的附庸，仍由亚诺什一世担任国王。1538年，斐迪南和亚诺什一世秘密签订了一项条约，双方认可彼此所统治的疆域，并相互承认对方为匈牙利国王，也就是将匈牙利一分为二，从而结束了内战。那时候亚诺什一世还没有孩子，所以认可斐迪南成为他的继承人。然而在1540年7月7日，就在亚诺什一世去世的半个月前，

　　他的妻子为他生下一个儿子，取名为扎波尧伊·亚诺什·齐格蒙特。这就使得他和斐迪南签订的协议无效了。亚诺什一世死后，齐格蒙特很快就被支持他父亲的匈牙利贵族选举为匈牙利国王，称为亚诺什二世，并得到了奥斯曼帝国的承认。

　　这位还在襁褓中的婴儿国王亚诺什二世，在其母亲波兰雅盖隆王朝的伊莎贝拉和地区枢机主教的摄政下，继续向奥斯曼称臣。斐迪南趁此机会宣称他和亚诺什一世的协议仍然有效，不承认亚诺什二世的继承权。随后斐迪南便派兵占领了维谢格拉德、瓦茨、佩斯等地，并于1541年5月4日包围了布达。

　　苏莱曼一世在得知斐迪南撕毁停战协议后，立即亲率土耳其大军前往布达解围。斐迪南在6月初得知苏莱曼一世的军队离开伊斯坦布尔后，急忙前往雷根斯堡向哥哥求助。兄弟二人试图在议会上劝说德意志诸侯提供资金，以抵抗奥斯曼的军队，但新教王子们表示，在未达成宗教宽容之前拒绝提供任何援助。此次的帝国议会看来是无法达成和解了，只能将问题留待未来的大公会议或下一次帝国议会再解决。

　　帝国议会总算是有了结果，由于此前查理在1532年纽伦堡议会上的决议仍然有效，所以帝国议会最终还是同意资助2.4万名士兵前去布达解围。然而为时已晚，7月下旬，苏莱曼一世的军队抵达特兰西瓦尼亚①后，迫使特兰西瓦尼亚议会宣誓向亚诺什二世效忠，并承认奥斯曼帝国的宗主国地位。8月21日，苏莱曼一世的大军抵达布达，斐迪南的部队很快就被打败，数千名士兵被屠杀，斐迪南的指挥官也在战斗中受伤，两天后不治身亡。

　　苏莱曼一世对外宣称是为了保护亚诺什二世而来，还想要

---

①　此时尚属于匈牙利。

见见这位婴儿国王。8月29日，当六位匈牙利贵族带着他们的国王前往苏丹的帐篷时，土耳其近卫军也以进城参观为由进入了布达。匈牙利人很快就发现，这不过是苏莱曼一世耍的诡计，土耳其近卫军进城后，不费一兵一卒就控制了斐迪南半年也未能攻克的布达。之后苏丹扣留了一位有影响力的匈牙利贵族，才将国王和其余人释放。

接下来苏莱曼一世宣布，亚诺什二世每年要向苏丹缴纳1万弗洛林的年贡，以换取他保留蒂萨河以东领地。亚诺什二世在母亲和其余匈牙利贵族和平民的带领下，从此告别了布达，而布达也被奥斯曼帝国控制了长达150年之久。斐迪南率领着2.4万名德意志士兵于9月初起到后，便被苏莱曼一世彻底击溃。1542年，斐迪南再次尝试收复布达和佩斯两城，但仍未能成功。

为了反击奥斯曼土耳其，查理决定积极筹备他的阿尔及尔远征计划。雷根斯堡会议无果后，另一件意外之事的发生，迫使查理不得不在6月29日提前离开雷根斯堡，前往意大利。

第二十二章

全线崩溃

制敌于千里之外，以重夺家园。

——查理五世

尼斯休战结束了持续两年的意大利战争，但查理在巴黎受到的热情款待，并未能让他和弗朗索瓦一世在米兰问题上达成共识，雷根斯堡帝国议会让天主教和新教的和解再无可能，苏莱曼一世对布达的攻占使查理加快了他的复仇计划。

远征阿尔及尔

1541年7月，弗朗索瓦一世驻奥斯曼帝国的大使安东尼奥·林孔和驻威尼斯大使切萨雷·弗雷戈索从巴黎动身，前往伊斯坦布尔。热那亚已归降查理，帝国海军指挥官多利亚控制着西地中海区域的航道，因此走海路并不安全。两位使者选择了一条比较冒险的路线，打算从法兰西控制下的都灵搭船，沿波河顺流而下到达威尼斯，然后在威尼斯乘船前往伊斯坦布尔。但通过波河航道必然要经过查理控制的帕维亚和皮亚琴察等地。虽说这条路线有些冒险，不过胜在行程较短。

有人警告他们要注意这一路线的危险性，要提前做好准备，于是两位大使就先派遣仆人带着随行物品提早乘船出发，试图引开敌人的耳目。但不幸的是他们的计划还是落空了。两位大使进入米兰公爵领地时，西班牙士兵立刻认出了他们并将其拦截，随后便把他们杀害了，还毁尸灭迹。

查理早就有除掉弗朗索瓦一世驻奥斯曼大使的想法。1522—1525年，林孔在弗朗索瓦一世的安排下多次访问波兰和匈牙利，试图与波兰和匈牙利国王结盟。如上文所述，波兰国王齐格蒙特一世在帕维亚之战后就抛弃了法兰西。林孔代表弗朗索瓦一世前往匈牙利，支持与斐迪南争夺王位的亚诺什一世。通过亚诺什一世，弗朗索瓦一世和奥斯曼帝国的苏丹苏莱曼一世搭上了线。

1530年，正值查理在博洛尼亚加冕之年，弗朗索瓦一世安排林孔前往奥斯曼帝国，与苏莱曼一世商议借款事宜。两年之后，林孔再次被派往伊斯坦布尔，商议与苏莱曼一世结盟共同对付查理的计划。1532年，就在林孔从伊斯坦布尔途经威尼斯返回法兰西时，查理派遣了三名西班牙人前往威尼斯，试图刺杀林孔，但并未得手。此后，查理又为林孔的人头开出了很高的悬赏。

1534年，弗朗索瓦一世正式向奥斯曼帝国派驻使节，林孔自1538年开始担任法兰西驻奥斯曼帝国大使。在查理庞大的哈布斯堡帝国中，有不少密探紧盯着弗朗索瓦一世和苏莱曼一世之间的一举一动，此次林孔的奥斯曼之行也早已被密切监视。然而，这次查理不想破坏好不容易得来的和平，他愿意不惜一切代价来维护《尼斯和约》。1541年6月23日，他指示米兰总督达瓦洛斯侯爵（也就是我们曾在帕维亚战役中提到的那位西班牙将领）即便是抓获了林孔，也要即刻放他自由。

查理对弗朗索瓦一世的大使表现出了极大的尊敬，也让人看到了他维护和平的努力。然而一切还是太迟了。虽然收到了查理的命令，但达瓦洛斯侯爵还是故意没有服从。随后他又谦卑地向查理道歉说："我宁死千次，也不愿以此事惹怒和损害陛下。"侯爵坚持认为，处死林孔对查理有百利而无一害。

查理得知达瓦洛斯刻意违命处死林孔之后，十分严厉地告诉达瓦洛斯，谋杀大使势必会让法兰西与帝国再起战事，而这正是弗朗索瓦一世求之而不得的借口。既然大使已死，大错铸成，查理只能想想有什么办法避免事态进一步恶化。然而，他选择了一个比较笨的方法：隐瞒和掩盖。事发三周后，查理给他驻法兰西的大使写了一封信说，发生在两位大使身上的任何事情都与帝国无关。查理还就此事向弗朗索瓦一世解释说，他将亲往米兰调查此事，找到并释放两位大使。

查理继续与达瓦洛斯侯爵一唱一和地掩盖此事。7月29日，查理自雷根斯堡出发到达米兰，达瓦洛斯为他准备了隆重的仪式。此时米兰正好刮起了暴风雨，毁坏了达瓦洛斯精心搭建的凯旋门，很多米兰人认为这是不祥之兆。无论这是不是巧合，随后查理远征阿尔及尔的结果是失败的。

迟迟没有两位大使的消息，弗朗索瓦一世并不相信查理的说辞，因此逮捕并囚禁了查理正好途经法兰西前往西班牙的叔叔、马克西米利安的私生子乔治。以此为要挟，弗朗索瓦一世让查理立即释放其大使，或者至少告知他们现在何处。9月15日，在意大利比萨附近的卢卡，查理见到了保罗三世，弗朗索瓦一世也安排了一位代表出席此次会议。而查理却闪烁其词，要么拒绝该代表参加他与教宗的会议，要么禁止该代表在会议上讨论大使的事情。教宗保罗三世认为他对基督教王子之间所签订的《尼斯和约》具有管辖权，因而声称对此案有知情权、裁判权和裁决权。与教宗的会谈只进行了三天，之后查理便离开了卢卡。在动身前，查理以皇后伊莎贝拉的灵魂发誓，对两位大使的下落一无所知，并勉强同意将此事交由教宗仲裁。现在，查理必须得赶在冬天到来之前尽快前往阿尔及尔。

　　1541年9月28日，地中海即将进入冬天。冬天是地中海的休航时期，适合谈判而不适合出征。然而此时，巴巴罗萨已前往伊斯坦布尔面见苏丹，查理认为不能错过这个大好时机。他从比萨出发，前往马略卡的帕尔马与舰队会合，这支远征舰队包括500多艘帆船和2.4万名士兵，仍由多利亚指挥。其中，征服了墨西哥的科尔特斯也参与了此次远征，但并未加入皇帝的指挥团队。

　　由于海上复杂多变的天气，船队直到10月19日才到达阿尔及尔。10月23日，查理尝试登陆海岸并将指挥部设在一处海角上。来自德意志、西班牙和意大利的军队在马耳他医院骑士团的150名骑士的陪同下登陆，很快击退了阿尔及尔的敌军，从三面包围了阿尔及尔城。

　　围城的第二天，天降大雨，让围攻战变得十分艰难，很多船只找不到抛锚点，15艘船因抛锚在岸上而被击毁，33个军营被大雨冲毁，查理的军队乱作一团。就在船上的军队准备登陆时，阿尔及尔守军发起反击，将登陆的士兵全部杀死。舰队指挥官多利亚尝试在阿尔及尔以东的玛蒂夫角登陆，为剩余部队找到一处安全港口上岸。他建议查理放弃围攻阿尔及尔，前来玛蒂夫角会合，然而查理此时正被敌军围攻，在马耳他骑士团的拼死保护下才得以勉强突围而出，所以无法与多利亚会合。突围后的查理带着残部向西驶向贝贾亚港，此地还处于西班牙守军控制中。

　　恶劣的天气再加上在围攻阿尔及尔中损失惨重，迫使查理只好放弃此次远征，并于11月23日自贝贾亚启程返回西班牙，在12月3日抵达西班牙南部的卡塔赫纳港。而被查理留下的军队在此后的战斗中又失去了17条船和130座兵营，还有大批水手和士兵，总计约有1.2万名士兵被柏柏尔人杀害。

旧友变新敌

　　就在查理到达阿尔及尔不久，米兰附近就发现了弗朗索瓦一世大使遗体的残骸，这让弗朗索瓦一世十分愤怒。他口头向教宗特使承诺，不会在查理远征阿尔及尔时采取行动。得知查理从阿尔及尔战败而回时，弗朗索瓦一世认为是时候让查理给他一个满意的答复了。之前没能通过与查理的联姻获得米兰，这次的大使之死给了弗朗索瓦一世合乎情理的借口，向查理索要米兰作为维持两国和平关系的补偿。如果查理交出米兰，那么他们签订的《尼斯和约》依然有效；如果查理拒绝，弗朗索瓦一世认为二人之间的和平就没有任何意义了。在罗马教宗保罗三世的干涉下，弗朗索瓦一世暂时没有发动战争，他知道时机尚未成熟。

　　弗朗索瓦一世此时需要盟友，他首先想到就是海尔德公国。海尔德公国与邻近的布拉班特、尼德兰和乌特勒支时常发生冲突。1371年最后一任海尔德公爵"胖子"雷纳德三世死后无子，于是在他两个姐妹的丈夫之间爆发了争夺海尔德公国继承权的战争。最终的胜利者是于利希公爵威廉一世，他同时拥有两地的公爵头衔，于利希和海尔德因此形成了共主联邦。到了15世纪，尤其是在"大胆"查理时期，勃艮第公国的扩张给海尔德公国造成了极大的压力。他将海尔德公爵阿道夫俘虏囚禁，并安排了另一位继承人担任该领地的公爵。然后，"大胆"查理再以30万弗洛林的价格从这位新公爵手上将海尔德公国买了过来，将其并入他的"勃艮第王国"。1477年，"大胆"查理在南锡战役战死后，被囚禁的阿道夫公爵被弗拉芒人放了出来，但他被释放后不久就去世了。此时，海尔德公国被"大胆"查理的女婿马克西米利安一世所控制，他将海尔德公国并入了神圣罗马帝国。

　　阿道夫公爵留下了一个儿子，名为查理·艾格蒙特，自幼在勃艮第长大，还加入了马克西米利安一世的帝国军队，参加了与法兰西的查理八世的战争，被查理八世俘虏。海尔德公国反对马克西米利安一世的统治，承认艾格蒙特为他们的公爵。艾格蒙特便在法兰西的支持下，向马克西米利安一世发起了争夺海尔德公国的战争，但一直未能取得多少战果。查理的父亲费利佩统治勃艮第时期，最终击败艾格蒙特，在前往西班牙继承王位时，费利佩就押解着艾格蒙特一同前往，防止他再次作乱。然而在途中，艾格蒙特设法逃脱了。

　　费利佩在西班牙去世后，艾格蒙特重新控制了海尔德公国，还鼓动佛兰德斯农民起义反抗哈布斯堡家族统治。1528年，查理承认艾格蒙特为海尔德公国公爵，条件是如果艾格蒙特死后没有子嗣，那么查理将继承这个公国。那时候还没有孩子的艾格蒙特将这份条约的签订推迟了，后来又发动了一场战争，才使得绝嗣这项条款被删除。1536年，艾格蒙特和查理签订了《赫拉弗条约》，才终于让勃艮第和海尔德公国之间重归和平。

　　条约签订两年之后，艾格蒙特就去世了。由于无嗣，他在临终前将公国遗赠给利希-克莱维斯-贝格公爵威廉一世。威廉一世获得海尔德公国后，选择与法兰西结盟，而且弗朗索瓦一世还将侄女珍妮·阿尔布雷特嫁给了他，这就使得弗朗索瓦一世更有理由来干涉此地事务。有了法兰西作为后盾，威廉一世便开始向查理发起挑战。

　　弗朗索瓦一世本来打算将德意志的施马尔卡尔登联盟拉拢过来，这个联盟是德意志新教王子建立的共同防御联盟，在下一章还会介绍到。不过，弗朗索瓦一世试图从帝国内部瓦解查理统治的提议被联盟断然拒绝，虽然这个联盟旨在共同防御查理可能的武力威胁，但他们不想首先挑起事端，更不想和法兰西一起发动针对他们皇帝的战争。

弗朗索瓦一世最忠实的盟友还是伊斯坦布尔的苏丹，虽然他和查理签订了《尼斯和约》，让苏丹向欧洲扩张的计划落了空，但这次弗朗索瓦一世依旧获得了苏莱曼一世的大力支持。弗朗索瓦一世还在德意志北部地区拉拢了一些盟友，波罗的海的丹麦和瑞典王国也愿意与他结盟。丹麦对查理宣战的目的，在于让他承认克里斯蒂安三世作为国王的合法性。

之前已经说过查理的妹妹伊莎贝拉在1515年嫁给了丹麦国王（同时也是挪威国王）克里斯蒂安二世，婚后伊莎贝拉一共生过六个孩子，但只有两个活到了成年。这位丹麦国王还有个情妇，而且在婚后他们还一直保持着情人关系，但在两年后这位国王的情人被人毒杀。国王认为此事是一位身世显赫的贵族所为，一气之下决定将其处以死刑。此人身为贵族，本应由国务委员会审判，但克里斯蒂安二世安排了一个由他主导的私审，草草定罪之后便将其处决了。此事引起了丹麦贵族的严重不满。

瑞典人不承认克里斯蒂安二世为他们的国王，克里斯蒂安二世便派兵征服了瑞典。1520年加冕为瑞典国王后不久，克里斯蒂安二世便对瑞典的反对势力展开了大屠杀。瑞典人立即组织起来进行反抗，推举古斯塔夫·瓦萨为摄政，两年后又将其推举为瑞典国王，史称古斯塔夫一世。从此，瑞典便脱离了卡尔马联盟宣告独立，丹麦和挪威则仍然维持着共主克里斯蒂安二世的统治。

1521年，克里斯蒂安二世访问了尼德兰，见到了刚刚从沃尔姆斯议会回来的查理。在尼德兰停留的几个月的时间里，他结识了不少人文主义艺术家和学者，包括丢勒、伊拉斯谟等人。回到丹麦后，克里斯蒂安二世就着手对他的王国进行改革，颁布了很多激进的法律，触犯了丹麦和挪威传统贵族很多方面的利益。于是反对克里斯蒂安二世的各方势力聚集在一起，推举克里斯蒂安二世的叔叔弗雷德里克为国王，并将克里斯蒂安驱逐出境。

1523年，被国民驱逐的克里斯蒂安二世只好带着家人离开丹麦前往泽兰，后来又前往萨克森和柏林等地寻求帮助。在德意志逗留期间，夫妻二人开始对新教产生兴趣。伊莎贝拉在访问纽伦堡时以新教徒的方式接受了圣餐，让她的哥哥查理大为光火。

1526年，伊莎贝拉病死于根特附近，年仅24岁。伊莎贝拉有可能已经皈依了新教，不过查理宣布她至死都是天主教徒。伊莎贝拉死后，为了防止哈布斯堡家族的后代转变信仰，查理强迫克里斯蒂安二世将他和伊莎贝拉所生的两个尚未成年的孩子留给姑姑玛格丽特照顾，而克里斯蒂安二世本人继续过着流亡的生活。

到了1531年，克里斯蒂安二世又重归天主教，并与姐夫查理和解，这才在查理的帮助下拥有了一支舰队，得以前往挪威。11月，克里斯蒂安二世在奥斯陆登陆之后，受到了当地人的热烈欢迎。丹麦国王弗雷德里克邀请侄子前来谈判，并给予他安全承诺。然而当克里斯蒂安二世到达时，弗雷德里克并未遵守承诺，反而将其囚禁，一关就是27年。

1533年弗雷德里克去世，丹麦议会试图将克里斯蒂安二世释放，重新立为国王。支持克里斯蒂安二世统治的两个贵族强占了斯堪尼亚和泽兰，发动了在丹麦历史上称为"伯爵的世仇"的内战。反对克里斯蒂安二世重新统治的一方支持弗雷德里克的儿子，名字也叫克里斯蒂安。小克里斯蒂安先为挪威摄政，又与瑞典的古斯塔夫一世结成联盟，最终赢得了内战的胜利。

老克里斯蒂安仍被关在监狱中，小克里斯蒂安成为丹麦国王克里斯蒂安三世，并于1537年成为挪威国王。

四面皆楚歌

克里斯蒂安三世在丹麦发起了新教改革，没收天主教会的土地，建立路德教会并宣布新教为丹麦国教。随后，克里斯蒂安三世又和德意志的新教王子结盟，加入了施马尔卡尔登联盟，这些举动都严重地威胁到了查理的哈布斯堡帝国。查理决心支持他的外甥女，也就是克里斯蒂安二世留在布鲁塞尔的女儿多萝西娅。弗雷德里克在位时，就试图让他的小儿子约翰迎娶多萝西娅，并计划将丹麦王国传给他们的后代。然而查理认为弗雷德里克是个篡位者，根本不愿意与其谈论此事。弗雷德里克死后，多萝西娅嫁给了普法尔茨的弗里德里克，也就是查理姐姐埃莉诺曾经的爱慕者，之后的帕拉丁选帝侯。

多萝西娅一直没有放弃对丹麦王位的主张。1539年，夫妻二人拜访了舅舅查理，期望他能够帮助他们取得丹麦王位。此时皇后伊莎贝拉刚刚去世，查理又与弗朗索瓦一世签订了和约，所以他们并未得到什么实质性的答复。

1540年，多萝西娅再次恳求查理，仍然没有得到回应。1541年，克里斯蒂安三世代表丹麦和挪威，与瑞典国王古斯塔夫一世在瑞典和丹麦的边境线上签订了一份《布勒姆瑟布鲁和约》①，条约中规定丹麦、瑞典和挪威三方组成联盟，共同反对德意志的汉萨同盟，并承诺条约中的任何一方受到攻击时，其他两国必须提供援助，期限为50年。

一直得不到查理承认的克里斯蒂安三世，担心查理会支持多

---

① 史称第一次布勒姆瑟布鲁和约（First Treaty of Brömsebro），在1654年签订了第二次布勒姆瑟布鲁和约。

萝西娅复辟天主教会，因此当弗朗索瓦一世发出盟约邀请时，就立即答应了请求。

有了以上盟友的支持，弗朗索瓦一世向查理发动反击的时机终于在1542年6月成熟。丹麦和海尔德公国同时向查理宣战，紧接着7月，弗朗索瓦一世也宣战，同时巴巴罗萨率领奥斯曼海军在地中海四处出击，尼斯、卢森堡、北加泰罗尼亚和查理的海上防线同时遭到进攻。克里斯蒂安三世关闭了丹麦海峡，禁止尼德兰商船通过，还收缴了帝国的所有商船及物品。随后，他们又为海尔德公爵威廉一世运送物品和补给，而威廉一世正率领着由1.4万名步兵、2000名骑兵以及18门火炮组成的军队进攻安特卫普，并以丹麦国王和法兰西国王的名义，让安特卫普开城投降。

丹麦舰队在尼德兰海岸巡航，弗朗索瓦一世的三子奥尔良公爵攻占了卢森堡，次子法兰西王太子亨利准备进攻阿图瓦，弗朗索瓦一世自己则在法国南部亲率大军，包围了属于阿拉贡王国的佩皮尼昂。与此同时，纳瓦拉国王也再次翻越比利牛斯山南下，试图收复上纳瓦拉。

尽管在多个方向上同时遭到进攻，但查理最终还是挺了过来。先是阿尔巴公爵组织了一支西班牙部队，在加泰罗尼亚边境有效地抵御并击退了弗朗索瓦一世的入侵。而身在卢森堡的奥尔良公爵听到父亲将在法国南部与查理展开决战时，为了争功便立即率领军队南下支援。法军撤退后，勃艮第摄政玛丽迅速收复了被占领的地区，不过尼德兰的其他地区仍被威廉一世所占领。

北加泰罗尼亚危机解除后，查理访问了加泰罗尼亚和瓦伦西亚，并说服当地议会投票支持他征税以进行反击。在卡斯蒂利亚，查理和三个孩子一起度过了1542年的圣诞节后，于次年的1月15日前往意大利。与此同时，查理还和葡萄牙缔结了另一项双重婚约，他的女儿胡安娜嫁给葡萄牙王子胡安，而胡安的妹妹玛利亚·曼努埃尔则嫁给查理的儿子菲利普。这个婚约让若昂三世支付给查理一半的聘礼，正好用于支付查理此次前往意大利的开销。

查理此时还要确定与另一个故友的同盟。虽然英格兰的亨利八世已经脱离了罗马教廷，被教宗斥为"异教徒"，但在欧洲，查理唯一可以依靠的盟友就剩下英格兰了。弗朗索瓦一世原本承诺支付给亨利八世的年俸已经中断了很久，而且他公然支持苏格兰国王的举动更是触犯了亨利八世的逆鳞。

就这样，查理和亨利八世再一次有了共同的敌人。即便如此，双方的谈判还是进行得非常艰难，从1543年1月开始，查理就命其驻英格兰的大使与亨利谈判。在查理看来，德意志地区的宗教问题还可以通过帝国议会来协商解决，而亨利八世断然与罗马教廷决裂，让查理无法签订任何认可亨利八世作为英格兰教会最高领袖的条约。因此双方的谈判进行了一个月，才在2月11日签署了一个进攻性联盟条约，亨利八世承诺在两年内向法兰西发起进攻，查理则答应将宗教事务暂搁另议。

和亨利八世的联盟敲定之后，查理在巴塞罗那的蒙特塞拉修道院里度过了圣周。5月1日，查理在为亡妻伊莎贝拉逝世四周年举办了祭奠仪式之后，便乘坐多利亚的舰船驶向热那亚。出发后不久，船只就在海上遭遇到了逆风，而不得不在巴塞罗那以北赫罗纳省的帕拉莫斯港暂歇避风。在此地停留期间，查理担心他此去可能会被囚禁或者死亡，所以给儿子菲利普留下了两封长长的写满治国建议的信件，他在信中告诉菲利普，身边哪些人可以相信和重用，而哪些人则需要提防与谨慎。这两封信也为后世研究查理的治理之道提供了难能可贵的一手资料。

1543年5月25日，查理率领的140艘舰船抵达热那亚，虽然急于前往德意志，但还是不得不先绕路去会见教宗，与教宗商议如何解决当下的问题。查理敦促教宗发起一场反对法兰西与奥斯曼结盟的战争，但保罗三世拒绝了，担心如果这样做，会逼迫弗朗索瓦一世走上和亨利八世一样的道路，即宣布脱离罗马教廷。

虽然在军事上没能获得教宗的支持，但查理还是说服了保罗三世在特伦托召开大公会议解决宗教问题，还同意提供一支4000人的军队用于帮助匈牙利抵抗土耳其人的进攻。保罗三世也有事要求查理，愿意支付100万杜卡特，以换取皇帝支持他的私生子占领原本属于米兰公国的帕尔马和皮亚琴察，并承诺此举将会给意大利带来和平。尽管查理现在处处缺钱，但并没有直接答应，只是委婉地告诉教宗会认真加以考虑。

与此同时，苏莱曼一世的军队又占领了匈牙利的两座城市，同时巴巴罗萨也再次西进，率领100艘军舰西行，洗劫了意大利那不勒斯和西西里海岸，让罗马人为之惊慌失措。弗朗索瓦一世让巴巴罗萨的军舰停留在马赛港，此举让整个基督教世界都知道了新月与百合的联盟。

抵达马赛后，巴巴罗萨受到了波旁的昂吉安公爵的欢迎，公爵还允许巴巴罗萨使用距离西班牙不远的土伦作为军事基地。由于众多的穆斯林到来，法兰西人称土伦为第二个君士坦丁堡。不过土耳其也为此付出了代价，一次瘟疫导致众多土耳其水手染病身亡。于是土耳其人袭击了附近的村庄，抓来农民充当水手，同时土耳其士兵还公开出售他们抓来的基督徒奴隶。这些举动让法兰西人越来越看不惯，而弗朗索瓦一世却不肯因为这点小事向其盟友发难，期望转移这支盟军的注意力，便命巴巴罗萨进攻萨伏依公国的尼斯。

巴巴罗萨在袭击尼斯时，遭到了守卫尼斯的医院骑士团的顽强抵抗。城墙被火炮炸开一个很大的缺口后，尼斯城主才不得不向巴巴罗萨投降。但这位海盗出身的海军帕夏公然违反了投降条约，对尼斯城进行了洗劫和屠杀，几乎将其夷为废墟。

即便帝国危机四起，查理依旧表现得很淡定，没有把这些威胁放在心上。这次他的军事战略十分明确，"制敌于千里之外，以重夺家园"，正如同当年大西庇阿使用"批亢捣虚"之战术，直接进攻迦太基以解除汉尼拔对意大利的威胁。

入侵法兰西

和查理签订条约后，亨利八世在5月向弗朗索瓦一世发出了最后通牒，如果弗朗索瓦一世还不支付他的年俸，他将在20天内发动战争。战事四起的弗朗索瓦一世现在已经无力承担任何多余的费用了。于是亨利八世在6月22日正式向法兰西宣战。亨利八世命令约翰·沃洛普爵士带领着一支5000人的军队穿过英吉利海峡，到达英格兰在欧陆上的领地——加莱，这支军队将帮助查理防卫尼德兰。与此同时，查理则率领另一支军队从德意志出发，进攻弗朗索瓦一世的盟友威廉一世。

查理带着军队从意大利进入了德意志的施派尔，在此地又召集了一大批德意志雇佣兵，并带着120门火炮和一支小型舰队，沿着莱茵河溯流而下，先去支援尼德兰地区。

8月3日，查理率军队启程迅速到达波恩，在此地登陆后，朝着威廉一世占据的迪伦进军。此城防守坚固，查理命令守军即刻投降，被守军拒绝后，便下令在破城后杀死所有叛军和不服从者，以儆效尤。在帝国大军围困下，迪伦城被迅速攻破，查理的士兵杀死700多名守城士兵，并将其余反抗者全部俘虏。

查理身穿戎装，身先士卒，极大地鼓舞了军队的士气，此后威廉一世所占据的城市接连向帝国投降。9月7日，威廉一世在查理给予安全保证后，前来投降。他跪在查理面前，祈求能够得到原谅，正如三年前在根特他跪在皇帝面前宣誓效忠一样。这次查理选择不予宽恕，迫使他签订了一份投降协议《芬洛条约》。在此条约中，威廉一世宣布放弃海尔德公国的所有领土和权力，并将其转让给查理；查理则保证在尊重该地所有传统权力的前提下，让威廉一世继续担任他原有共主领地的公爵，但必须保证在其统治领地内消灭新教徒。

打败了威廉一世之后，查理打算和弗朗索瓦一世一决雌雄，准备发起总攻。或许是对帕维亚之战的耻辱记忆犹新，弗朗索瓦一世并没有正面迎战，而是率军连夜撤退到圣昆汀，查理则占据了康布雷。

1542年的危机注定要在1544年和解。巴巴罗萨没有在法兰西的港口获得补给，只好撤回伊斯坦布尔。1月初，查理和亨利八世两人再次巩固了同盟关系，双方约定各自派出3.2万人，在6月20日前进攻法兰西。虽然形势已经对弗朗索瓦一世越来越不利，但他在米兰还是取得了一次难得的胜利，4月14日，法军再次攻占了米兰。查理不着急发起进攻，而是巩固帝国和法兰西的边境防御，加强重要堡垒的防御工事，还请来意大利的知名防御工程师改造城防。

5月23日，查理在施派尔帝国议会上，说服了德意志贵族支持他反攻法兰西。在这次议会上，查理还和丹麦签订了《斯派尔和约》，丹麦给予尼德兰商人自由进出波罗的海的权利，查理则承认克里斯蒂安三世为丹麦和挪威的合法国王，并答应不向克里斯蒂安二世以及他的女儿多萝西娅提供军事支持。此条约让丹麦和挪威不再卷入欧洲大陆的宗教冲突中，所以在随后查理针对施马尔卡尔登联盟的战争中，他们也未向后者提供任何援助。条约最大的受益者还是尼德兰商人，这让他们在此后主导波罗的海贸易长达两个世纪之久。

在施派尔议会上，查理征召了一支由2.4万名步兵和4000名骑兵组成的军队，来对付奥斯曼及其盟友法兰西。1544年5月，查理的军队很快就收复了被法军再次攻占的卢森堡，之后他继续率军向南进攻，进入了法兰西的领地。

如同其曾祖父"大胆"查理的作战方式一样，查理进军迅速。弗朗索瓦一世以为科梅尔西至少能够守上三个星期，不料三天后科梅尔西就投降了。查理的大军此后则向西前进，到达了马恩河畔的圣迪济耶，该城的防御由意大利工程师改进过，因此较难攻陷。直到8月17日，此城才被攻占，之后查理继续西进，按照原先的计划沿着马恩河一路行至巴黎城下。此行一路畅通，并未遇到任何抵抗。9月12日，查理的大军到达了距巴黎仅70公里的拉费泰苏茹瓦尔。然后军队突然掉头北上，并未直接进攻巴黎，而是拿下了苏瓦松，清除了这个阻挡查理和亨利八世两军会师的障碍。

查理的帝国军队和英格兰军队步步逼近，给巴黎造成极大的压力，使弗朗索瓦一世焦灼不安，如果巴黎失守，那么整个法兰西就会被英格兰和查理瓜分吞并。此时的弗朗索瓦一世不得不向查理请求和谈。当然，查理也有和谈的想法。此时已经入秋，大雨使得行军变得困难异常，而且他也没有更多的资金发饷了。

9月18日，弗朗索瓦一世派使者前往克雷皮与查理单独会谈。使者不仅代表弗朗索瓦一世，还代表他的两个儿子向查理请降，承诺放弃对那不勒斯、尼德兰的所有主张，结束与土耳其的联盟，并归还《尼斯和约》后征服的所有地区。查理则答应从法兰西撤军，永远放弃对勃艮第公国的主张，并重申了之前的提议：奥尔良公爵可以选择迎娶他的大女儿玛利亚，其嫁妆是尼德兰，在查理死后转交；或者迎娶斐迪南的女儿安娜，其嫁妆是米兰公国，在条约签订后一年生效。查理给了弗朗索瓦一世四个月的时间考虑，是尼德兰，抑或是米兰。届时，法兰西要立即撤出萨伏依和皮埃蒙特，并赐予奥尔良公爵大片领土。

次日，弗朗索瓦一世就签订了密约，并答应查理和斐迪南自己将全力支持他们解决德意志的宗教冲突，并派出代表团参加特伦托大公会议以解决宗教问题；也将说服瑞士归还原本属于萨伏依的领土，包括日内瓦在内；同时还保证，如果亨利八世向查理宣战的话，他将会宣称英格兰是他的敌人。

法兰西王太子亨利对于其父与查理签订的和约内容并不满意，亨利八世也觉得自己再次被查理背叛了，苏莱曼一世认为他并未从该和约中获得任何利益。但弗朗索瓦一世彻底放弃了在战场上打败查理的努力，自30年前马里尼亚诺战役首捷起，弗朗索瓦一世与查理的争斗终于将要画上句号。

《克雷皮和约》签署后，亨利八世却并未结束他和法兰西的战争，双方又打了一年，还将苏格兰卷入其中。查理试图调解亨利八世和弗朗索瓦一世之间的冲突，但三个人又都因互不信任而无法取得任何进展。直到1546年的6月，法英的资金几乎耗尽，双方才签署了《阿德雷斯条约》，停止了战事。条约签订半年之后，亨利八世和弗朗索瓦一世两人便相继去世。

此次的军事行动，查理取得了意想不到的胜利。在十周时间里，他带着4万多军队和火炮辎重，行军穿越法兰西300多公里的疆域，直抵巴黎附近，并逼迫法王请降。这场胜利也让查理意识到，德意志内部的宗教问题既然无法通过会议协商和解，那么战争或许是最直接也是最有效的手段。

第二十三章

新教王子的叛乱

我只对生者发动战争，而从不针对死者。

——查理五世

　　1543年征战海尔德公国的胜利让查理认为，对付德意志的新教王子们，也完全能够使用同样的手段迫使他们屈服，或许这才是解决德意志地区宗教问题最简单的方式，他已经对帝国议会上无休止的辩论感到极度厌烦了。和弗朗索瓦一世的战事一结束，查理终于腾出手来解决此事。

小市民的私生子

　　在和弗朗索瓦一世签订了《克雷皮和约》之后，查理回到了布鲁塞尔。到底将米兰还是尼德兰交给奥尔良公爵，这个问题让查理犹豫不决。随着约定之日的逼近，1545年2月，查理最终还是选择放弃米兰，将其作为斐迪南女儿的嫁妆赐予奥尔良公爵。

　　1545年5月，查理前往沃尔姆斯，试图再次通过在此召开的议会使德意志地区的天主教徒和新教徒达成和解。然而会议一直开到了8月，已经极为不耐烦的查理直接终止了这个迟迟未能取得任何进展的议会，随后沿着莱茵河到了科隆，准备回到布鲁塞尔通过战争手段来解决问题。

　　此时的国际局势也为查理提供了绝佳的外部条件。弗朗索瓦一世还在和亨利八世打得不可开交，而苏莱曼一世也在印度洋和葡萄牙与波斯战作一团。查理的想法得到了教宗保罗三世的大力支持，教宗使者告诉查理，如果他立即对路德派的异端宣战，罗马教廷愿意提供20万杜卡特的现金援助，随后还会再追加10万杜卡特，同时派遣一支由1.2万名步兵和500名骑兵组成的意大利远征军予以支援。此外，教宗还特许查理出售西班牙的修道院土地，为此次战争筹得资金。

教宗的慷慨激励了查理，不过此时已经是1545年夏末，他不可能在9月组建一支军队然后在冬季作战，所以他告知教宗将在来年实施进攻计划。就在查理准备回布鲁塞尔，着手将米兰交给奥尔良公爵时，9月9日奥尔良公爵的突然死亡让他不必再为此事烦忧了。查理向弗朗索瓦一世保证自己会遵守誓言，并建议刚刚丧妻的菲利普迎娶一位法兰西公主，由他们的第一个孩子继承米兰公国。弗朗索瓦一世并未否决这项提议。

没想到教宗保罗三世竟然先一步动手，将原本归属米兰公国的帕尔马和皮亚琴察赐给了自己的私生子，然后又在年底召开的特伦托大公会议上公然与查理提出的改革要求唱反调。这两件事让查理如鲠在喉，但不得不默默接受，因为他担心会失去德意志天主教的支持。

查理回到布鲁塞尔后便开始积极备战。妹妹玛丽提醒他说，在一个世纪前帝国皇帝西吉斯蒙德就曾试图对波西米亚的胡斯派进行武力镇压，那时还得到了所有德意志诸侯的支持，然而最终并未取得成功，反而不得不撤出波西米亚。玛丽建议，宗教的事情最好还是留给他们自己去解决，让查理不要用武力手段插手此事。然而查理没有采纳玛丽和其他人的谏言。1546年2月18日，路德的死讯让查理更加确定，对德意志的战争时机已到。

2月，查理与苏莱曼一世签订了为期一年的停战协议之后，就带着500名骑兵从布鲁塞尔前往雷根斯堡，召开新的帝国议会。他邀请沿途遇到的所有领主前来会见，并告知他们说，他更愿意以和平方式而不是使用武力解决德意志的宗教问题。查理还和这些领主一起会谈、打猎，气氛很是欢乐和谐。显然，查理此举只是为了安抚这些领主，以便能够顺利通过德意志各地区。查理一路顺利地来到了雷根斯堡，并在此地逗留了四个月。在此期间，他以狩猎为消遣，还与当地的一位19岁小姑娘发生了一段恋情。在皇后伊莎贝拉过世后，查理多年来未曾娶妻。这次来到雷根斯堡，这位年届46岁的皇帝再一次对年轻的肉体产生了冲动。

在雷根斯堡议会召开期间，查理居住在此地的一所旅馆里，由于劳累和对天气的不适而病倒。这时妹妹玛丽采纳了廷臣的建议，召当地伶人前去为查理表演，希望能够让他心情舒畅起来，尽早康复。查理因此遇到了这位和儿子菲利普同龄的女孩，名叫芭芭拉·布隆博格。他为这位19岁女孩的美貌和歌声所倾倒。

芭芭拉的父母是当地从事皮毛买卖的商人。与芭芭拉在人来人往的旅馆里私会，不容易被人怀疑，于是两人很快陷入热恋之中。不久之后，也就是在查理47岁的生日那天，芭芭拉生下了一个儿子，取名为热罗姆。贵为皇帝的查理虽然承认了这个儿子，但将此事严格保密，打算像对待之前的玛格丽特等私生子女一样，将孩子与母亲分开，把热罗姆送到布鲁塞尔，交由妹妹玛丽抚养。但最终他还是放弃了这个想法，因为女儿玛格丽特就曾被当做权力争夺的工具，他担心热罗姆也会重蹈覆辙。1550年，查理让人将热罗姆带回西班牙抚养，并让知晓此事的人发誓严格保密。直到自己去世，他自己也对和一个十多岁的女孩发生这样的事情而感到愧疚。查理委托亲信的妻子到巴利亚多利德附近的城堡来抚养热罗姆。直到1558年，退位的查理到了尤斯特修道院时，才与这位私生子见面。

在生下孩子之后，查理就将芭芭拉嫁给了自己一位名叫克格尔的书记官，并让她随同丈夫迁居布鲁塞尔，随后芭芭拉又为新夫生了三个孩子。查理给予克格尔每年100弗洛林的年俸，让他居住在尼德兰，随时听候尼德兰摄政玛丽的差遣。此后查理住在布鲁塞尔差不多有三年的时间，不过两人之间应该再无来往，芭芭拉最多也只能远远地看着这位曾与自己春风一度的皇帝。在丈夫死后，芭芭拉经济拮据，应阿尔巴公爵之请求，查理的儿子菲利普二世给了芭芭拉和她的孩子们一笔资助。直到1576年，年近30岁的热罗姆才第一次见到自己的母亲，而这时候小热罗姆已经成了有名的"奥地利的唐·胡安"。

胡安早先在西班牙接受了教育，后来进入军中服役。在1554年的遗嘱中，查理提到了这名叫做胡安的孩子，承认他是自己的亲生儿子。随后，胡安被带往查理所在的尤斯特修道院看望他，不过查理并未当面明言他们之间的关系。1558年，查理在死前所留下的最后遗嘱中再次承认了这个儿子，并希望他以后能够成为神职人员，这通常是私生子最好的去处了。在临死前的一天，查理竟然还想起了孩子的母亲芭芭拉，并从自己的私人财库中取出600杜卡特金币，让亲信转交给她。

胡安一直不知道查理就是他的亲生父亲，直到之后和菲利普二世见面时，才得知了这个被查理隐瞒多年的秘密。但菲利普二世告诉他，作为私生子，胡安不能使用"殿下"这个王室成员的专用称呼，只能在名字前加上尊称"唐"。

此后，胡安受到了较好的待遇，经常随行于菲利普二世左右，后来还成为西班牙军队的指挥官，并于1571年负责领导神圣联盟同奥斯曼帝国海军作战，随后的勒班陀战役让唐·胡安名垂史册。之后，唐·胡安被任命为尼德兰总督，刚到任时，尼德兰出现了反对西班牙的暴动，他率军予以镇压，并取得重大胜利。

1576年，见到儿子不久后，芭芭拉便在儿子的安排下进入了巴利亚多利德附近的修道院。两年之后，唐·胡安不幸染上伤寒，不久后因病离世。菲利普二世允许芭芭拉自己选择住所，她最初选择了毕尔巴鄂附近的近海村庄科林德雷斯。1584年，她又在附近的安布罗塞洛购买了一处住宅，直到70岁时在那里去世。

讲回1546年，芭芭拉所带来的欢愉没能让此时的查理更为顺心。到了这一年6月，施马尔卡尔登联盟的成员已经悉数退出议会，准备起兵与查理对决。

施马尔卡尔登联盟

萨克森选帝侯腓特烈三世于1525年去世后，他的弟弟"坚定者"约翰继承了爵位，约翰比腓特烈三世更加激进，公开与查理对抗，不仅在1526年的施派尔帝国议会上迫使查理做出让步，1529年又带头签署了抗议书，在1530年的奥格斯堡议会上更是与查理针锋相对。在生命的最后几年，约翰致力于团结德意志新教诸侯组成同盟以反对查理。约翰在1532年过世后，把爵位传给了儿子约翰·腓特烈[1]，他最开始与其同父异母的兄弟一起统治萨克森，并于十年后成功挤掉弟弟，成为萨克森唯一的统治者。1531年，尚未继承爵位的约翰·腓特烈与黑森伯国的腓力一世一同创建立了施马尔卡尔登联盟。黑森伯国也是支持新教的德意志诸侯之一，1521年在沃尔姆斯议会上，他第一次与路德见面，三年后就皈依了新教，还参与镇压了德意志农民战争，击败了其领导者

---

[1]　又称为"宽宏者"约翰·腓特烈，或约翰·弗里德里希。

托马斯·闵采尔。

施马尔卡尔登联盟成立之初，只是一个带宗教色彩的防御性联盟，目的在于德意志的新教诸侯联合互保。联盟规定，成员国在受到查理攻击时，其他成员国有义务出兵支援。要成为此联盟的成员，必须接受1530年通过的《奥格斯堡信纲》或《四城信纲》。这两个信条内容类似，都是强调成员要遵循《圣经》的教导，共同反对罗马教宗。1535年，施马尔卡尔登联盟迅速壮大，只要接受《奥格斯堡信纲》的诸侯，都可以加入联盟，因此吸引了德意志地区的安哈尔特、符腾堡等伯国加入，还有一些自由城市，如奥格斯堡、美茵河畔法兰克福等也都加入了。联盟甚至也吸引了弗朗索瓦一世加入其中，但他很快就因为宗教信仰不同而退出。皈依新教的丹麦于1538年加入同盟，次年勃兰登堡选帝侯也加入进来。1545年，迎娶了克里斯蒂安二世的女儿多萝西娅的帕拉丁选帝侯弗里德里克三世，竟然也加入了这个反查理的联盟。

虽然没有公开地直接反叛查理的统治，但联盟也集结了不少兵力用于防卫，包括1万名步兵和2000名骑兵。联盟成员很快就没收了原本属于罗马教廷的土地，进一步壮大了联盟地区的经济实力。联盟在成立的15年间，一直没有主动向查理发起挑战，而查理也一直忙于和法兰西、奥斯曼帝国的战争，根本没有时间理会这个联盟。1542年在弗朗索瓦一世发起针对查理的战争时，施马尔卡尔登联盟拒绝为弗朗索瓦一世提供帮助，而此时联盟将不得不独自面对查理即将发起的进攻。

1546年6月，大多数联盟成员退出雷根斯堡议会后，就着手为即将与查理进行的战争做准备。他们向法兰西和英格兰求助，希望能够获得资金上的支持，但法英两国的国库在近年来的战争消耗中早已几近枯竭。7月中旬，联盟成员在多瑙河畔的多瑙沃特集结了7万步兵和9000骑兵以及100门火炮，距离查理所在的雷根斯堡仅仅100多公里。只要沿着多瑙河进军，联盟就可以将他们的皇帝抓住，从而将其驱出德意志。

不过，尽管这是一个庞大的联盟，军队众多，战力强大，但却并非现代意义上的德意志民族国家的原型。参与联盟的各个领主、城市和邦国虽然聚集在同一信仰之下，但彼此之间有着不同的目标和利益，更缺乏统一的决策和领导。联盟的军队没能选出一个各方认可的最高指挥官，而是成立了一个由十名联盟成员组成的委员会进行指挥。可以想象，这个委员会在军事决策上的争吵不休所带来的低效率，势必会对战争的成败造成直接的影响。

即使如此，查理此时的处境依旧非常危险。教宗承诺的20万杜卡特迟迟没有送到，迫在眉睫的资金匮乏让查理担心他的战果。万般无奈之下，查理只能选择从雷根斯堡逃走，一路向南逃往巴伐利亚的兰茨胡特，那里有坚固的城堡可以抵御一段时间。这时查理唯一能够指望的就是西班牙了，他赶紧给儿子菲利普写信，催他立即筹集三四十万杜卡特送来，否则哈布斯堡家族的声誉以及帝国在尼德兰、意大利等地的统治就要倾覆了。

就在查理孤立无援苦等救兵之时，联盟的另一支军队也于8月5日抵达了多瑙沃特。这支军队历经长途跋涉，到达阿尔卑斯山时已然筋疲力尽、人困马乏，于是整支部队驻军不前，准备休整四天之后再开战。联盟委员会正式公开宣告，因为查理违反了之前《奥格斯堡信纲》中对他们的承诺，因此他们放弃对他的效忠。选帝侯们也认为，他们无需再称呼查理为"皇帝"了，查理五世已经被废除，此后可以改称他为"根特的查理"。

不久之后，联盟军队就追着查理赶到了兰茨胡特。值得庆幸的是，此时教宗派出的意大利增援部队也赶到了。查理此举已经违反了他当上皇帝后签署的"选举妥协协议"，在协议中他承诺不会让外国军队进入德意志。但到了这个时候，"根特的查理"已经不在乎这些了，反而发出皇帝诏书进行反击，称联盟领导者皆为"叛徒"，并威胁说所有支持者的性命和财产都将不保。

这个时候，查理已经拥有了一支由意大利、西班牙和德意志士兵所组成的3.4万人的部队，因此决定主动出击。查理命令军队前往多瑙沃特下游60公里处的英戈尔施塔特。查理亲自为部队选择了最佳的扎营位置，再次全副武装亲自上阵，视察各个可能被敌人进攻的地方，加固了这里的防御，同时还招募了不少儿童和妇女为士兵提供补给。

8月31日，联盟军队来到了距离查理营地几百米的地方，开始用火炮轰击其大营。经历了无数次战争的查理此时并未惊慌失措，反而淡定自若。有目击者称，面对如暴雨般的炮弹，查理并未选择躲开，而是命其他人躲避，他自己却依旧站在原处。他们甚至相信，要不是上帝保护着皇帝，他早就死了。查理此时所需要的正是他们的信任。在阿尔及尔那样残酷的天气中，查理所做的也是身先士卒、鼓舞士气，这一可贵的精神在联盟军队的将领中是找不到的。

联盟的围攻并没有持续多久，之后就自行撤退了，可能是因为缺水，或者想诱使查理追击，不过从后来的历史发展来看，他们终究是错失了这一绝佳的机会，没能俘虏查理。此时，查理的另一支援军也自尼德兰及时赶到了，这支部队的行程历时50多天，在德意志跋涉800余公里。6月，查理就命布伦伯爵自尼德兰出兵援助，伯爵于7月20日就进入了德意志，尚不知道在哪里与查理会合。而当时整个德意志基本上都在反对查理。到了8月23

日，这支尼德兰来的远征军顺利地跨过了美因茨附近的莱茵河，与此同时查理也命令他们向多瑙河进发。德意志各地领主都试图拦截这支援军，但查理不断为援军提供各地情报和指示，使他们总是能够巧妙地避免与敌军的正面冲突，并在未遭受什么损失的情况下，于9月14日最终安全地到达了英戈尔施塔特。布伦率领的这支援军，总共有1.2万名步兵、5000名骑兵和12门火炮。

联盟自撤退之后，就清楚自己无法在战场上打败皇帝，他们转而试图以侮辱查理的方式获得心理平衡。有使者向他们提到"皇帝陛下"的提议时，黑森伯爵菲利普一世就说："什么皇帝陛下？他就是根特的查理，就像我是黑森的菲利普一样。如果德意志能够选举他为皇帝，那么照样也可以废黜他。"而查理对于这样的侮辱并不以为然，此时他有5万多名士兵在手，是时候用反击让他们闭嘴了。

萨克森公爵①莫里茨和斐迪南签订了一份攻防联盟协议，并计划入侵约翰·腓特烈统治的萨克森。得知到这个消息后，联盟的创建者约翰·腓特烈需要尽快率军返回，以保护自己的领地，而留下其他盟友自生自灭。11月16日，冬天的来临，让联盟军事委员会极不情愿地做出决定：大军解散，各自领军返回。

---

① 1485年萨克森选帝侯腓特烈二世将其爵位与领地划分给两个儿子，所以萨克森拥有了恩斯特系和阿尔布雷希特系两个支脉，恩斯特系继承选帝侯头衔和图林根等领地，而阿尔布雷希特支系则获得迈森侯国，同时也获得萨克森公爵的头衔。腓特烈三世、"坚定者"约翰等人都属于恩斯特支系，而莫里茨则是阿尔布雷希特支系，随后莫里茨帮助查理有功，让阿尔布雷希特支系取代恩斯特支系获得了萨克森选帝侯之资格。

米尔贝格之战

英法两国最终只提供了所承诺的援助资金的三分之二，此时查理和联盟军队的实力此消彼长，局势开始向有利于查理的方向转变。1546年冬季异常的好天气也为查理的反击提供了良机。虽然这时候查理被痛风折磨得痛苦不堪，不得不由士兵抬着随军前行，但只要有战斗，他便会毫不犹豫地披甲上阵。查理体恤下士和身先士卒的精神极大地鼓舞了军队上下，他们见到皇帝就大声呼喊："陛下！去战斗！"

联盟解散后，德意志南部的诸侯纷纷向查理投诚，并付出巨额的赔偿以获得皇帝的赦免。第一个向符腾堡公爵提供支持的帕拉丁选帝侯弗里德里克三世，此时也第一个向查理投降。作为查理的外甥女婿、多萝西娅的丈夫，弗里德里克三世认为他会优先得到查理的宽恕。12月17日，弗里德里克被带到查理的面前。他请求查理宽恕，而查理则端坐在椅子中，从口袋里掏出一封信，让他读一读。这封弗里德里克写给盟友的信被查理拦截了下来，信件中他用粗鲁的言辞表达了对查理的不敬和不屑。64岁的弗里德里克三世此时痛哭不已，查理于是说道："外甥啊，你起兵反我实在伤我至深。你是我的亲戚，并在我的家族中长大，然而你却派军去支援我的敌人来反对我，为他们提供了这么多的支援。既然如今你表现出了悔恨之情，那么我决定原谅你，并忘掉你曾经反我之事。"虽然原谅了他，但查理需要他此后用行动来证明自己是真心悔过。

接下来是符腾堡的乌尔里希公爵前来请求查理的宽恕，查理对其处以30万弗洛林的罚款，并让他交出所有火炮和弹药，允许帝国军队进入他领地内的三座城堡，以此来保证他是真心效忠。

乌尔里希公爵不得不接受这个条件，他只能望着天空说："既然上帝执意要让皇帝在德意志一年取得两次胜利，那么我还有什么不能接受呢。"

现在就剩下萨克森了。萨克森选帝侯约翰·腓特烈拥有规模不小的军队，因此没有选择投降。查理授意莫里茨和斐迪南入侵萨克森。1546年，结束了和英格兰的战事后，弗朗索瓦一世终于意识到德意志联盟被查理击溃的后果了，于是加紧向联盟提供资金和军队支持。查理得知弗朗索瓦一世准备干涉时，便威胁其大使说："我可以在两个星期内进入你们的王国。"即便如此，查理也深知法兰西和英格兰对德意志提供的支持绝对不容小觑。

1547年初，有两个好消息传来：1月28日亨利八世去世；紧接着在3月31日，弗朗索瓦一世也去世了。查理暂时没有了后顾之忧。这个时候，约翰·腓特烈一方面率军围攻莫里茨的主要据点莱比锡，另一方面成功地煽动起了波西米亚人反抗斐迪南。查理只能带着他的大军向东前往波西米亚，平定那里的叛乱。

约翰·腓特烈的部队规模要大于查理的部队。为了让波西米亚的新教徒一同参加反帝国的行动，腓特烈在波西米亚部署了很大一部分军队，只留下一小支部队来保护脆弱的萨克森城，以防查理从南面进攻。为了往北撤回到维滕贝格的防御据点，他命令军队北上，放弃了易北河畔的萨克森的起源地迈森，于4月抵达了易北河东岸的米尔贝格驻军扎营，只留下几名士兵警戒易北河西岸。腓特烈觉得易北河非常宽广，查理的帝国军队无法在此渡河。

4月23日晚，查理的军队已经抵达易北河，虽然有将军提出反对意见，但查理还是决定渡河。24日拂晓时分，一部分先头部队开始寻找渡河地点，此时升起的浓雾也利于掩护部队行动。一小群西班牙和意大利士兵先游过河，击杀了约翰·腓特烈留下警戒的士兵，确保随后的大部队安全渡河。在当地农民的帮助下，他们找到了一处浅滩，架设起木浮桥，之后其余部队均顺利渡河。而扎营在米尔贝格的腓特烈还侥幸地认为查理的帝国军队不太可能发动攻击，竟让一些军官离营去参加弥撒。看到帝国军队已直抵眼前时，腓特烈和他的将士全都惊呆了。意识到查理的军队即将抵达，腓特烈的第一反应是立即撤往维滕贝格，然而他知道自己的部队行军速度太慢，根本无法在短时间内后撤。此时的腓特烈决定赌一把，他判定来的只是查理的先头部队，因此命令全军做好战斗准备。腓特烈将部队部署在森林边缘，以防止被帝国军队包围，同时也能在失利时迅速撤退。查理很快来到前线指挥此次战役。虽然在提香的画中，查理身着戎装骑在战马上指挥战斗，但实际上他是被人抬去的。

查理的帝国军队不到两万人，由唐·阿瓦罗·德·桑迪率领的伦巴第、那不勒斯和匈牙利三个大方阵组成。战斗于24日晚间打响，萨克森的腓特烈旗下的部队多由德意志农民组成，面对帝国整齐划一的部队，虽然成功地抵御了匈牙利骑兵的第一波进攻，但依然是螳臂当车。萨克森军队的两翼很快就溃不成军，中路的步兵只能勉力抵抗，为腓特烈后撤到附近的森林争取时间。虽然腓特烈在战场上英勇奋战，在拼杀中自己脸部也受了伤，但最终还是被俘虏了。查理以50多名士兵的损失，击败了腓特烈的军队，击毙敌军3000多人。无论说腓特烈大意轻敌也好，经验不足也罢，他的失败都使德意志境内再无可与查理抗衡的力量。

腓特烈被带到查理的面前时，他说："命运既然让我成为皇帝陛下的囚徒，那我请求您按我的地位给予应有的待遇。"查理则讽刺道："现在你称我为皇帝了，之前你可不是这么叫我的。"查理本打算将腓特烈处决，然后没收其所有财产来惩罚其反叛的罪行，最后在大臣力劝之下，改为将腓特烈监禁并宣判其为"异教徒"。之后的五年，腓特烈都跟着查理四处出巡，到1552年才被释放，并得到魏玛作为领地，随后于1554年逝世。

查理将萨克森选帝侯的资格留给了腓特烈的表弟，也就是为其指挥左翼骑兵的莫里茨。萨克森的阿尔布雷希特支系终于取代了恩斯特支系，成为萨克森选帝侯。莫里茨此次背叛德意志投降皇帝的举动，让他被称为"犹大"，之后他选择再一次背叛皇帝，来试图挽回荣誉。

5月25日，查理率军进入了前萨克森选帝侯一直庇护的维滕贝格城，这里是路德派的大本营。在维滕贝格的教堂里，则埋葬着罗马教宗恨之入骨的异端——马丁·路德。查理和随从来到了路德的陵墓前，这个让查理耗费了无数精力所对付的敌人，其尸骨就在眼前。阿尔巴公爵和西班牙与意大利的士兵纷纷喊着要将路德的尸骨挖出来焚烧，但查理制止了他们，并说道："就让他休息，直到审判日吧。"当另一位将军再次提议焚烧路德尸骨时，查理反驳说："我只对生者发动战争，而从不针对死者。"

在查理战胜了施马尔卡尔登联盟并取得了米尔贝格之战的胜利后，黑森的菲利普一世本欲准备再战，然而在清楚自己处于孤军无援的境地后，最终不得不于6月初与查理的首相协商投降条款。得胜的查理再次召集德意志王子，让他们出席即将在奥格斯堡举行的帝国议会。

临时决议

施马尔卡尔登联盟早期针对查理反攻的初步胜利，让意大利的一些反对者以为他们可以轻易挑战皇帝的权威，于是在1546

之后一年的时间里，意大利各地领主趁机发动了叛乱。卢卡、锡耶纳和佛罗伦萨等地的一些反对者试图推翻美第奇家族的统治，但因领导者被出卖，叛乱很快平息下去。那不勒斯当地精英也起来反对本地总督的统治，总督动用西班牙军队驱散了游行示威的人群，并在城市中向市民展示了军队的火炮，以威慑那些不服从者。

热那亚此间也经历了一场暴动，连查理的海军总司令安德烈亚·多利亚都差点被人谋杀。多利亚在1528年投靠查理之后，就成了热那亚的实际统治者，不过他拒绝出任热那亚的君主或者总督，而是将热那亚的政治体制改为寡头共和制，自己仿效古罗马监察官成为热那亚的"永久监察官"。热那亚贵族乔凡尼·路易吉·菲斯基摆下鸿门宴试图谋害多利亚及其子，多利亚称病未参加宴会，之后乔凡尼占领了热那亚港，多利亚趁机逃亡。正当叛军以为叛乱成功之时，身着盔甲的乔凡尼不慎跌入海港淹死，多利亚借机重新夺取了热那亚。

1546年初，米兰总督达瓦洛斯死后，查理就委派费兰特·贡萨加接替达瓦洛斯成为米兰总督。乔凡尼落水身亡后，其同党就被贡萨加抓获，他们招认出幕后的主使者是皮埃尔·路易吉·法尔内塞，就是在奥尔良公爵死后被教宗保罗三世授予帕尔马和皮亚琴察的那位私生子。贡萨加还得知皮埃尔还在策划另一项阴谋，因此他恳请查理尽快采取行动。

此时的查理刚刚降服了叛乱的德意志王子，还无暇顾及意大利，因此他给贡萨加的命令是"见机行事"，如同给其前任达瓦洛斯的指令一样，任何时候都不能宣称自己是在遵照皇帝的命令行事。虽然贡萨加极力避免出现问题，但在1547年9月，他的军队重新夺回皮亚琴察后，士兵们还是将那位教宗的私生子刺死了，并将其尸体从宫殿窗户扔到了大街上。

查理的军队处决了叛乱者，让意大利重新恢复了和平，但皮埃尔的死让教宗十分愤怒。教宗宣布除非查理的军队撤出皮亚琴察，否则他不会再让大公会议迁回特伦托。那时他打算将大公会议从特伦托迁到教宗国控制下的博洛尼亚，以便能够掌控大公会议的走向。德意志战役初胜，教宗就将他的意大利军队召回。更改大公会议地点，对于德意志新教王子来说完全不可接受，查理也反对将会议迁到博洛尼亚。1547年8月，查理向教宗发出最后通牒，大公会议要么在特伦托召开，要么暂停，直至德意志帝国议会得出结果。

从1547年9月1日到次年的6月30日，奥格斯堡帝国议会足足开了十个月。查理期望能够在议会上通过增强自己权力的条款，比如推行统一而标准化的执法体系和铸币措施，精简和加强帝国法院，并承认尼德兰地区是独立的帝国治区，还提议创立一个新的同盟，以帮助哈布斯堡家族统治德意志。查理还要求再次筹集资金，用以帮助匈牙利抵抗土耳其人可能的进攻，同时德意志还应建立一支部队，以防未来再次出现反叛皇帝的情况。这些条款实际上都可以实施，唯独有一条遭到与会贵族的强烈反对：查理打算提出一个能够统一帝国宗教信仰的框架。

实际上，查理并未在帝国议会上花费多少时间，而是将其交由他的内阁大臣来处理，自己则将大部分的精力用在了别的活动上。他于1547年11月30日参加并主持了金羊毛骑士团的年会，又在1548年1月6日的主显节（也叫三王节）上参加了弥撒，此节是为纪念耶稣复活后首次向三贤士现身，查理也模仿三贤士那样带着三个分别装有黄金、乳香和没药的杯子参加了活动。1月底，他又将选帝侯召集过来，让他们承认尼德兰拥有帝国独立的治区地位。在2月24日生日聚会上，他还庄严地宣布莫里茨成为萨克森选帝侯。

1548年5月15日，查理颁布了一项"大公会议决定前，皇帝陛下针对神圣罗马帝国境内宗教仪式的宣言"，简称为"奥格斯堡临时决议"，其主要内容是让新教徒重新采用天主教的传统习俗，但允许新教教士结婚，也允许普通人领取圣餐。这项临时决议如其全称所示，是想在大公会议召开前暂时平息德意志地区的宗教冲突。查理再次表示，希望能够设计出一个让德意志的天主教徒和新教徒都可以接受的方案。与雷根斯堡上无效的妥协不同，这次他是使用武力和皇帝的权威，促成了双方的和解。

虽然这个临时决议被认为是新教在政治和宗教上获得合法地位的第一步，但却让查理陷入更多的麻烦之中，不仅教宗认为这份没有经过他授权的文件不合规定，而且新教徒们对这个临时决议也相当不满。即便如此，查理还是给了信奉路德新教的德意志王子们18天的过渡期，让他们遵照决议行事。路德的继任者和最好的朋友与同道——菲利普·梅兰希通表示愿意为和平而妥协，然而其他路德教会的牧师和神学家却坚决反对这项临时决议。因此，很多持反对意见的新教牧师被免职并驱逐，有的还被监禁和处决。在施瓦本和莱茵河沿岸地区，总共约有400名新教牧师入狱，还有一些人逃往了英格兰。

查理试图在帝国全境推行这项临时决议，但最后仅在自己的军事控制地区取得了成功。很多天主教的王子们不接受过渡期，同时担心查理的皇权过于强大。为了进一步争取时间，他们请求查理给予第二个过渡期，即"莱比锡过渡时期"，其目的在于让路德派保留他们的核心神学信仰，而在其他一些礼仪方面则仍遵守传统。这一方案依然遭到反对，尽管它对新教徒保持了最大的宽容，却并没有被实际执行。

奥格斯堡帝国议会召开期间，查理的妹妹玛丽委托提香为查理创作一幅纪念米尔贝格战役胜利的肖像画。当然，查理肯定不愿让艺术家画一幅自己坐在担架上被人抬着指挥战斗的画像，在他详细的指导说明以及严格的规定下，提香创作了这幅有名的《查理五世骑马像》。

前面已经介绍过，提香为查理及伊莎贝拉创作了很多画像，这位聪明机智的威尼斯人与皇帝建立了深厚的友谊。居于奥格斯堡期间，查理经常与提香会面。也正是在此画的创作过程中，发生了那个查理亲自为提香捡起画笔的故事。

无论这段轶事是否真实可信，艺术史学家贡布里希认为，这都是那个时代艺术和艺术家的胜利，"我们可能认为拾起画笔没有什么了不起，但是想一想那个时代宫廷的严厉法规，我们就不难明白，人们认为那是人间权力的至高代表在天才的威严面前做出的象征着低首下心的举动。从这种意义来看，对于其后的时代，这段轶事不论真假都意味着艺术的一种胜利"。

提香出色地完成了查理交代的任务。在画中，提香描绘出了真实的树木、天空和其他景观，画中的查理手握长矛，如同屠龙勇士圣乔治，而他的头盔上、胸带间和马身上使用红色，则代表了他为捍卫天主教信仰而战。正如这幅画中的金色背景所表达的，一个从旧世界到新世界，从日出到日落的大帝国在查理背后徐徐升起。

第六部分
从日出到日落

在朕的国土上，太阳永不落下

——

查理五世

第二十四章

葡萄牙的海外帝国

用一场融合中世纪骑士精神和十字军圣战热情的军事行动，消
耗掉贵族阶层躁动不安的旺盛精力。

——罗杰·克劳利：《征服者：葡萄牙帝国的崛起》

这些年，查理进行这一系列军事行动的主要资金来源是美洲。
美洲的发现虽属意外，但自此之后，欧洲人便开始了长达数百年的
殖民开拓，从此让整个世界不再有孤岛存在，同时也让地中海世界
逐渐衰落。欧洲人的海外开拓，最早是从葡萄牙开始的。

葡萄牙的建国

葡萄牙人和西班牙人的航海实际上是与十字军征服分不开
的。通俗历史中经常会强调欧洲对地中海东部的十字军东征，却
较少关注伊比利亚半岛的再征服运动，以及随后而来的海上十字
军南征。之前已经提过西班牙王国的收复失地运动，这里将讲述
葡萄牙和海上十字军南征的历史。

位于欧陆最西端的葡萄牙最早具备了当代意义上的民族国家
形态。濒临大西洋的优势，让葡萄牙首先从地中海世界转向了更
加广阔的世界性贸易。如果没有葡萄牙人的积极探索，以及随之
而来的财富快速增长的刺激，西班牙人以及随后的欧洲人或许就
不会在近代如此快速地崛起，并相继成为世界海洋的霸主。

葡萄牙位于伊比利亚半岛最西端，在罗马时期属于卢西塔

尼亚行省的一部分。如今葡萄牙在某些文学作品中仍自称为卢西塔尼亚，如同我们以春秋战国时期的古地理名称来称呼自己的省市一样。日耳曼人入侵后，其中的苏维汇人和汪达尔人在葡萄牙和西班牙西部地区建立了苏维汇王国，定都在今日的布拉加。苏维汇王国被西哥特王国吞并后，随着伊斯兰的入侵，这个地区和伊比利亚半岛大部分地区一样，都落入阿拉伯人之手。至此，葡萄牙史依旧和西班牙史融合在一起，两者共同经历了伊比利亚半岛的收复失地运动。至11世纪末，伊比利亚北部的基督教王国已经收复了葡萄牙部分地区，并将版图扩张到了塔霍河①地区。欧洲北部一些基督教王国的骑士们响应了罗马教宗的号召组成十字军，其中有些人并没有前往遥远的地中海东部，而是往南来到了伊比利亚半岛。这里也同样生活着不少穆斯林，因此对他们的征服也构成了十字军圣战的一部分。

在这些从北方来的骑士和贵族中，有一位来自勃艮第的亨利，在征战穆斯林过程中表现优秀，因此自称"全西班牙国王"的莱昂-卡斯蒂利亚国王阿方索六世就将此地赐给了亨利，还将自己的一个私生女嫁给了他。作为次子，亨利在勃艮第公国没有机会继承爵位，所以他的岳父封他为"葡萄牙伯爵"。

亨利伯爵依然效忠于岳父的王国，但其子阿方索·恩里克斯成年之后就希望摆脱与莱昂-卡斯蒂利亚王国的臣属关系，意图独立称王。通过与南部摩尔人的多次交锋，阿方索·恩里克斯名声大振，认为自己能够与卡斯蒂利亚国王平起平坐，于是在1139

① 塔霍河从西班牙发源，向西流经葡萄牙，最后至里斯本注入大西洋，在西语中称之为塔霍河（Tajo），葡萄牙语称之为特茹河（Tejo），拉丁语是塔古斯河（Tagus）。

年自封为葡萄牙国王，称阿方索一世。此事自然遭到卡斯蒂利亚和罗马教宗的多重阻挠。直到1179年，罗马教宗亚历山大三世才承认了葡萄牙王国。

葡萄牙王国一直担心自己被西班牙的王国所吞并，渐渐产生了不同于东部西班牙各王国的意识，葡萄牙语在此后也成为书面语言，这些都让葡萄牙人较早拥有了民族国家的意识。虽然葡萄牙此后也曾图谋西班牙王位，但一直以来也算幸运地保持着独立，并没有被西班牙吞并，直到菲利普二世时期。

自阿方索一世之后，葡萄牙王国获得了与同在伊比利亚半岛上的西班牙的莱昂王国、卡斯蒂利亚王国和阿拉贡等王国相等的地位。独立之后的阿方索一世，全力向南攻打伊斯兰泰法小国。如前文所述，伊比利亚收复失地运动的过程并非一个长期而顺利实施的计划，在基督教王国收服失地的同时，南部伊斯兰小王国也并非无所作为。

就在葡萄牙从莱昂-卡斯蒂利亚王国中独立的时候，让收复了托莱多的阿方索六世意想不到的是，南部的阿巴德王朝从直布罗陀海峡对岸请来了外援。在收复托莱多的第二年，阿方索六世被自北非而来的穆拉比特王朝优素福·伊本·塔什芬的军队所击败。之后穆拉比特王朝占据了伊比利亚半岛的安达卢斯，以及摩洛哥、毛里塔尼亚、西撒哈拉等大部分马格里布地区。

葡萄牙国王阿方索一世在优素福·伊本·塔什芬死后，准备攻打位于塔霍河入海口的里斯本。里斯本当时是整个非洲及大部分欧洲贸易网络中最富裕的城市之一。阿方索一世在攻打里斯本的时候，刚好遇到了前往耶路撒冷的第二次东征的十字军，这些从欧洲北部佛兰德斯、诺曼底和苏格兰、英格兰等地汇集而来的十字军共有165艘舰船，1.3万名士兵。阿方索一世向十字军将士承诺，葡萄牙人不要求分享战利品，并对来自十字军国家的货物和船只免除葡萄牙所有领地上的关税。他以这些优惠的条件获得了十字军的帮助。1147年10月，里斯本被攻克，这也是第二次十字军东征过程中为数不多的胜利之一。从此之后，葡萄牙王国便牢牢地控制了里斯本，此后又迁都于此。

接替穆拉比特王朝的穆瓦希德王朝（亦称阿尔摩哈德王朝），不仅巩固了伊比利亚南部安达卢斯的政权，并且还控制着包括从大西洋沿岸的加的斯，到地中海的阿尔梅里亚、巴利阿里群岛等范围内航线上的主要港口，并定都塞维利亚。西地中海沿岸的主要港口和岛屿仍属于穆斯林世界。

无论是对于西班牙的几个基督教王国，还是对葡萄牙这个新生不久的王国来说，南部的穆斯林政权始终是个不小的威胁，尤其是来自海上的威胁。塞维利亚是可以通航至外海的内港，穆斯林的海军实力又不容小觑，他们随时可以从塞维利亚出发，沿着瓜达尔基维尔河航至大西洋，轻而易举地从海上攻击里斯本。基督教王国如果围攻塞维利亚，他们又可以沿水路将从北非而来的援兵源源不断地运进城内。

面对穆斯林海上的威胁，伊比利亚半岛的国王们只得向罗马教宗求助。在教宗的号召下，西方世界很快组织了一场针对伊比利亚半岛穆斯林的十字军圣战。热那亚人的响应尤其积极，因为这关乎热那亚人在西地中海至北欧的贸易航线。热那亚的舰队占领了埃布罗河下游入海口的托尔托萨港，并攻占了南部的阿尔梅里亚。然而，热那亚人缺乏足够的资金来管理这些地方，只好将托尔托萨出售给巴塞罗那伯爵，将阿尔梅里亚租给商人。

阿方索一世去世后，经过随后几代人的努力，葡萄牙于阿方索三世在位的1249年攻克了南方的阿尔加维，完成了葡萄牙的收复失地运动，奠定了当今葡萄牙的疆域，从此被称为"葡萄牙和阿尔加维王国"。葡萄牙人在这一时期开始参与对外贸易，通过组建自有船队，加入从里斯本至北欧的贸易网络中。众多外国商人，特别是热那亚人，也开始在里斯本定居，这为葡萄牙日后的海上开拓带来了资金、人才和技术。

从亨利到最后一代统治者费尔南多一世，葡萄牙的勃艮第王朝一共历经九代，这一时期为葡萄牙日后商业的兴盛奠定了基础，里斯本逐渐成为大西洋沿岸的重要港口。然而，此时的葡萄牙却遇到了继承人危机，这次的威胁来自其东部的邻居卡斯蒂利亚王国。

休达的征服

费尔南多一世是勃艮第王朝的最后一任国王，他以桑乔四世曾孙的名义试图争取卡斯蒂利亚的王位，而正是由于卷入到了卡斯蒂利亚的王位争夺之中，葡萄牙勃艮第王朝覆灭。1371年，在教宗格利高里十一世的调解下，费尔南多一世和卡斯蒂利亚的王位争夺者恩里克二世达成了协议，以婚约换取了联盟。在恩里克二世死后，费尔南多一世又和恩里克二世的儿子胡安一世签订和约，将自己唯一的女儿比阿特丽斯嫁给了这位卡斯蒂利亚新国王。

费尔南多一世死后无子，嫁给卡斯蒂利亚胡安一世的比阿特丽斯在母亲的摄政下成为葡萄牙女王。此时比阿特丽斯年仅十岁，虽然在父亲生前举行了婚礼，但尚未与胡安一世正式完婚。葡萄牙贵族担心两人结婚后葡萄牙会被卡斯蒂利亚吞并，于是便转而支持费尔南多的几个同父异母的兄弟。

若昂是佩德罗一世的私生子之一，6岁时就被父亲封为阿维茨骑士团①的首领。费尔南多一世遗孀组织的摄政委员会将里斯本的商人代表排除在外，此举让葡萄牙的城市阶层转而支持若昂，而且当若昂杀死了费尔南多一世遗孀的情夫后，他获得了更多人的支持。

在两年的内战中，来自英格兰的帮助和葡萄牙人日渐觉醒的民族意识，让若昂最终取得了王位争夺战争的胜利。自此开始，阿维斯王朝取代了勃艮第王朝，继而统治了葡萄牙近两百年之久。

阿维斯王朝的开创者若昂一世是个较为开明的国王，他意识到葡萄牙始终处于其东边邻居的威胁之中。在王位继承战争中，他与帮助自己夺取王位的英格兰结成了永久同盟，这一同盟除了几次短暂中断外，一直持续到了20世纪。1411年，与卡斯蒂利亚签订和约后，葡萄牙东部边境的威胁才算结束。若昂一世在位的近50年间里，葡萄牙获得了前所未有的和平稳定。

在新旧世纪之交的路口，欧洲旧有的骑士精神正在消逝，然而将这一精神理想化的骑士文学却出奇地繁荣了起来。骑士文学的流行，一度让若昂一世以及他的儿子们对那种理想化的生活充满了热忱。既然与西班牙王国签订了和平条约，那么葡萄牙便无法往欧洲大陆方向扩张。经过一段时间的深思熟虑以及一系列的讨论和争辩之后，若昂一世将目光瞄向了位于北非摩洛哥的休达。此处是地中海通往大西洋的咽喉之地，其对面的直布罗陀仍然在格拉纳达的穆斯林王国手中。如若能够控制住休达，不仅能够打击经常前往西班牙、葡萄牙海岸进行掠夺的穆斯林海盗，而且也能通过休达加入北非的贸易网络，同时这座城市又是起自塞

---

① 1146年葡萄牙仿效圣殿骑士团所创立的军事组织。

内加尔的黄金运输路线的目的地，也是穆斯林香料贸易所能到达的最西端。

传统上认为，欧洲主要通过地中海的贸易通道获得香料，其重要的来源是印度洋航线。阿拉伯商船从东南亚获得的香料，通过红海和波斯湾，再经由地中海转运至欧洲各地。奥斯曼土耳其占领了埃及和地中海东部之后，便垄断了从东方进入地中海的香料通道，欧洲只能通过中间商威尼斯人之手来获取香料。因此，地处欧陆最西端伊比利亚半岛上的两个国家——葡萄牙和西班牙，开始探索绕过中间商直达亚洲的航线。

随着对中世纪地中海地区贸易历史研究的日益深入，上述观点日益受到挑战。首先，早在土耳其人占领埃及和黎凡特地区之前，13世纪末意大利的热那亚商人就开辟了从热那亚到佛兰德斯的直航航线。布鲁日、安特卫普、阿姆斯特丹相继成为热那亚商人的贸易终点站。从热那亚出发一路经停的港口中，西班牙的加的斯、葡萄牙的里斯本等港口是大西洋沿岸非常重要的停靠站。

13—15世纪的里斯本住满了来自热那亚的商人，他们有着自己的定居点，主宰了地中海到北欧的贸易。热那亚人获取香料是通过黎凡特、亚历山大港和黑海等地，而并非由威尼斯人独占。待到奥斯曼帝国占领了叙利亚和埃及之后，虽然威尼斯获得了与奥斯曼进行贸易的"特权"，欧洲市场上仍然不缺乏香料。而且香料只是奢侈品，粮食等大宗商品才是地中海和大西洋沿海贸易的主角。

其次，以当时欧洲人的航海技术和经验来说，即便是航海经验最为丰富的热那亚人，对于绕过非洲前往亚洲的航线也没有十足的把握。当然，的确有一些人曾经有过这样的想法，早在托勒密王朝时期就有记载提到这样的尝试——绕过非洲将地中海贸易和印度洋贸易连接起来，13世纪末期，热那亚人维瓦尔第兄弟也曾试图不经过埃及，直接绕过非洲到达印度洋。最初葡萄牙"航海王子"恩里克虽然可能听闻过这样的想法，但他的航海计划也并非绕过非洲获取香料。

最后，虽然在热那亚人的努力和葡萄牙的支持下，绕过非洲到达亚洲的航线得以实现，但葡萄牙人的航海最初并非一项有明确目的、计划性很强的战略规划。林肯·佩恩在《海洋与文明》一书中也指出："没有任何迹象表明，亨利（即恩里克）王子曾经有范围更广的航海计划，超出他反对异教徒和无宗教信仰者的圣战目标。当时没有人考虑过绕非洲南端航行，或寻找一条前往印度的捷径的可能性。"

综上所述，我们应该把早期葡萄牙对外探索的努力与伊比利亚半岛上长达八百年的"收复失地运动"结合起来。怀着强烈的宗教热忱，以及作为中世纪伊比利亚收复失地运动的自然延续，若昂一世征服休达的目的是"用一场融合了中世纪骑士精神和十字军圣战热情的军事行动，消耗掉贵族阶层躁动不安的旺盛精力"，如此一来，葡萄牙还能赢得欧洲基督教世界的普遍尊敬。

1415年，经过精心筹划后，若昂一世率领舰队突袭休达。此举让休达的穆斯林措手不及，很快就向葡萄牙投降。在此役中，若昂的三个儿子表现都极为英勇，其中恩里克更是率先攻入城中并升起葡萄牙军旗。入城后葡萄牙军队开始大肆抢劫，丰盛的战利品让基督教士兵们大开眼界。三个儿子都被父亲封为骑士，而若昂一世也因此被后世称为"若昂大帝"。

休达成了葡萄牙海外扩张的起点，更是一扇通往新世界的大门。葡萄牙人在休达城中发现了大量的胡椒、丁香和肉桂等香料，而士兵却将这些香料销毁了，他们只想寻找金银财宝。由此可见，此时的葡萄牙人对香料还并不那么重视，他们重视的是把这里的清真寺改为"非洲圣母教堂"。

若昂一世任命恩里克为总督，并留下了3000名士兵驻防。虽然之后摩洛哥人发动了反攻，但恩里克还是守住了休达。被后世称为"航海家"[①]的恩里克从此不断加强海上探索的力度和广度，并将触角深入大西洋的诸多海岛。葡萄牙人进入了大航海的扩张时代。

最初，恩里克受到骑士精神和十字军热忱的鼓舞，参与了征服北非穆斯林王国和海外扩张等有限目标的行动，但随着对海洋的深入了解，到他逝世的时候，葡萄牙的目标更为明确而宏大，一幅越过非洲前往亚洲的蓝图逐渐清晰起来。

实际上，占领休达并未给葡萄牙带来多少收益，反而让其承受了不小的战争负担，因为想长久地占据这个被穆斯林和海盗包围的城市，要付出极大的代价。穆斯林贸易路线在休达被征服后转向了丹吉尔，此时的休达已经没有任何价值了。葡萄牙在试图征服丹吉尔失败不久后，也放弃了休达。

然而，对大西洋海岛的征服，却让葡萄牙人尝到了甜头，尤其是其带来的甘蔗规模化种植。

地理再发现

虽然恩里克的航行范围可能从未超出过摩洛哥北部，更没有建立什么航海学校，但他为此后葡萄牙的航海家探索非洲海岸和绕过非洲的航线奠定了充分的基础。在恩里克时期，加那利群

---

① 实际上葡萄牙人从来没有用过"航海家"这个称呼，这个称号是19世纪由德国人所创造的。

岛、马德拉群岛、亚速尔群岛和佛得角等四个群岛相继被重新发现，此后更是成为欧洲人探索大西洋的重要跳板。

葡萄牙重新发现的第一个跳板是加那利群岛。15世纪初，此地已被西班牙的卡斯蒂利亚王国所占有，虽然葡萄牙提出过抗议，但最后还是不得不放弃对该群岛的主张。马德拉群岛的重新发现是因为一次偶然的暴风，使葡萄牙航海家只得驶向了距离摩洛哥海岸更南的地方。这一群岛在14世纪中期意大利人的地图中就已经出现，意大利人称之为"木头岛"。到了1425年，葡萄牙人开始对马德拉群岛进行殖民开发，并在此地种植甘蔗，发展制糖业。蔗糖的引入，让地中海世界告别了以蜂蜜作为甜味剂的时代。中世纪时期，蔗糖是一种非常昂贵的"香料"，在14—15世纪的英格兰，其价格与豆蔻和胡椒等香料相当，因此"香料贸易"并非只是我们现在所理解的肉桂、胡椒、豆蔻和丁香。当西班牙和葡萄牙开始大规模发展制糖业之后，蔗糖才从昂贵的"香料"名单中被剔除出去。

甘蔗的种植以及蔗糖的加工技术同阿拉伯数字一样，是由阿拉伯人从印度带来。甘蔗最早在新几内亚巴布亚人和中国南方的少数民族地区种植，传入印度次大陆之后，技术很快便被阿拉伯人所掌握，并将其带入到地中海世界。在阿拉伯人统治伊比利亚半岛和西西里时期，蔗糖才传入了西班牙和意大利。从10世纪起，西西里和安达卢斯就成了重要的制糖中心。

葡萄牙在马德拉种植甘蔗并制糖，让此地取代了威尼斯人控制的塞浦路斯，成为当时世界最大的蔗糖加工和出口基地。西班牙人随后也在加那利群岛开始种植甘蔗，并在哥伦布第二次航行美洲时将甘蔗引入新世界，葡萄牙在发现巴西之后，也开始在那里种植甘蔗。当时的制糖业利润很高，然而甘蔗的种植与压榨却是一项非常繁重的体力劳动，这项工作是欧洲人不愿意从事的。于是他们开始通过引入并贩卖非洲奴隶。此时的葡萄牙人还必须完成绕过"死亡海角"的壮举，海上奴隶贸易才可行。

继马德拉群岛之后是亚速尔群岛的重新发现。亚速尔群岛位于葡萄牙里斯本的正西方向，在14世纪末期就已经出现在欧洲的航海地图中。1427年，葡萄牙人重新发现了该群岛，并在不久后开始在岛上种植甘蔗。剩下的最后一个海岛是佛得角群岛，它的重新发现还要等到葡萄牙的航海家们克服了对"死亡海角"的恐惧之后才能继续。

对于当时的欧洲人来说，西撒哈拉的博哈多尔角以南的非洲是一片空白，因为以当时的航海技术，想要跨越那里的死亡之海，沿着非洲海岸线南下，简直和送死没有区别。古希腊人认为在这里只存在沙漠。博哈多尔角以南是非洲大陆突出大西洋的部分，该地的阿拉伯部落称之为"危险之父"。

14世纪中期，来自阿拉贡和葡萄牙的航海家曾南下1500公里到达博哈多尔角，但水手们不敢再继续向南。返回后，他们编造各种离奇的借口，说这里有各种恐怖的土著、海里的盐厚得无法犁开、通过此地的基督徒都变成了黑人等。当然，恩里克并不相信这些传闻，打算派遣船队去此片海域进行实地考察。1433年，恩里克派出的第一支船队到达博哈多尔角之后就匆忙返回，以类似的借口和恐怖传闻回禀王子。也是在同一年，恩里克的父亲若昂大帝在统治葡萄牙48年后去世，恩里克的大哥杜阿尔特（又名爱德华）继承王位。虽然杜阿尔特一世仅在位五年，但他极力支持弟弟的航海计划。

恩里克并不相信船员们关于博哈多尔角的带有传奇色彩的报告，随后他再次派船队出发，经过多次尝试之后，终于在1434年越过此地。越过博哈多尔角之后，不但葡萄牙人没有变成黑人，而且那里也不像传闻所说那样是一片不毛之地，反而到处是茂密的热带植物。

与非洲西海岸探险成功相对的是北非征服的失败。成功越过博哈多尔角之后，恩里克王子的探险事业却暂停了近六年。若昂一世最小的儿子费尔南多王子，在三位大哥随父亲征服休达时尚年幼，未能随军出征，因此在成年后希望能够立功扬名。大哥杜阿尔特一世加冕后不久，就让恩里克带着幼弟费尔南多一同率军前去征服穆斯林贸易线路转移后的目的地——丹吉尔。结果此次战役葡萄牙军队惨败，被摩洛哥军队包围37天后被迫投降，摩洛哥人承诺释放他们，但要葡萄牙归还休达。年轻的费尔南多被当作人质扣押，以保证葡萄牙人能够履行约定。此时杜阿尔特一世就此事召开议会进行讨论，议会不同意放弃付出极大代价才占据的休达。随后被释放的恩里克也不同意归还休达，但表示要竭尽全力赎回费尔南多。

讨论还没有结果，杜阿尔特一世却先一步病逝，年仅6岁的儿子阿方索五世继位。阿方索的母亲与叔父佩德罗，也就是恩里克的二哥就摄政权问题展开了争夺。佩德罗最后取得了胜利。出任摄政的佩德罗同时也支持弟弟恩里克继续探险，葡萄牙这才于1441年重启中断了好几年的海上探索事业，而被人遗忘的费尔南多最终死于摩洛哥的监狱之中。

越过博哈多尔角这个心理和地理上的障碍之后，几内亚海岸和佛得角就近在葡萄牙人眼前了。后来葡萄牙征服了西非的几内亚海岸，此处盛产黄金、奴隶和天堂椒，总算是逆转了入不敷出的局面。

刚果被发现之初，葡萄牙就在此地开始了奴隶贸易，因为西班牙禁止贩卖奴隶，所以葡萄牙长期垄断了这个市场。葡萄牙奴隶贸易的规模从15世纪中期的900人逐渐增长到16世纪初期的1.2万人，并在50年后又增加了5倍，规模到达了6万人。虽然穆斯林世界和非洲酋长都从事贩奴贸易，但只有葡萄牙人将此贸易发展成为长期有利可图的事业，极大地影响了世界各地的族群分布和人口混居趋势。

葡萄牙的奴隶贸易与其殖民地的开发进程密不可分。葡萄牙人在马德拉、巴西的甘蔗种植园需要大量的奴隶，于是在16世纪最后的25年中，又有5万名非洲奴隶被运送到巴西，然而这些奴隶最后存活下来的不到1.5万人。

几内亚发现的黄金以及使用奴隶的甘蔗种植业和制糖业，都带来了巨大的收益，让葡萄牙迅速富裕起来。到1460年恩里克王子去世的时候，葡萄牙已经沿着西非海岸线探索了3200公里，并深入内陆探索了西非的塞内加尔河、冈比亚河等河流。接下来不到十年的时间里，葡萄牙已经越过非洲大陆向大西洋凸出的西非，到达了毗邻南大西洋位于非洲大陆凹进部分的几内亚湾。从此以后，整个非洲的海岸线很快被葡萄牙的探索者勘察清楚，葡萄牙人的航海图中西非以南的部分，不再是空白之地。

经过半个多世纪的努力，葡萄牙人的航海技术和航海经验很快就追上了地中海东岸以及意大利沿海地区的那些传统航海民族。在葡萄牙王室的支持和巨大利益的诱惑下，欧洲各国众多的冒险者们开始聚集在恩里克的后继者阿方索五世和其子若奥二世的身边，加快了海上探险的步伐。

非洲大陆总会有尽头，非洲迟早会被跨越。在此之后，葡萄牙人进入印度洋的想法开始清晰起来。

印度洋的新主宰

阿方索五世的绰号是"非洲人"，这个绰号的由来并非他继续完成了先辈未竟的环绕非洲航行，而是来自于他对北非的征服。在亲政之后，阿方索五世便开始了对北非的征服，先后夺取了阿耶卡萨尔、卡萨布兰卡、丹吉尔，加上已经占据的休达，葡萄牙在摩洛哥拥有了四个牢固的据点。阿方索五世也将其叔父费尔南多王子的遗骸换了回来，送回国内隆重安葬。

阿方索五世迎娶了卡斯蒂利亚国王恩里克四世的女儿，从而参与到与恩里克的女儿伊莎贝拉一世的卡斯蒂利亚王位争夺战争中，最终阿方索五世战败，被迫签订了《阿尔卡索瓦什和约》，放弃了对卡斯蒂利亚的王位要求。这个合约也为此后葡萄牙与卡斯蒂利亚争夺哥伦布所发现的"印度"提供了借口。

从恩里克王子逝世到阿方索五世逝世的21年中，葡萄牙对非洲的探险因缺乏资助而明显有所减缓，但并未就此偃旗息鼓。阿方索五世的儿子若昂二世于1481年加冕，从他开始，葡萄牙的经济得以重振，探险事业得以重启。若奥二世曾在一年内派遣出四支探险队，终于在1488年，巴尔托洛梅乌·迪亚士到达了非洲大陆的最南端。因为这处海域海况险恶，迪亚士称其为"风暴角"，但若昂二世知道转过此角后就会到达富庶的印度，所以赐名为"好望角"。然而，在迪亚士越过好望角后的几年时间里，葡萄牙人却并未因此拥有"好望"。此时他们中止了前往亚洲的航行，而是转而解决内部的问题。

若昂二世死后，葡萄牙又遇到了继承人危机，之后由其堂弟"幸运者"曼努埃尔一世继承王位，此后开启了葡萄牙的黄金时代和犹太人的悲剧时代。为了迎娶西班牙公主，曼努埃尔一世仿效西班牙开始驱逐犹太人，也和先王们一样进一步支持航海探索。

1498年，在迪亚士绕过好望角的十年之后，达·伽马再次绕过此地，并进一步深入到东南非的莫桑比克。葡萄牙人在此地遇到了阿拉伯人，并在马林迪的伊斯兰统治者的帮助下，第一次进入印度洋的贸易网络。达·伽马在阿拉伯领航员艾哈迈镕·伊本·马吉德的带领下向东横跨印度洋，到达印度西南部的卡利卡特和果阿。至此，欧洲第一条直通印度的航线已经开辟完成。

15世纪葡萄牙人在非洲的探索可谓是在迷雾之中进行，他们缺少懂当地语言的翻译，也丝毫不知当地的传统，这种缓慢的进展，一直到他们绕过非洲最南端进入阿拉伯人已经经营百年的海上贸易网之后，才得以改观。

印度洋上往来的海上贸易已经进行了上千年，无论是埃及、波斯和阿拉伯半岛以及南亚次大陆经历过怎样的王朝更替，这条海上贸易之路都未曾长久地中断过。在《海洋与文明》一书中，林肯·佩恩指出："古埃及人的军事行动之中最引人注目的，就是他们开辟了穿过黎凡特和东地中海地区的海上交通线。在近4000年的时间里，这条海上交通线一直是文化交流和商业贸易的重要中心。"葡萄牙人绕过好望角算是开拓新航线，而进入印度洋则不过是加入旧贸易体系中。

葡萄牙人是后来者，又与此地穆斯林居民的信仰不合，双方产生冲突自然是在所难免。葡萄牙人依靠南亚次大陆上复杂的政治矛盾从中谋取利益。1499年7月，达·伽马的船只返回里斯本时带回了大量香料。原有的世界贸易体系开始重组，原有贸易枢纽的地位也开始更替，里斯本成了欧洲最重要的贸易中心。受到这一成功的鼓舞，"幸运者"曼努埃尔一世志得意满，自封为"非洲、阿拉伯、波斯、印度的征服者，航海者和通商者的领主"。另一方面，葡萄牙人获悉哥伦布向西航行的巨大收获之后，在1500年碰巧到达了巴西。即便如此，对于葡萄牙来说，绕过非洲前往亚洲的航线还是重中之重，向西的航线只是为了确保自身拥有亚洲贸易的垄断权。

进入红海和印度洋的贸易网络后，葡萄牙和奥斯曼这两个帝国便开始展开了贸易权争夺。埃及和东地中海地区是传统贸易的集散地，而葡萄牙新开辟的航线多少造成了对奥斯曼垄断资源的分流。凭借着在欧洲战场上学来的城堡建筑和火炮技术，以及庞大的资金支持，葡萄牙在这条航线的沿岸建立了诸多要塞，进一步巩固了自身的贸易地位。

16世纪的第一个十年里，葡萄牙又相继发现了马达加斯加、毛里求斯等地，并于1509年击败了奥斯曼-威尼斯联盟，进一步巩固了自己的印度洋霸主的地位。随后葡萄牙又攻占了分别位于印度洋通往红海入口的亚丁，以及通往波斯湾入口的霍尔木兹，试图垄断印度洋贸易。

然而到即使达了印度，离香料产地还是有一段距离，因此葡萄牙人进一步向东部和南部探索，并于1511年攻占马六甲，两年后到达澳门。虽然遭明朝政府的拒绝，但葡萄牙人还是进一步参与到中日之间的走私贸易中，并于16世纪末期到达日本。

依靠贸易和掠夺而得来的巨大财富，让葡萄牙从伊比利亚的一个小国一跃成为欧洲最为富有的帝国。然而，从长期来看，葡萄牙的亚洲贸易并未给它带来丰厚的收益，虽然曼努埃尔一世的宫殿奢侈程度是罗马皇帝以来从未有过的，但"葡萄牙大帝国在极盛时代什么都创造了，唯独没有增加财富"。其中的原因有几个。

一是因为虽然可以从里斯本直达印度，并进一步通过马六甲到达香料群岛，但这么长的航线需要高昂的维护成本，加上对多个港口据点的维持以及与奥斯曼土耳其帝国和其他竞争者的战争，使得葡萄牙的收支只能勉强达到平衡。

其次，葡萄牙并未能够完全垄断香料贸易，奥斯曼土耳其经由波斯湾和红海的香料贸易规模并未因此减少，威尼斯运往欧洲的香料数量不降反升，而欧洲市场的总需求量并未大幅度上升。实际上，在奥斯曼—威尼斯的短途贸易体系中，成本反而更低，时间更短，货物也更不容易损坏。威尼斯人仍然稳固地控制着地中海的大宗商品贸易，再加上奥斯曼与法兰西的结盟，以及开始向英格兰等基督教国家颁发通商"特许"，都使得葡萄牙直航航线的成本居高不下。

最后，葡萄牙的远洋航海成本高昂，贸易商不得不在出海之前通过向尼德兰等地的金融家预先借贷来支付成本，并以运回的货物作为抵押。当葡萄牙的船只从亚洲返回之后，葡萄牙人又无法忍受通过零售回笼资金的缓慢速度，便将一部分利润让给尼德兰商人。这些因素都导致了从葡萄牙远洋贸易中得益最多的反而是尼德兰人。这也为安特卫普的繁荣以及随后尼德兰人夺取葡萄牙人的海外据点创造了条件。

意识到入不敷出这一问题之后，葡萄牙才转而开始向巴西进行殖民，并开始加大奴隶贩卖贸易的规模。通过联姻安排，查理让葡萄牙在菲利普二世时代沦为西班牙帝国的附庸，葡萄牙大部分的海外据点都被尼德兰抢去。葡萄牙就此丧失了大国地位，直到18世纪在巴西发现了黄金和钻石之后，才获得了喘息的机会。

葡萄牙崛起的同时，近邻西班牙人也不甘落后，迅速赶上。虽然两者探索的方向相反，但正是两国这种双向的海外扩张，让地球上曾经孤立的地区逐渐联系在一起。欧洲人发现了美洲，同时也发现了自己。

第二十五章
西班牙征服美洲

大地上只有一个羊圈，一个牧羊人……一个君主，一个帝国和一把剑。

——埃尔南多·德·阿库尼亚

虽然西班牙早在1402年就占领了加那利群岛，但对该岛的征服直到15世纪末都还没有完成。随着哥伦布发现美洲和麦哲伦的环球航行，西班牙最终还是放弃和葡萄牙争夺亚洲贸易，转而向美洲内陆深入，科尔特斯和皮萨罗的"壮举"，为查理带来了空前的财富。

哥伦布的误算误撞

西班牙，确切地说是卡斯蒂利亚，在1492年愿意支持哥伦布西航，的确是有点疯狂。

热那亚人哥伦布来到西班牙寻求投资的时候，已经年近40岁。他自幼便热爱航海冒险，更是十分尊崇曾在热那亚坐过牢的马可·波罗，在阅读他的游记时，哥伦布萌发了对东方的向往。从十岁开始，哥伦布便习惯了海上生活，或许还随着热那亚商人的船只到过冰岛。

如前所述，13—15世纪，通过在地中海和大西洋之间持续不断的海上贸易和探索，热那亚人已经积累了丰富的航海知识。在15世纪，热那亚商人已经十分普遍地服务于各国航海事业，例如在葡萄牙人的航海探索中，很多时候都是由热那亚人担当船长。

1477年开始，哥伦布定居于里斯本，为葡萄牙商人工作。在这段时间里，哥伦布与当地的贵族之女成婚，在儿子出生之后，又继续随着葡萄牙的船只探索西非。早在哥伦布之前，有一位佛罗伦萨的权威人士曾建议葡萄牙国王向西航行，可以缩短绕过几内亚的航线，但这个计划最终被葡萄牙拒绝。只有哥伦布在知道这个消息后大受鼓舞，并找到那个佛罗伦萨人，反复探讨西向航线的可能性，那个人后来将自己的地图送给了哥伦布。

三年之后，哥伦布才制订出较为完整的西行航海计划。1484年左右，当他前去寻求葡萄牙国王若昂二世的支持时，结果同之前的那个佛罗萨人一样，他的计划并没有被采纳。此时的葡萄牙已经付出了几十年的努力，投入了诸多的成本，也获得了丰厚的回报，而且即将绕过非洲，葡萄牙国王自然不会认真考虑哥伦布这个有点疯狂的主意。

希腊人早已提出了地圆说的概念，不过这一学说只是几个思想家的书面记载，还没有人通过航行证实过。由于条件和技术的限制，直到哥伦布时期，大多数欧洲船只都是沿着靠近陆地的海域航行，这样便于随时补给，也便于在遭遇海盗或恶劣天气时找到可供躲避的码头港口停靠。也是由于随时可以补给，在大西洋远洋航行前，水手们很少患上败血症，只有在多天无法吃到新鲜水果蔬菜的远程航行中，败血症才会成为普遍现象。

不仅仅是葡萄牙人，那个时代几乎所有人听到哥伦布向西航行的计划时都会笑掉牙，不是笑哥伦布认为地球是圆的，而是认为哥伦布对欧亚之间的海域里程计算错误——那个时代在无边无际的海洋中航行数天而看不到陆地，简直是无人可以做到的。在无人资助的情况下，哥伦布只好带着儿子先去了传统的航海中心热那亚和威尼斯，甚至还派人前去询问英格兰国王亨利七世，不过都没有成功。最后，他才来到航海业并不发达的卡斯蒂利亚，也可以说是落难到这里。要是晚几年，等迪亚士到达了好望角，恐怕哥伦布就会追随东航的路线前往亚洲了。此时，阿拉贡王国是西地中海地区的霸主，伊莎贝拉一世通过和费尔南多二世的联姻，已经使得这两个大王国合并在一起，而且即将收复最后一个穆斯林王国。

第一次将计划交给伊莎贝拉一世的时候，哥伦布不出意外地被拒绝了。如同葡萄牙的航海专家所得出的结论一样，那些西班牙专家也认为，哥伦布错误估计了到达亚洲的距离。尽管如此，哥伦布还是领到了女王给予的津贴，以及在卡斯蒂利亚所有城镇的免费食宿，这些只是为了不让哥伦布将他的计划公开出去。

此后的两年时间里，哥伦布并未停止过游说，待1492年格拉纳达被伊莎贝拉一世和费尔南多二世收复之后，哥伦布的计划才重新受到重视。天主教双王和哥伦布在圣菲签订了一个征服合同，其中女王许诺哥伦布如果他能够成功完成航行，就会被任命为海洋上将，以及其所发现的土地的总督，而且还将永久获得所发现土地上全部收入的十分之一。

1492年8月3日晚上，哥伦布率领三艘小船品达号、圣母玛利亚号和尼娜号从西班牙南部的巴罗斯港出发了。哥伦布船队先到达了卡斯蒂利亚属加纳利亚群岛，在此进行补给后继续出发，开始了长达五个星期的远洋航行。

三艘小船在漫漫无际的大西洋上航行至9月末的时候，圣母玛利亚号的水手对于这趟不着边际的航行非常不满，哥伦布设法平息了骚乱。不久之后，他们就发现海面上漂浮的海藻和空中飞行的热带鸟类，这是陆地就在附近的信号。10月12日上午，漫漫的大海之上，船员们终于看到了陆地，在一处岛屿登陆，并将其命名为"救世主"①。在岛上稍事歇息后，哥伦布自此地继续向南航行到达了现今的古巴东北部海岸，以为自己已经到达中国，便派人去寻找马可·波罗游记中所记述的大汗。派出去的人当然不可能找到大汗，但带回了烟草，以及他们受到当地人热情款待的信息。哥伦布继而又向东航行，到达了如今多米尼加和海地的海岸，并将其命名为"西班牙岛"，在那里，哥伦布还发现了一些金矿，并通过与当地人的交换获得了一些金饰品。返回西班牙后，哥伦布宣称自己到达了"印度"。

这次航行后，天主教双王马上让哥伦布准备进行第二次探险。因此在1493年，哥伦布率领17条船、1200多人再次前往"西班牙岛"。然而，到达之后，这些被金子驱动的冒险者并没有找到什么财宝，于是便转而抢劫土著。哥伦布对此也是无能为力。随后，哥伦布在这里建立了以女王命名的"伊莎贝拉镇"，便再次出发寻找中国。

哥伦布探索了古巴附近的海域，以为已经到达了亚洲大陆，迫使所有海员认同这里就是亚洲大陆，并禁止提出任何反对意见。三年后，哥伦布返回了西班牙，虽然所获不多，哥伦布也未能足额支付此次远航的费用，但他还是取得了女王伊莎贝拉一世的信任，获得了第三次出航的机会。

第三次远航让哥伦布在委内瑞拉发现了奥里诺科河口，他再次确信这里是亚洲大陆，并认为这条河就是从伊甸园流出的四条河流之一。然而，哥伦布回到西班牙岛后却发现，这里已经被第二次远航带来的殖民者搞得一片混乱，他们与土著泰诺人之间关

---

① 即圣萨瓦尔多（San Salvador），位于今巴哈马附近。

系紧张，当地还发生了一场叛乱。哥伦布没有什么办法，只能安抚这些人，承认他们所抢来的土地和抓捕的奴隶。叛乱者还向西班牙的两个国王申诉，国王们派来了特使，将哥伦布和他两个弟弟一同逮捕，以管理不善的罪名解除了哥伦布的所有职务，并没收了他的全部财产，将他们遣返西班牙受审。虽然在女王伊莎贝拉一世的介入下，国王特使的判决被推翻，但哥伦布也由此失去了新世界总督的头衔。

然而这并未能阻挡哥伦布再次出海。第四次远航，哥伦布仅仅召集了四艘船和150人。他渴望到达印度洋，找到传说中的香料和黄金。到达"印度"后，西班牙岛的新总督拒绝了哥伦布的登陆请求，因此他只好驶往中美洲海岸。到达巴拿马海峡时，他发现了黄金，但仍旧坚持认为再有十多天的航行，就可以到达印度的恒河。最后哥伦布的船身上出现了不少蛀洞，只能把船搁浅到牙买加岛的海滩上进行维修，并在此地足足等了一年才等到救援船。直到1504年11月，哥伦布才回到西班牙，十多天后支持他的伊莎贝拉一世女王去世，哥伦布也在两年后离世了。

从1492年到1504年，哥伦布总共进行了四次远航，这几次航行以及最初西班牙对于这片被哥伦布称为"印度"的新大陆的探索，并没有带来太多的收益。另一位曾跟随哥伦布远航的意大利航海家亚美利哥·韦斯普奇揭穿了哥伦布的"印度"神话，通过自己的探索和考察告诉欧洲人，那里是一块以前尚不为人知的新大陆。德意志地图绘制家马丁·瓦尔德塞弥勒在1507年出版的《世界地理概论》中，以亚美利哥的名字将这个新大陆命名为"亚美利加"。

麦哲伦的环球航行

西班牙在亚美利加（美洲）的殖民事业，并没有因为伊莎贝拉一世和哥伦布的去世而停止，反而有更多人前往探索美洲。查理在成为西班牙国王后不久，就资助了葡萄牙航海家麦哲伦的环球航行计划。

麦哲伦16岁就进入了葡萄牙的航海事务厅，25岁时曾随葡萄牙舰队征服过非洲，之后又参与了和阿拉伯之间的印度洋贸易权争夺战争。麦哲伦曾参与过葡萄牙在东南亚的殖民活动，因此了解到香料群岛以东还有一大片未知的海域，而尽头就是哥伦布所发现的新大陆。这让他萌生了环球航行的想法。

等回到葡萄牙，麦哲伦便向国王曼努埃尔一世请求资助他的环球航行，但国王拒绝了。于是和哥伦布一样，麦哲伦选择前往西班牙寻求帮助。在塞维利亚，当地要塞司令十分欣赏麦哲伦，并将女儿嫁给了他。随后在1518年，麦哲伦见到了刚刚加冕为西班牙国王的查理，于是向查理提出了环球航海请求，并送给国王一架自制的彩色地球仪。查理非常爽快地答应了他的请求。

不久之后，在查理的支持和指挥下，麦哲伦开始组织筹建船队。一年半之后，麦哲伦才率领着五艘船和270名船员从塞维利亚出发，开始了环球航行。葡萄牙国王曼努埃尔一世得知麦哲伦得到西班牙的支持准备远航后，还曾派人暗杀他，在得知麦哲伦正式起航后又派海军追击，不过最终并未追上。

如同那些向西远航的先辈们一样，麦哲伦的船队先是抵达加那利群岛，之后前往佛得角，并向着葡萄牙人发现的巴西方向驶去，航行了70天后到达南美大陆。随后麦哲伦船队继续沿着南美洲的海岸线南下，于1520年3月到达了阿根廷的"白银之河"

（拉普拉塔河）河口，之后停靠在圣胡利安港度过南半球的冬天。4月，麦哲伦平定了船队的叛乱，此后还在此地捕获了两个"大脚人"，准备献给查理。

过了冬天，麦哲伦在8月底率领剩下的四艘船再次向南航行，并于三天后发现了一处可以通行的海峡，不料却在探索的时候遇到风暴。麦哲伦以丰富的航海经验加上幸运，经过二十多天的航行，成功地通过这片险象丛生的海域，自此这条海峡就以麦哲伦的名字命名。

驶过麦哲伦海峡，出现在他们眼前的是一片风平浪静的大海，一百多天的航行一直没有遭遇狂风大浪，于是麦哲伦就将这片海域命名为"太平洋"。这段时间他们吃光了船上所有能吃的东西，直到1521年3月，船队才到达了东南亚。与"强盗群岛"①上的土著发生摩擦后，麦哲伦船队再次西航，到达了菲律宾的霍蒙洪岛。

这时候麦哲伦船上一个从阿拉伯人手中买来的奴隶，能够听懂当地土著的方言，这才知道他回到了故乡，麦哲伦也知道了他们已经到达了马来群岛附近，这正是他之前给葡萄牙人服务时曾到达过的地方。这个奴隶其实是早于麦哲伦等人，率先完成全球航行回到故乡的第一人。

1521年4月27日，麦哲伦在当地人的冲突中被砍死，其余的船员分两路返回西班牙时，皆被葡萄牙人逮捕。麦哲伦的错误在于他自以为是地干预了当地人的冲突，还试图让他们皈依天主教。之后在查理的干预下，少部分船员才最终得以释放。1522年9月6日，向西返航的船员终于回到了他们的出发地瓜达尔基维尔

---

① 随后以西班牙王后玛利亚的名字改名为马里亚纳群岛。

河口，只是此时仅有18个人生还。

哥伦布西航"印度"以及麦哲伦的环球航行所取得的成果，让葡萄牙人不得不正视：是时候再次确定两个航海大国在全球的势力范围了。哥伦布第一次航海返回时，船只在大西洋近海处遭遇风暴，被迫驶入里斯本港避风。若昂二世再次见到哥伦布，要求他展示记载其航行路线的海图。了解到哥伦布所取得的成果后，若昂二世立即向西班牙的天主教双王发出了一封威胁信，信中重申了他父亲阿方索五世和伊莎贝拉一世在1479年签订的《阿尔卡索瓦什和约》，和约中葡萄牙承认卡斯蒂利亚在加纳利亚群岛的权力，而加纳利亚群岛以南所有大西洋的航线、土地和贸易专有权归葡萄牙所有。这相当于除了加纳利群岛，西班牙承认葡萄牙在大西洋上所有已知和未知领土的主权，因此若昂二世主张他有权力获得哥伦布所发现的土地，并威胁说他已经组织了一支舰队，即将起航前去占领这些新领土。伊莎贝拉一世和费尔南多读了若昂二世的信后，知道西班牙凭借目前的实力根本无法与葡萄牙舰队抗衡，因此只能通过外交途径解决此事，而时任罗马教宗亚历山大六世正好来自西班牙的瓦伦西亚家族。

教宗希望天主教双王能够帮助他抗衡法兰西在意大利的势力，所以在接到西班牙的请求后就立即发布敕令，授予天主教双王亚速尔群岛或佛得角以南和以西所有土地的归属权。该敕令并未提及葡萄牙在此分界线以东已经获得的领土的归属，按照教宗划的这条分界线，葡萄牙很可能会丧失其已占领的非洲土地。

虽然在教宗发布此敕令的时候，葡萄牙的探险家已经到达了非洲最南端，还未到达真正的印度，但教宗的这条敕令相当于将葡萄牙努力了一个世纪的成果拱手让人。若昂二世对此自然是相当不满，于是便不再通过教宗，而是选择直接与伊莎贝拉一世和费尔南多二世进行谈判，双方最终在托尔德西里亚斯商定将教宗划定的分界线向西移动270里格①，从而能够保护葡萄牙的非洲航线，同时也让葡萄牙对尚未发现的巴西拥有了所属权，这就是《托尔德西里亚斯条约》的主要内容。

并无多少大西洋探险经验的天主教双王，实际上是被葡萄牙蒙骗了，葡萄牙通过这项条约获得了对南大西洋大部分地区的主权。由于条约违背了教宗的敕令，亚历山大六世一直没有批准这个没有咨询过他的意见的条约，直到尤利乌斯二世成为教宗时，才于1506年批准了这一条约。因此，这条分界线也被称为"教宗子午线"。

此后，葡萄牙人沿着既定的东向路线继续开拓亚洲航线，并于不久后到达了印度和东南亚，同时也派遣部分舰队向西探索美洲，最终在1500年发现了巴西。西班牙的船队在麦哲伦的带领下完成了环球航行之后，整个世界连成了一个球形，一条在大西洋上人为划分的子午线已经无法判定两国对亚洲的争夺了。

1529年，葡萄牙和西班牙在萨拉戈萨再次达成一项协议，由若昂三世向查理支付35万杜卡特，以换取西班牙放弃香料群岛，而此地以东的土地归属于西班牙。也就是说，葡萄牙获得了从香料群岛以西、亚速尔群岛以东的大部分地区的主权，而西班牙的势力范围则将太平洋和大西洋之间的全部新大陆包含在内，但不包括葡萄牙发现的巴西。由此，在托尔德西里亚斯确定的子午线和在萨拉戈萨确定的子午线就将地球一分为二。两条教宗子午线并非以180度均等划分，实际上葡萄牙拥有稍大的部分，而西班牙只拥有169度，但对菲律宾的占领弥补了这一不足。

---

① 1里格约等于4.8千米。

根据《萨拉戈萨条约》，菲律宾实际上归属于葡萄牙所拥有的那一半球，然而在1542年，因为当地并没有香料，查理断定葡萄牙不会抗议他占据此地，就派船队占领了菲律宾，并以儿子菲利普的名字为此地命名。到菲利普二世时期，在菲律宾建成的马尼拉港已经成了西班牙与中国之间主要的贸易港口。

荷兰和英国等新教国家崛起后，自然不会认可教宗为世界划分的这两条分界线，荷兰人占领了原本属于葡萄牙的马六甲和印尼等地，英国则占据了澳大利亚。直到1898年的美西战争中西班牙失败后，"教宗子午线"宣告失效，从此之后任何西方国家，都有权重新占领以前为西班牙和葡萄牙所拥有的领地。

麦哲伦的环球航行虽然是个壮举，但并没有为西班牙带来任何实际的价值，这条东向航线因为距离太长而不具有商业意义。"最后的结果是抬高了美洲在西班牙人眼中的价值。很容易到达东方的幻梦破灭后，西班牙人把主要精力集中在扩展对美洲的征服，以及掠夺新世界的人力和自然资源上面。"一场携带着枪炮、伴随着疾病和奴隶贸易的征服，给美洲的原住民带来了灭顶之灾。

阿兹特克的毁灭

在西班牙和葡萄牙等欧洲殖民者到来之前美洲并非无人之地，其拥有着不逊于旧大陆的悠久光辉历史。在与旧大陆隔离的一万年左右的时间里，美洲众多印第安部落中诞生了独特的文明，虽然第一批欧洲殖民者到来时，看到的还只是比较落后的生活方式。

随着当代分子人类学和考古学以及语言学等不断提出研究证据，美洲人类来自亚洲的学说已经成为普遍接受的观点，至于来自亚洲何处、到达美洲的时间和路线等问题则尚且存在争论。早期登陆美洲的人类以捕猎为生，美洲的大型动物灭绝之后，便转向捕捉较小的动物，同时也开始食用植物的种子，这为农业的诞生创造了条件。美洲人培育了南瓜、豆子和玉米，还有土豆、木薯等其他作物。此后这些作物对旧世界的贡献绝不仅仅是丰富了餐桌，更是拯救了旧大陆多个地区处于饥饿边缘的大量人口。农业的诞生也让一些地区的小部落开始向国家形式发展。部落、酋邦、城邦等多种社会组织形态，在美洲相互重叠和共存。美洲的人口规模一度达到了千万级别，尤其是诞生在中美洲墨西哥的玛雅文明、阿兹特克文明，以及安第斯山脉秘鲁的印加文明，至今都令人惊叹。

公元前1000年左右，墨西哥地区的居民开始在村庄里种植玉米、豆子和南瓜，刀耕火种的生产方式，让这里的人们发展出独特的信仰和宗教。随后这里出现了一个被考古学称为"奥尔梅克"的文明，从墨西哥湾逐步扩散，进而影响到了中部高原和中美洲，被学者称为中美洲文明的鼻祖。到了公元元年前后，墨西哥城附近的奥蒂瓦坎出现了以太阳和月亮命名的金字塔，其间装饰的石像和雕刻等作品让人叹为观止，据推测这里大约生活着12万人。在公元250—900年，墨西哥玛雅文明达到辉煌时期，其核心地区是尤卡坦半岛，随后扩展到了墨西哥东南部、危地马拉和洪都拉斯等地。学者们至今仍然对玛雅文明的突然消失争论不休，最为可信的学说是人口的增长和食物的断绝，以及随之而来的战争毁坏了社会存在的基础。虽然后来尤卡坦北部地区曾出现过短暂的玛雅文明复苏，但在西班牙人入侵之前，这里的玛雅文明实际上已经衰落了。

阿兹特克文明紧跟在玛雅文明之后出现。在玛雅文明衰落后，美洲中部诞生了一个阿兹特克帝国。帝国的建立者于公元12世纪末至13世纪初自北方而来，100多年后建立了特诺奇提特兰城，繁荣时期这里的人口达到了15万—20万，不输于地中海世界的任何一个大城市。阿兹特克人利用奇特的"水田"种植玉米、豆子和其他农作物，养活了大量人口。几个城邦联盟后，阿兹特克帝国通过武力和贸易迅速扩张为美洲中部最大的政治势力，并于1519年达到了极盛。不料一年之后，他们却遭到了西班牙人的入侵。

科尔多瓦的弗朗西斯科·埃尔南德斯，曾在1517年寻找奴隶时发现了坎佩切湾，在尤卡坦半岛登陆后遇到了在这里居住的玛雅人，并从玛雅人的衣着和配搭的黄金装饰上，推断出这是一个比之前遇到的土著部落都要富裕的国家。然而，埃尔南德斯在和玛雅人的战斗中负伤惨败，返回古巴后不久就死去了。埃尔南德斯带回的大量黄金和信息让古巴总督库埃里亚尔的迪亚哥·委拉斯贵支制定了新的探险计划。1518年4月，一支由胡安·德·格里哈尔瓦带领的舰队从圣地亚哥出发，顺着之前埃尔南德斯行进的路线到达了传说中的"黄金国度"，当地人热情地欢迎他们的到来。他们用黄金和西班牙人交换绿色的珠子。格里哈尔瓦由此断定，他们来到了一个富有的王国。

这些当地人就是阿兹特克人所建立的蒙特祖玛帝国的臣民。一位阿兹特克官员还登上了格里哈尔瓦的舰船，之后前往蒙特祖玛的都城特诺奇提特兰，向国王蒙特祖玛报告了这个消息。他说，遇到了带着翅膀的塔里（西班牙人的船），载着白面大胡子的人从海上靠近，并说他们还要再次前来并拜访蒙特祖玛。这个消息让国王感到沮丧。根据阿兹特克人的信仰，国王把西班牙人当成了他们的救世主羽蛇神的化身，他们要来收复其王国。类似的神话在西方也曾多次出现，中世纪时德意志人相信腓特烈一世会归来，16世纪的葡萄牙人也相信他们被囚禁的国王塞巴斯蒂安会归来。而羽蛇神的归来或许是西班牙征服者和阿兹特克的遗民一同构建的神话，前者是为自己的征服寻找借口，后者则是为自己的失败寻找托词。

格里哈尔瓦遣使回禀古巴总督，说已经完成任务并请求增援，然后在此地建立了殖民地。格里哈尔瓦继续航行探索，最后于11月原路返回了古巴。此后古巴总督委拉斯贵支却置格里哈尔瓦于一旁，任命来自埃斯特雷马杜拉34岁的埃尔南·科尔特斯负责展开新的探险活动。

科尔特斯早年曾在萨拉曼卡大学攻读法律，而后弃学从军。参军后的科尔特斯有两个选择，或是像"大将军"贡萨洛那样在意大利战争中大放异彩，或是选择前往印度群岛寻找黄金。而他最终选择了后者，在19岁时乘船前往"西班牙岛"（伊斯帕尼奥拉岛）。到达这里之后，科尔特斯因镇压了当地土著的一次叛乱而获得了封地。自1511年起，他跟随委拉斯贵支参加了征服古巴的战争。委拉斯贵支获得古巴总督头衔后，科尔特斯也被提升为刚成立的圣地亚哥市的市长。当了几年市长之后，科尔特斯期望展开新的冒险。1518年他说服了委拉斯贵支，并于次年2月带领600人的队伍从古巴出发前往墨西哥。

委拉斯贵支尚未获得查理的授权，不能深入内陆进行征服和殖民，所以他给科尔特斯的指令是只能进行贸易和探险，不可以进行征服。但出发后，科尔特斯就不再遵从委拉斯贵支的指示，更不要说是遥远的西班牙国王了。自1519年4月在墨西哥东海岸登陆，到两年后的8月13日，科尔特斯征服了阿兹特克帝国，并将其改名为"新西班牙王国"，虽然它依然附属于卡斯蒂利亚王国，但并非一个殖民地王国，而是施行君权统治的拥有极大独立性的王国。查理任命科尔特斯为新征服领土的总督，并委派了四名官员给科尔特斯作为辅助和监督。

科尔特斯的功绩极大地激励了西班牙的其他冒险者，其中又以弗朗西斯科·皮萨罗堪与科尔特斯齐名。

印加帝国的征服

印加文明起源于秘鲁沿海，居住在这里的先民以捕鱼和采集为生，同时也种植南瓜、利马豆和其他农作物。公元前1500年，玉米被引入此地之初，还未成为重要的农作物，直至公元前900年左右才被大规模种植。此时，印加人也开始从沿海地区向河谷上游迁徙，以寻找更多可供种植的土地。在随后的400年中，这里出现了一种查文文化，以对猫科动物的崇拜而闻名。查文文化随后被纳斯卡文化所取代，后者以在陶器涂料中混入12种不同的矿物颜料为特色，更是以纳斯卡线条闻名于世。北部沿海地区也诞生了莫奇卡文化，他们建造金字塔，并修建道路和灌溉渠等大型公共工程，也发展出了较为高级的冶金技术。到了公元600年左右，南美洲的文明中心从沿海转移到了高地，先民们建造了巨石建筑和人像纪念碑。

在印加人到达此地之前，这里已先后存在过几个帝国，这支游牧部落在12世纪左右进入库斯科地区，便开始了征服活动。真正的扩张是从15世纪中期开始的。印加帝国在几任伟大国王的领导下，建立了一个南至当今阿根廷、北至哥伦比亚的大帝国。如果没有西班牙的干涉，印加帝国极有可能还会继续繁荣下去。

同出身贫寒的科尔特斯一样，弗朗西斯科·皮萨罗出生于西班牙一个贫穷的省份埃斯特雷马杜拉。皮萨罗是私生子，没有受过什么教育，30岁左右时来到了塞维利亚，加入了西班牙航海探险队伍，曾远航到"西班牙岛"，后来定居于巴拿马，在那里以养牛为生。此时巴拿马是西班牙建立的一个沿海探险基地，将近50岁的皮萨罗还是一事无成，便与两个伙伴一起自巴拿马南下探险，试图进入秘鲁的印加帝国去寻找黄金。最初的两次探险分别是在1524和1526年进行的。此举让他们收获了不少金银，从而证实了一个富裕王国的存在。于是，皮萨罗想回国取得王室的批准以正式从事在秘鲁的探险事业。1528年初夏，他回到塞维利亚，之后在托莱多受到了查理的接见。

查理对皮萨罗的提议非常感兴趣，此时皇帝正因意大利战争而财政紧张。因此在1529年7月，皮萨罗拿到了皇帝的授权文件，并被委任为瓜亚基尔港以南殖民地的督军、行政长官和先遣官。皮萨罗带上西班牙的四个兄弟和其他随从一起回到了巴拿马，但因只有皮萨罗一人获得了探险的全部授权，之前和他一同探险的另一位合伙人对此感到十分不满，叛乱的种子就此埋下。

查理的授权文件允许皮萨罗在六个月的时间里募集一支250人的军队。回到巴拿马后，皮萨罗只征集了三条船和不到两百人的兵力，便于1531年12月从巴拿马沿海向南航行，并在几个月后在秘鲁海岸登陆。而此时的印加帝国正面临内乱，两个同父异母的王子正在为争夺王位而兵戎相见。如同科尔特斯遇到的情况一样，皮萨罗正是利用了此等良机。有了科尔特斯的榜样，皮萨罗只会做得更好。他先是用计俘获了印加国王，在得到巨额的黄金赎金之后将其杀死。随后，西班牙人进入了库斯科城，在1533年11月占领此地并大肆洗劫。皮萨罗消灭了其他反对者和印加的残存势力之后，便稳稳地掌控着秘鲁，之后又将首府迁移到了近海的利马城。

皮萨罗将从印加帝国掠夺的金银熔化，送回到西班牙献给查理。看到送回来的大批黄金，大规模殖民美洲进行探险和寻宝的浪潮就此掀起。西班牙探险者对美洲内陆的挺进和征服，让查理不得不使用新的管理方式管理新世界。

早期哥伦布和其他征服者都是在卡斯蒂利亚王室支持下远行，还获得了教宗的诏书，因此新发现的土地就成了王室直接控制的领地。1524年，查理成立了"印度议会"，该机构独立于旧有的王国议会和教会之外，成为管理海外领土的最高权力机构。

然而遥远的"印度议会"和国王不可能直接管理庞大的海外领地，因此查理将统治的权力授予了当地总督。1535年后，查理在美洲先后建立了两个总督区[①]，新西班牙总督区管理北美和加勒比海地区以及菲律宾事务，而秘鲁总督区负责管理南美事务。两地总督最开始分别由两位征服者科尔特斯和皮萨罗担任，他们的权力来自于查理的直接任命，是皇帝的统治代表，查理随时可以解除他们的权力，此后对科尔特斯和皮萨罗的处置，也显示了其绝对统治者的权威。

与新世界土著居民的相遇，也让西班牙人遇到了法律、道德与宗教的问题。查理并不像其外祖母伊莎贝拉一世那样虔诚，伊莎贝拉一世在留下的遗嘱中，念念不忘的还是保护美洲土著居民不受奴役，期望能够给予他们平等的待遇。查理于1518年8月28日发表了一封诏书，授权奴隶贩子将获得的奴隶从非洲直接运往南美洲，而不用再运回来售卖。这条更加便捷的航线从根本上改变了跨大西洋奴隶贸易的性质和规模。从这封诏书中获益的实际

---

① 18世纪总督区又重新划分，从秘鲁分割出新格拉纳达（哥伦比亚）和拉普拉塔（阿根廷）。

上是葡萄牙人。1494年签订的《托尔德斯西亚斯条约》明确禁止西班牙船只在非洲港口停泊，因此西班牙人不得不依靠葡萄牙人从非洲将贩卖的奴隶送往美洲。西班牙的利益来自于更为广阔的大三角贸易，大三角贸易成了西班牙的经济支柱，每次航行都能够为航海者们带来丰厚的回报。

　　由逃犯、奴隶和骗子组成的西班牙航海家们先从塞维利亚出发，带上欧洲制造的物品和人畜前往加勒比海地区，在此地船只又装上了产自美洲的蔗糖和白银，翻过巴拿马地峡越过太平洋前往亚洲，在菲律宾的马尼拉与来自泉州的商人交易丝绸、茶叶和瓷器，然后西班牙商船再沿着太平洋洋流北上，绕过阿拉斯加湾，沿着北美海岸南下至巴拿马，最后再经过大西洋返回西班牙。航程中间除了最为不便的巴拿马地峡，其余地点都可以通过船只抵达。这也曾让查理考虑是否在巴拿马修建一条运河，以打通大西洋和太平洋之间的航道。查理的巴拿马运河计划并非不可行，只是他一心忙于欧洲战事，没有精力和金钱实施。

　　西班牙在美洲内陆的扩张以及随之而来的大三角贸易，为查理及其后代在欧洲各地征战提供了雄厚的资金支持。意大利、尼德兰和德意志的银行家们都愿意向查理提供借款，因为他们知道，一艘艘从美洲、亚洲返回的西班牙船只满载着黄金、白银和贵重物品，一到港就能够偿还皇帝所借的债。即便还不上，也可以用土地补偿，例如1528年查理因为无力偿还韦尔斯家族的借款，便将委内瑞拉的特许权转让给该家族，因此这里也被称为小韦尔斯。

　　麦哲伦的环球航行，科尔特斯和皮萨罗等人对美洲的征服，都让查理更加坚信自己是基督教世界的领袖，其雄心壮志远超拜占庭帝国的查士丁尼大帝和加洛林王朝的查理曼。比起他们所统治的疆域和臣民，查理是首个当之无愧的"日不落帝国"的皇帝，"在朕的土地上太阳永不落下"。

　　然而，太阳升起到顶点，也是其渐渐西落的开始。

第二十六章
最后的战场

运气就像少女，比起年老的皇帝，她更青睐年轻的国王。

————查理五世

1548年查理强行通过的《奥格斯堡临时决议》，让他扶植的萨克森选帝侯莫里茨意识到，"莱比锡过渡时期"注定会失败。他开始制订计划，积聚实力，准备起兵反叛。查理担心的并不是这些，而是在考虑如何将自己庞大的哈布斯堡帝国划分给弟弟斐迪南和儿子菲利普。

家族合约

考虑到自己年事已高、身体虚弱，查理担心自己时日无多，便于1547年的圣诞节在奥格斯堡给儿子菲利普写了一封信，让他和妹妹玛利亚尽快赶过来。但查理又担心他们离开之后，让13岁的幼女胡安娜摄政西班牙的安排并不明智，于是安排了弟弟斐迪南的儿子马克西米利安与他的女儿玛利亚结婚，这样在马克西米利安前往西班牙完婚之后，就能摄政西班牙了。所以，菲利普不得不等到马克西米利安来西班牙后，才能前去和父亲见面。

1548年1月18日，查理写了一封十分冗长的政治遗嘱，作为他再次留给儿子的执政指南。这份文件中，他教导菲利普如何处理与欧洲各个国家的关系，哪些盟友值得信赖，哪些敌人必须击败，以及如何维护好与教宗的关系等。这份遗嘱既是查理对自己执政三十年的经验总结，也是给儿子未来执政帝国的一份蓝图。查理传记作家帕克认为，像这样的思考总结是"文艺复兴的欧洲其他统治者，从未有过的先例"。

查理已经等不及儿子的到来，便于1548年8月从奥格斯堡返回了尼德兰，并指示菲利普前来尼德兰。此时，尼德兰已经成为帝国的独立治区。在布鲁塞尔，查理又再次加强了中央政府的权力，让尼德兰十七省分别派出代表组成议会，之后的尼德兰已经相当于是一个独立的国家了。

菲利普并未从西班牙直接航行到尼德兰，而是按照既定路线，先从巴塞罗那到达热那亚。在意大利登陆后，王子受到了各地的热情欢迎。然后，他继续从热那亚北上到达特伦托，在新任萨克森选帝侯莫里茨的带领下，穿越阿尔卑斯山进入德意志，然后再沿着莱茵河前去尼德兰。这条路线是查理多次走过的路线，途经的各个地区皆是帝国的控制范围，因此相比大西洋的海路要更加安全和确定。

1549年4月1日，菲利普终于到达尼德兰。此时，这对父子已经有六年未曾见面，菲利普已经从稚气未脱的青年成长为一位成熟稳重的父亲了。1543年，菲利普和葡萄牙的表妹玛利亚·曼努埃尔成婚，两年后玛利亚生下了一个儿子，以查理的名字命名为"卡洛斯"。不幸的是，玛利亚在四天后因产后出血过世。

在查理所委派官员的扶持和教导下，年仅22岁的菲利普已经十分稳重和谨慎，很有主见。即便是父亲的要求，菲利普也可能抗拒不从。1543年，查理和弗朗索瓦一世战争正酣，急需用钱，写信给在西班牙摄政的儿子请求资助时，菲利普四个月都没有回复，之后才写信向父亲解释说，对外战争势必要耗费掉西班牙的全部资源，让敌人乘虚而入。查理拿儿子没有办法，只能斥责他所委派的辅政大臣来出气。

虽然如此，但这对父子之间关系还算维护得不错，尤其是此次尼德兰之行加深了父子间的感情。查理带领儿子前往尼德兰南部富裕的城市参观，这是菲利普从未见过的景色和土地。从佛兰德斯到阿图瓦，从海牙到布拉班特，各地树立起各种凯旋门、表演不同的戏剧，每个城市都热情地欢迎着他们父子的到来。人们把查理和菲利普比作大卫王和所罗门，比作阿特拉斯和赫尔克琉斯，各地也都纷纷承认菲利普是查理的合法继承人。

回到布鲁塞尔之后，当地的尼德兰人却对这个即将统治他们的西班牙人感到不满，如同当年查理在西班牙遭遇的情况类似，他们反对外国人做他们的统治者，虽然其父亲出生于此，但菲利普却生长于西班牙，是个地地道道的西班牙人。于是，查理决定先留在布鲁塞尔以平抚众人的意见，让妹妹玛丽带着菲利普继续前往北方主要城市参观。11月30日，查理主持了金羊毛骑士团一年一度的弥撒。菲利普回来之后，父子两人又在布鲁塞尔相处了七个月的时光，在这期间，查理每天都要花上两到三个小时与菲利普交谈，教导儿子治国方式与为君之道。

1550年5月1日，查理在为妻子伊莎贝拉举行了11周年的祭奠之后，就带着儿子离开布鲁塞尔前往科隆，准备从那里沿莱茵河前往奥格斯堡，在即将召开的帝国议会上，向德意志诸侯介绍菲利普。也是在这趟旅程中，查理开始撰写他的回忆录，从他在1515年正式掌管勃艮第开始，一直到1548年他从奥格斯堡回到布鲁塞尔结束，总计150页的手稿讲述了他34年的人生，在两年后完稿于因斯布鲁克。

查理出发后不久，妹妹玛丽给斐迪南写了一封信，告知斐迪南，查理打算让菲利普继斐迪南之后成为神圣罗马帝国皇帝，而不是传给斐迪南的儿子马克西米利安。斐迪南最初并不理会这类的谣言，但收到妹妹这封信的时候，就感觉此事极有可能成真，便即刻启程从奥地利前往奥格斯堡面见查理。

在奥格斯堡见到查理后，斐迪南知道哥哥心意已决，转而建议菲利普及其后人成为帝国意大利的永久代政，这个职位是于帝国皇帝不在或者去世时可以代表皇帝行使权力的副手。前文已经说过，查理已经在1540年将米兰公爵的称号赐予菲利普，斐迪南所说的永久代政，实际上是将神圣罗马帝国的整个意大利区交给菲利普。然而查理拒绝了这项提议，一再坚持让斐迪南去说服选帝侯，选择菲利普在斐迪南之后继任帝国皇帝。如果此事成真，神圣罗马帝国就会同时有三个皇帝。斐迪南不同意，认为这将会触怒德意志人，他们会坚决抵制一个西班牙人做皇帝，正如他们当初选择了查理而不是弗朗索瓦一世一样。

两兄弟在此问题上无法达成一致，查理只好让妹妹玛丽即刻赶来说服斐迪南。玛丽刚刚到达奥格斯堡，8月，帝国掌管北欧事务的首相尼古拉斯·格兰维尔去世了，可以调和查理和斐迪南之间冲突的中立者又少了一个。

两兄弟的关系由此开始恶化。1550年11月的一天，斐迪南听说奥斯曼土耳其即将再次入侵匈牙利，他必须在帝国议会上请求德意志诸侯提供帮助。查理打断了斐迪南，认为奥斯曼的威胁并非迫在眉睫，在这样的情况下就让帝国议会为之筹钱是不正当的。斐迪南仍坚持己见，让查理大为光火，他冲斐迪南怒吼道："你必须搞清楚，谁才是皇帝，是你还是我。"两人实际上都是皇帝，但斐迪南要等到查理去世后才能真正掌权。查理还威胁斐迪南说，如果斐迪南坚持在帝国议会上筹钱，他将公开与其对立。对此斐迪南只能咆哮着离去，此后数天两人拒绝对话。

不过兄弟俩还是在妹妹玛丽的周旋下和解了，确切地说，是斐迪南让步了。1551年3月9日，在查理的主持下，斐迪南和菲利普签订了一项《家族合约》。合约中注明，斐迪南还是在查理之后继承神圣罗马帝国皇位，但保证将帝国的意大利部分交给菲利普统治，并安排菲利普为斐迪南之后的皇帝；菲利普继承皇位之后，将安排斐迪南的儿子马克西米利安为下一任皇帝，当菲利普不在德意志时由马克西米利安担任摄政，同时菲利普还要承诺支持斐迪南及其子马克西米利安在帝国和匈牙利的统治等。这种互相换位的继承，实际上是查理和斐迪南现状的翻版，保证了帝国随后能够保持在哈布斯堡家族手中。

这份屈从查理权威而签订的合约如同《奥格斯堡临时决议》一样，势必让其弟弟和所有德意志诸侯联合起来反对他。

亨利二世

1551年5月，签订了《家族合约》之后，查理和菲利普离开了奥格斯堡。菲利普南下前往特伦托，参加新任教宗尤利乌斯三世在此地重启的大公会议。

查理的军队杀死了前任教宗保罗三世的私生子后，教宗就在大公会议上停止了与查理的合作，直到他三年后去世。1550年，尤利乌斯三世当选教宗后，表现出了与查理积极合作的态度。教宗让查理选择大公会议的召开地点，哪怕是在深入德意志的地区召开也可以。查理十分欣赏新任教宗的合作态度，最终还是选择了在特伦托召开。在整顿了南德意志25座城市的特权之后，查理于1551年11月来到因斯布鲁克。此地距离特伦托仅两百公里，可以及时了解大公会议的动态。而此时查理并不知道，德意志的几个反对者已经在萨克森的洛豪城堡里偷偷结成了反对他的同盟，而法兰西的新任国王亨利二世也再次与奥斯曼帝国的苏莱曼一世结盟，一场反对查理及其哈布斯堡帝国的战争即将开启。

与查理争斗了一生的弗朗索瓦一世，于1547年在巴黎附近的朗布依埃城堡中过世。然而查理的对手并未从此消失。继承了弗朗索瓦一世遗志的亨利二世有理由更加痛恨查理，这种仇恨自是不共戴天。弗朗索瓦一世与第一任王后克洛德的两个儿子，曾被父亲留在了马德里，当作查理的人质。兄弟二人在潮湿的牢房里度过了四年，与父亲同名的王太子后来得了结核病，于1536年过世。与其曾共苦过的同胞弟弟、弗朗索瓦一世的次子亨利，在大哥去世后就成了法兰西的王太子。

亨利二世14岁时，在父亲和教宗克雷芒七世的安排下，与同龄的美第奇家族的凯瑟琳结婚。婚后的第二年，他却爱上了一位35岁的寡妇戴安。这位寡妇在亨利和哥哥被送往西班牙囚禁前曾深情地拥抱过他。回到法兰西后，两人一直联系密切。比起14岁的新娘，35岁的戴安成熟而自信，也劝告亨利二世与凯瑟琳同房，以便尽快生下继承人。

亨利二世在28岁生日的时候继承了父亲的头衔，次年在兰斯大教堂加冕。这位新国王被认为是一个极端的天主教徒，对法兰西的新教运动进行了无情的迫害。在加冕那年，他就设立了"火焰法庭"，对新教异端进行审判。

虽然和查理有着共同的信仰，但亨利二世并没有加入天主教的阵营，他继承了父亲的遗志，坚决反对查理在欧洲称霸，并试图夺回父亲失去的领地。如同前几任法王对意大利有着浓厚的兴趣一样，亨利二世在进行了充分准备之后，于1551年再次挑起了意大利战争。这是第八次意大利战争，也是哈布斯堡家族和瓦卢瓦家族之间的最后一次意大利战争，这一战持续了九年，直到查理去世还未结束。

这场意大利战争首先以土耳其海军对北非的黎波里的围攻拉开帷幕。其肇始因素是年届84岁的海军上将多利亚在1550年9月为了出海追击穆斯林海盗，征服了突尼斯东南部的港口城市马赫迪耶。和法兰西的亨利二世结盟之后，1551年8月苏莱曼一世派出海军围攻马耳他骑士团驻防的的黎波里，该城曾于1530年由查理交给骑士团作为驻地。经过六天的持续轰击之后，该城驻军于8月15日投降。有了的黎波里，苏丹的海军接下来就能够顺利进入西地中海地区了。亨利二世将马赛港开放给土耳其人，并派遣大使和三艘舰船协同奥斯曼军队作战。

1552年，由亨利二世和苏莱曼一世的100艘桨帆船组成的舰队，开始在地中海攻击意大利卡拉布里亚海岸，并占领了雷焦。86岁的多利亚率领40艘热那亚舰船再次迎战，当年8月5日，两支舰队在蓬扎岛附近的海域展开对战，多利亚的七艘战船被俘。战胜了多利亚后，法兰西与奥斯曼舰队驶向了西班牙的马略卡岛，但奥斯曼舰队并未听从法兰西继续西行以施压于查理的建议，止步于西地中海。随后的三年时间里，奥斯曼舰队在意大利海岸和西西里、撒丁岛之间四处骚扰。1553年，法兰西与奥斯曼舰队又攻打科西嘉岛，多利亚再次被查理派去支援。这位老人在岛上指挥抗击敌军，直到两年后的1555年才得以返回热那亚，并于五年后以93岁的高龄去世。

法兰西与奥斯曼舰队并未因多利亚的离去而罢手。1558年，他们成功攻占了阿拉贡的巴利阿里群岛，俘虏了岛上数千名军民充为奴隶。不过那时查理已经去世，只能由菲利普二世来完成对奥斯曼海军的阻击，他的表现也未辱没父亲的英明。

　　海上的战役实际上并非亨利二世关心的重点，陆地战场才是关键。要向查理发难，亨利二世还需要一个合适的借口，如果这个借口能拉拢来自查理帝国内部的同盟者，那么肯定会增加胜算。终于，亨利二世把握住了机会。帮助查理取得米尔贝格之战胜利的莫里茨，在被授予萨克森选帝侯之后选择了背叛。第一次背叛德意志人之后，他被人污蔑为"犹大"，莫里茨决定这次要一雪前耻。1550年，奉查理之令镇压马格德堡新教徒叛乱时，他借机组建了一支军队，随后寻求与查理的其他反对者结盟。

　　1551年5月，莫里茨、梅克伦堡公爵约翰·阿尔伯特一世，以及黑森-卡塞尔伯国的威廉四世等人，在萨克森托尔高附近的城堡会面，并结成同盟以共同反对查理。虽然这些人各怀私仇，但结盟主要是出于对查理颁布的"奥格斯堡临时法令"的极度不满，以及决心捍卫新教，反对帝国中央政府的集权。

　　虽然亨利二世也在极力压迫法兰西境内的新教徒，但面对共同的敌人查理，德意志的这几个诸侯与亨利二世一拍即合。1552年1月15日，他们签订了《香波尔堡条约》，使法兰西对于德意志地区的征服合法化。莫里茨等人同意将德意志的梅斯、图勒和凡尔登三个主教城市①割让给亨利二世，亨利二世则答应为他们提供军事和资金支持，以使他们有足够的实力对抗查理的帝国军队。亨利二世还答应对尼德兰采取攻势以牵制查理的兵力，莫里茨等人则承诺帮助亨利二世恢复法兰西曾失去的领地。

　　事实上，莫里茨等人根本无权将帝国的这三个主教区让与他

---

① 即三主教区（Trois-Évêchés），这三个地方一直是神圣罗马帝国的主教区，此次由亨利二世短暂占领，在三十年战争结束后所签订的《威斯特伐利亚和约》中三地被永久地割让给法国。

人，那里不是他们的领地，他们也没有任何授权，法兰西只是想要一个入侵德意志的借口。此后从帝国皇帝与诸侯之间的冲突中获益成了法兰西的惯常做法，而归属于洛林的这三个地区也成为德法之间历次战争所争夺的焦点，从亨利二世时期直到第二次世界大战，这些地区在德法之间数度转手。

梅斯之辱

亨利二世还支持查理的女婿发起帕尔马战争来反对他。查理的私生女玛格丽特，在教宗克雷芒七世的私生子"摩尔人"亚历山德罗死后，就改嫁给了教宗保罗三世的孙子奥塔维奥·法尔内塞。奥塔维奥的父亲就是被帝国军队杀死了的皮埃尔·路易吉，随后他的领地皮亚琴察和帕尔马被帝国军队所占领。奥塔维奥在父亲死后，一直试图从岳父查理的米兰总督手中夺回帕尔马，但均以失败告终。

奥塔维奥在1551年获得了亨利二世的帮助，发起了帕尔马战争。亨利二世的军队入侵了皮埃蒙特，牵制了米兰总督的主要兵力，教宗尤利乌斯三世派侄子前去围攻米兰多拉，却被法军俘虏。尤利乌斯三世便与亨利二世谈判，直到1552年4月29日才签署了一项为期两年的休战协议，11天后查理批准了该协议。帕尔马战争只是亨利二世的牛刀小试，他已经为后续的大举进攻做好了准备，并即将让查理品尝到他人生中最耻辱的一次失败。

莫里茨和亨利二世等人的密谋早已被发现，妹妹玛丽劝说查理尽快北上德意志去处理潜在的危险，但查理并没有把妹妹的话放在心上，反而南下去了因斯布鲁克。1551年的圣诞节，查理的女儿玛利亚带着她和堂兄马克西米利安的两个孩子前来。第一次见到孙辈的查理和他们相处得其乐融融，享受着当外公的快乐。

到了1552年2月底，查理仍不相信莫里茨会背叛他，直到他收到了妹妹玛丽寄来的确凿证据，记录了莫里茨与其同谋者所商议的起兵细节。查理这才意识到问题的严重性，赶紧给德意志各个城镇和诸王子写信，让他们不要加入反帝国的同盟，同时让斐迪南去安抚莫里茨，可惜为时已晚。此时由莫里茨和其盟友率领的两支军队已经从北方南下，沿途几乎所有的城镇都打开城门迎接他们。4月4日，两支军队已经进入了奥格斯堡，距离查理所在的因斯布鲁克仅250公里。

与此同时，在帝国边境，亨利二世以"维护德意志自由"为名义，开始了他的"德意志之行"。他先是占领了洛林并绑架了南锡的洛林公爵，将其送到巴黎法庭，继而在圣周占领了梅斯，然后是图勒、南锡。随后在攻打斯特拉斯堡失败之后，法军退回到莱茵河，并向凡尔登前进。

此时，查理已是孤立无援。现在的他不仅无兵无卒，且无钱无援，通往尼德兰的道路已经被法军切断，德意志的天主教诸侯决意保持中立，若是前去弟弟斐迪南所在的维也纳，势必会受制于他，如果离开阿尔卑斯山，那么意大利也必然会立即叛乱，因此查理只能待在因斯布鲁克。

查理将已完稿的个人回忆录寄给儿子，以免自己被俘后遗失，同时敦促儿子出钱派兵。查理计划偷偷溜回尼德兰，但刚走了不到80公里，就得知莫里茨的部队已经封锁了去路，只好返回因斯布鲁克，并再次写信敦促菲利普。

坐困孤城的查理只能求助于离自己不远的弟弟斐迪南，但斐迪南反而试图保持中立，因为家族合约一事，他被哥哥深深地伤害到了，而且现在奥斯曼帝国的军队正在逼近。虽然没有出兵帮忙，但斐迪南还是前去找了莫里茨问他到底要什么，然后又去因斯布鲁克找查理，看他能做出什么让步。然而，查理能够给出的让步有限，于是莫里茨的军队继续向因斯布鲁克逼近。

5月19日，为了不像弗朗索瓦一世一样受被囚之辱，查理冒雨连夜从因斯布鲁克出逃，向南穿过不远的阿尔卑斯山布伦纳山口，五天内行进了300公里，然后抵达了奥地利和斯洛文尼亚边境的菲拉赫，1532年他曾为了躲避维也纳的瘟疫来过此地。查理在这里待了两个月之久，等待斐迪南的谈判结果。

斐迪南再次被哥哥派去和莫里茨谈判，查理主要还是希望斐迪南能够拖住他们，以等待他儿子从西班牙派来的援军和资金。面对亨利二世的军事威胁，斐迪南并未听从查理的指示，而是在1552年8月与新教王子们签订了《帕绍和约》，该和约取消了之前的《奥格斯堡临时决议》，给予新教王子宗教信仰自由，同时还满足了他们的其他要求。同时，斐迪南还承诺，如果查理不同意此和约，那么自己将和儿子马克西米利安一起反对查理。此和约被三年后的《奥格斯堡和约》进一步确认。

这项和约预示着查理追求欧洲宗教统一的目标彻底破灭。虽然内心非常不愿意，但查理最后还是签署了和约。作为回报，莫里茨很快就回归到皇帝的阵营，并率领1万多人的军队攻打盘踞在匈牙利的奥斯曼军队，但并没有起到什么作用。当时爆发了黑死病，土耳其人猛攻斐迪南的军队时，莫里茨无所作为。

德意志内部问题已经解决，阿尔巴公爵率领的5000名西班牙步兵的支援已经到位，从秘鲁运回的200万杜卡特也已经准备就绪，各地都在积极募兵，查理做好了反击的准备。查理骑着马神采奕奕地回到了因斯布鲁克，他现在手中已经有了近7万德意志士兵、4万多尼德兰士兵以及2万多北意大利士兵。

查理的第一个目标就是收复被法军占领的三个主教区。1552

年9月，帝国军队到达梅斯，将梅斯城四面八方围得水泄不通。自占领梅斯之后，法军就不断加强该城的防御，并在秋天来临前储备了充足的食物。在被帝国军队包围时，该城的守军大约有7000人。

帝国的先锋部队由阿尔巴公爵指挥，到达之后就开始炮轰梅斯城墙。11月9日，查理率主力也到达梅斯城下，双方开始了中世纪的骑士对战，在对战中帝国军队并未能占据上风。到了17日，梅斯城的一处大门被炸开了一道40米宽的缺口，但这里早先建造的双层城墙使得帝国军队无法利用此缺口突入城内。帝国军队也曾采取挖掘地道埋雷的办法。但经过六周的围攻，虽然摧毁了法军的防御工事，但依旧无法攻破梅斯城。此时，帝国军队中又爆发了伤寒和痢疾等疾病，加上荒野中缺乏补给，饥困交加下军中逃兵愈发严重。到了12月，查理改变了策略，下令直接攻城，但攻势仍被击退。此时法军的援军赶来，解除了梅斯的围困，最终帝国军队在此地损失3万多人。

1553年1月，查理被人抬着从梅斯撤到了蒂永维尔，遗弃在战场上的帝国伤残士兵也获得了法军的豁免。这场梅斯之围是查理一生所亲身经历的战役中从未有过的惨败。他只能悲叹道："运气就像少女，比起年老的皇帝，她更青睐年轻的国王。"一直被幸运女神眷顾的查理，此时知道女神正在离他而去。仅梅斯一战，查理就花费了250万杜卡特，就算加上从秘鲁运回的200万也不足以偿付债务，只得又借了400万杜卡特。如此巨额的负债，就是将帝国此后六年的全部税收加起来也无法偿还，到1554年，查理的财政赤字已经达到430万杜卡特。当然，法兰西的财政形势也同样不容乐观，只能通过增加各种税收和借款来勉强维持，亨利二世也是捉襟见肘。

这次失败让查理的身体和精神遭受了极大打击。本来只需要不到一个月的时间就可以返回布鲁塞尔的行程，这次却用了一个多月。他渴望复仇。

挽回荣誉

1553年2月召开的尼德兰议会上，查理提出新征150万杜卡特的税款，以对付亨利二世，但遭到议员拒绝，再富裕的尼德兰也无法承担如此高昂的税收了。查理甚至还以2000杜卡特的价格出售骑士头衔以筹集资金，并请求教宗允许他变卖各地修道院的地产，同时也琢磨着美洲还会运回多少金银。

颜面尽失的查理从库登贝格宫廷里搬到了郊外一处公寓。他不想见任何人，也不出席任何公共活动，满腹牢骚。这个时候，只能由妹妹玛丽代替他掌管帝国事务。4月2日，在玛丽的催促之下，查理才签署了一份文书发给儿子菲利普，让他尽快赶到尼德兰。玛丽希望至少菲利普能够给查理带来些许安慰。

菲利普还未动身，远在英格兰的查理的表妹却带来了转机。1553年7月6日，英格兰的爱德华六世意外身亡，亨利八世和凯瑟琳的女儿玛丽·都铎不久后登上了英格兰王位。37岁的玛丽一世尚未婚配，立即向曾经的未婚夫查理发出消息，寻求建议并期望他能够向她提出婚约。查理立即转悲为喜，玛丽一世的上台不仅能够将英格兰从异端中挽救回来，而且还会给哈布斯堡帝国以极大的帮助。查理此时已经47岁了，自知无法迎娶玛丽一世，便转而向玛丽一世推荐了他的儿子。玛丽一世对婚姻其实本无太大热情，作为女人她无欲无求，但作为女王，她必须要结婚生子了。玛丽一世和英格兰议会最终同意了此项婚事，菲利普改道前去英格兰与玛丽一世完婚。

意大利战场的胜利也让查理感到开心。亨利二世挑起战事时，威尼斯和意大利大部分地区都保持中立，唯独锡耶纳加入了亨利二世一方，并于1552年将查理的帝国军队驱逐出自己的领地。于是，查理让美第奇家族一个旁支——人称小美第奇的科西莫·美第奇，率领佛罗伦萨和帝国的联军前去收复锡耶纳。联军分成三个军团，对锡耶纳展开进攻。锡耶纳将防御的重任交给了法兰西将军皮耶罗·斯特罗兹，法军和其他被美第奇家族流放的佛罗伦萨人也一同加入了锡耶纳的防御。1554年1月26日晚，佛罗伦萨的第一军团接近锡耶纳，在初期攻城不利后便改为围困，但因兵力有限而未能完全围住。其他两支军团也未能取得多少战果，反而遭到了法军舰队的骚扰。联军只好坐等帝国军队增援。

6月11日，守军试图出城突袭，以减轻防守压力。斯特罗兹留下一部分部队守城，然后率领其余部队向蓬特德拉突围，围城的佛罗伦萨军队前去堵截，但未能成功。斯特罗兹与卢卡地区的一支法军特遣队会合，但这支特遣队只有3500名步兵、700名骑兵和4门火炮。到了6月下旬，斯特罗兹重新攻占了被小美第奇夺取的蒙特卡蒂尼地区，不过还是没有足够信心击败围城部队，只能等待增援部队到来。

为了帮助盟友，亨利二世派出了一支由9500多名步兵和1200名骑兵组成的军队登陆意大利。援军在与斯特罗兹会合后，便向锡耶纳进发。此时，锡耶纳的守城部队已是弹尽粮绝，斯特罗兹也未能占据唯一能够为锡耶纳提供补给的港口。到了7月17日，斯特罗兹意识到必须发动最后的决战才能挽救锡耶纳，于是将部队分成三个部分准备解围。

斯特罗兹设法占领了锡耶纳周边的一些据点，此时小美第奇正巧也率军赶来，双方在马尔恰诺进行决战。此次战役斯特罗兹战败，自己也身负重伤。几天之后，小美第奇轻松地将锡耶纳附近的城堡攻破，并加紧了对锡耶纳的围困，以防止农民偷运补给进城。最终，由于无法获得法军的增援和粮食，锡耶纳于1555年4月17日投降。四年之后，锡耶纳共和国也不复存在，被并入佛罗伦萨公国中。

在小美第奇围困锡耶纳之时，亨利二世亲自率军北犯尼德兰。对手近在咫尺，查理下定决心展开复仇之战。查理先命人夺取了法兰西在尼德兰的飞地泰鲁阿讷，经过艰苦奋战，该城最终几乎被夷为平地。听说帝国军队已经拿下泰鲁阿讷后，众人才看到了皇帝久违的笑容。接下来，查理又派军队围攻埃丹，不久后法兰西守军投降。

听说亨利二世亲自率军围攻康布雷的时候，查理的精神立刻振作了起来，决定要一雪前耻。此时查理的身体已经有所恢复，虽然脸色依旧苍白，但眼中却熠熠放光。亨利二世遣使来与查理和谈，而查理认为亨利二世和他父亲弗朗索瓦一世一样都是口是心非，与土耳其人结盟却获得了"最基督国王"的称号，他不相信法兰西国王的任何承诺，只有战争才能赢得胜利。这次，查理亲自上阵，前往蒙斯，加入前线作战部队。回到战场上的查理兴致盎然，花了一天时间来打猎。

1554年8月12日，查理率领的军队驻扎在伦蒂，遭到了第二代吉斯公爵率领的法军围城，亨利二世本人并未前来。这个小镇缺少防御设施，次日法军先使用火炮轰击城堡，之后查理派出先锋部队率先发起进攻，在山脚下与法军激战。查理并没有冒险与法军展开决战，不久后就将军队撤回。8月14日，吉斯公爵的军队因缺乏弹药，放弃进攻伦蒂，在浓雾笼罩之下撤军到了贡比涅。

　　法军撤离后，查理就选择了弃城后退，此时法军又折返回来进行追击。法军的追击持续了十天左右，查理派军击退了追击的敌人，并在撤退后的地方实行焦土战术，追击的法军一无所获，只能后撤。摆脱了敌人后，查理的心才算是放了下来，他最后一次离开了部队，自此永远地告别了战场，回到了布鲁塞尔。

　　完成了这场不怎么痛快的复仇之后，查理慎重地考虑了退位的问题。他说道："如果发生战斗且我不幸输了的话……我可能被杀死或被囚禁，而没有任何机会逃脱。若我被杀，我的儿子将继承我所有的领地；若我被囚于敌手，我担心菲利普将会不惜丧失领地来赎回我。"

　　查理写信给菲利普，希望他能够从英格兰赶来尼德兰，并在1555年1月完成皇位的交接，等一切结束之后，他打算前往西班牙，走完人生最后的旅程。而德意志地区尚未完成的事情，只能交给弟弟斐迪南去完成了，他已经无力回天。

第二十七章

漫长的旅程

我的人生是一段漫长的旅程。

——查理五世

1535年突尼斯战争胜利后，35岁的查理就曾考虑过退位的问题，不过那时候儿子菲利普还太小，于是作罢。此后在1547年德意志战争结束后，查理再次认真地考虑了此事，担心因被捕或者战败而失掉自己奋斗大半生所赢得的名声。他的担心在1552年梅斯之围失败后几近成为现实。虽然他于次年试图挽回荣誉，但严重的痛风已经让查理不能走动，只能坐在轿椅上行军。

宣布退位

1554年10月9日，查理从伦蒂战场回到了布鲁塞尔。在休养了一段时间之后，查理的精神恢复了一些，还能外出打猎了，还抽空为当地的仰慕者签名。人们看到皇帝的气色已经好转了很多。

听说菲利普在英格兰受到爱戴，查理的心情愉悦。他希望菲利普尽快和玛丽一世生下子嗣，这样菲利普就可以前来布鲁塞尔。在布鲁塞尔等待儿子的日子里，查理显得十分焦急。他此时骑不动马，只好骑着驴子，没事就前往小时候经常去的皇家公园，看看那些珍奇的动物，平日里与埃莉诺和玛丽两姐妹聊天消磨时光。

查理没有等到儿子的到来，却接到了母亲的噩耗。1555年耶稣受难日，查理的母亲，他那一长串头衔和王位的真正拥有者——"疯女"胡安娜终于结束了她漫长而又艰苦的一生，在托德西利亚斯去世，享年75岁，在那个时代也算是活得比较久了。胡安娜的遗体被查理安排送往格拉纳达，和她的丈夫费利佩以及父母伊莎贝拉一世和费尔南多二世一起被安葬于格拉纳达皇家修道院中。

最终菲利普也没能让年长的玛丽一世怀孕，只能从伦敦赶到布鲁塞尔与父亲见面，而他拥有的英格兰国王头衔也即将在1558年随着玛丽一世的逝世而告终。父子四年未见，两人相拥而泣，此后又在布鲁塞尔度过了一段美好的时光。查理最后一次主持召开了金羊毛骑士团会议，将其效忠对象转至菲利普，此后金羊毛骑团士便一直效忠于西班牙王室。

1555年10月25日，查理在他最初加冕为勃艮第公爵的布鲁塞尔库登贝格宫里，宣布了自己的退位诏书。在公爵府金羊毛骑士所聚会的大堂里，墙壁上装饰着精美的挂毯，来自尼德兰的议员和贵族以及十七省的首长，在金羊毛骑士等侍卫的护卫下一同等待查理的到来。查理骑着毛驴从他郊外的寓所来到了布鲁塞尔，在奥伦治亲王威廉①挽扶下，挂着拐杖缓慢地走进了会场，儿子菲利普、妹妹玛丽等哈布斯堡家族的成员，政府顾问官，所有金羊毛骑士团成员与各国使团，还有当时欧洲的风云人物，都跟在查理的身后一同进入大厅。

首先发表演讲的是萨伏依的伊曼纽尔·菲利贝托，他是萨伏依公爵查理三世与葡萄牙的比亚特丽斯所生的儿子，作为查理的

---

① 即被荷兰人称为"国父"的威廉一世，此时的他因过去立下不少功劳，赢得了查理的赏识，但之后起兵反抗菲利普二世对尼德兰的统治。

表侄，帮助查理以及随后的菲利普二世取得了不少战争的胜利，深受查理喜爱。菲利贝托解释了查理因为健康、精神和政治上的原因不得不卸任，愿意将"勃艮第遗产"交给儿子菲利普继承。待菲利贝托冗长的演讲结束之后，查理在奥伦治亲王的搀扶下，吃力地站了起来，简单明了地总结了他自己的一生。他提到以往前去各地的经历：去过德意志九次，西班牙六次，而意大利则有七次，尼德兰十次，又分别在战争与和平时期共去过法兰西四次，还两度前往英格兰，两度征战非洲。说到动情之处，查理还一度落泪，随后继续说道：

> 自朕十九岁始，先皇驾崩，吾诺之以争选帝冠。非意在中饱私囊，乃志在以己之力，为德意志及朕所统辖之地谋福，并借此为基督之众带来和平，务必使众人一心、团结一致以捍卫天主之信仰，以抗奥斯曼土耳其。朕不畏艰苦、行经各地，不惧艰辛、多次征战……终致使朕倦累、患疾周身……至今朕仍饱受疾痛之苦，他人不能以此指责朕乃逃兵。然，朕今已不再辜负众望推延此事。切勿以为，朕意在躲避麻烦或危险，实则因朕力不能及……朕深知大错已铸，皆因朕年少无知，亦错在人为、错在狂热，终归错在倦怠。然朕之错，非意在针对某人，如若有对之不公者，乃全在朕不知情，在朕之无能，为此朕愿公开致歉，恳请被吾冒犯之人宽谅。

简短的演讲已经让站立的查理痛苦不堪。他坐回宝座之后，听众都表示愿意宽恕他的罪过和迫害，并同情皇帝一生所遭遇的挫折，不少人听完之后还垂泪不已。

在勃艮第宣布退位后，查理本打算回到西班牙，再将卡斯蒂利亚、阿拉贡、美洲和两西西里等王位正式移交给菲利普，但痛风的日益加重，让他连签字都无法完成。直至1556年的元旦，查理才签署了正式退位诏书，宣布将卡斯蒂利亚、阿拉贡等王位交由菲利普继承，同时也任命菲利普为帝国意大利区的代政。自此，查理才结束了自己近四十年的执政生涯，只保留了皇帝头衔，其他的事情就交给儿子菲利普了。菲利普在父亲的见证下就职，并宣誓遵守当地的法律和传统。查理之所以选择退位，也是为了能够给儿子留下施展的空间，正如父亲不撒手孩子就永远学不会走路一样，查理也认为自己的离去才能让菲利普学会自己解决问题。

辞去职务之后，查理显得轻松了许多，精神气色也有了很大好转。他还将自己的随行人员从750个减少到150个，并付给他们遣散费，其中一些人被查理安排效忠儿子菲利普或者弟弟斐迪南。查理希望在回西班牙之前能够在布鲁塞尔见到斐迪南及其子马克西米利安，但斐迪南拒绝前去，兄弟二人此生最后一次见面的机会就这样失去了。

马克西米利安和妻子玛利亚则回应了查理的邀请，但由于缺乏资金而延误了行程，直到1556年7月18日才到达布鲁塞尔。几天之后，查理在姐姐埃莉诺、妹妹玛丽、女婿马克西米利安和女儿玛利亚的陪同下一同前往西班牙。离开布鲁塞尔时，有人看见查理几次转身，回望着他身后熟悉的布鲁塞尔城墙，潸然泪下，从此与故乡永别。

不同于第一次在弟弟查理的胁迫下前往西班牙，这次埃莉诺则是主动要求一同前往。时隔多年，物是人非，埃莉诺和与第一任丈夫葡萄牙国王曼努埃尔一世所生的女儿玛利亚已经有约30年未曾见过。比起出生地尼德兰，她现在更加想念和喜欢西班牙。

妹妹玛丽与查理和埃莉诺从小一同长大，感情深厚，守寡后又回到了尼德兰担任摄政，从未去过西班牙，此时菲利普已经接管了尼德兰，她终于可以卸下重任，享受自己的生活了。

　　如同第一次前去西班牙一样，查理一行人乘坐驳船从根特前往泽兰的弗利辛恩港，在那里已经有五十多艘船等待着他们的到来。起航的时间取决于风向，他们能做的也只是在港口安心等待。趁此时机，查理坐在小推车上，被人推着游览了港口所在的瓦尔赫伦岛。9月13日，他们终于登上了主舰。船队出行不久，就遭遇风暴，不得不返航。听到返航消息的菲利普担心父亲等人的安危，赶紧乘车前往泽兰，并换乘小船驶往岛上的港口，见到父亲后，又和他交谈了一个半小时才放心离去。

　　四天之后，船队再次起航，这次顺利地抵达了西班牙。

退隐修道院

　　1556年9月28日，查理一行人安全到达了西班牙。在旧卡斯蒂利亚的首府之一的布尔戈斯，查理给了追随者们以丰厚的奖赏，再次遣散了一些随从。一路前往目的地的行程中，查理受到了沿途各个地方的礼遇，很多人来为查理践行。

　　由于最终的目的地尤斯特修道院尚未整修好，查理不得不在位于马德里以西约190公里的山谷中的村子哈兰蒂亚暂居数月。尤斯特修道院位于托莱多以西近两百公里，距离葡萄牙比较近。跟他的祖父马克西米利安一世一样，查理希望选择一个偏远的角落，静静地等待死亡的来临。不过此时的查理并非独身一人，在尽可能地遣散了随从之后，他还有70多名随行人员，这个小小的修道院根本容纳不下。因此，在查理到来之前，修道院就开始了扩建。对于查理最终选择在这个地方过完余生，当时有很多人表示不解，教宗就认为查理决定退居尤斯特是前所未见的怪事。实际上在1542年，查理就曾和他的朝臣波吉亚家族的弗朗西斯科商讨过此事，弗朗西斯科曾到访过此地，后来还派人前往勘察修道院的布局和外观等情况。1553年，查理拿出3000杜卡特命人改造这个修道院，让自己及仆人和官员能够住在那里。

在哈兰蒂亚停留期间，查理和两个手足情深的姐妹告别，虽然两姐妹也希望能够与查理一同前往修道院，但无奈教规所限，因此她们转而决定于此地定居——这里距离查理的住处不远，方便她们能够随时探望。玛丽虽然对卡斯蒂利亚很陌生，但也想以顾问的身份帮助摄政西班牙的侄女胡安娜，此时菲利普还留在尼德兰。胡安娜谢绝了姑姑的好意，于是玛丽得以享受了一段安宁的退休生活。

尤斯特修道院的住所有两层，每层四个房间，查理的房间位于教堂里的唱诗班旁边，这样他就可以在自己的卧室里听着唱诗班的歌声参加宗教仪式。严重的通风已经让他无法行走，只能坐在床上完成仪式。这座修道院并未为查理带来多少清净，反而是查理给修道院带来了喧闹。住在修道院里的查理也非像修士那样终日祈祷和念经，而是依旧处理着政务，尤其是帮助菲利普二世处理在执政过程中遇到的问题。帝国议会的人员经常来访，访客往来络绎不绝。查理在修道院的生活也绝非清苦，虽然深受病痛折磨，但他依旧是大吃大喝，以至于医生不得不开一些消食的草药以帮助他消化。

临终前的查理变得越来越顽固，不仅残忍，而且反复无常。他有时说要用火刑铲除异端，有时后悔早年在沃尔姆斯议会上放了路德，还命令对任何接近修道院的妇女鞭挞一百。他还修改了遗嘱，让菲利普举办3万场弥撒来安慰他的灵魂。到了1558年的8

月，查理临终前的一个月，痛风所引起的疼痛已经使他无法承受了，而且还转变为间歇发热，病痛让他不堪重负。终于，在9月21日凌晨，查理咽下了最后一口气，享年58岁。临终的时候，查理的手中还握着皇后伊莎贝拉去世时所持的十字架。

查理的两个姐妹也在同年相继去世。1558年2月，埃莉诺第一次在巴达霍斯见到了自己阔别28年的女儿玛利亚，随后于返回哈兰蒂亚的路途中去世，享年59岁。埃莉诺去世后，玛丽悲痛不已，随后前往尤斯特修道院去见查理，哥哥安排她回尼德兰担任摄政，让菲利普返回西班牙。最初玛丽拒绝这个提议，但查理病重之后，玛丽便答应了。查理去世后不久，玛丽也患上了重病，但还是希望履行对哥哥的承诺前去尼德兰，不过最终未能如愿。玛丽于在1558年10月18日在巴利亚多利德附近的西加莱斯逝世，享年53岁。

查理去世后，欧洲和美洲等地数千个教堂组织活动、竖立纪念碑纪念这位已故的皇帝。西班牙的遗嘱执行人的确安排了3万场安魂弥撒。最初，查理的遗体只是被埋在了尤斯特修道院里，不过根据他留下的遗嘱，查理希望像其外祖父母一样，建造一个类似格拉纳达的皇家礼拜堂那样的地方，将自己和妻子伊莎贝拉安葬在一起。菲利普二世忠实地履行了父亲的遗愿。1574年，他将查理和伊莎贝拉的遗体迁葬到了埃斯科里亚修道院，将棺椁安放在皇家礼拜堂的一个小穹顶之下，满足了他被安葬在"半圆的圣殿"之下的愿望。

最初，菲利普二世为了纪念自己在1557年圣昆汀战役中击败亨利二世而开始修建埃斯科里亚修道院。这座修道院位于距马德里不远的瓜达拉马山脉的山脚下。菲利普二世之所以修建这座修道院，一是用来将父母查理和伊莎贝拉、自己以及后代安葬在此处，二是期望这里能够成为一个反宗教改革的中心。埃斯科里亚修道院于1563年4月23日开始动工，总共用了21年，于1584年完成。此后，西班牙的国王和有继承权的王室成员都被安葬于此处，包括哈布斯堡王室和波旁王室的国王们，只有三位国王未列于其中。游客们至今仍可以在埃斯科里亚修道院最中央的墓地中见到自查理之后的历代西班牙国王和王子们的棺椁。

但这还没完，经过菲利普二世和菲利普四世两次的迁墓，在17世纪，查理的棺椁还被打开过一段时间，供人参观瞻仰。在19世纪初拿破仑侵略西班牙期间，查理的棺椁再次被打开。到1868年西班牙"光荣革命"之时，瞻仰已经变成木乃伊的查理遗体又变成了吸引游客的项目。1870年，西班牙政府还邀请了一些外交人员及其家属从马德里来到埃斯科里亚，瞻仰皇帝的圣体，所以查理的棺椁再次被打开。

1871年，一位画家花费数日对着查理的遗体进行了素描。到了20世纪，查理仍不得安宁。一位名叫祖鲁埃塔的学者希望能够通过现代的技术来确定查理是否死于疟疾。虽然这一请求被当时的西班牙国王胡安·卡洛斯一世拒绝，但到了2005年，祖鲁埃塔还是获得了许可，随后对查理的一根手指骨进行了检测。该检测在巴塞罗那的一家医院研究所进行，最后确认了查理的遗骨上保留着大量感染过疟疾的痕迹，骨头上还留下了被痛风折磨的痕迹。不过DNA测定并未获得王室许可，因此这段骨头是否属于查理难以最终断定。

查理的棺椁被多次打开，从好的一面来看，或许也可以说明人们将这位皇帝视为圣徒。但我们要评价查理，首先要摒除加诸他身上的种种光环，而把他当作一个人、一个丈夫、一个父亲、一个兄长来看待。

生前身后名

作为丈夫，对比起那个时代的大多数基督教君王来说，查理无疑是忠贞的。亨利八世一生结婚八次，对前任妻子要么禁闭，要么直接杀害，以至于闹到和教宗决裂的地步；弗朗索瓦一世不仅在克洛德在世之时有多个情妇，在克洛德死后更是一婚再婚。而反观查理，虽然在婚前多有风流，但他一生仅有一位合法妻子伊莎贝拉，比当时的绝大多数君王要忠贞得多。在伊莎贝拉死后，查理也未再迎娶他人，而路易十二、费尔南多二世等人都是在自己年届半百之时另娶新欢。

查理也是一位严父和慈父。或许是因为自己从小未曾享受过多少父爱，所以尽管大多数时候并未在自己的孩子身边陪伴他们长大，但查理仍给了他们最好的教育，这一点与当时的很多君王类似。尤其是对菲利普，他常常给儿子写信或给予"治理指导"，教导他如何治理国家，在儿子结婚后，甚至还担心年轻的菲利普纵欲过度，劝他节制。在给兄弟姐妹的信中，查理多有调侃和玩笑之词，而对于儿子却始终是一副冷冰冰的严肃口吻。他为了将帝国多分一点给儿子，不惜与斐迪南翻脸。对于他承认的几个私生女，查理也尽可能地安排她们有好的归宿。

对于兄弟姐妹，查理是哈布斯堡家族的族长，所以他必须确保兄弟姐妹的个人选择符合家族的利益。因此，他强迫姐姐埃莉诺嫁给曼努埃尔一世，在曼努埃尔一世死后又强迫埃莉诺嫁给他的死敌弗朗索瓦一世，而弗朗索瓦一世只是将埃莉诺当作政治交易的筹码，从未与之有过夫妻生活。即便如此，他后来还是尊重妹妹玛丽的意愿，没有强迫她再嫁。对于弟弟斐迪南，早期查理一直不信任他，担心弟弟威胁他的统治，但当斐迪南表现出自己的忠诚之后，他便早早地选定了斐迪南继承自己的帝国皇帝之位。

查理在处理政治和宗教事务时怀有那个时代人文主义者的理想，试图实现基督教世界的和平，致力于让全体基督教世界归于一个教会，然而这种带有古典主义色彩的理想已经远远不适应16世纪的欧洲现实，因此在实施过程中屡屡碰壁。正是因为试图维护和平，他反而变成了他人眼中的威胁者，试图统一教会之举使他在新教徒眼中成为罗马教会的刽子手。因而，新教国家对查理的评价并不是很高。例如杜兰特在他的《文明的故事》中就如此说道：

查理在那个时代的失败，最难令人忘怀，更由于他的德行，时常给人类带来不幸。意大利在饱受10年蹂躏之后，他才允许给以和平，他降服意大利的同时将教皇政治带到西班牙；意大利文艺复兴的花朵，也在他黑暗的统治下枯萎了。他打败了弗朗索瓦，俘虏了他，却在马德里失去了与他缔结条约的机会，若能如此，不但可保全一切颜面，也可挽救无数的生灵。由于他曾经协助奥地利在维也纳击败苏里曼，在地中海阻止了巴巴罗萨。他加强了哈布斯堡王朝，却削弱了皇帝的权力；他失去了洛林，却降服了勃艮第。德国的诸王子挫败了他建立中央集权的企图，从他的时代开始，神圣罗马帝国成了正在腐朽中的组织，等待拿破仑来宣布她的死亡。他失败于未能压服德国的新教教义，却在尼德兰获得成功，镇压了新教的兴起，不过也为他的儿子埋下了失败的种子。他发现德国诸城市的繁荣和自由，便把它们放置在保守的封建制度统治下，使他们不愉快。他到德国时，德国无论在思想和精力方面，都生气勃勃，超过欧洲任何国家；他退位时，无论精神和智力，都困顿不堪，以致德国在两个世纪中处于停滞状态。他的政策是造成意大利和德国式微的次要原因，在西班牙却是主要的原因，他的措施压制了地方自治的自由和人民的活力。为了亨利，他说服了凯瑟琳向亨利让步；为了天主教会，他拯救了英格兰；他迫使教皇克莱门特[①]陷于招致毁灭的犹豫不决之境。

　　我们知道，这样的评价对于查理来说，显然是极不公平的。意大利的战乱，由法兰西、教宗国和威尼斯等各方势力之间的争端引起，查理只是被迫卷入其中。正如马基雅维利这个同时代之人所观察到的那样，意大利人之间相互争斗并引入外来强权试图支持自己，而当外来者图谋不轨之时，意大利人又开始暗中反对这些外来者。从查理八世到弗朗索瓦一世，意大利的各方努力引入了法兰西，又引入了西班牙来介入。查理在意大利的所作所为，实际上只是恢复了原来的局面，而意大利人又担心查理一家独大。查理好不容易战胜了这些敌人后，他们却背信弃义，撕毁和约。之后查理也放弃了和约，转而寻求更加实际的相互妥协的解决方案。查理对待德意志的新教徒还算宽容，《奥格斯堡和约》的最终签订，与其多次试图实现宗教和解的意见一致。神圣罗马帝国并未在查理的手中变得更坏，反而是查理实施了对帝国的改革。

　　意大利文艺复兴的终结也并非查理之过。正如之前所述，1520年，文艺复兴已经达到顶峰，罗马之劫和对佛罗伦萨的围困的确让意大利失去了一段时间的辉煌，但这是战乱后的正常结

---

① 即克雷芒七世。

果。我们看到此后的意大利乃至于欧洲的艺术、经济并未因此而陷入衰退，随后而起的巴洛克艺术依然在天主教国家蓬勃发展。而意大利经济的衰退是由于大西洋贸易的开拓，之后地中海世界整体都陷入衰落之中，这个转折并不能怪罪到查理的头上。

作为弗拉芒人的查理将其管理方式和人员引入西班牙，又使用西班牙创造的大方阵等新式军队驰骋于欧洲和非洲，在德意志地区压制新教徒，在意大利称霸，对抗奥斯曼土耳其。此等功勋在那个时代无人能及，不过这也为他树立了过多的敌人，逼迫法兰西与异教徒结盟。正是因为树敌太多，查理及其治下的哈布斯堡帝国在历史上并未获得多少积极的评价。这种负面的评价最早来自于反西班牙的尼德兰和英格兰等盎格鲁-撒克逊国家，对于西班牙的偏见，还导致了历史学家对于拉丁美洲和其他天主教国家的歪曲，被当代学者们称为"黑色传说"。

这种"黑色传说"除了上文所说的西班牙异端裁判所之外，还包括了西班牙对美洲的剥削和压榨，对尼德兰的残忍镇压等，而这些负面评价往往也可以应用在英格兰对北美的殖民过程中，应用在荷兰东印度公司对亚洲残酷无情的掠夺中。盎格鲁-撒克逊国家的这种双重标准值得我们深思。

帝国的未来

查理留下的广阔领土，在他的弟弟和儿子的治下走向了迥异不同的命运。儿子菲利普二世获得了西班牙、尼德兰、帝国意大利区和美洲，而斐迪南一世则继承了皇位，获得了奥地利、匈牙利和波西米亚。查理留给儿子的遗产使得西班牙在菲利普二世时代成为欧洲最强大的国家，而留给弟弟斐迪南一世的这一支，无论是神圣罗马帝国也好，奥地利、匈牙利和波西米亚也罢，都已不再是能够左右欧洲历史进程的一流强国，直到后来奥匈帝国的再次崛起。

　　查理留给菲利普二世的除了庞大的帝国遗产之外，还有3600万杜卡特的债务，每年需要偿还100万杜卡特。菲利普二世在继承王位之后没多久，就因先后在1557年、1560年、1575年和1596年拖欠贷款宣布破产。亨利二世也因巨额负债而宣布破产，这才为意大利带来了和平的转机。菲利普二世联合萨伏依的菲利贝托，在1557年的圣昆汀战役中打败了亨利二世。直到查理去世后的第二年4月，亨利二世和菲利普二世签订了《勒卡托-康布雷和约》，这才宣告了哈布斯堡帝国和瓦卢瓦王朝之间战争的结束。亨利二世放弃了对米兰的要求，也将萨伏依和皮埃蒙特归还给菲利贝托，但保留了从查理手中获得的三个主教区；同时承认菲利普二世对那不勒斯、西西里和撒丁王国的控制，将科西嘉割让给热那亚，而获得自由贸易权等。

　　与亨利二世的战争胜利后不久，菲利普二世再次在与奥斯曼土耳其帝国的战争中获胜。苏莱曼大帝时期的奥斯曼帝国正值顶峰，在苏莱曼于1566年逝世之后，奥斯曼帝国出现了持续一百多年的后宫干政时期，帝国也由此渐渐走向衰落。1571年的勒班陀战役中，奥斯曼海军败于以西班牙为首的"神圣同盟"海军，这沉重地打击了奥斯曼帝国的地中海霸权。奥斯曼帝国见证了欧洲强权的兴起和衰落，从威尼斯到神圣罗马帝国，继而是西班牙帝国和俄罗斯帝国，最终也见证了自己的毁灭。

　　菲利普二世在葡萄牙出现继承人危机之时，通过军事手段获得了葡萄牙的王位，使葡萄牙和西班牙共主长达60年。同样在菲利普二世治下的尼德兰人，则趁机占领了葡萄牙在亚洲的据点，从而取代了葡萄牙成为亚洲贸易的主要参与者。

在菲利普二世崛起的同时，法兰西却被内部的宗教改革折磨得精疲力竭。此时的英格兰和尼德兰已经成为哈布斯堡家族西班牙之后的主要对手，身为西班牙国王的菲利普二世面临着双重挑战。首先是在与英格兰的战争中，西班牙无敌舰队受到重创。1588年西班牙无敌舰队的失败，被英美史学家夸大为英格兰取代西班牙成为全球霸主的转折点，但这不是史实。布罗代尔指出，这次失败并不能代表西班牙的衰落，其一是西班牙在此后还曾两次派遣舰队试图再次征服英格兰，其二是由于西班牙因为遭遇风暴而过早放弃了沿大西洋北上北海的航线。此时的西班牙正处于上升期，小小的挫折并未伤其筋骨，反倒是伊丽莎白一世因为这一场战役损失掉了多年积累的财富。对西班牙的另一打击是尼德兰的起义和独立。从1568年开始一直持续到1648年的战争，以及其间的三十年战争之后，西班牙的强国地位才随着《威斯特伐利亚和约》与《比利牛斯合约》的签订让给了法兰西。

从1556年继位到1598年去世，菲利普二世长达42年的统治结束之后，西班牙帝国开始走向衰落。历经三代之后，西班牙的哈布斯堡家族因为近亲结婚而以无嗣终结，身患多种遗传病的卡洛斯二世（即查理二世）最终于1700年无子而亡。西班牙陷入继承战争之中，欧洲各国以法兰西波旁王室为一方，以奥地利哈布斯堡王室为另一方，爆发了一场大战。最终，西班牙王权旁落至波旁王室。

而查理留给弟弟斐迪南一世的哈布斯堡分支情况另有不同。斐迪南一世于1558年正式在法兰克福加冕成为神圣罗马帝国皇帝，一方面维持着《奥格斯堡和约》给德意志带来的稳定，另一方面也小心维持着与奥斯曼帝国的和平。斐迪南一世在1562年组织的帝国皇位选举中，确保了自己的儿子马克西米利安二世继承皇位，查理的儿子菲利普二世没能因《家族和约》而被选帝侯们所承认。

1564年，斐迪南一世在维也纳去世，其子马克西米利安二世继承了帝国皇帝和匈牙利、波西米亚等王位。马克西米利安更倾向于支持新教，维持了其统治地区的相对和平。而到了鲁道夫二世统治时期，他并未能将斐迪南一世和马克西米利安二世的政策维持下去，反而发动新的十字军东征，向奥斯曼帝国发起进攻。这场"漫长的战争"让匈牙利发生了叛乱，随后波西米亚也爆发了争取宗教自由的运动，最终导致欧洲各国均被卷入的三十年战争爆发，使得德意志地区经济陷入倒退，皇权进一步被削弱。

18世纪，奥地利哈布斯堡家族又先后卷入了西班牙王位继承战争、波兰王位继承战争、奥地利领地继承战争，以及为争夺海外殖民地而爆发的七年战争等。此时他们对各个领地的控制权逐渐削弱，以至于无法保持对于德意志诸侯的压制。在此期间，德意志地区的普鲁士、汉诺威等邦国渐渐崛起，神圣罗马帝国皇帝此时已是徒有虚名。

西班牙王位继承战争失败后，哈布斯堡王朝在西班牙彻底终结，只保留下奥地利一脉，统治奥地利、匈牙利和波西米亚直到1740年，之后奥地利也爆发了继承战争。最后一任帝国皇帝、也是哈布斯堡家族最后一位男性统治者卡尔六世（即查理六世）死后无男嗣，其长女玛丽娅·特蕾西娅承袭了奥地利大公之位，玛丽娅之夫洛林公爵弗朗茨·斯蒂芬继承了神圣罗马帝国皇位。德意志地区的普鲁士、巴伐利亚和萨克森三个诸侯国，以及西班牙、法兰西、波兰等国均不支持弗朗茨和玛丽娅。历时七年的奥地利领地争夺战争结束之后，虽然是弗朗茨和玛丽娅一方获胜，但普鲁士已经崛起为能够与奥地利相抗衡的最具实力的诸侯。

　　此后，哈布斯堡–洛林王朝开始统治奥地利、匈牙利和波西米亚。拿破仑崛起后，逼迫皇帝弗朗茨二世放弃帝号，解散了存在了约一千年的神圣罗马帝国。帝国被一分为二，其中德意志地区加入了以普鲁士为首的莱茵邦联，而弗朗茨二世在拿破仑称帝后宣布建立奥地利帝国，理论上奥地利帝国的地位仍然高于德意志各邦国。因此，奥地利与普鲁士之间不可避免地于1866年爆发了为期两个月的普奥战争，最终由普鲁士完成了德意志的统一，与奥地利的地位相当。普奥战争后，奥地利帝国又改组为奥匈帝国，成为19世纪末和20世纪初期的欧洲强国，直到第一次世界大战之后因战败解体。奥地利、匈牙利等地分别成立了共和国，哈布斯堡家族的最后一任皇帝被迫离开了他们统治多年的领地奥地利，流亡海外。自此哈布斯堡帝国才算正式从历史上消失。

　　奥地利作家茨威格见证了这个历史的时刻。在《昨日的世界》一书中，茨威格不无悲缅地说道：

　　皇帝这个词对我们这些普通百姓来说是权力和财富的集中体现，是奥地利永存的象征。我们从孩提时起就学会了无比敬畏地说皇帝这个词，而现在我却眼望着他的继承人，奥地利最后一个皇帝被驱逐出自己的国家。代代相传了数百年的哈布斯堡皇室的光荣帝国，在这最后一分钟里寿终正寝了……每个人都露出送葬时那种悲哀窘迫的心情。延续了近千年的皇朝在这一瞬间宣告真正结束。我知道，我要回去的地方已是另一个奥地利，另一个世界。

参考文献

通史和断代史

1. 威廉·麦克尼尔《世界史》和《西方文明史手册》是很好的阅读材料，海斯、穆恩和韦兰的《全球通史》部分地影响了笔者的史观。保罗·肯尼迪的《大国的兴衰》、威尔·杜兰特的《文明的故事》提供了诸多有趣的历史细节。一些章节资料也来自于"企鹅欧洲史"系列，不再一一列明。此外，爱德华·吉本的《罗马帝国衰亡史》中的观点，本书虽然多持批判态度，但不能否认这部著作的伟大。

2. 15—16世纪的断代史主要参考了费尔南·布罗代尔的两部巨著《地中海与菲利普二世时代的地中海世界》和《15至18世纪的物质文明、经济和资本主义》，布罗代尔关于那个时代的人文、地理、经济等长时段的分析贡献了本书的大部分历史背景。

3. 地中海及其周边地区的历史则以布雷斯特德的《地中海的衰落》、朱迪斯·M·本内特的《欧洲中世纪史》为主要参考。雅克·巴尔赞的《从黎明到衰落》提供了不少有用的观点。约翰·朱利叶斯·诺威奇所著的《地中海史》介绍了地中海周边国家的历史，作为一个业余作家，诺威奇的书中充满了有趣的野史资料，本书有关巴巴罗萨的活动大部分参考此书中的介绍。然而，此书中存在着一些基本的史实错误，对于查理的评价也失于公正。

地区史和国别史

4. 彼得·弗兰科潘的《丝绸之路》是一部以反西方中心的视角审视历史的著作，能为我们带来很好的启迪。

5. 神圣罗马帝国的历史主要以詹姆斯·布赖斯的《神圣罗马帝国》和彼得·威尔逊的《神圣罗马帝国1495—1806》两本书为参考。

6. 东地中海地区的历史主要参阅了西蒙·蒙蒂菲奥里的《耶路撒冷三千年》，拜占庭的历史在本书中虽然着墨不多，但拉尔斯·布朗沃思的《拜占庭帝国》却是一部很好的补充阅读资料。

7. 伯纳德·刘易斯的《历史上的阿拉伯人》和休·肯尼迪《大征服：阿拉伯帝国的崛起》为本书第十五章提供了史料。

8. 帕特里克·贝尔福的《奥斯曼帝国六百年》是本书中奥斯曼土耳其帝国历史的主要资料来源。波斯（伊朗）的历史观点来自阿卜杜·侯赛因·扎林库伯的《波斯帝国史》，也辅以《剑桥伊朗史》的5—6卷作为哈布斯堡—波斯关系的资料来源。

9. 查理与苏莱曼之间的战争参阅了James Reston, *Defenders of the Faith: Christianity and Islam Battle for the Soul of Europe*, 1520-1536。

10. 本书第十八章奥地利的历史参考了史蒂芬·贝莱尔的《奥地利史》和埃·普里斯特勒的《奥地利简史》。

11. 马格里布和北非地区的历史参考了凯文·希林顿的《非洲史》和肯尼斯·帕金斯的《突尼斯史》，这两本著作为我们提

供了北非与基督教世界战争和交往过程的基本资料，是对以西班
牙、葡萄牙为中心历史叙述的重要补充。

12. 西班牙历史参考了雷蒙德·卡尔的《西班牙史》，还有
William D. Phillips和Carla Rahn Philips合著的*A Concise History of
Spain*。《西班牙简史》《黄金时代的西班牙》等著作都为本书
提供了不少新鲜的视角。

13. 关于葡萄牙历史和大航海时代，参考了查·爱·诺埃尔
《葡萄牙史》，虽然出版于1952年，但书中的很多观点至今仍然
值得参考。另一本值得阅读的是戴维·伯明翰的《葡萄牙史》，
其对于16世纪之后的葡萄牙历史着墨较多，而对此前的历史只用
了一个章节来叙述。葡萄牙对北非的征服和沿海的探索也参考了
罗杰·克劳利的《征服者：葡萄牙帝国的崛起》。

14. 林肯·佩恩的《海洋与文明》让我们能够从整个海洋史
的角度看待欧洲的地理大发现和西班牙、葡萄牙大航海时代的历
史地位，书中关于各航海民族的历史也提供了广阔的视野。

15. 美洲的历史和欧洲殖民征服过程，本书以林恩·福斯
特的《中美洲史》、本杰明·吉恩等的《拉丁美洲史：1900年以
前》和菲格雷多等的《加勒比海地区史》为参考资料。

专题史

16. 关于战争和武器的历史参考了迈克尔·霍华德的《欧洲
历史上的战争》、阿彻·琼斯的《西方战争艺术》。芬纳的《统
治史》则帮助我们从统治和治理的角度了解那个时代的战争。

17. 约翰·赫伊津哈的《中世纪的衰落》、贡布里希的《艺
术的故事》和海因里希·沃尔夫林的《文艺复兴与巴洛克》为本
书艺术史及其背景提供了指导，尤其贡布里希的《艺术的故事》

是笔者理解艺术史的精神指南。瓦萨里的四卷《意大利名人传》是了解文艺复兴时期艺术家很有用的材料。

18. 宗教改革的部分与相关的查理的历史参考了托马斯·马丁·林赛的《宗教改革史》，《路德文集（第一卷）》、马克·格林格拉斯所著的《基督教欧洲的巨变：1517—1648》也为本书增添了宗教改革的细节内容。扬·胡斯的改革见威廉·M.马奥尼的《捷克和斯洛伐克史》。赖建诚和苏鹏元所著的《教堂经济学》为我们提供了别样的视角。

查理传记

19. 查理的传记作品中，本书主要参考了Geoffrey Parker的*Emperor: A New Life of Charles V*，另外辅以Hugh Thomas的*El Imperio España de Carlos V*和Manuel Fernández Álvarez的*Carlos V: El César y el homebre*两本西语著作。英语著作中，T. M. Ragg在1928年所著的*The Emperor Charles V*和Edward Armstrong在1910年所著的*The Emperor Charles V*也提供了一些细节和资料。另外参考了约翰·朱利叶斯·诺威奇的*Four Princes*中的部分内容。Wim Blockmans和Nicolette Mout所编著的*The World of Emperor Charles V*提供了当代关于查理最新的一些研究进展。

20. 家族史或者帝王、帝国史中，Benjamin Curtis的*The Habsburgs: The History of A Dynasty*还有John S. C. Abbott的*History of the Habsburg Empire*都是不错的参考资料。

其他人物传记和著作

21. 其他人物传记及作品主要有马基雅维利的《君主论》、伊拉斯谟的《愚人颂》，茨威格的《一个古老的梦：伊拉斯谟传》，都是很不错的历史补充材料。